彩插1 1990年全国土地利用空间分布

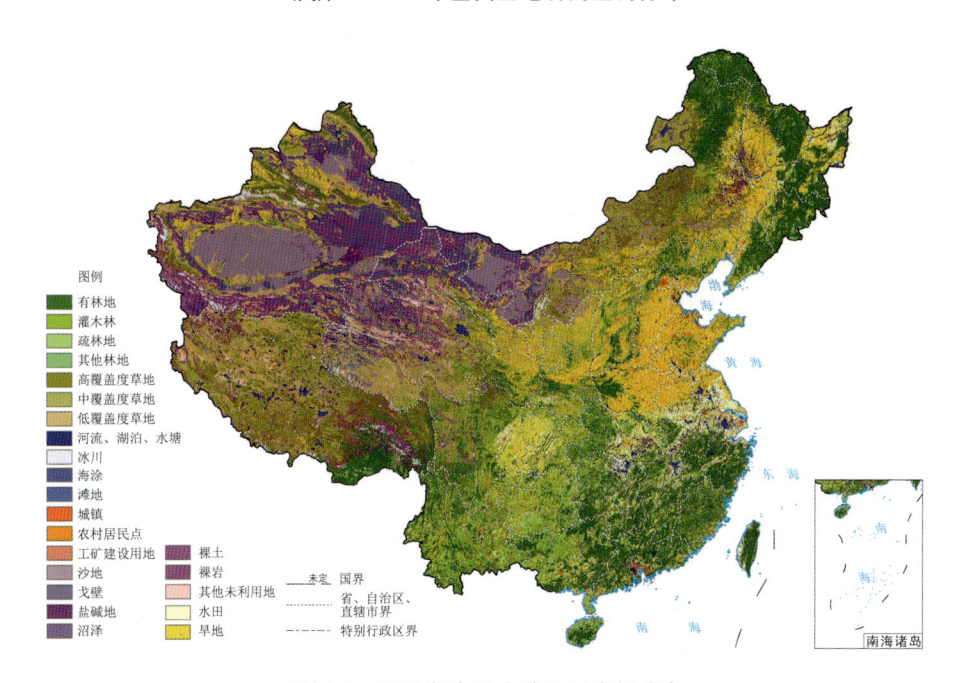

彩插2 2015年全国土地利用空间分布

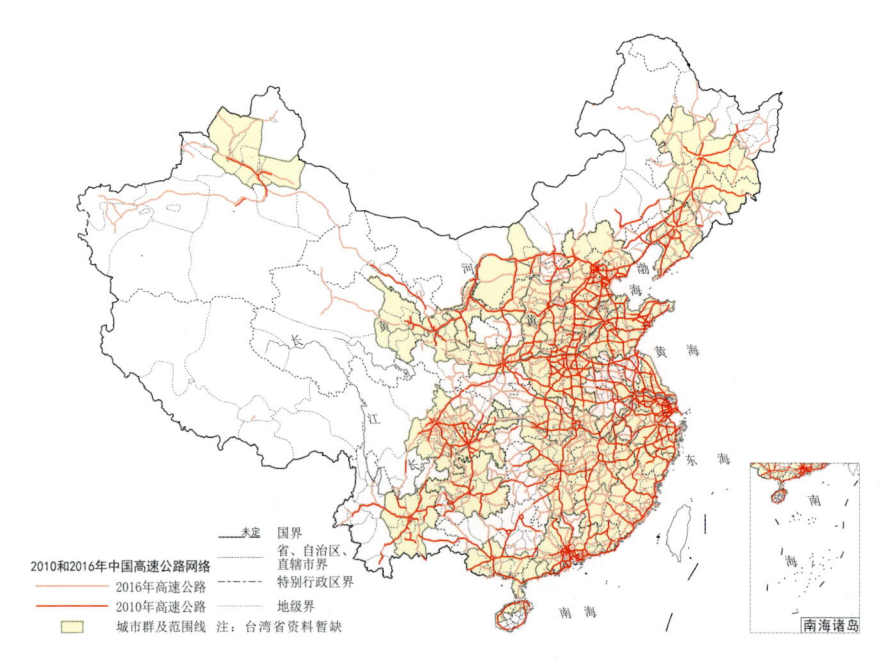

彩插 3 2010 年和 2016 年中国高速公路网络

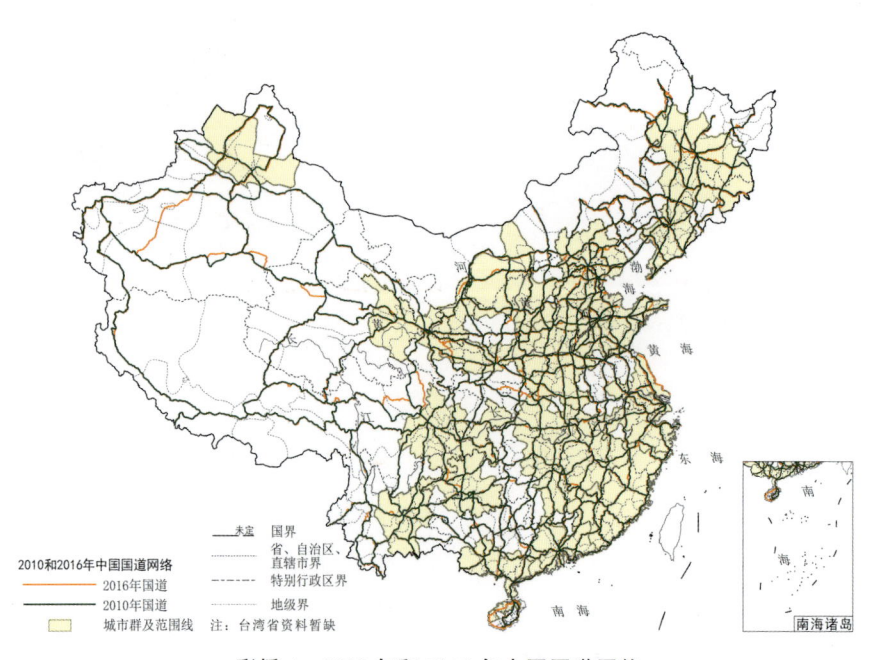

彩插 4 2010 年和 2016 年中国国道网络

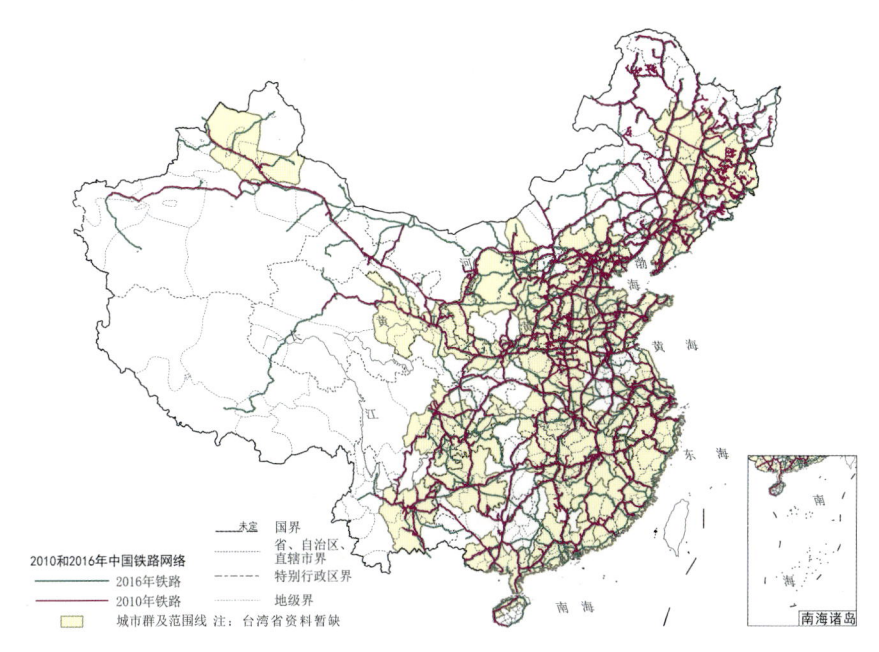

彩插5　2010年和2016年中国铁路网络

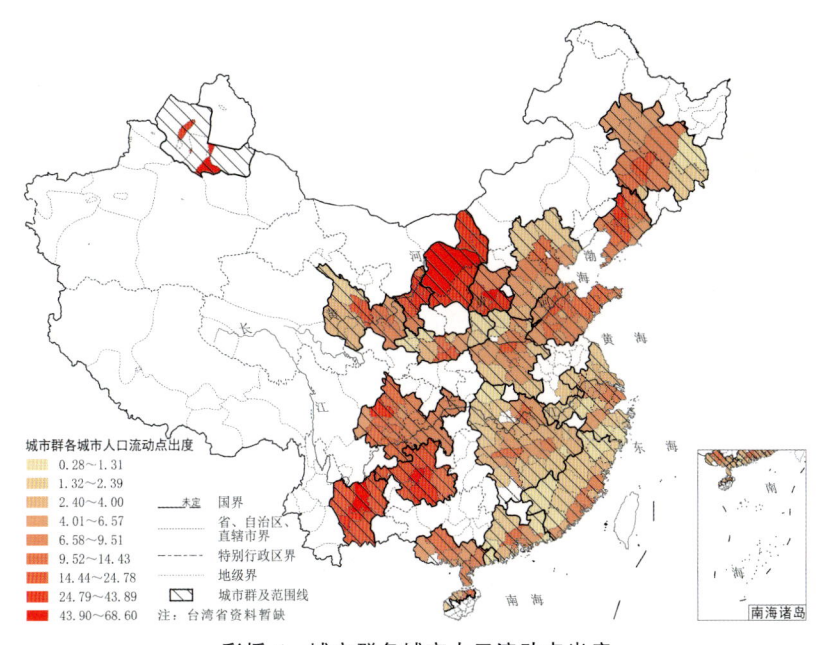

彩插6　城市群各城市人口流动点出度

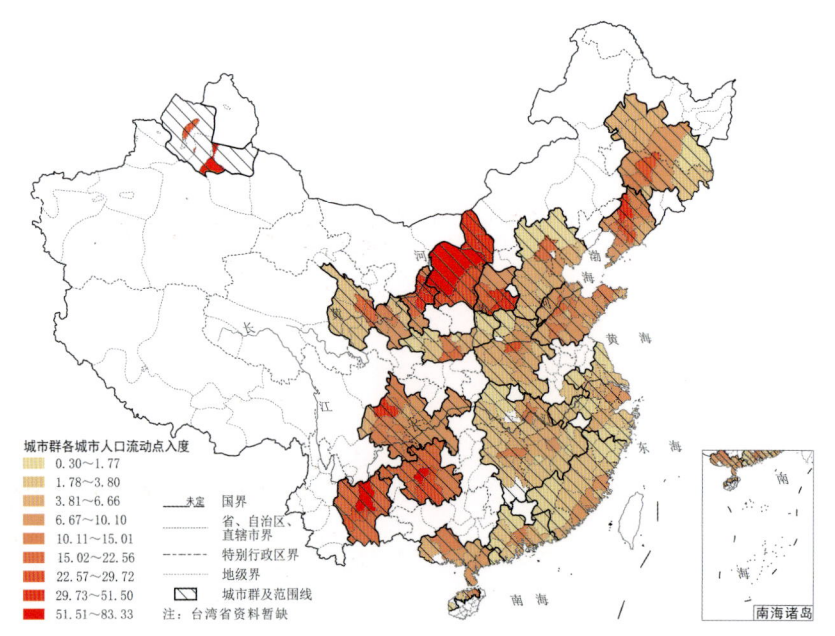

彩插7　城市群各城市人口流动点入度

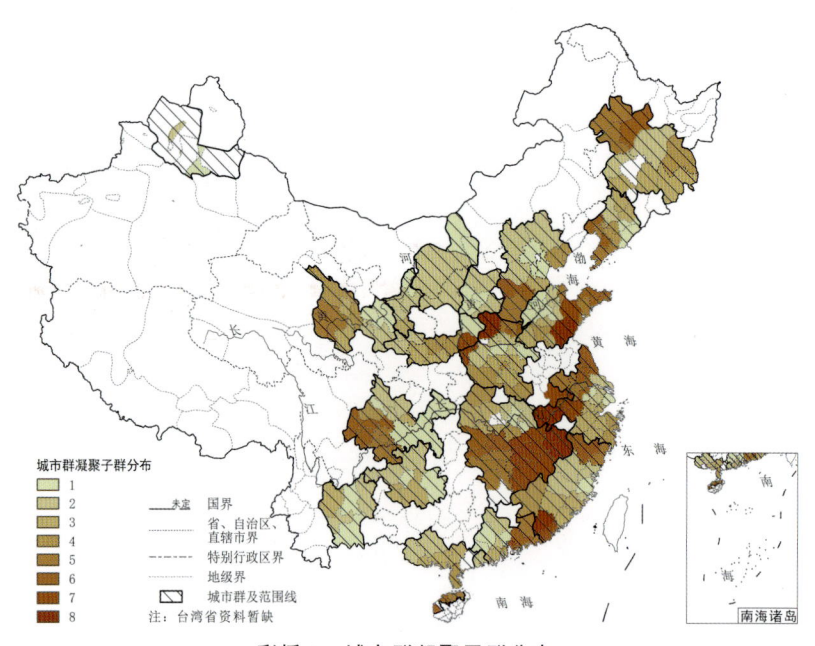

彩插8　城市群凝聚子群分布

URBANIZATION PATTERN
and Urban Agglomeration Transportation

城镇化格局与城市群交通

赵鹏军　张听雨　◎　著

北京大学出版社
PEKING UNIVERSITY PRESS

图书在版编目(CIP)数据

城镇化格局与城市群交通/赵鹏军,张听雨著. —北京:北京大学出版社,2022.5
ISBN 978-7-301-32674-9

Ⅰ. ①城… Ⅱ. ①赵… ②张… Ⅲ. ①城市群—交通运输发展—研究—中国 Ⅳ. ①F512.3

中国版本图书馆 CIP 数据核字(2021)第 219047 号

书　　　名	城镇化格局与城市群交通
	CHENGZHENHUA GEJU YU CHENGSHIQUN JIAOTONG
著作责任者	赵鹏军　张听雨　著
责 任 编 辑	王树通
标 准 书 号	ISBN 978-7-301-32674-9
审 图 号	GS 京(2022)0045 号
出 版 发 行	北京大学出版社
地　　　址	北京市海淀区成府路 205 号　100871
网　　　址	http://www.pup.cn　新浪微博:@北京大学出版社
电 子 信 箱	zpup@pup.cn
电　　　话	邮购部 010-62752015　发行部 010-62750672　编辑部 010-62764976
印 刷 者	天津中印联印务有限公司
经 销 者	新华书店
	730 毫米×1020 毫米　16 开本　18.75 印张(彩插 2)　331 千字
	2022 年 5 月第 1 版　2022 年 5 月第 1 次印刷
定　　　价	78.00 元

未经许可,不得以任何方式复制或抄袭本书之部分或全部内容。
版权所有,侵权必究
举报电话:010-62752024　电子信箱:fd@pup.pku.edu.cn
图书如有印装质量问题,请与出版部联系,电话:010-62756370

前　　言

截至 2020 年年末，全球 56% 的人口居住在城市，中国城镇化水平已达 64%，城市数量达到 687 个。未来 10 年，世界城镇化将进一步发展，2030 年城市人口占全球人口的比例将达到 60.4%。城镇化是推动社会经济发展的重要动力，城镇化格局的变化对于世界社会经济增长和结构调整有深刻的影响。

城市群是城镇化格局的高级空间组织形式，是依托交通和通信等基础设施网络形成的空间组织紧凑、经济联系紧密的城市群体。城市群是人口流动、产业集聚、土地利用、资源环境承载、生态约束、技术变革等复合作用下的结果。城市群生长的过程也是大、中、小城市和县城及村镇等人类聚落在空间上的相互关联、相互竞争和相互影响的多元交互过程。这个过程集中体现了人地关系的系统结构、地域功能、时空差异和调控效应等规律。

交通系统是城市群产生和发展的关键。交通对城市群发展具有支撑、引导和推动的作用。城市间的人口流动、商品交换、产业分工离不开交通系统的支撑，主要交通沿线的城市更容易产生联系并形成城市群。交通网络是城市群空间形态的骨架，交通方式的变化和交通网络的发展能够引导城市群空间形态的发展。同时，交通基础设施建设带来的交通成本下降、便捷程度提升，能够提高城市群及周边地区的可达性，促进城市群发挥集聚和扩散作用，推动城市群发展。在新型城镇化和交通发展的新阶段，探讨城市群发展和交通之间的关系，促进交通与城市群协同发展，是落实我国新型城镇化建设的重要支撑，是交通强国建设的客观要求。

城市群交通对于实施我国交通强国战略具有重要意义。我国《交通强国建设纲要》中指出城市群是交通强国战略的重点战略区域，城市群及其中心城市是构筑多层级、一体化的综合交通枢纽体系的关键节点，应依托京津冀、长三角、粤港澳大湾区等世界级城市群，打造具有全球竞争力的国际海港枢纽、航空枢纽和邮政快递核心枢纽。同时，城市群也是交通强国的"主战场"，《交通强国建设纲要》提出到2035年,基本建成交通强国,基本形成"全国123出行交通圈"(都市区1小时通勤、城市群2小时通达、全国主要城市3小时覆盖)。

交通规划是城市群地区国土空间规划的核心内容之一。《省级国土空间规划编制指南》指出要以区域综合交通和基础设施网络为骨架,以重点城镇和综合交通枢纽为节点,实现人口、资源、经济等要素优化配置,促进形成省域国土空间网络化。《市级国土空间总体规划编制指南(试行)》进一步指出,推动城市群交通一体化,发挥综合交通对区域网络化布局的支撑和引领作用,是落实区域发展战略、优化国土空间开发格局、促进城乡融合发展的重要内容。交通网络设施的科学合理布局是城市群地区国土空间规划体系建设的重要内容。

本书重点探讨我国城镇化格局与交通发展的相互作用特征,除第一章绪论和第九章政策建议外,共分三个部分。第一部分(第二章和第三章)分析了我国城镇化的格局与演变,以及城乡居民的出行差异。第二部分(第四章和第五章)分析了我国城镇规模体系、职能体系和空间体系的演变,并解析了城镇体系与交通的关系。第三部分(第六章~第八章)探讨了我国城市群和都市圈的交通发展现状、出行需求及未来趋势。本书将丰富区域交通规划和交通地理学理论,完善城市群和都市圈研究,并为我国城市群和都市圈交通规划、国土空间规划以及新型城镇化规划等提供科学依据。

本书受到国家自然科学基金(41925003,42130402)和北京市社会科学基金重点项目(20JCB073)的资助。本书研究工作依托自然资源部陆表系统与人地关系重点实验室科研平台。

赵鹏军

2022年5月

目 录

第一章 绪论 /1
  第一节 研究背景与意义 /1
  第二节 研究内容与技术路线 /8
  第三节 城镇化的概念与发展阶段 /10
  第四节 城镇化、城镇体系与交通 /19
  参考文献 /25

第二章 中国城镇化格局特征与演变 /27
  第一节 中国城镇化格局与演变研究进展 /27
  第二节 中国城镇化进程 /29
  第三节 中国城镇化格局 /47
  第四节 中国城市群和都市圈发展 /60
  参考文献 /77

第三章 城镇化与交通出行 /80
  第一节 城乡居民出行差异 /80
  第二节 城乡居民小汽车拥有的差异性 /92
  第三节 城乡交通强度差异 /97

第四章 中国城镇体系演变 /107
  第一节 基本概念与方法 /107
  第二节 中国城镇规模和职能体系 /111
  第三节 中国城镇空间体系 /117
  参考文献 /124

第五章　城镇体系与交通发展　　　　　　　　　　　　　　　　　　　　　　　/126
　　第一节　城镇体系与交通的关系　　　　　　　　　　　　　　　　　　　　/126
　　第二节　中国交通发展演变　　　　　　　　　　　　　　　　　　　　　　/130
　　第三节　中国城镇规模体系与交通的关系　　　　　　　　　　　　　　　　/136
　　第四节　中国城镇职能体系与交通的关系　　　　　　　　　　　　　　　　/146
　　参考文献　　　　　　　　　　　　　　　　　　　　　　　　　　　　　　/157

第六章　城市群与都市圈发展　　　　　　　　　　　　　　　　　　　　　　/158
　　第一节　中国城市群发展　　　　　　　　　　　　　　　　　　　　　　　/158
　　第二节　中国都市圈发展　　　　　　　　　　　　　　　　　　　　　　　/169
　　参考文献　　　　　　　　　　　　　　　　　　　　　　　　　　　　　　/188

第七章　城市群交通发展　　　　　　　　　　　　　　　　　　　　　　　　/189
　　第一节　城市群交通的特征及作用　　　　　　　　　　　　　　　　　　　/189
　　第二节　中国城市群交通发展情况　　　　　　　　　　　　　　　　　　　/193
　　第三节　中国城市群客流空间分布特征　　　　　　　　　　　　　　　　　/220
　　参考文献　　　　　　　　　　　　　　　　　　　　　　　　　　　　　　/241

第八章　都市圈综合交通评价　　　　　　　　　　　　　　　　　　　　　　/243
　　第一节　中国都市圈交通运输情况　　　　　　　　　　　　　　　　　　　/243
　　第二节　都市圈综合交通运输水平评价　　　　　　　　　　　　　　　　　/257
　　参考文献　　　　　　　　　　　　　　　　　　　　　　　　　　　　　　/263

第九章　城市群与都市圈交通发展政策建议　　　　　　　　　　　　　　　　/264
　　第一节　当前政策回顾　　　　　　　　　　　　　　　　　　　　　　　　/264
　　第二节　当前政策评价　　　　　　　　　　　　　　　　　　　　　　　　/279
　　第三节　政策建议　　　　　　　　　　　　　　　　　　　　　　　　　　/288

第一章 绪 论

第一节 研究背景与意义

一、研究背景

（一）中国迈入新型城镇化建设阶段，对交通运输网络支撑提出了新的要求

新型城镇化是以城乡统筹、城乡一体、产业互动、节约集约、生态宜居、和谐发展为基本特征的城镇化，是大中小城镇和新型农村社区协调发展、互促共进的城镇化。回顾中国的城镇化历程，20世纪80年代之前城镇化率缓慢增长，20世纪80年代到21世纪前十年则是快速增长阶段，2010年后城镇化率增速又有所放缓。1995—2010年，中国城镇化率增速在3‰～5‰；2010年至今，城镇化率增速降至2‰左右。在城镇化快速增长时期，农村的土地和劳动力支撑了中国城镇化的快速发展，快速城镇化带来了城镇人口的飞速增长，但也拉大了城乡的差异，造成了一定的经济、社会问题。城乡土地制度的二元性以及政府对城市建设用地一级市场的垄断使农民的土地权利弱化，部分地区依赖土地财政，城市面积迅速扩大，但城市土地使用效率低下。此外，城乡二元户籍制度限制了城镇化的质量，进城农民难以获得与城市居民同样的就业机会和医疗、教育等社会福利，只实现了空间上的城镇化，难以实现社会福利上的城镇化。

面对目前城镇化存在的一系列问题，国家积极推进新型城镇化战略。2013年，党的十八届三中全会提出，要完善城镇化健康发展体制机制，坚持走中国特色新型城镇化道路；要以人为本，推进以人为核心的城镇化，提高城镇人口素质和居民生活质量，把促进有能力在城镇稳定就业和生活的常住人口有序实现市民化作为首要任务；要优化布局，根据资源环境承载能力，构建科学合理的城镇化宏观布局，把城市群作为主体形态，促进大中小城市和小城镇合理分工、功能

互补、协同发展。新型城镇化要求城乡互补,统筹协调发展;以人为本,加快农民工等城市边缘群体融入城市;集约发展,城镇建设遵循可持续发展理念,有效利用资源能源。2014年,国家新型城镇化综合试点名单公布,2015年、2016年又陆续公布第二批、第三批试点名单。

除城乡差异外,中国的城镇化在空间上分布也不均衡,东南沿海地区的城镇化率明显高于中西部,目前已达到70%~80%,高于全国平均水平,中西部地区则低于全国平均水平,城镇化率不到50%。对此,《国家新型城镇化规划(2014—2020年)》提出了要优化城镇化布局与形态,构建"两横三纵"的城镇化战略格局,构建以陆桥通道、沿长江通道为两条横轴,以沿海、京哈京广、包昆通道为三条纵轴,以轴线上的城市群和节点城市为依托、其他城镇化地区为重要组成部分,大中小城市和小城镇协调发展的城镇化战略格局。

构建新型城镇化战略格局需要交通网络的支撑。新型城镇化规划对交通网络建设提出了要求,即完善综合运输通道和区际交通骨干网络,强化城市群之间交通联系,加快城市群交通一体化规划建设,改善中小城市和小城镇对外交通,发挥综合交通运输网络对城镇化格局的支撑和引导作用。

(二)全国人口向大城市和城市群集聚,人口集聚程度增强

目前,全国人口增长具有空间差异化的格局,人口向大城市、城市群集聚,大城市和城市群地区的人口增长幅度比其他地区大。中国的城市人口增长格局与国家城镇化战略密切相关,20世纪90年代前,城镇化战略为"严格控制大城市规模,合理发展中等城市,积极发展小城市",这一时期全国各城市的人口增长也比较平均。20世纪90年代后,国家对人口流动管控减弱,人口流动初步显现出从小城镇、乡村流向大城市的态势,但这一时期的城镇化战略依然是"严格控制大城市规模,合理发展中等城市和小城市"。2000年后,城镇化战略转变为"大中小城市和小城镇协调发展",大城市规模不再被严格控制,这一时期,大城市的人口规模快速增长。从2000年至今,人口增长多的地区多位于大城市和城市群,京津冀、珠三角和成渝城市群部分中心城市的人口增长在500万人以上,最高达到1000多万人。人口增长在150万人以上的城市多位于中东部地区,为各省(自治区)的中心城市。

大城市的规模扩大,对周边地区的扩散作用增强,周边地区在大城市增长极的带动下发展起来,城市连片发展,形成城市群。城市群已成为中国城镇化空间格局的战略重点,2011年发布的《全国主体功能区规划》就初步提出了21个主

要城镇化地区,成为城市群空间格局的基础。《中华人民共和国国民经济和社会发展第十三个五年规划纲要》(以下简称"十三五"规划)最终确定了如图1-1所示的19个城市群,并提出优化提升东部地区城市群,建设京津冀、长三角、珠三角世界级城市群,提升山东半岛、海峡西岸城市群开放竞争水平;培育中西部地区城市群,发展壮大东北地区、中原地区、长江中游、成渝地区、关中平原城市群,规划引导北部湾、山西中部、呼包鄂榆、黔中、滇中、兰州—西宁(以下简称兰西)、宁夏沿黄、天山北坡城市群发展,形成更多支撑区域发展的增长极;促进以拉萨为中心、以喀什为中心的城市圈发展。从2000年到2018年,19个城市群的户籍人口增长了5%,GDP增长了近5倍。2018年,城市群地区的人口占全国总人口的76.8%,GDP占全国的53.3%,是全国经济、人口的增长极。

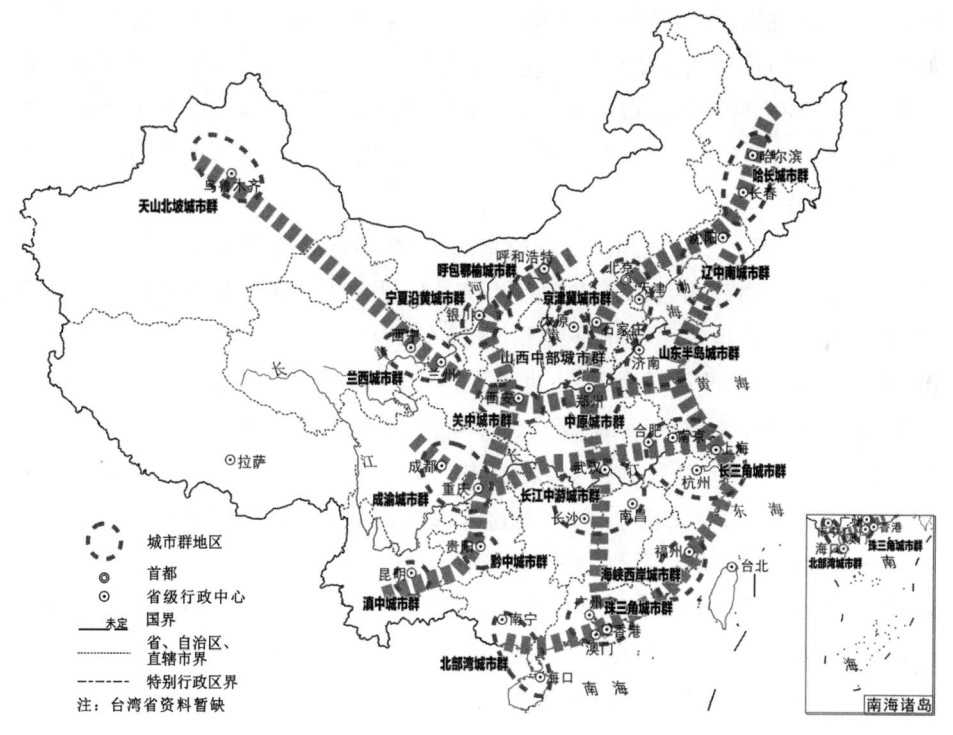

图 1-1 "十三五"规划城市群空间分布示意

图源:"十三五"规划,2016。

城市群是新型城镇化的主体形态,城市群交通也是新型城镇化交通战略的重点。城市群交通包含区际、城际、都市圈、城市和城乡交通多个层级,要实现城市群引领新型城镇化发展,就要实现城市群不同层级、不同交通方式的一体化。

《"十三五"现代综合交通运输体系发展规划》中也提到,要加强城市群对外交通通达性,构建以轨道交通和高速公路为骨干,普通公路为基础,水路为补充,民航有效衔接的多层次、便捷化的城际交通网络,支撑城市群发展。

(三)培育现代化都市圈需要交通一体化的支撑

都市圈是未来城镇化空间发展的一大趋势,是城镇化格局中连接城市与城市群的过渡环节。都市圈是由中心城市和周边与中心城市经济、社会联系密切的城市组成的地域。都市圈包含两个要素,一是经济发达、人口众多的中心城市,二是与中心城市在经济、社会、交通各方面联系密切的周边城市。都市圈是城市所提供的服务在地域上扩散的结果,是城市的功能地域在空间上的延展,属于功能地域的概念。

都市圈一般被界定为一日通勤圈、消费圈和生活圈。2019年,国家发展和改革委员会发布了《关于培育发展现代化都市圈的指导意见》,指出都市圈是城市群内部以超大特大城市或辐射带动功能强的大城市为中心,以1小时通勤圈为基本范围的城镇化空间形态。都市圈是城市群的核心地域,在新型城镇化中有着重要的作用。

都市圈作为1小时通勤圈的功能地域,其交通服务必须要满足中心城市周边居民通勤、购物等出行的需求,目前,交通建设多关注区域交通和城市内部交通,都市圈交通还是亟须填补的领域。国家发展和改革委员会发布的《关于培育发展现代化都市圈的指导意见》中也提到,目前中国都市圈城市间交通一体化水平不高、分工协作不够、低水平同质化竞争严重、协同发展体制不健全等问题依然突出。都市圈要有质量地发展,就要提升交通一体化水平。提升交通一体化水平一方面要提高路网覆盖密度,畅通都市圈公路网,重点发展轨道交通,建设市域铁路,将市域铁路、区际铁路、城际铁路、城市轨道交通各级轨道交通线网连通起来;另一方面要提高交通运输效率,发展快速度、大容量、舒适的客运交通服务,打造衔接各层级、各方式交通的综合交通运输枢纽,加强中心城市与周边地区联系的紧密程度,助力都市圈发展。

(四)城乡区域交通协调发展是交通强国战略的要求

城市群与都市圈是交通强国战略的重点战略区域。2019年,《交通强国建设纲要》提出,到2035年,基本建成交通强国,现代化综合交通体系基本形成,人民满意度明显提高,支撑国家现代化建设能力显著增强;拥有发达的快速网、完善的干线网、广泛的基础网,城乡区域交通协调发展达到新高度;基本形成"全国

123出行交通圈"(都市区1小时通勤、城市群2小时通达、全国主要城市3小时覆盖)。都市区1小时通勤和城市群2小时通达要求建设方便、快捷的城际交通和都市圈交通,完善现代化综合交通体系的不同层级。

目前城际交通与都市圈交通是交通体系建设中的短板,城市群与都市圈交通位于区际交通和城市交通之间,属于承上启下的层级,需要注意与区际和城市交通的衔接。到2019年,全国只有北京、南京、成都、上海、郑州和宁波6个城市开通了市域铁路,京津冀、长三角、珠三角等城市群都制定了自己的城际铁路规划,但实际开通数量不高。要真正实现"全国123出行交通圈",建设现代化综合交通体系,还需要合理规划,重点加强城市群与都市圈交通建设。

二、研究意义

(一)理论意义

1. 揭示中国城镇化格局特征与演变及其与交通网络的关系,丰富了城镇化与交通关系的研究

目前我国研究城镇化空间格局、演变及影响因素的内容较多,但对于城镇化影响因素的研究主要集中在经济增长、人口流动和制度与政策领域,关于城镇化与交通关系的研究较少,相关研究中大多将交通作为多种影响因素中的一个变量来考虑。在城镇化与交通方面,关于城乡交通一体化的研究较多,但对于城市与乡村居民出行目的、出行方式、出行时间等出行特征差异的具体研究较少,且现有的城乡居民出行差异研究主要集中于城市或区域尺度,全国层面的研究较少。

因此,本研究在探究中国城镇化格局特征与演变的基础上,研究中国城镇化格局及演变与交通网络的关系,观察城镇化空间分布与交通网络空间分布之间的耦合性。针对城乡居民出行和交通工具使用的差异,本研究从全国、区域和城市三个尺度进行分析,提供不同尺度下城乡居民出行差异的参考,丰富了城镇化与交通关系的研究。

2. 测算了中国城镇规模体系与职能体系,全面综合分析了城镇体系与交通体系的关系

目前关于城镇体系的研究多集中在规模体系方面,少有针对全国城市职能体系的研究。且目前城镇体系与交通相关研究多是从交通流的视角出发测定城镇体系,较少从人口角度探讨城镇规模、职能体系与交通体系的关系。因此,本研究测算了中国的城镇规模体系及演变,并对比了其与全国高速路网、铁路网规模体系及演变的差异,同时探究了不同交通方式对城镇规模的影响;测算了中国的城镇职能体系,并探究了不同职能城市的交通设施水平、运量水平、交通运输结构之间的差异,分析了城市职能对交通发展水平的影响,完善了城镇体系与交通体系关系的研究。

3. 全面分析了全国城市群综合交通发展水平,从人口流动强度与空间结构的角度对城市群进行分类

目前关于城市群的研究多集中于单个或几个城市群,全国层面的城市群研究多为截面数据,全面分析全国城市群发展的文献较少。对于城市群交通的研究更是集中在某一区域或几个城市群的对比,几乎没有针对全国城市群交通发展和交通流情况的分析。

本研究梳理了全国19个城市群2000年来的人口、经济发展情况,从铁路、公路、水运、航空多个维度梳理了全国城市群交通设施与运量的发展,并研究了19个城市群的人口空间流动情况,依据城市群人口空间流动的强度和结构对城市群进行分类,探究了城市群人口流动与交通的关系,丰富了城市群交通相关研究。

4. 采用大数据识别了中国都市圈空间分布,填补了都市圈综合交通评价的空白

目前关于都市圈的研究多为区域尺度及政策性研究,全国尺度及实证分析较少。在都市圈识别方面,目前研究对于全国性的都市圈识别多采用传统统计数据,大数据多应用于单个或几个都市圈边界的探讨,在全国都市圈识别上的应用较少。目前已有一些研究评价了都市圈的发展水平,但全国都市圈综合交通评价领域还处于空白。

本研究采用手机信令数据,从中心城市人口规模和中心城市与周边城市人口流动联系的角度,识别了中国都市圈的个数和范围,从对外交通设施、城市交通设施、都市圈交通设施、都市圈交通运量和都市圈人口流动联系的角度,总结了全国都市圈的交通发展情况。并从交通设施、交通运量、都市圈人口流动联系和中心城市交通运输服务水平四个维度,评价了全国都市圈的综合交通水平,填补了中国都市圈综合交通评价的空白。

5. 用中国的结论丰富了国际上城镇化、城镇体系与交通关系的研究

由于国情不同、城镇化发展的时间不同,不同国家的城镇化进程和城镇体系

呈现出不一样的模式。本研究分析了中国城镇化空间格局的变化,探讨了中国城镇化独特的影响因素,如户籍制度、土地财政等,提供了在中央行政力量主导下,城镇化、城镇体系与交通体系的关系的案例,并对中国城市群和都市圈的空间分布、人口经济发展情况、综合交通发展情况进行了全面的分析与总结,丰富了国际城镇化与交通研究的案例。

（二）现实意义

1. 明确现有交通体系与城镇化、城镇体系的关系,为交通建设支撑和引导新型城镇化发展提供参考

交通发展与城镇化发展相互影响,交通设施是城镇化的基础设施支撑,交通网络的完善能够促进人口与经济要素向城市集聚,促进城镇化发展;城镇化水平的提升带来了更多的要素流动需求,也对交通设施提出了更高的要求。交通通过促进人口迁移和增强城市吸引力两条路径,推动了城镇化发展。然而,交通对于区域城镇化的作用不总是正面的,还与该区域的经济发展水平、该区域与其他区域的关系有关,不发达地区的交通水平提升有可能会产生虹吸效应,加速人口的流失。因此,需要厘清不同区域交通与城镇化发展的耦合关系,辩证地看待交通对城镇化的影响。

新型城镇化要求以人为本,推进城乡统筹、城乡一体化发展;要优化城镇化布局,构建科学合理的城镇化宏观布局,促进大中小城市协调发展。城镇化布局形态需要交通体系的支撑,新型城镇化要重视交通体系的空间分布均衡性,兼顾公平与效率,为此,必须明确现有交通体系与城镇化、城镇体系的关系,有针对性地确定不同地区的新型城镇化交通发展方向。

本研究明确了中国现有交通体系与城镇化、城镇体系之间的关系,明晰了不同区域城镇化水平和交通发展水平的差异,分析了交通设施空间分布与城镇化空间格局分布的异同,探究了全国交通体系与城镇体系之间的异同,为不同区域面向新型城镇化的交通发展策略提供了指引。

2. 总结城市群与都市圈交通发展现状和需求,为城市群与都市圈交通发展战略提供政策参考

城市群是新型城镇化的主体形态,是支撑全国经济增长、促进区域协调发展、参与国际合作竞争的重要平台。都市圈则是以城市群中的核心城市为中心,以1小时生活圈为范围的功能地域,是城市群中的核心地域。城市群与都市圈是当前城镇化布局中的重要战略地域。交通是支持和推动城市群与都市圈发展

必不可少的要素。交通基础设施支撑了城市群内要素的流动,交通方式和网络形态影响了城市群的空间组织结构,交通可达性的变化影响了居民和企业的选址行为,促进了城市群的集聚与扩散作用。交通设施水平是都市圈一日生活圈空间范围确定的基础。

本书总结了中国城市群与都市圈的综合交通发展现状和需求,总结归纳了不同城市群人口流动特征,评价了全国都市圈综合交通发展水平,有助于从交通角度对城市群和都市圈进行分类,有针对性地确定不同城市群与都市圈的交通发展策略,为城市群与都市圈交通发展战略提供政策参考。

第二节 研究内容与技术路线

一、研究内容

本书围绕城镇化、城镇体系与交通的关系这一核心问题,对中国城镇化与城镇体系的发展,及其与交通的关系展开研究,考察了中国城镇化的格局与演变、城乡居民的出行差异、中国城镇体系的演变、城镇体系与交通发展的关系;在此基础上,梳理了中国城市群与都市圈的发展,考察了城市群与都市圈的交通发展水平,并为城市群与都市圈交通建设提出政策建议。具体安排如下:

第一章:绪论。介绍研究背景,确定研究的主要问题;明确研究内容、方法和技术路线;指出研究意义。介绍城镇化的概念、空间模式与发展阶段,并梳理城镇化、城镇体系与交通的关系。

第二章:中国城镇化格局特征与演变。整理了中国城镇化格局与演变的研究进展;从人口、经济和土地利用角度探究了我国的城镇化进程和空间格局;采用空间自相关等方法,探究了我国城镇化的均衡与集聚格局。

第三章:城镇化与交通。采用全国(全国家庭追踪调查数据)、区域(小城镇调查数据)和城市(北京第三次居民出行调查数据)三个层面的数据,研究了城乡居民的出行时间、出行目的、出行频率、出行方式等出行特征差异。分析了城乡居民小汽车拥有的差异性,从城乡居民小汽车保有量、使用比例和出行时长等方面探讨了城乡居民出行强度差异。

第四章:中国城镇体系演变。梳理了中国城镇的定义标准及其变迁,介绍了城镇规模体系、空间体系和职能体系的内涵及本研究测定城镇体系的方法。探究了我国城镇规模体系、职能体系和空间体系的演变与现状。

第五章:城镇体系与交通发展。以克里斯塔勒的中心地理论为基础,探讨了交通在城镇体系形成与演变中的作用。梳理了中国交通投资,以及铁路、公路、水运和航空交通基础设施的发展。采用 Zipf 指数分析了中国城镇规模体系与交通体系的关系,探究了不同交通方式对城镇规模的影响,研究了城市职能与交通发展水平和交通枢纽类别之间的关系。

第六章:城市群与都市圈发展。梳理了城市群与都市圈的概念、界定与特征,利用手机信令数据,以中心城市规模和城际通勤率为标准,识别了中国的都市圈范围。探究了中国城市群与都市圈的空间分布格局,从人口、经济发展和就业的角度分析了中国城市群和都市圈的发展。

第七章:城市群交通发展。介绍了城市群交通系统的构成及其空间、时间和需求方面的特征,探讨了交通对城市群发展的作用。从区域、城际和城市尺度研究了中国 19 个城市群交通发展情况。采用社会网络分析方法,研究了 19 个城市群内部人口流动的网络结构,对中国城市群人口流动网络特征进行分类,并研究了城市群人口流动强度与交通基础设施之间的关系。

第八章:都市圈综合交通评价。梳理了国际都市圈交通发展的案例,从对外交通、城市交通、都市圈交通等尺度分析了中国都市圈的交通设施情况、交通运输总量与结构、城际通勤率情况。选取交通设施、运量、都市圈通勤和中心城市交通运输服务四个方面的指标,评价了中国 25 个都市圈的综合交通运输水平,并从交通设施、运量和通勤水平,以及中心城市交通运输服务水平两个维度,将都市圈分为四类,分析各类都市圈交通发展的特征。

第九章:城市群与都市圈交通发展政策建议。梳理了全国新型城镇化规划、综合交通运输体系规划、区域性交通规划等规划文件中的城市群与都市圈交通政策,总结现有政策的特征与不足,为城市群与都市圈交通发展提出政策建议。

二、技术路线

本书研究主题为城镇化、城镇体系与交通,技术路线从文献综述出发,再进行城镇化、城镇体系与交通关系的实证研究,以城市群和都市圈为重点研究区域,评价中国城市群与都市圈的交通发展水平,最后为城市群与都市圈交通发展提供政策建议(图 1-2)。

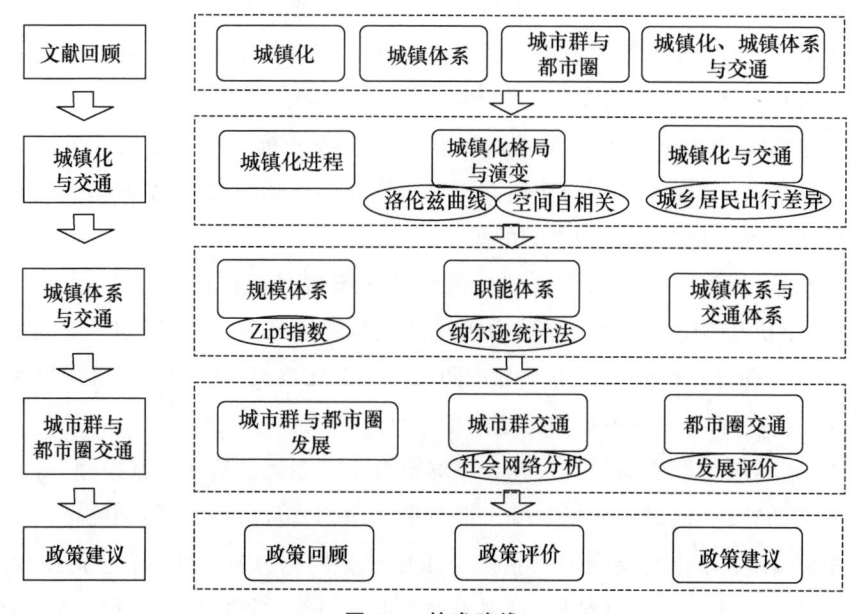

图 1-2　技术路线

第三节　城镇化的概念与发展阶段

一、中国城市与人口的概念

中国的行政区划主要包括省级行政区、地级行政区、县级行政区和乡级行政区四个等级,城市这一概念对应的主要是地级行政区。地级行政区又分为地级市、地区、自治州和盟几类,这几类在行政区划上都属于地级行政等级。在行政建制中,市是中国的一级政权组织,包括中央直辖市、省辖市(地级市)、地辖市(县级市)、省辖市辖市(县级市)。中央直辖市属于省级行政区,地级市属于地级行政区,县级市属于县级行政区。本研究采用的城市统计单元为地级行政单元,也即地级市单元。

统计年鉴中地级行政单元的数据有全市和市辖区(城区)两类。全市即为地级市的全部行政区域,包括地级市的城区、辖县和辖市,市辖区(城区)则只包括城区,不包括辖县和辖市。本研究应用的数据均为全市数据。

中国人口的统计口径主要有两种:户籍人口和常住人口。户籍人口指公民依照《中华人民共和国户口登记条例》,已在其经常居住地的公安户籍管理机关登记了常住户口的人,这类人口不管其是否外出,也不管外出时间长短,只要在某地注册有常住户口,则为该地区的户籍人口。常住人口是指一定时期内在某地实际居住的人口,数据主要来源于全国人口普查、1%人口抽样调查和1‰人口抽样调查。常住人口与户籍人口相比,不同年份缺乏统一的统计口径,因而不同年份之间的常住人口难以比对。

基于户籍人口和常住人口两个概念,人口城镇化也有两种测定方法。基于户籍人口划分的城镇人口与乡村人口分别指户籍性质上的非农业人口和农业人口,人口城镇化就是农业人口向非农业人口转变的过程。基于常住人口的城镇人口与乡村人口划分主要根据城乡的行政地域划分来统计,从1955年至今统计口径有多次变化,在时间上不具有可比性。因此,本研究的城市人口、城镇人口和城镇化率都基于户籍人口统计和计算。

二、城镇化的定义和内涵

不同学科从不同角度定义了城镇化。美国学者沃纳从经济学的角度,认为城镇化是从人口稀疏并相对均匀分布、劳动强度很大且人口分散的农村经济转变为具有基本独立特征的城市经济的变化过程;英国学者巴顿从人口和生产力的角度,认为城镇化是人口和社会生产力逐渐向城市转移和集中的过程;苏联学者库采夫从社会历史发展的角度,认为城镇化是工业革命发展过程中,由于大机器工业的出现、劳动分工的深化、交换范围的扩大,社会从一种形态转向另一种形态的历史性过程(崔援民等,1998)。罗西在《社会科学词典》中从四个方面比较综合地描述了城镇化:一是城市中心对农村腹地的影响的传播过程;二是全社会人口逐步接受城市文化的过程;三是人口集中的过程,包括集中点的增加和每个集中点的扩大;四是城市人口占全社会人口比例的提高过程,这一观点着重于城镇化的人口和文化内容(许学强等,1988)。

归纳各个描述角度,可以分为三个学科的视角。人类学视角以社会规范为中心,认为城镇化意味着人类生活方式的转变;经济学认为城镇化是不同等级地区的经济结构转换过程,重视生产要素流动在城镇化中的作用;地理学则强调城镇化是一个地域空间过程,包括区域范围内城市数量的增加和每个城市地域范围的扩大两个方面(许学强等,2009)。

随着不同学科的发展,城镇化的内涵也有了更新。从制度经济学的角度来看,城镇化这一结构变迁描述的是人类社会经济活动组织及其生存社区制度安排由传统的制度安排向新型制度安排的转变,这一转变直观地体现为劳动力、资本、物质资料等经济要素在不同空间地域上的流动与重组。城市经济学则认为城镇化是农村自然经济向城市社会化大生产转化的过程,是第二、三产业不断聚集发展的过程,这一过程会导致农村劳动力向第二、三产业转移,非农产业投资及其技术、生产能力在城市集聚(何念如,2006)。这二者的定义分别引入了城镇化地域空间进程中的制度变化以及产业变化特征,为城镇化的内涵提供了更广阔的视野。

三、当前城镇化测定的主要方法

城镇化的测定有主要指标法和复合指标法两种。主要指标法是选取最能代表城镇化程度的指标来测定城镇化,常用的有人口比例指标和土地利用指标。人口比例指标用城镇人口占总人口的比例来代表城镇化率。土地利用指标则用一定时间内非城市用地(农业用地、林地、草原、海滩等)转化为城市用地(住宅、工业、商业、文教等)的比率来代表城镇化率,是城镇化在地域空间上的表现。

人口比例指标和土地利用指标都是用城镇化发展最重要的某个方面来代表城镇化率,反映的内容有所局限。因此不少学者采用复合指标法,选用多种指标来描述城市发展的不同方面,再通过专家统计法、因素分析法等统计方法,将各个指标的判定结果综合起来,得到综合的城镇化率。选用的指标通常涉及人口、经济、公共服务、文化、土地利用等多个方面。

本研究的城镇化率测定采用最常用的人口比例指标,如无特殊说明,地级市城镇化率均为地区的非农人口占户籍总人口的比例。

四、城镇化的空间模式

(一)城镇化地域空间过程

地理学关注城镇化的地域空间过程,城镇化地域空间过程主要有两个方面:一是集中,二是扩散。

美国学者弗里德曼据此将城镇化划分为Ⅰ型城镇化和Ⅱ型城镇化(沈建法,1999)。前者是物质要素在空间上的集中,后者是文化观念在空间上的扩散,物质性与文化性的城镇化过程共同进行,这两种过程的配合方式不同,会形成不同的城镇化状态。

当Ⅰ型城镇化进行而Ⅱ型城镇化滞后时,非城市景观向城市景观的转化快于城市生活方式和城市文化的扩散,城市中存在大量居民并未进入城市生活方式。这种城镇化被称为假城镇化或过度城镇化。此时人口城镇化水平高于经济城镇化水平,城镇化速度高于工业化速度,城镇工业发展水平不足,基础设施落后,城市建设步伐赶不上人口城镇化速度,因此城市不能为居民提供充足的就业机会,导致城镇居民失业率高,乡村人口迁移到城市后不能实现相应的职业转换,还可能有大量城镇人口生活在贫民区。这样的城镇化主要存在于城镇化开始较晚的第三世界,南美洲部分国家是假城镇化的典型,例如墨西哥、巴西、阿根廷等。这些国家的人口城镇化率很高,2018年,墨西哥的城镇化率已达80.16%,巴西的城镇化率达到86.57%,阿根廷的城镇化率更是达到91.87%,这些南美国家的城镇化率已经与西欧、北美许多发达国家相近,同年美国的城镇化率为82.26%,加拿大的城镇化率为81.41%,英国的城镇化率为83.4%,而同年中国的城镇化率为59.15%。南美洲许多过度城镇化的城市中大量人口居住在贫民窟,造成了严重的城市病,城市中贫富分化严重,工业化水平不足,城镇化健康发展难以维系,即使城镇化率高,城镇人口的生活水平也没有提升。

Ⅱ型城镇化进展快速而Ⅰ型城镇化进展缓慢,有两种情况。一种情况是发达国家在便利的交通网络支持下,为了躲避城市的恶劣生活环境,部分人口迁往郊区乃至乡村,被分别称为郊区城镇化和逆城镇化。其中郊区城镇化是整个城市区域的人口总量仍然处于上升阶段,但中心城市的人口增加速度低于郊区的人口增加速度,或中心城区的人口总量已经开始下降,但郊区的人口总量增加高于中心城区的人口总量下降。逆城镇化则是整个城市区域的人口总量下降。

郊区城镇化和逆城镇化的现象多出现于北美和西欧的发达国家,如美国、加拿大、英国、德国等。其中北美的郊区城镇化和逆城镇化现象尤为突出。人们为了寻求更优良的居住环境、更好的空气质量、更大的房屋,而从中心城市迁往郊区,通过发达的公路或铁路网络进行通勤,或在通信网络的支持下在家办公。同时,城市中心的老城衰落,被低收入人口占据。第二次世界大战后,美国的郊区城镇化快速发展,芝加哥、洛杉矶等城市经历了典型的郊区城镇化过程,城市范围在空间上不断扩大,形成"摊大饼"式的空间模式。小汽车的发展是郊区城镇化的推动力,郊区城镇化也反过来促使小汽车成为美国的主导交通方式。

除了郊区城镇化,美国许多老城也经历了逆城镇化的过程。自1950年以来,底特律城市人口减少了50%。1980—1990年,匹兹堡市的人口减少12.8%,圣路易斯市减少12.4%,克利夫兰减少11.9%,新奥尔良市减少

10.9%，布法兰市减少8.3%（许学强等，2009）。老城经历了不可避免的衰落。城市复兴成为逆城镇化背景下的重要议题。中心城市被低收入人口占据后，由于拥有较低的地租和空置的房屋，也吸引了年轻的文化创意产业工作者，老城通过文化创意产业的发展实现了部分复兴，重新吸引了人口。

Ⅱ型城镇化进展快速而Ⅰ型城镇化进展缓慢的另一种情况是乡村城镇化，也被称为就地城镇化。这类城镇化类型在中国一些经济发达的农村表现较为明显。此时有大量农村剩余劳动力向非农活动转移，生活方式已向城市转化，同时一部分从事非农活动的乡村人口向小城镇集聚，使原有的小城镇发展加快，新的小城镇出现，由此形成了没有较远距离迁移的就地城镇化。与郊区城镇化相比，就地城镇化并未经历人口先向大城市集中，再向郊区乃至乡村地区扩散的过程，而是在乡村地区直接完成生活方式和产业结构的变化，实质上是小城镇"多点开花"的发展模式。

（二）向心型城镇化和离心型城镇化

Ⅰ型城镇化和Ⅱ型城镇化分别是物质性城镇化与文化性城镇化在空间上集中与扩散的过程，物质性城镇化自身也有集中或扩散的表现形式，即向心型城镇化和离心型城镇化。

向心型城镇化是指商业服务设施、政府部门、企事业公司的总部、银行、报社等脑力劳动机构向城市中心集聚；离心型城镇化是指一些工业企业，如需要宽敞用地的大型企业，需要防止灾害和污染的煤气厂、垃圾处理厂等，以及需要安静环境的精神病院、传染病院等机构从城市中心向边缘搬迁的过程（许学强等，2009）。向心型城镇化与离心型城镇化是由不同机构所需的不同要素特征决定的，体现了城镇化内部的复杂性。不同产业有不同的区位选择倾向，跟随着不同产业的区位选择，就业人口的居住情况也会发生变化。职工倾向于居住在就业地附近，但过高的地租又会将居民推离就业地。在多方因素的权衡下，居民居住选择与产业用地分布达成平衡。

向心型城镇化和离心型城镇化会形成不同的城市景观。向心型城镇化使城市中心土地利用密度升高，地租增高，城市中心向立体发展，形成中心商业区。离心型城镇化使城市外围地域形态发生变化，是城市在平面上扩展的过程。二者共同形成了城市在平面和立体上的扩张。

（三）外延型城镇化和飞地型城镇化

城镇化在空间上的扩张可以根据与原有建成区连续与否，划分为外延型城镇化和飞地型城镇化。

外延型城镇化是指城市在离心扩张中一直与原有的建成区保持联系,连续、逐渐地向外推进,这一过程包括城市建设用地规模的扩张,也包括城市人口的增加;飞地型城镇化是指镇化推进过程中,新的城镇化地区与原有的建成区在空间上断开,职能上保持联系(许学强等,2009)。通常情况下,城镇化的空间发展模式以外延型为主,地域扩张是连续的,这是城镇化自然发展、不受外力影响时的趋势。飞地型城镇化主要存在于大城市,与宏观规划的管控关系较大,新区建设即是飞地型城镇化的一种。如雄安新区位于河北省保定市域内,规划范围涵盖河北省雄县、容城、安新县及周边部分区域,用以集中疏解北京非首都功能,调整优化京津冀地区城市布局和空间结构。

五、城镇化发展的阶段理论

(一)彼得·霍尔城镇化发展六阶段理论

彼得·霍尔的城市演变模型是城镇化阶段划分的经典理论。彼得·霍尔于1984年提出这一模型,主要源自对美国城镇化进程的研究,将城镇化、郊区化、逆城镇化和再城镇化看作一个连续演变的过程(许学强等,2009)。

该理论将一个国家分为都市区和非都市区,将都市区分为中心市和郊区。根据都市区与非都市区、中心市与郊区人口变化的组合不同,城镇化发展阶段可以概括为五个时期六个阶段(图1-3)。

第一阶段是流失中的集中,这一阶段,城镇化水平的提高主要体现在大城市体系的发展上,中小城市吸引人口的能力较弱,除了中心市吸引周围郊区和农村地区迁出的人口外,还有人口迁往大城市。第二阶段是绝对集中,此时工业化已经在多数城市得到发展,吸引了大批劳动力,乡村人口继续大量减少,城镇化水平迅速增加,各都市区的人口规模处于绝对增加状态,人口主要向中心市集中。第三阶段是相对集中,此时城镇化处于高速发展阶段,都市区人口增长迅速,同时中心市人口增长的速度高于郊区人口增长的速度,城镇化仍然处在向心集聚时期。

第四阶段是相对分散,此时郊区化进程已经出现端倪,城镇化增长模式发生重要变化。都市区人口继续增长,中心市人口也仍然增长,但郊区人口的增长速度超过中心市,中心市在整个都市区人口中的比重开始下降。第五阶段是绝对分散,此时都市区人口流动的主要方向发生逆转,中心市的分散力量超过了向心

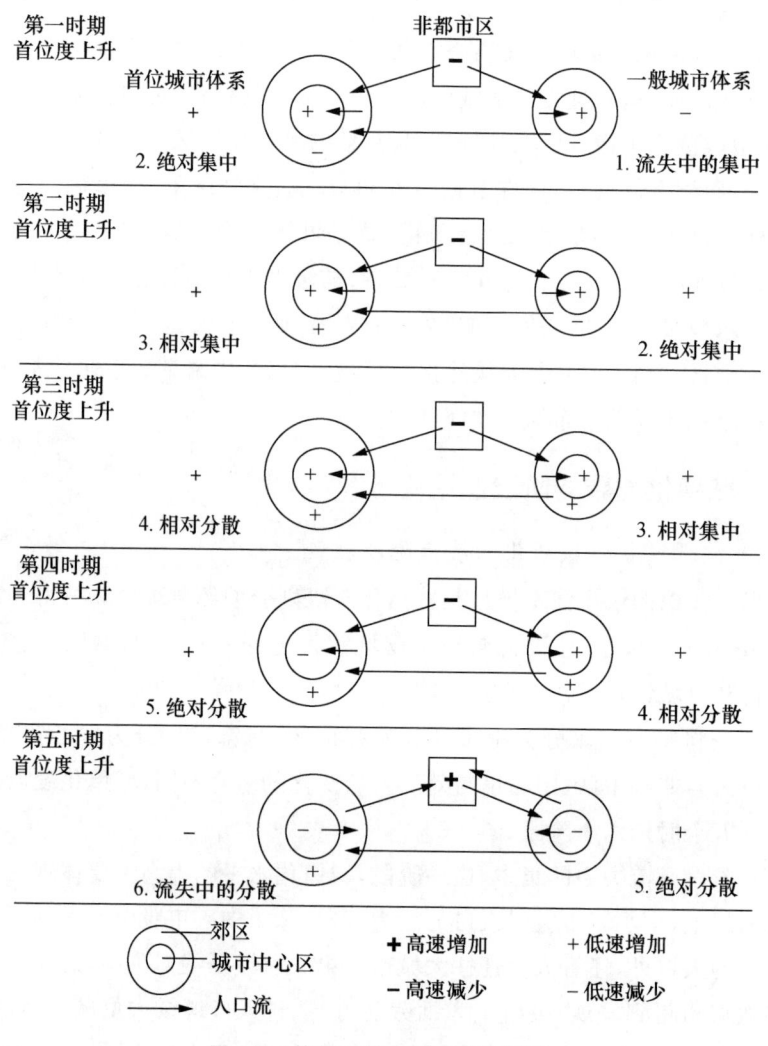

图 1-3 彼得·霍尔城市演变模型

图片来源:许学强等,2009。

集聚力量,人口从中心市向郊区迁移,中心市的人口下降,郊区人口低速增长,但都市区整体人口还在缓慢少量增加。第六阶段是流失中的分散,此时都市区整体的人口已经开始减少,中心市人口大量外迁,一部分进入周围郊区,一部分向非都市区扩散,城市进入了逆城镇化阶段,这时城市地区出现衰落。

在城镇化的六阶段中,前三个阶段中心市的人口高速增长,城市发展以向心集聚为主。第四阶段中心市人口增长低于郊区,但中心市和郊区的人口分别处于增长阶段,这是离心扩散的初始阶段。第五阶段中心市人口出现负增长,人口向郊区迁移,郊区人口增加,整个都市区的人口也依然处于增加阶段,是典型的郊区化阶段。第六阶段则是逆城镇化,整个都市区的人口下降,中心市的人口大量外迁,一部分被周边郊区吸收,一部分向非都市区扩散(表1-1)。

表1-1 彼得·霍尔城市演变模型

城镇化阶段	首位城市体系			一般城市体系人口	非都市区	首位度变化
	人口总量	中心市人口	郊区人口			
流失中的集中	增加	增加	减少	减少	减少	增加
绝对集中	增加	增加	减少	增加	减少	增加
相对集中	增加	大量增加	增加	增加	减少	增加
相对分散	增加	少量增加	大量增加	增加	减少	减少
绝对分散	少量增加	减少	增加	大量增加	减少	减少
流失中的分散	减少	减少	增加	增加	增加	减少

从表1-1中可看出,该模型将许多不同大小的都市区体系纳入一个大的城市演变模型中,一般城市体系略微滞后于首位城市体系发展,一般城市体系的人口发展到一定程度之后,也会经历先前首位城市体系经历的过程。从区域乃至国家的尺度看,城镇化进程的演变是城市体系渐次发展、一般城市体系不断成长起来的过程。

在这六阶段中,每一阶段向下一阶段的变化为一个时期。前三个时期,全国城镇体系中的城市首位度均增加;后两个时期,即从相对分散到绝对分散,从绝对分散到流失中的分散,全国城镇体系城市首位度下降。

彼得·霍尔的六阶段城市演变模型描述了从城镇化到逆城镇化的城镇化阶段发展,与美国20世纪初到70年代的城市发展历程相似。六阶段模型描述了城镇化到逆城镇化的一个周期,但逆城镇化不一定是城市发展的终点,如美国的部分城市在20世纪80年代后,国际移民为城市人口增长增添了新的活力,而城市自身采取的城市更新策略也促进了中心城区活力的恢复。这一过程被称为再城镇化。

霍尔的城镇化发展模型是对英美城镇化进程的归纳,符合一部分英美城市的发展经验,但不一定适用于全部城市。美国城市郊区化的前提是郊区更好的生活环境以及发达的小汽车通勤。但东亚城市高密度的人口使得城市即使向郊区扩张,中心城区的人口也不一定有明显的减少,郊区化和逆城镇化的现象不必然发生。

从城镇体系来看,在霍尔的模型中,一个周期的最后阶段首位城市体系人口减少,一般城市体系人口增加,依照这样的发展模式,全国城镇体系首位度不断降低,最终全国的城市体系将达到规模比较相近的均衡状态。但现实中全国城镇体系的首位度还受到国家大小、人口、规划管理等多种因素的影响,全国城镇体系的首位度未必会随着城镇化的发展而降低。

(二)城镇化发展"S"形曲线

美国地理学家诺瑟姆于1979年提出,各国城镇化发展进程可概括为一条"S"形曲线(Northam R M,1975)。以城镇化发展时间为横轴,城镇人口占总人口的比例为纵轴,城镇化发展的速度呈一条被稍稍拉平的"S"形曲线(图1-4)。

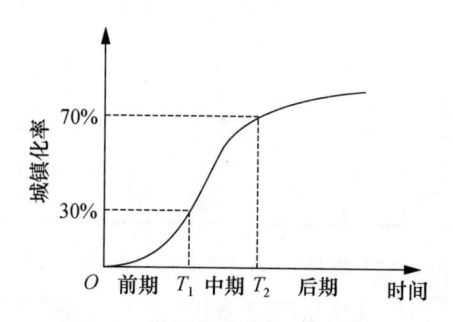

图1-4 城镇化率增长"S"形曲线

城乡人口增长率的差别主要由乡村向城市的人口流动造成,而乡村向城市的人口流动速度又与各国的经济、社会发展状况有关,受城乡之间的产业经济效益差别和收入差别影响。城镇化率不同时,社会的经济发展状况不同,城镇化速率也将有所变化。

城镇化快慢的转折点是城镇化率分别为30%和70%时。城镇化初期,城镇化率未达30%时,乡村对人口的推力较大,但城市发展水平一般,就业机会和收入水平产生的拉力较小,城镇化发展较慢。城镇化率超过70%时,虽然城市发展水平高,人口拉力较大,但乡村的剩余劳动力已经基本释放,乡村的人口推力不大,因而城镇化速率也不高。城镇化率位于30%~70%时,城镇化率最高。在城镇化发展的这一中期阶段,城市工业化起步,岗位需求大,乡村的人口推力也维持在较高水平,乡村人口向城市大量迁移,导致了较高的城镇化率。随着城镇化率增加,工业化进入成熟阶段,第三产业发展起来,城市依然维持着较高的人口拉力,但乡村的剩余劳动力逐渐减少,因此城镇化速率逐渐降低。

世界各国的城镇化发展进程基本都遵循"S"形曲线的模式,但具体的转折点以及曲线的长度有所不同。一般来说,城镇化开始较早的国家,城镇化发展较慢,城镇化和工业化开始较晚的国家,例如拉丁美洲国家、中国、印度等国,达到相同的城镇化水平时所用的时间要短于城镇化开始较早的发达国家。

第四节 城镇化、城镇体系与交通

一、交通对城镇化的影响

交通是城镇化的一个影响因素。交通建设能够促进人口和经济要素向城市集聚,促进城镇化进程,主要来源于网络效应和溢出效应。网络效应是随着交通网络的不断发展,所提供服务的平均成本逐渐降低,服务的有效性逐渐增强,随着网络的不断完善,会形成大大小小的轴心,从而使整个区域呈现多层次的特点。溢出效应是指交通基础设施的建设以及交通服务的发展降低了居民出行和货物运输的成本,提高了出行和运输效率,因而提升了其他行业的运行效率,间接推动经济发展和各类要素集聚(邓丹萱,2014)。

交通对城镇化的影响可以通过多方面达到,影响城市人口变化是其中一个重要机制。学者多采用回归分析研究交通设施和网络的建设对城市人口的影响,发现交通基础设施水平高的城市对人口有更大的吸引力(李欣,2016),包括道路面积、城市轨道交通、高铁开通情况等在内的交通基础设施会对城市人口集聚起到促进作用,城市交通基础设施的改善,直接提高了区域的可达性、可靠性,增强了区域吸引力,而人口相对于经济和产业转移的速度更快,交通基础设施改善的效果也更加明显(吴号禹,2017)。交通网络的完善同样能够促进城市人口集聚,关于交通网络的研究主要集中于铁路交通,学者多以加权旅行时间为指标衡量交通可达性,发现铁路交通发展提高了沿线城市的可达性,改善了沿线城市的人口分布的区位条件,增强了沿线城市对人口的拉力(覃成林等,2016),铁路提速对沿线城市人口增长也有着明显的正向影响(覃成林等,2013)。

不同交通设施对城镇化的影响不尽相同。杨忍(2016)用空间计量模型研究了2010年道路交通水平对人口城镇化的影响,发现交通覆盖水平,即各层级路网密度对城镇化影响较大,交通覆盖水平提高,可增强农村人流、物流、信息流交换的可介入性,促进要素非农化。但各层级道路的影响贡献存在差异性,其中,铁路密度对城镇化发展贡献最大,其次是国道和高速公路,高速公路和铁路具有"廊道"的成分及性质,一定程度上将完整区域分割成两部分,影响到区域整体性,间接影响到城镇化发展。也有学者发现,不同交通设施在某些地区对人口集聚的影响可能是不同的,高铁在西部地区产生人口扩散效应,而轨道交通则促进了西部地区的人口集聚(吴号禹,2017)。

交通发展不只影响人口城镇化,也影响了综合城镇化水平。有学者用空间计量模型,从省域尺度研究2000—2014年交通基础设施对综合城镇化的影响,其中城镇化水平用包括经济发展、社会生活和环境资源的综合指标衡量,交通基础设施水平用交通网络密度衡量,发现交通基础设施的发展对城镇化发展具有正效应,可以推动城镇化的进程,且该种正效应在东中西部依次递减。东中部地区交通基础设施对城镇化进程存在空间溢出效应,一个地区的交通基础设施水平提高对相邻地区有正向影响,这可能由于中东部交通网络化程度较好;而西部地区的空间溢出效应不显著,一方面由于西部地区交通网络密度小,另一方面西部一些落后地区与发达的东部地区邻接,发达的交通基础设施可能会对落后地区产生虹吸效应(余凯航,2016)。交通对城镇化的影响取决于区域在集聚和扩散中的地位,视区域的不同社会经济发展水平和交通发展水平而有所差异(邓丹萱,2014)。

高铁作为新兴发展的客运手段,受到学者们的关注。在全球经济与信息时代的背景下,城市作为复合网络信息网、金融网连接点的作用较城市规模和经济功能显得更为重要,高铁网将成为城市间相互作用新的途径,并在中短距离取代航空业的发展优势,高铁枢纽站点也将成为新的信息聚集点和交通枢纽点。高速铁路带动工业、非工业部门投资增加,导致的追加投资将有利于激发新一轮本地市场效应,触发循环累积过程,同时通过乘数加速过程作用于地方经济,最直接的是带来城市人口的增加(张萃,2009)。有学者研究了高铁通勤频次和高铁度中心性对城市人口的影响,发现高铁对沿线城市人口规模增长有积极作用,与核心节点联系越紧密的城市受到的正向溢出效应越大,溢出效应随时间递减(刘丽玲,2018)(表1-2)。

表1-2 交通设施与城镇化水平的量化关系

文献	全国	区域
覃成林,2013	铁路提速导致的城市可达性每提高1%,城市人口出现0.39%的相应增长。对于提速沿线城市,可达性每提高1%,人口出现0.52%的相应增长	东部地区:铁路提速导致的城市可达性提高1%,人口出现0.9%的增长;东北地区:可达性提高1%,人口出现1.5%的增长

(续表)

文献	全国	区域
余凯航,2016		交通网络密度增加1%,东部地区综合城镇化水平增加0.0497%,中部地区综合城镇化水平增加0.0425%,西部地区综合城镇化水平增加0.038%
刘丽玲,2018	城市在高铁网络中的度中心度增加1%,城市人口出现0.027%的相应增长	

与其他交通设施一样,高铁对不同地区的影响有所不同。在东部地区,高铁建成后有效地缩短了城市间的经济距离,加快了人口流动,促进了人口向南京、上海等大城市集聚(李祥妹等,2014)。但对中西部城市的研究发现,在短期内,高铁建设降低了中西部地区开通高铁城市的人口规模,不利于该类城市城镇化水平的提高,在高铁开通后的前三年,高铁建设对中西部地区人口规模和城镇化水平的影响并不明确,但在高铁开通后的第四年则显著降低了中西部地区开通高铁城市的人口规模,并对其城镇化水平产生了负面影响(刘金凤等,2018)。

总的来说,交通发展主要通过促进人口迁移和增强城市吸引力两条路径,推动城镇化发展。人口迁移是最直接、最快速的路径,人口的流动相比企业、产业的流动要更加快速和便捷。交通发展一方面通过提供基础设施通道,提高了人口的流动性,另一方面,交通设施水平的提升有利于提升城市可达性,而人口倾向于向可达性高的城市流动,由此随着可达性的增长,城镇化率也随之增长(图1-5)。

提升城市经济吸引力是交通发展影响城镇化水平的另一条路径。交通发展提高了城市的基础设施服务水平,增加了城市的生产与消费活力,由此提升了城市的经济吸引力,促进城市在经济和产业上的发展,从经济和产业角度提升了城镇化水平。

然而,交通发展对城镇化的影响不完全是正面的,还需要结合区域属性看待。不发达地区的区域交通水平提升可能会促使人口向发达地区流动,使得发达地区对不发达地区产生虹吸效应,导致不发达地区人口的流失。

二、交通视角下的城镇体系研究

交通与城镇体系的结构关系密切。克里斯塔勒的中心地理论中,三种类型

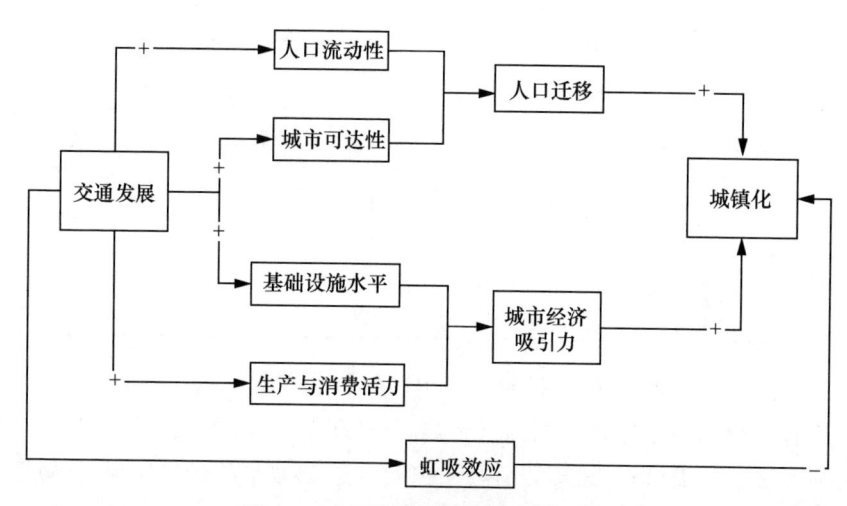

图 1-5 交通发展影响城镇化的机制

的中心地分布分别基于市场、交通和行政视角。在全球经济和信息时代的背景下,城市间相互作用的新途径是信息网和航空网(顾朝林等,1997),市场和交通对于城镇体系的作用愈发显著,行政作用相对来说退居其后。交通流是节点间的社会经济联系具有流场的空间属性,反映了城市间的相互作用(王成金,2009),因此,不少学者基于交通视角研究城镇体系。

有学者基于铁路网络研究我国城镇体系。铁路站点是城市对外网络连接的门户,由结点(铁路站点)和连接线(铁路网)所组成的铁路网络代表了城市的空间可达性,直接反映城市间的交易流和连通度,通行列车越密集,城市的对外联系就越紧密,对外交往就越方便。城市的规模越大,该城市与其他城市发生联系的可能性越大,发生客、货流就越多,铁路服务能力也越强(钟业喜等,2011)。戴特奇等(2005)研究了 1991 年和 2000 年我国 200 多个地级以上城市间铁路客流,发现铁路客流有明显的空间层次化趋势,城市群的空间结构在铁路客流的层次上有中心极化和区域重组的趋势。1991 年,各个城市群中心城市之间还较少有首位联系,首位联系主要局限于省内交流和大区内交流,到 2000 年,三大城市群的首位联系基本覆盖全国,扩展明显,改变了省内交流的特征。城市群在铁路空间的等级分化明显,尤其广州最为典型,对南方和西南城市群的首位联系有强烈的重塑作用。钟业喜等(2011)以 2008 年具有始发列车的 186 个地级以上城市作为研究对象,用图表判别法和聚类分析法对中国城市体系进行等级划分,将全国城市划分为了 4 个等级,全国性中心城市有北京、上海和广州 3 个,区域性中心城市有深圳、哈尔滨、天津、沈阳、武汉、成都、杭州、西安8个,省域性中心城市有30个,地方性中心城市有145个,城市等级金字塔特征明显,城市等级受行政级别、地形和经济社会等因素影响显著;城市体系东西差异明显,高等级城市构成了中国铁路运输网络的基本骨架,并与中国国土开发中的"T"形战略格局非常吻合;高等级的城市形成了6对双核结构模式,分别是京津、广深、宁沪、沪杭、沪汉和成渝。

基于航空网络的城市体系结构与铁路表现出不同的特征。航空运输具有及时、高效、灵活的优势,尤其在长距离和国际客运方面的作用越来越重要,航空网络与城市体系的规模等级结构高度相关,我国所有的超大城市、几乎所有的特大城市以及半数以上的大城市都是空港城市。早期对航空流的研究发现,分散主导了改革开放以后航空网络结构演变的总体趋势,但中间略有波动;网络连接强度存在省区差异,国内与国际网络分布趋势相一致,东部沿海地带是我国国内外网络连接的核心区域,国内网络连接强度的前10位省(市、自治区)中有8个在东部,京津冀和苏沪两地占据了国际连接上的主导地位,广东虽然在国际连接方面与前两者有明显差距,但在国内连接中遥遥领先于其他地区,此外,航空网络连接强度和网络连接紧密度在空间上相分离,表明中国城市体系的空间网络结构还处在动态演变过程中(周一星等,2002)。有学者基于航空网络分析,同样运用图表判别和聚类分析的方法,将中国128个通航城市划分为4个等级,全国性中心城市有北京、上海、广州(以下简称北上广)3个,区域性中心城市有深圳、乌鲁木齐、沈阳、成都、西安、重庆、昆明7个,次区域中心城市有31个,一般地方性中心城市87个,与基于铁路网络的划分相仿,航空网络体现出的城市体系也呈现出金字塔形特征,城市等级受行政、经济和旅游因素影响显著,城市体系分布存在明显的东西差异,高等级城市构成了中国城市航空网络基本框架(薛俊菲,2008)。

航空网络的发展变化也反映了我国城市体系的变化。从1995年、2000年和2004年的全国机场吞吐量、航段流量数据分析,发现城市群已经成为中国城市体系的重要形态,长三角、京津冀、珠三角三大城市群之间互动程度远远高于其他城市之间的互动作用;城市体系中,特大城市、大城市的集聚能力进一步加强。从城市的枢纽度分析,长三角的经济中心城市表现出强盛的区域带动势头,而珠三角、京津冀相对平稳发展,成渝在中西部中具有特殊性,表现出日益强化的区域枢纽地位,而辽中南、福建沿海、关中、江汉平原地区等经济中心城市的枢纽度则相对发展缓慢,甚至有所下降(于涛方等,2008)。

不同交通网络视角下的城镇体系有所不同。通常来说，铁路和公路更多反映了区域联系，能够识别出以城市群为基础的子网络系统，而航空网络反映了全国尺度的城镇体系，没有很强的子网络系统。有学者基于中国城际铁路与航空客流 OD 数据研究了城市网络的结构特征和组织模式，发现中国铁路与航空城市网络的顶层结构表现一致，均以北上广为中心，但其他层级的等级结构与空间分布表现差异较大。同一城市在不同网络中的地位差异主要受城市所在的区位、自然地理条件、城市职能的影响，东北、华北和华中地区的传统铁路枢纽是具有铁路优势的城市，而具有较高经济发展水平的新兴城市和旅游城市则具有航空优势。铁路流和航空流网络的结构受到不同因素的影响，铁路流主要受距离因素影响，航空流则主要受节点城市的规模、城市的社会经济属性和职能影响。铁路与航空流网络不同的结构特征和二者不同的管理体制有关，铁路网络在地区铁路公司的运营、管理和监督下，形成了封闭性的区域运输系统；而民航自放松管制以来，市场因素驱动航空公司构建有竞争力的运输网，使得航空流受行政边界的影响程度相对较小，形成了具有较强开放性的网络系统（王姣娥等，2017）。亦有学者利用聚类分析和网络分析法，研究了公路、铁路和航空三种 OD 网络下，城市体系表现出的不同特性，发现从公路到铁路再到航空，城市网络的宏观特性表现得越来越明显，而微观特性越来越难以察觉。基于公路流的城市网络以城市群为基本构架，体现出更多的区域性特征，基于铁路流的城市网络主要体现了大区域之间的联系格局，基于航空流的城市网络则主要反映了全国尺度的城市结构特征（陈伟等，2015）。

三、小结

总体而言，交通视角下城镇体系的研究主要采用两类数据：一类是城市节点的交通数据，例如城市的始发车数量、航班数、各类交通方式的客运量等；另一类是城市之间的交通流 OD 数据，包括城市间的铁路班次、公路班次和航空班次等。研究方法上，学者多利用聚类分析，根据城市交通节点数据或流数据来划分城市等级，利用重力模型研究城市之间交通流与距离的关系，从而描述流的空间特征，网络分析中的社区结构分析则是用来描述空间分布特征的新兴方法。

学者们对于不同交通视角下城镇体系的特征得出了一些相似的结论。公路、铁路和航空流所体现出的全国城镇等级均呈金字塔形分布，高等级的城镇数量最少，等级越低，城镇数量越多。各类交通流也体现出了明显的东西差异，东部地区交通流密集，西部地区稀疏。同时，在各类交通流中，城镇体系网络的骨架都由部分高等级城市构成。

但不同交通流下的城镇体系也体现出不同的特征。从公路到铁路再到航空,城镇体系区域性的特征表现越来越弱,而全国性的特征表现越来越强。公路网络反映了城市群尺度的城镇体系特征,铁路网络反映了大区域尺度的城镇体系特征,航空网络则主要反映了全国尺度的特征。在铁路和公路网络中能识别出较为明显的区域性子网络,航空网络中的子网络表现不强。这种差异受到不同交通方式技术经济特征以及管理制度的影响。相对而言,铁路和公路网络受到地形和距离因素的影响更大,航空网络则主要受到城市自身规模、经济水平和职能的影响。

目前的交通视角下城镇体系的研究也存在一定不足。首先,全国尺度上对于航空流、铁路流的研究较多,公路流研究较少,这与公路流平均运输距离短、多反映区域尺度特征、全国的数据难以获得有一定的关系。其次,受统计数据所限,部分研究只囊括了全国的部分城市,不能完整刻画全国交通流体系的情况。再次,目前的研究多从单一的交通方式出发,缺乏对于综合的交通流特征的研究,且目前研究多采用的是各类交通方式的班次数据,班次数据实际上反映了交通的组织情况,但不能准确反映交通流的实际情况。未来,手机信令等大数据的发展将为研究综合的、实际的交通流下的城镇体系提供新的可能。

参 考 文 献

[1] Northam R M. Urban Geography[M]. New York:John Wiley Sons,1975.

[2] 陈伟,修春亮,柯文前,俞肇元,魏冶.多元交通流视角下的中国城市网络层级特征[J].地理研究,2015,34(11):2073—2083.

[3] 崔援民等.河北省城市化战略与对策[M].石家庄:河北科学技术出版社,1998.

[4] 戴特奇,金凤君,王姣娥.空间相互作用与城市关联网络演进:以我国20世纪90年代城际铁路客流为例[J].地理科学进展,2005,24(2):80—89.

[5] 邓丹萱.交通基础设施的网络效应及溢出效应的实证研究[D].对外经济贸易大学,2014.

[6] 顾朝林,张勤.新时期城镇体系规划理论与方法[J].城市规划汇刊,1997,(02):14—26+65.

[7] 何念如.中国当代城市化理论研究(1979—2005)[D].复旦大学,2006.

[8] 李祥妹,刘亚洲,曹丽萍.高速铁路建设对人口流动空间的影响研究[J].中国人口·资源与环境,2014,24(06):140—147.

[9] 李欣.城市交通基础设施对人口集聚的影响研究[D].北京交通大学,2016.

[10] 刘金凤,赵勇.高铁对中国城镇化均衡发展的影响:基于中西部地区163个地级市面板数据的分析[J].城市问题,2018,(05):15—25.

[11] 刘丽玲.高速铁路网络对城市人口空间格局的影响研究[D].暨南大学,2018.

[12] 沈建法.城市化与人口管理[M].北京:科学出版社,1999.

[13] 覃成林,杨礼杉.铁路对沿线城市要素空间集聚的影响[J].城市问题,2016,(02):25—35.

[14] 覃成林,朱永磊.区域性交通条件改善与沿线城市人口增长:基于铁路运输提速的分析[J].经济问题探索,2013,(09):92—98.

[15] 王成金.城际交通流空间流场的甄别方法及实证:以中国铁路客流为例[J].地理研究,2009,28(06):1464—1475.

[16] 王姣娥,景悦.中国城市网络等级结构特征及组织模式:基于铁路和航空流的比较[J].地理学报,2017,72(08):1508—1519.

[17] 吴号禹.交通基础设施对城市人口集聚的影响研究[D].北京交通大学,2017.

[18] 许学强等.城市地理学[M].北京:高等教育出版社,2009.

[19] 许学强等.现代城市地理学[M].北京:中国建筑工业出版社,1988.

[20] 薛俊菲.基于航空网络的中国城市体系等级结构与分布格局[J].地理研究,2008,27(1):23—32.

[21] 杨忍.中国县域城镇化的道路交通影响因素识别及空间协同性解析[J].地理科学进展,2016,35(07):806—815.

[22] 于涛方,顾朝林,李志刚.1995年以来中国城市体系格局与演变:基于航空流视角[J].地理研究,2008,27(6):1407—1418.

[23] 余凯航.交通基础设施对城镇化影响研究[D].北京交通大学,2016.

[24] 张萃.高速铁路对城镇体系发展影响的研究[D].南开大学,2009.

[25] 钟业喜,陆玉麒.基于铁路网络的中国城市等级体系与分布格局[J].地理研究,2011,30(5):785—794.

[26] 周一星,胡智勇.从航空运输看中国城市体系的空间网络结构[J].地理研究,2002,21(3):276—286.

第二章　中国城镇化格局特征与演变

第一节　中国城镇化格局与演变研究进展

一、中国城镇化格局的特征规律研究

我国城镇化格局的变化与城镇化发展历程和战略方向有关。20世纪90年代以前,我国城镇化推进比较缓慢,以就近城镇化为主,这一阶段的城镇化以小城镇为主导,国家提出要"控制大城市规模,合理发展中等城市,积极发展小城市"。20世纪90年代,城镇化逐渐加快,东部沿海地区经济快速发展,农民外出务工规模逐步增加,就地与异地城镇化并存。这一时期农村富余劳动力的流动,已经逐步打破传统"离土不离乡"的束缚,逐渐跨出镇界、县界、省界,由此拉开了中国区域间、城乡间大规模人口迁移的序幕。21世纪初,城镇化快速推进,以异地城镇化为主,城市发展战略开始转向"大中小城市和小城镇协调发展",且实际上偏向于大城市的扩张。2010年以后,城镇化进程逐渐放缓,再次进入就地城镇化与异地城镇化并重的新阶段(苏红键等,2018)。

按速度来划分城镇化阶段,1981年以来的中国城镇化进程可分为1981—1995年的稳步增长阶段和1996—2006年的高速发展阶段,后一阶段综合城镇化水平的增速是前一阶段的3.6倍,人口城镇化增速是前一阶段的2.14倍(陈明星等,2009)。

20世纪90年代至21世纪前10年是我国城镇化的快速推进期。这一时期,城镇化格局由分散化走向集中化,相比之前的就地城镇化,跨省和跨地区的人口流动增多,异地城镇化开始成为主导力量,大城市主导了城镇化格局的发展。在全国空间层面上,人口有明显向大城市、东部沿海、城市群集中的趋势。在区域层面上,有学者提出,华北和西北城市人口分布基本合理,中小城市规模略显不足;东北人口分布分散,缺乏辐射全域的中心城市;华中缺乏可承上启下

的大城市；华东、华南和西南城镇化格局相对合理(纪韶等,2013)。但也有学者提出,华中地区的大城市、华南地区的中小城市发育仍显不足(张车伟等,2012)。

近年来,学者们多采用综合评价标准,包括经济、产业、社会和土地等多方面指标(陈忠暖等,2014；周敏等,2018；李凯等,2018)。综合城镇化水平的空间分布也呈现东高西低的态势,存在显著的空间集聚(周敏等,2018),全国的人口流动越来越活跃,从内陆到沿海依然是人口迁移的主要方向(李凯等,2018)。东部地区形成了较多的大城市,城镇群作为人口的增长极,发展出城镇化的高值集聚区,而西部地区则存在城镇化的低值集聚区。但这并非表明东部的城镇化就是完全超前的,东高西低的城镇化格局是较大尺度的态势,而在更小的尺度上,城镇化超前和滞后的区域在东西部之间交错分布,没有出现东部超前西部滞后的明显区别(陈忠暖等,2014)。

二、中国城镇化格局的影响因素研究

城镇化格局受多种因素的影响,归纳学者们的看法,主要可分为自然条件、经济增长、人口流动、制度与政策等方面。

自然条件是影响城镇化格局最基础的因素。中国的自然地形地貌呈三级阶梯形态,地势西高东低,西部多山区、高原,气候干旱或高寒,东部多丘陵、平原,气候温暖湿润。东部地区的地形、气候、水源条件能承载更密集的人口。胡焕庸在1935年就提出将黑河—腾冲线作为中国人口密度对比的分界线,根据2000年的全国人口普查,在黑河—腾冲线以南,43%的国土上居住了94%的人口；黑河—腾冲线以北,57%的国土上只居住了全国6%的人口。东部地区、东南地区的人口密度大于西北地区,城市更加密集,城镇化水平也更高。

经济增长是影响城镇化格局的核心动力因素。经济增长包含工业化和第三产业发展,在不同地区、不同阶段,工业化和第三产业发展有着不同的影响力。在改革开放后到20世纪80年代的就地城镇化时期,由于政策和制度因素影响,这一时期的城镇化有"离土不离乡,进厂不进城"的特征,人口多是就近流向附近的小城镇和乡镇企业,城镇化的主要动力是工业化,全国各地的城镇化增长比较均衡(杨传开,2016)。随着城镇化的推进,工业化和第三产业发展在不同区域表现出了不同的影响。在东西地区的分异上,在东部沿海地区第三产业发展有着越来越重要的作用,中西部第三产业发展水平低于东部,未来城镇化水平的提高依然很大程度上依赖工业化(李凯等,2018)。在南北地区分异上,刘彦随等(2012)研究了北部的陇海兰新铁路线样带和南部的长江沿岸样带,发现南北两条样带城镇化格局的主要影响因素都是经济水平,但北方地区基础设施投资的影响更大,南方地区第二、三产业水平的影响更大。

人口流动是影响城镇化格局最直接的因素。人口流动对城镇化格局的最大影响主要表现在20世纪90年代到21世纪初的异地城镇化时期。这一时期人口流动的限制放松,在市场经济的推动下,人口由乡村流向大城市,由中西部流向东部,全国不同地区城镇化水平的差距逐渐拉开,东部地区的城镇化水平增长迅速,而中西部增长相对缓慢(杨传开,2016)。对于第四、五、六次人口普查数据的研究也表明,从1990年到2010年,跨省、跨地区的人口流动是中国城镇化格局变动的主导力量,随着人口向大城市、城市群和东部沿海地区集中,全国的城镇化格局也由分散化向集中化转变(纪韶等,2013)。

制度与政策是影响城镇化格局的调控因素,制度与政策通过对人口、经济等要素流动施加影响。在经济方面,政府通过资金投入、产业布局、工程项目等方式影响了城镇化格局(陈明星等,2009)。在人口方面,城乡户籍制度很大程度上影响了人口流动,改革开放初期,国家对于城镇化的政策是控制大城市规模,合理发展中等城市,积极发展小城镇,在城乡户籍制度下,农村向城市的人口流动被严格控制,因而农村剩余劳动力只能流向乡镇企业,全国城镇化格局较为分散和均衡。1992年市场经济体制改革,城乡之间人口流动限制放松,暂住证制度在各省市广泛采用,跨省、跨区域的人口流动增加,东部地区吸收了大量的中西部地区人口,城镇化的差异化格局开始显现。2013年,全面深化改革下的新型城镇化,要求进一步打破城乡之间的制度壁垒,使城乡居民权益逐渐均等化(乔艺波,2020),这将为推动中西部地区城镇化、促进大中小城市协调发展提供新的动力。

第二节 中国城镇化进程

一、人口城镇化进程

从第一次人口普查至今,我国城镇化率变化明显,20世纪50年代,我国城镇化率仅有15%左右,20世纪60年代和70年代,城镇化率变化不大,20世纪70年代后城镇化率有了明显上升,2000年,我国城镇化率已达36%,相比20世纪50年代增长了1倍多。2000年至2018年增长迅猛,2011年,我国城镇化率达到51%,超过一半,到2018年,我国城镇化率已达60%(图2-1)。

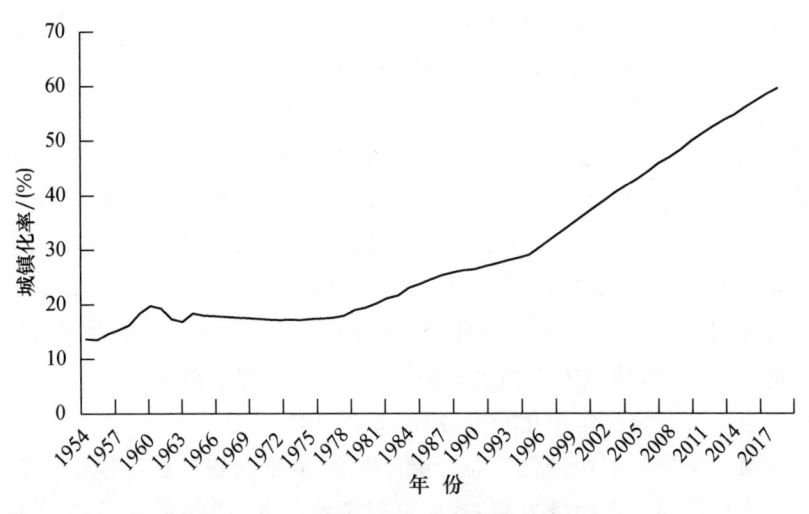

图 2-1 1954—2018 年全国城镇化率变化
数据来源：国家统计局。

从世界城镇化发展的整体水平看，2017 年，全国城镇化率为 57.96%，略高于世界平均水平 54.8%，但在 G20 国家中还处于较为落后的位置，仅排在印度和印尼之前，而英、美、日、法等发达国家的城镇化率均在 80% 以上（图 2-2、图 2-3）。从世界各国城镇化发展的空间格局变化可以看出，西欧、北美、拉丁美洲、澳大利亚和俄罗斯等地区和国家的人口城镇化率一直维持在较高的水平，北非和中东的城镇化率增长较快，而中亚和东亚发展中国家城镇化率也有所提高，非洲大部分国家依旧较低，不超过 50%。世界城镇化空间格局总体上变化不大。

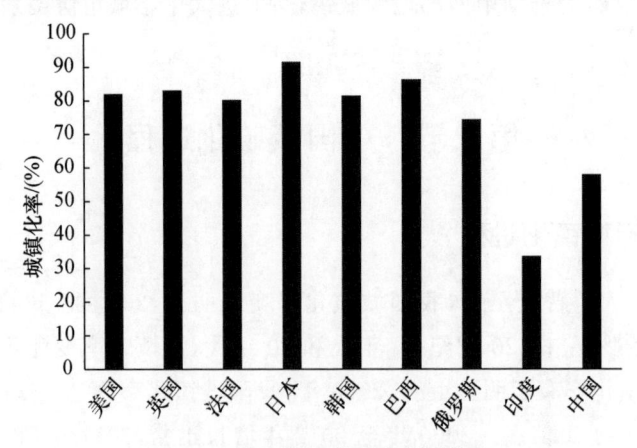

图 2-2 2017 年部分国家城镇化率
数据来源：世界银行。

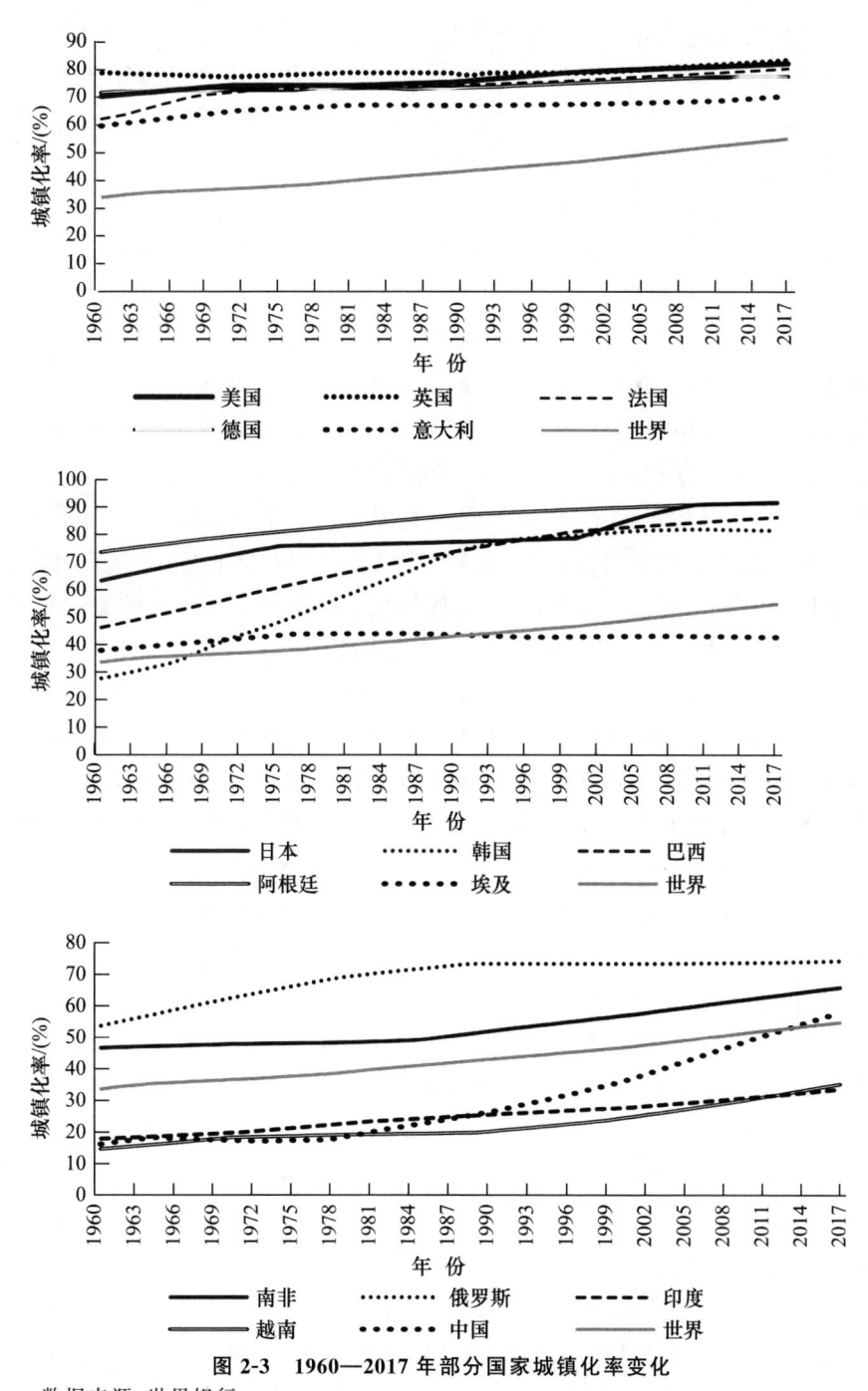

第二章 中国城镇化格局特征与演变

图 2-3 1960—2017 年部分国家城镇化率变化

数据来源：世界银行。

对比欧美发达国家,我国城镇化大约有100年的滞后期。从1960年到2017年,世界平均城镇化率从33%增加至55%,对比世界各国城镇化率变化,北美、欧洲、东亚地区的发达国家,如美国、英国、法国、德国、冰岛、日本等,城镇化率从1960年至今一直远高于世界平均城镇化率,且均高于60%。其中英国、美国和德国的城镇化率一直稳定在70%～80%,变化不大;而日本和法国城镇化率在20世纪60—70年代由60%多增长至70%左右,此后维持稳定。韩国的城镇化率在过去60年间快速增长,从30%增长至80%,跻身高城镇化率国家。相比发达国家,过去60年中"金砖四国"的城镇化率均增长较快,巴西和俄罗斯的城镇化率一直高于世界平均水平,尤其巴西由55%左右增长至85%左右;由于人口众多,中国和印度的城镇化率较低,印度一直低于世界平均水平,由20%增长至30%,增长缓慢,中国的城镇化率则增长迅速,由20%增长至近60%,60年间增长了40个百分点,在2013年超过世界平均水平。综合来看,过去60年间东亚国家的城镇化率增长迅速,北美和欧洲国家已进入稳定期,非洲、南亚和东南亚国家城镇化率有一定增长,但速度较慢。从世界主要国家城镇化发展规律看,我国城镇化率的提升是必然趋势,未来可能有10%～20%的上升空间。

将国家按收入类型分类,分为高收入国家(人均国民总收入＞12 055美元)、中高等收入国家(3 896美元＜人均国民总收入＜12 055美元)、中低等收入国家(996美元＜人均国民总收入＜3 896美元)、低收入国家(人均国民总收入＜996美元),各类国家过去60年的城镇化率变化情况如图2-4所示。高收入国家的城镇化率远高于其他类型国家,从60%增长至80%多,但增速较缓。中高等收入国家城镇化率由30%增长至65%左右,在1992年超过了世界平均水平,增速最快。中低等收入国家和低收入国家的增速则介于另外二者之间。按照收入划分,中国目前属于中高等收入国家,城镇化率增速快,有一定的上升空间。

从城镇人口增长速率看,相比20世纪80年代至2010年,中国城镇化速率逐渐放缓,但对比发达国家历史时期的速率,还处于较高水平,可支撑今后一段时间的快速发展。根据联合国预测,中国城镇化率会在2030年达到70%,2050年达到80%。结合国际经验,以欧美和拉美两种模式分析,中国城镇化将在2028年前后达到70%。结合联合国人口预测,2018—2030年对应的城镇人口增长将超过1.9亿人。

中国乡村人口向城镇人口的转变在20世纪80年代后开始加快,90年代后乡村人口向城镇人口转变的数量和速度都比之前有了飞跃。1995年前,城镇人口和乡村人口均保持增长,且增长速率差不多。1995年乡村人口数量达到高峰

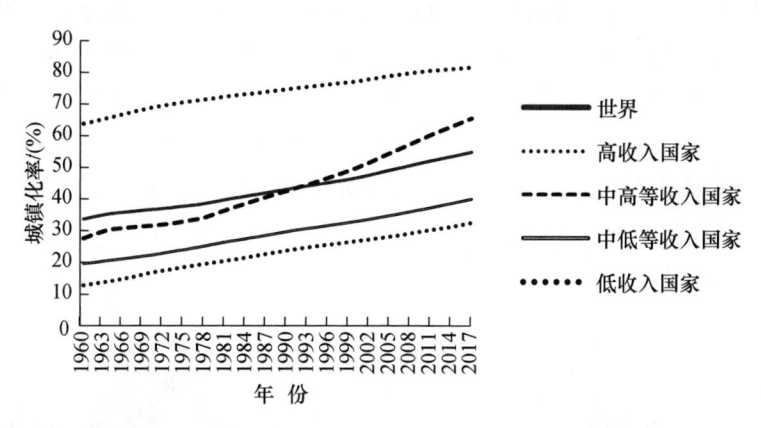

图 2-4　1960—2017 年不同收入类型国家城镇化率变化
数据来源：世界银行。

(85 947 万人)，是城镇人口的 2.44 倍。1995 年后城镇人口增长速率加快，乡村人口数量下降，乡村向城镇的人口迁移加快。到 2011 年，城镇人口(69 079 万人)首次超过乡村人口(65 656 万人)。2018 年，城镇人口达到 83 137 万人，是乡村人口的 1.47 倍(图 2-5)。

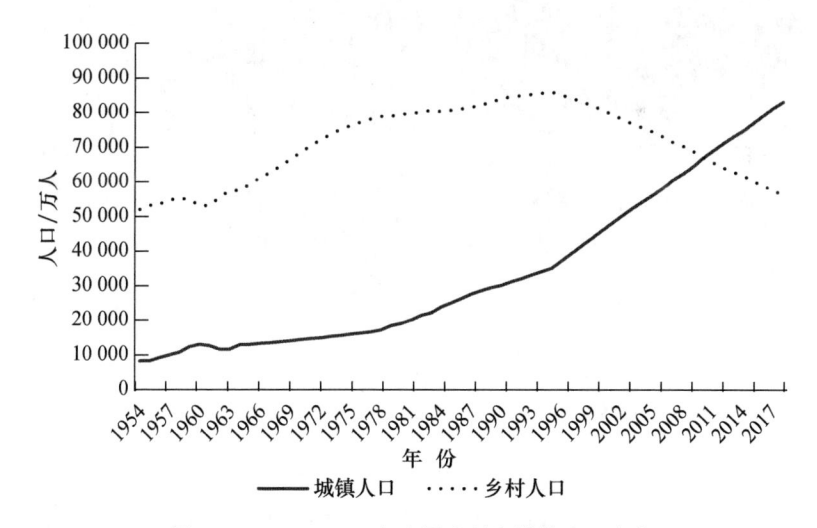

图 2-5　1954—2018 年中国乡村和城镇人口变化
数据来源：国家统计局。

全国层面上，乡村人口由中西部农村迁往东部城市；区域层面上，乡村人口由农村向附近的大城市、城市群地区迁移。观察 2000—2016 年全国乡村人口的

城镇化格局与城市群交通

变化,总体上全国各地级市乡村人口都有所减少,只有西北、东北部分市或地区乡村人口增加。从全国尺度看,乡村人口减少最多的地区是华北、华东、华中和成渝地区,黑龙江、新疆、西藏、青海和四川部分市乡村人口有少量增长。从区域尺度看,山东半岛、中原、关中、长三角、长江中游、成渝和北部湾城市群的中心城市乡村人口减少明显,紧邻中心城市的周边城市乡村人口减少量次之。而北京、上海、深圳这类一线城市,2000 年的乡村人口已经不多,所以 2000 年后的减少量并不突出(图 2-6)。

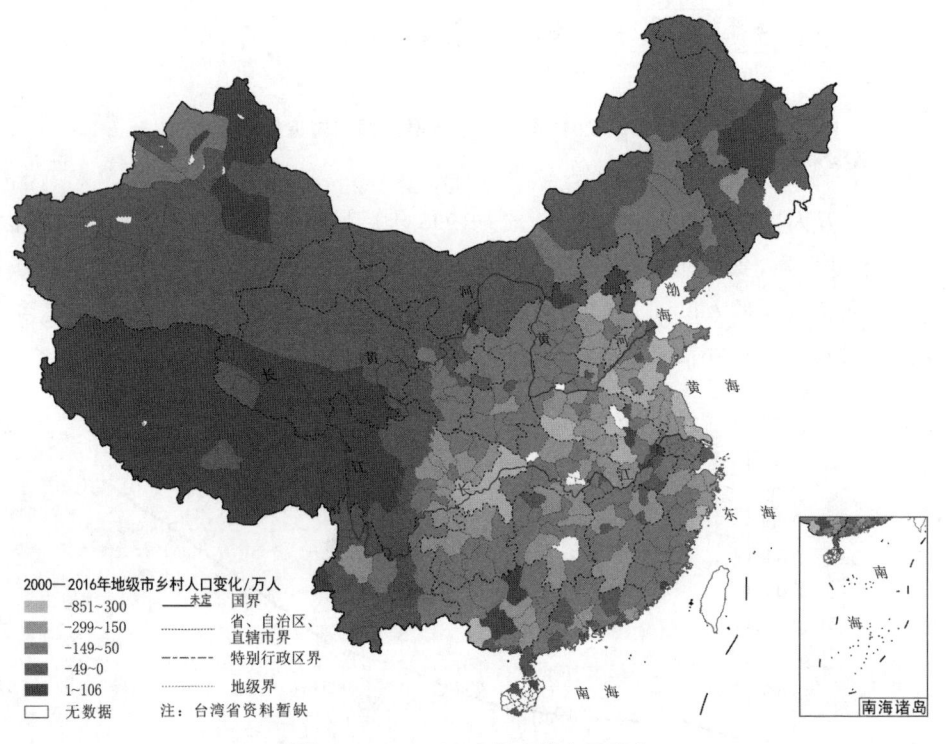

图 2-6　2000—2016 年乡村人口变化
数据来源:中国城市统计年鉴(2010,2016)。

户籍制度深刻地影响了中国的城乡人口迁移。中国的户籍制度,即户口制度,是指各级权力机构对其所辖范围内的户口进行调查、登记、申报,并按一定的原则进行立户、分类、划等和编制的制度。户籍制度根据地域和家庭成员关系将户籍属性划分为农业户口和非农业户口。1958 年,《中华人民共和国户口登记条例》出台,第一次将城乡居民分为农业户口和非农业户口,政府开始对人口自由流动实施严格管制。1958 年到 1978 年,全国的人口迁移主要是政府主导下的"大跃进""三线建设""上山下乡"和干部下放的人口迁移浪潮。"大跃进"时期,为发展重工业,农村人口向城市迁移,"三线建设"促使中东部地区的人口向西部迁移,"上山下乡"和干部下放则是城市人口向乡村迁移。这一时期,户籍制度起到了管理人口流动的作用,一定程度上制约了乡村向城市的人口迁移,但由于这一时期人口迁移主要受政府主导,户籍的制约作用并不明显。

1978年后,农村实施家庭联产承包责任制,提高了农业生产力,释放了大规模的农村劳动力。但户籍制度阻碍了农村人口向城市迁移,农村到城市的人口迁移被严格管控。这一时期的城镇化表现为"离土不离乡""进厂不进城",即以小城镇乡镇企业为主导的就地城镇化。1984年,《国务院关于农民进入集镇落户问题的通知》出台,农民迁移进城的标准放宽,农民可以自理口粮进镇落户,城镇还建立了保障就业或安置就业制度,初步建立劳动力市场。这一时期,城市建设和经济的快速发展需要大量劳动力,为农村剩余劳动力提供了大量就业机会,而基于户籍制度的人口迁移管控放宽,使得大量农村剩余劳动力能够流入城镇,除了向就近的小城镇迁移,还跨区域向大城市流动,城镇化模式由就地城镇化向异地城镇化发展。

1994年户籍制度再次改革,政府允许已经在小城镇就业、居住并符合一定条件的农村人口在小城镇办理城镇常住户口。1997年6月,国务院批转了公安部《小城镇户籍管理制度改革试点方案》和《关于完善农村户籍管理制度的意见》,规定从农村到小城镇务工或者兴办第二、三产业的人员,小城镇的机关、团体、企业和事业单位聘用的管理人员、专业技术人员,在小城镇购买了商品房或者有合法自建房的居民,以及其共同居住的直系亲属,可以办理城镇常住户口。1998年7月,国务院批转公安部《关于解决当前户口管理工作中几个突出问题的意见》,规定新生婴儿随父落户、夫妻分居、老人投靠子女,在城市投资、兴办实业、购买商品房的公民及随其共同居住的直系亲属,凡在城市有合法固定的住房、合法稳定的职业或者生活来源,已居住一定年限并符合当地政府有关规定的,可准予在该城市落户。20世纪90年代的户籍制度改革极大地放宽了农村人口迁移进城的限制,促使乡村人口向城镇人口大规模转变。2010年《关于2010年深化经济体制改革重点工作的意见》再次提出要深化户籍制度改革,加快落实放宽中小城市、小城镇特别是县城和中心镇落户条件的政策,进一步完善暂住人口登记制度,在全国范围内逐步实行居住证制度(王桂新,2019)。

纵观中国的户籍制度及其改革对人口迁移的影响,可以发现,户籍制度在1978年以前主要起到管制人口迁移的作用,但由于当时中国处于计划经济时期,户籍制度对人口迁移的阻碍并不明显。1978年后,改革开放释放了大量农村剩余劳动力,在市场经济的驱动下,农村向城镇的人口迁移开始增加,但户籍制度对人口流动的管控阻碍了从乡村到城市的迁移。20世纪八九十年代,几次户籍制度改革逐渐放宽了人口流动限制,农村向城镇的人口流动也由向就近小城镇迁移发展到向跨区域的大城市迁移,人口流动的规模和范围增大。进入21世纪,户籍制度改革的重点逐渐从放宽人口流动管制,转变为关注农民工如何享受城市的保障和服务。

乡村人口迁移入城市之后,由于技能、户口等因素限制,不一定能融入城市生活,完成市民化。一方面,农民工的教育水平和技能水平较低,这限制了他们的就业层级,同时,农民工平均收入水平低于市民的平均收入水平,经济状况限制了他们在城市的消费能力。另一方面,户籍限制了农民工在城市所能获得的就业机会和福利保障(唐馨怡,2019)。就业方面,部分地方政府在就业政策上对不同户籍显示出差别对待,本地户籍的劳动力可以获得一系列就业的优惠政策,而外地劳动力不仅不能享受到优惠,还会因户籍而受到阻碍。同时,考虑到员工的稳定性,用工单位在招工时也会考虑户籍因素。福利保障方面,户籍与医疗、教育、养老等一系列保障挂钩,农民工难以和城市户籍的居民享受同样的福利保障,相比市民,他们的生活有更大的不稳定性。

部分地区乡村人口迁出对乡村造成了一些负面影响。青壮年劳动力流入城镇,但又难以在城市安家落户,大量老人、儿童和妇女留在乡村,引发了留守儿童教育、老人赡养等问题。青壮年劳动力的流失和村庄规划的滞后导致了"空心村"现象。在空心村,新建的住宅集中在村庄外围,村庄内大量老旧宅基地闲置,农业用地低效利用甚至撂荒,公共服务设施闲置,造成了土地和资源的浪费,也不利于安全和环境卫生。

二、城乡经济转型

城乡经济转型是城镇化的一个重要方面,是产业由农业经济向非农经济转换的过程,可以用二、三产业就业人口的比例衡量。我国的城乡经济转型进程比人口的城镇化进程更加迅速。

我国非农产业增加值在20世纪90年代后快速增长,2005年后增长更加迅速。2010年后,第二产业增速放缓,第三产业则继续高速增长。从2000年至2018年,我国第二产业增加值从45 663.7亿元增长至364 835.2亿元,第三产业增加值从39 899.1亿元增长至489 700.8亿元,二、三产业增加值在将近20年间里分别增长了 8 倍和 12 倍(图 2-7)。

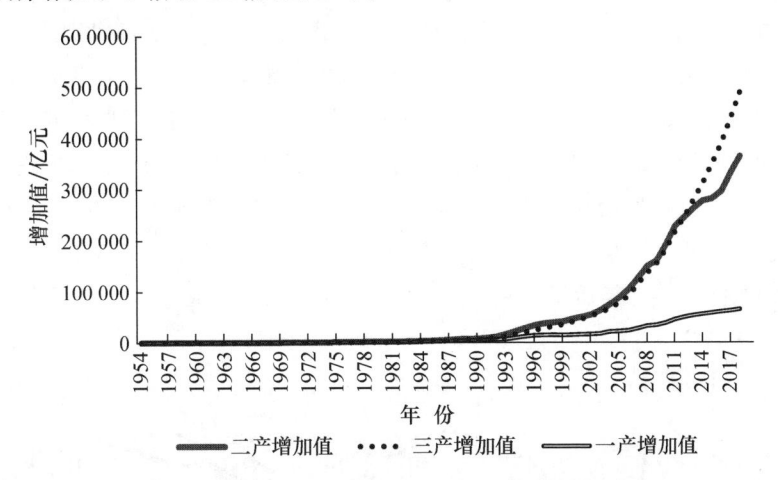

图 2-7 1954—2018 年全国三次产业增加值变化
数据来源:国家统计局。

二、三产业就业人口也从 20 世纪 50 年代开始不断增长,与增加值不同的是,第一产业的增加值增长缓慢,但并未降低,而一产就业人数在 20 世纪 90 年代到达高峰,随后逐渐降低,由 1991 年高峰处的近 4 万人降至 2018 年的 2 万人左右,降低了一半。二、三产业的就业人数总体上不断增长,第二产业就业人数在 2012 年达到高峰,随后稍有下降,三产就业人数则在 2010 年后增长更加迅速(图 2-8)。

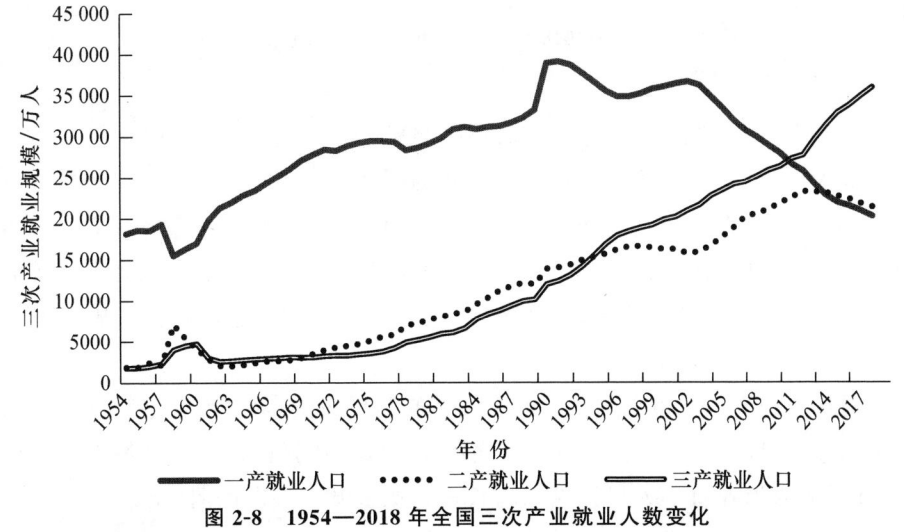

图 2-8 1954—2018 年全国三次产业就业人数变化
数据来源:国家统计局。

从结构上看,二、三产业的增加值占比大于就业人员占比,说明二、三产业的产出效率高于第一产业。第二产业的增加值占比在20世纪60年代到70年代从25%增长至40%,此后一直在40%～50%波动,2006年后逐渐降低,从47.6%降至2018年的39.7%。三产增加值在20世纪60年代到80年代稍有下降,从30%降至22%左右,80年代后一路增长,到2018年三产增加值占比达到53.3%。二、三产业就业人口占比基本一直增长,二产就业人口占比从20世纪50年代的10%增长至30%,2012年后稍有下降,2018年为27.5%。三产就业人数占比则在2010年后增长更快,2018年达到46.3%(图2-9)。

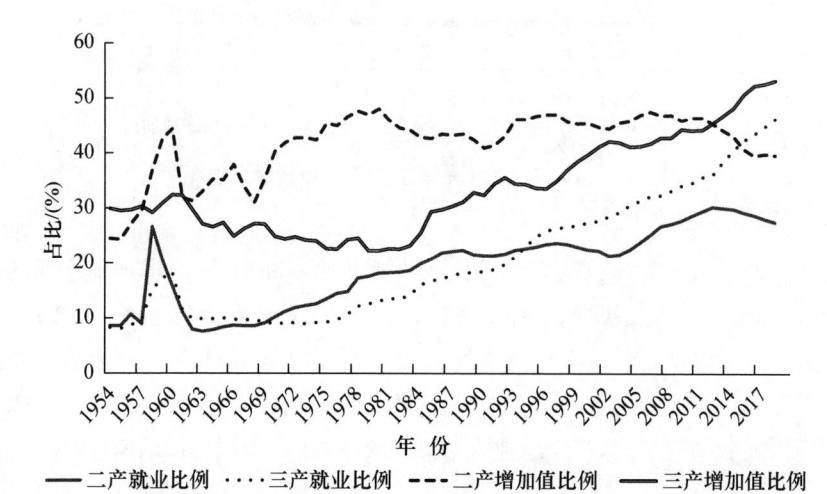

图2-9 1954—2018年二、三产业增加值和就业人口占比
数据来源:国家统计局。

从非农产业,即二、三产业的总体就业情况看,20世纪五六十年代,非农产业就业人口比例只有不到20%,增长也较为缓慢。到1970年,非农就业人口比例达20%,此后基本维持着每十年增长10%的速率,增长速率较为平均。1980年非农就业人口比例达30%,1991年达40%,2000年达50%,此后增长速率加快,在2014年非农就业人口比例就已超过70%。我国经济城镇化从30%到70%的快速增长期只用了34年。

对比我国人口城镇化进程和城乡经济转型的进程,城乡经济转型进程更加迅速。在20世纪60年代,城镇人口比例和非农产业就业人口比例都在20%左右,此后非农产业就业人口比例的增长一直快于城镇人口比例,在2017年城镇人口比例达58%,而非农产业就业人口比例已达73%。这说明相比人口在城乡地域上的流动,人口在就业产业上的转换显得更为突出。

工业化和第三产业的增长是城镇化发展的动力,城乡经济转型使人口从分布于乡村的农业部门向集中于城市的非农业部门流动,城镇化率随之增长。从图 2-10 和图 2-11 可以看出,二、三产业就业人口占比的增长与城镇化率的增长比较契合。其中第二产业就业人口的比例在 30% 之后就不再增加,而第三产业就业比例在接近 50% 处依然继续增长。可以看出,在城镇化的早期,第二产业和第三产业共同带动城镇化增长,而在城镇化中后期,第二产业的带动作用下降,第三产业成为带动城镇化发展的主要经济动力。

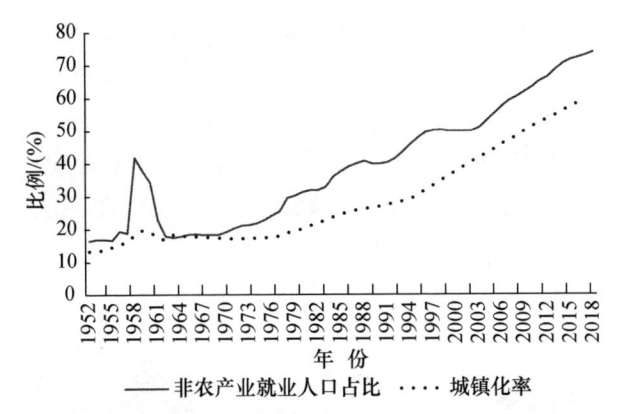

图 2-10　1952—2018 年城镇人口和非农产业就业人口比例
数据来源:国家统计局。

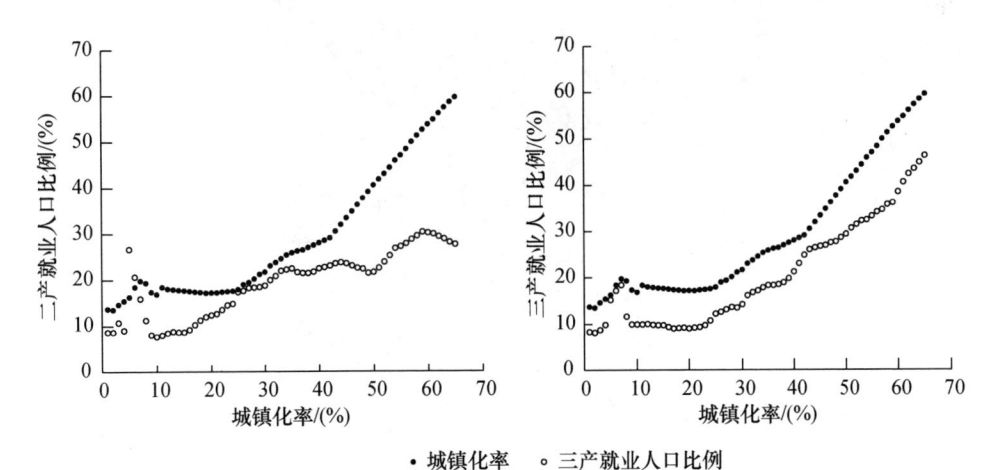

图 2-11　二、三产就业人口比例与城镇化率的关系
数据来源:国家统计局。

城镇化格局与城市群交通

省际城镇化率的变化与二、三产业增加值和就业人数的增长在空间分布上相似(图2-12至图2-16)。总体而言,二、三产业增加值和就业人口增长快的东部地区,城镇化率增长也快,城镇化率增长的空间分布模式和产业增加值增长的分布模式更契合。2000—2016年,山东、江苏和广东的二、三产业增加值位居全国前列,其次是浙江、福建、河北、河南、湖北、湖南和四川等省。二产就业人口增长较多的省市有江苏、浙江、广东和重庆,三产就业人口增长较多的有北京、浙江、四川、重庆、山东、江苏和安徽。二、三产业就业人口增长较大的省份与京津冀、长三角、珠三角和成渝城市群的分布相契合。全国尺度上,城镇化率增长的空间分布与二、三产业增加值和就业人口的增长相符,中东部地区增长高于西部和东北地区。区域尺度上,山东、浙江和广东省虽然产业增加值和就业人口增长较大,但由于其城镇化发展水平一直位于全国前列,所以城镇化率的增加没有其他省份那么突出。而陕西、广西和江西虽然产业增加值和就业人口增长在全国水平一般,但由于其最初的城镇化水平较低,有较大的成长潜力,因而城镇化率增长较快。

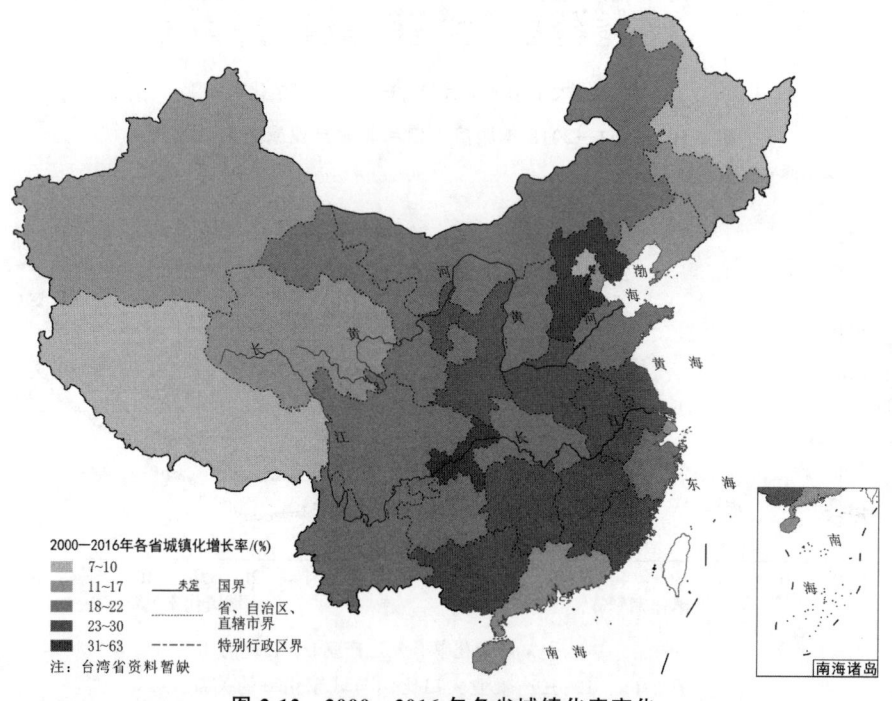

图2-12 2000—2016年各省城镇化率变化

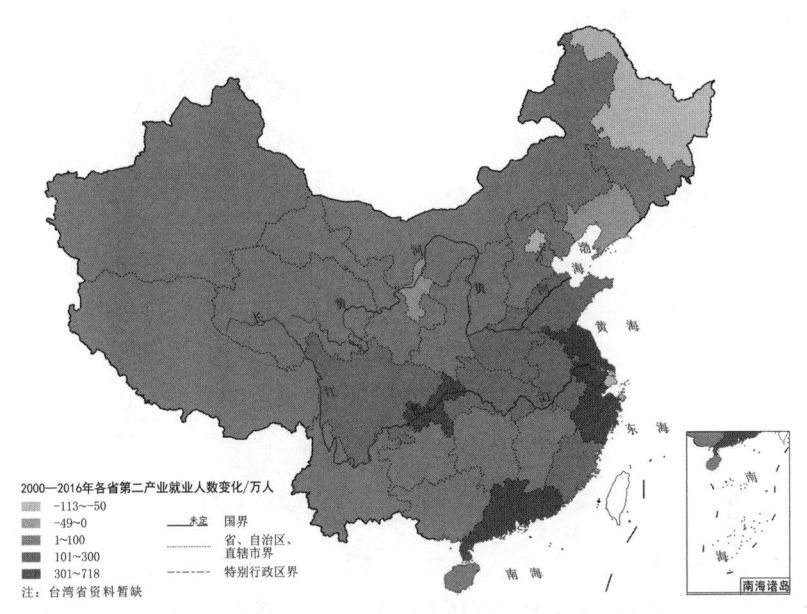

图 2-13　2000—2016 年各省第二产业就业人口变化

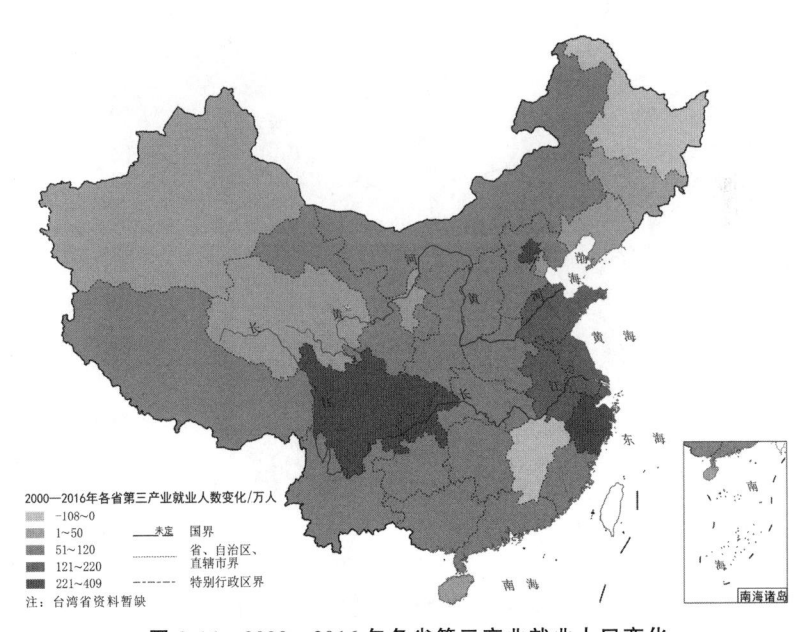

图 2-14　2000—2016 年各省第三产业就业人口变化

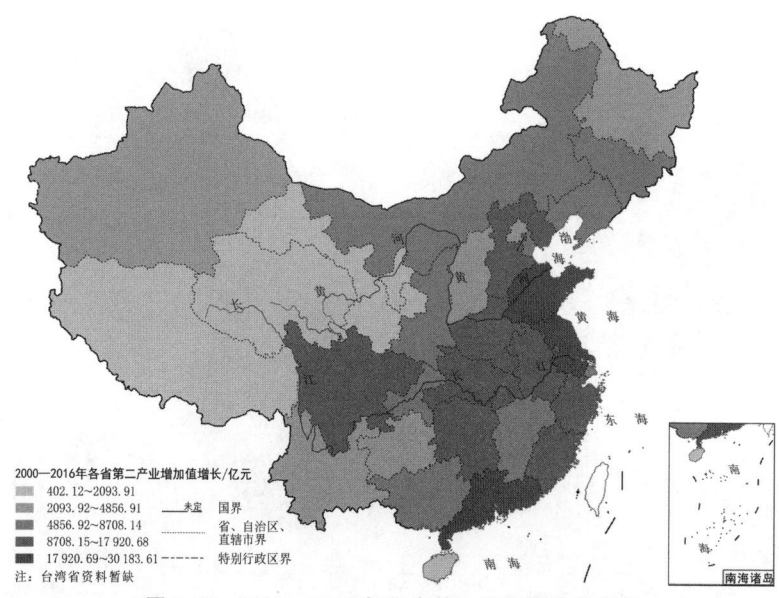

图 2-15 2000—2016 年各省第二产业增加值变化

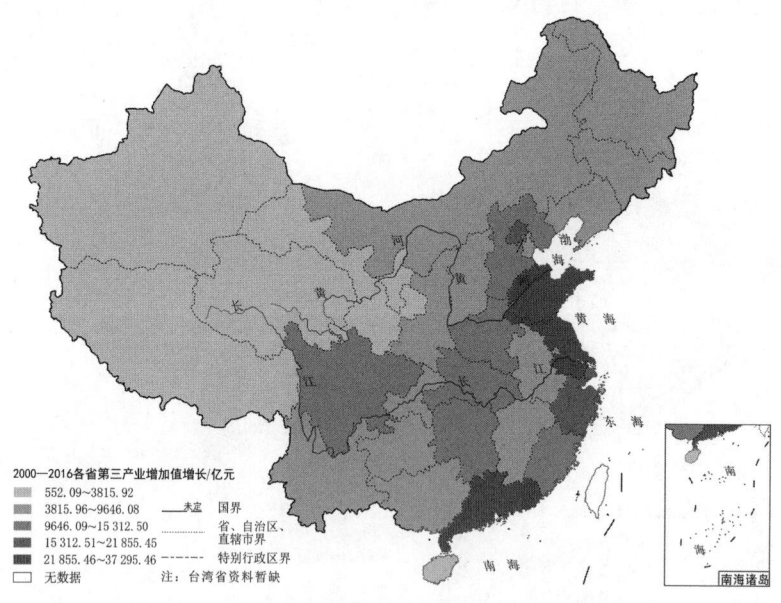

图 2-16 2000—2016 年各省第三产业增加值变化

数据来源:国家统计局。

三、城镇土地开发

城镇土地开发是城镇化过程在空间地域上的表现,是农业用地转化为城市用地,土地产权属性由农村集体土地转化为国有土地的过程。

城镇土地开发进程为制造业、房地产业和城市基础设施建设奠定了基础,土地和房产由此实现快速升值,不同利益群体分享了土地级差地租的收益。城镇土地开发,不仅包含农业用地向城市用地转换的过程,还包括建设用地内部结构的调整,即农村居民点、农村属性的独立建设用地等向城镇居民点以及城镇属性的独立建设用地的转变。

从建成区面积变化看,从 2004 年到 2017 年,全国的建成区面积从 3 万平方千米增加至近 6 万平方千米,增加了将近 1 倍(图 2-17)。快速城镇化背景下,农业用地向城市用地的快速转换带来了一定的生态环境上的不良影响。

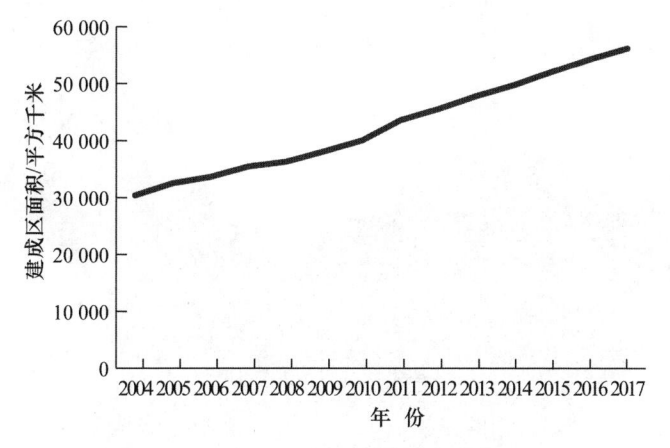

图 2-17　2004—2017 年全国建成区面积变化
数据来源:国家统计局。

从全国土地利用变化看,1990 年到 2015 年,全国的城镇用地面积从 2.56 万平方千米增长至 5.47 万平方千米,增长了 2.14 倍。同时间段全国的农村居民点面积则从 12 万平方千米增长至 13.79 万平方千米,25 年间城镇用地增长了 2.91 万平方千米,农村用地增长了 1.79 万平方千米,城镇用地的增长是农村居民点的 1.63 倍。其他建设用地,包括厂矿、大型工业区、油田、盐场、采石场、交通道路、机场等工业和交通用地,1990 年到 2015 年从 1.19 万平方千米增长至 3.85 万平方千米,增长了 2.66 万平方千米(图 2-18～图 2-20,彩插 1～彩插 2)。

◆ 城镇化格局与城市群交通

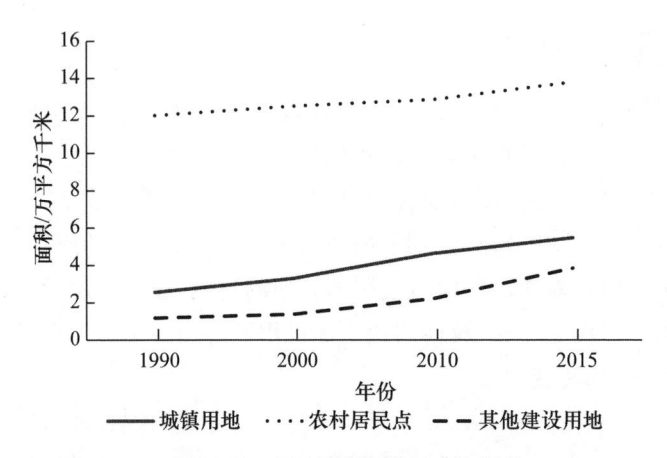

图 2-18 全国建设用地面积变化

数据来源：国家统计局。

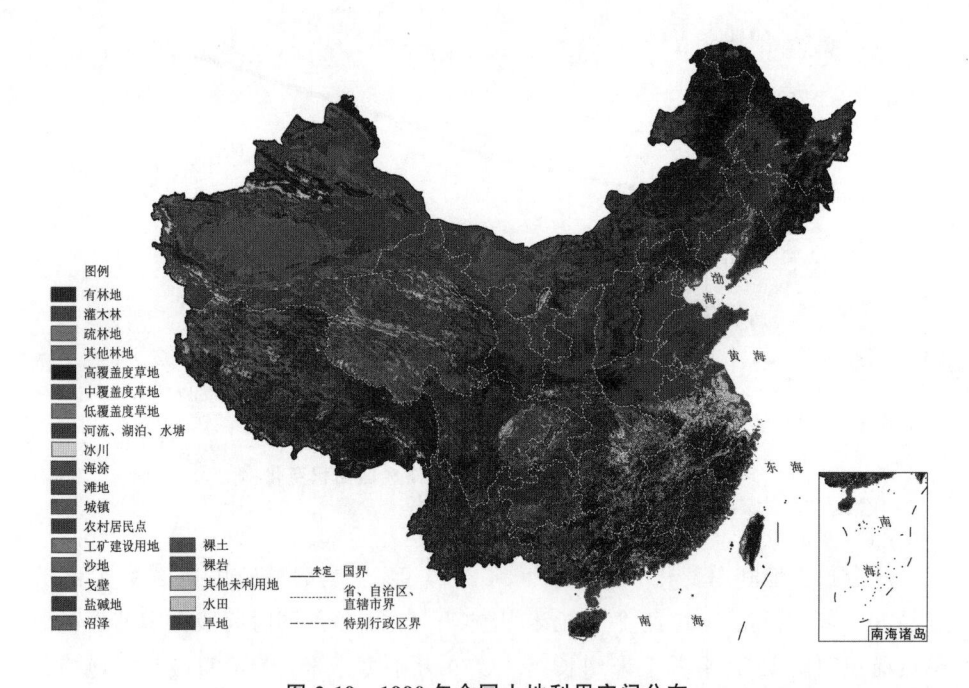

图 2-19 1990 年全国土地利用空间分布

城镇用地的人均情况在 1990 年到 2000 年间有所下降，2000 年后变化不大。1990 年城镇人均用地为 0.89 平方千米/万人，2000 年降至 0.72 平方千米/万人，2015 年为 0.71 平方千米/万人（图 2-21）。

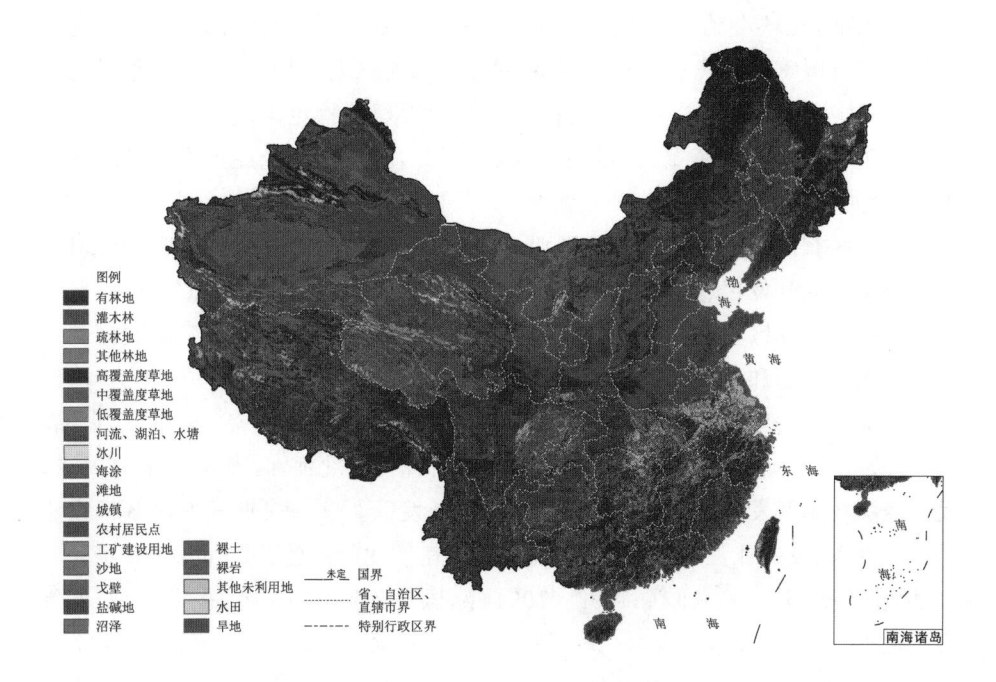

第二章 中国城镇化格局特征与演变

图 2-20　2015 年全国土地利用空间分布

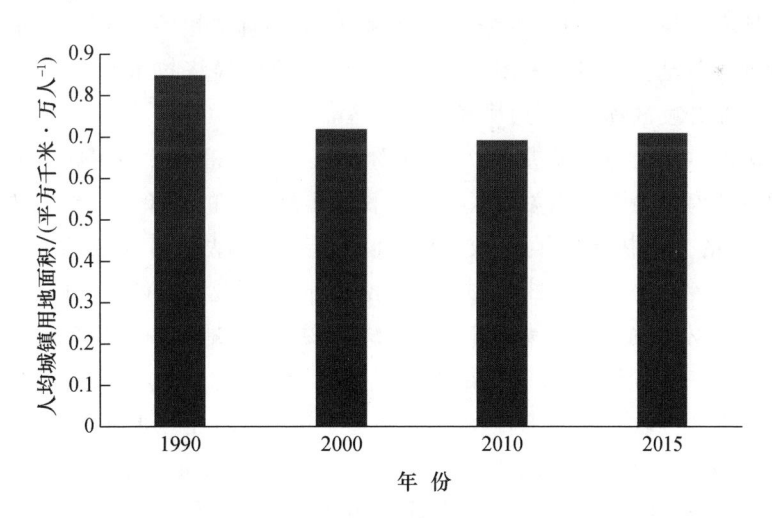

图 2-21　人均城镇用地面积变化

数据来源：国家统计局。

开发区是城镇土地开发的一种形式,是指由国务院和省、自治区、直辖市人民政府批准,在城市规划区内设立的经济技术开发区、保税区、高新技术产业开发区等实行国家特定优惠政策的区域,是国家或地区为吸引生产要素、促进自身发展而划定一定范围,在其中实施特殊政策和管理的特定区域。设立开发区的目的在于吸引企业和资金,促进地区发展,因此,开发区为企业提供特殊的政策优惠,例如税收减免、优惠提供土地等。

开发区有国家级和省级两种级别,其中国家级开发区包括经济技术开发区、高新技术产业开发区、保税区、边境合作经济区、出口加工区、国家旅游度假区等类型。省级开发区主要有经济开发区和产业园区两种类型。开发区的类型与该地区的优势资源和要素密切相关。

中国的开发区起步于1984年,国家决定开放大连、秦皇岛、天津、烟台、青岛、连云港、南通、上海、宁波、温州、福州、广州、湛江、北海14个沿海港口城市,设立经济技术开发区,这是中国最早的一批开发区。这一时期开发区基础设施的资金投入、吸引外资的能力都还较弱,发展速度比较缓慢。20世纪90年代到21世纪初,开发区发展迅猛;1992—1994年,国务院批准设立青岛、营口、长春等第二批18个经济技术开发区;2000—2002年,又批准郑州、合肥等第三批17个经济技术开发区。这一时期开发区吸引了大量外资,吸收了先进的技术、设备和管理理念,推动了中国城镇化和工业化的发展。但同时,数量过多的开发区存在浪费土地的现象,因此2003年国务院下发通知,清理整顿各类开发区,加强建设用地管理。截至2015年,中国已经有219个国家级经济技术开发区,145个高新技术产业开发区和17个边境经济合作区。

中国的城镇土地开发进程中,土地财政是一个值得注意的现象。土地财政是指地方政府土地资源相关收入占财政收入比重较高的现象。土地财政的起因与1994年的分税制改革有关,改革后税源稳定、税基厚、易于征收的税种大多划归中央所有,小部分归中央和地方共有,税源分散、增收困难的税种归地方所有,这导致地方财政收入来源减少且持续下降。2017年,地方一般预算收入约占全国总收入的一半,但地方预算支出占到了全国的90%。地方政府财权和事权的不匹配导致地方政府财政压力大,于是通过土地出让或土地抵押来维持财政(许冰娅,2019)。另外,目前的土地一级市场由政府垄断,土地出让金全部划归地方所有,这也使得地方政府倾向于通过土地出让寻求财政利益。

土地财政一定程度上缓解了地方政府财政压力,促进了城镇土地开发,推动了土地城镇化发展,但土地财政也存在多方面的弊端。从土地开发质量来看,政府通过大量土地出让快速获得财政收入,可能使得土地开发盲目、低效。从生态环境与可持续发展的角度看,土地财政模式是不可持续的,城镇用地不能无限扩大,在资源有限的情况下,城镇土地开发必须从增量思维转向存量思维。从社会公平的角度看,土地财政是由政府垄断土地一级市场下的现象,政府的征地补偿是否公平、土地出让获利是否合理还需要考量。此外,过于依赖土地财政会增加政府的财政风险,高价土地出让金导致的高房价,可能会给房地产企业增加因滞销带来的财务风险,银行也面临更高的住房贷款违约风险。因此,土地财政现象需要治理,可以从促进财税制度改革,促进地方政府财权事权相匹配;打破政府垄断一级土地市场,加快建设城乡统一的土地使用权市场等方面入手。

第三节 中国城镇化格局

一、城镇化格局现状

我国城镇化空间分布格局呈现东高西低的状态,各区域的主要城市城镇化率明显高于周边,各城市群的中心城市城镇化率也明显高于周边。直辖市及多数省会城市城镇化率高于80%,东部地区城镇化率基本在60%以上,中部地区城镇化率多在40%~60%,西部地区部分城市低于40%(图2-22)。

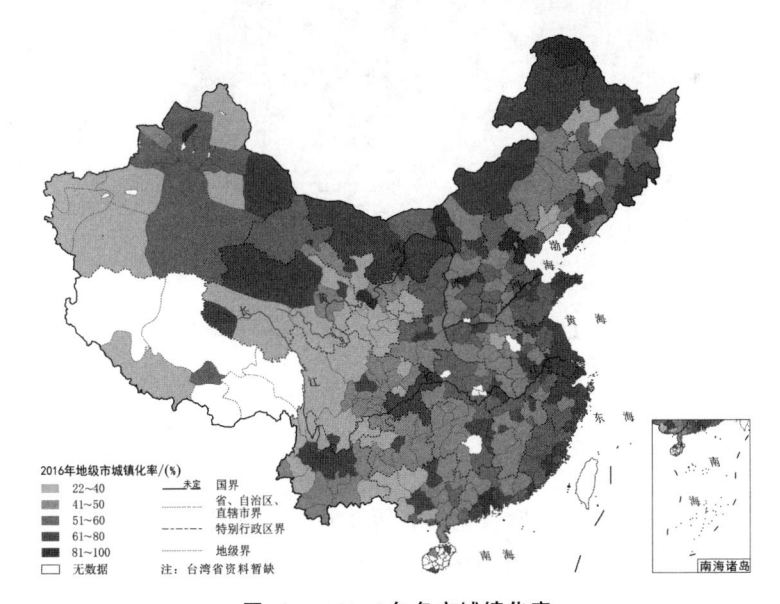

图2-22 2016年各市城镇化率
数据来源:中国城市统计年鉴(2016)。

城镇化格局与城市群交通

观察城镇化率和人口规模的耦合情况,发现东南沿海地区人口规模大,城镇化率高;西南地区城镇化率和人口规模都低。而中部地区人口规模大,城镇化率却稍低;晋陕蒙地区人口规模一般,城镇化率却相对较高。

城镇化率分布与交通网络分布比较契合。城镇化率与交通网密度同样呈现出从东部到中部再到西部逐渐递减的模式(图2-23)。东南沿海地区城镇化率最高,交通网密度也大。高速公路网在京津冀、长三角、珠三角和成渝城市群形成了四处最为密集的区域网络。高铁站点则主要在中东部地区沿陇海线、京广线、长江和海岸线形成南北纵通、东西横连的格局,多条线路交汇的长江中游成为全国重要的高铁网络枢纽(图2-24)。

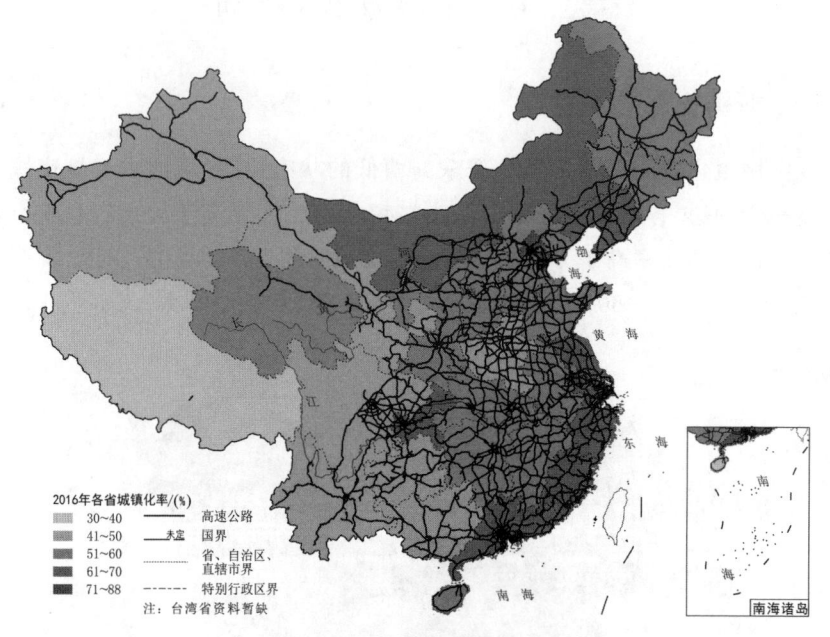

图2-23 2016年各省城镇化率与高速公路分布
数据来源:国家统计局。

二、城镇化格局变化

各地区的城镇化率及其增长速度有所差异。目前我国城镇化已进入快速发展阶段,乡村人口向城市迁移的规模持续增加,但增速有所降低。

东部地区的城镇化率增长快,从2005年至2016年由46%增长到74%。东北地区城镇化率比较稳定,一直在60%左右。中部和西部地区的城镇化率和增

第二章 中国城镇化格局特征与演变

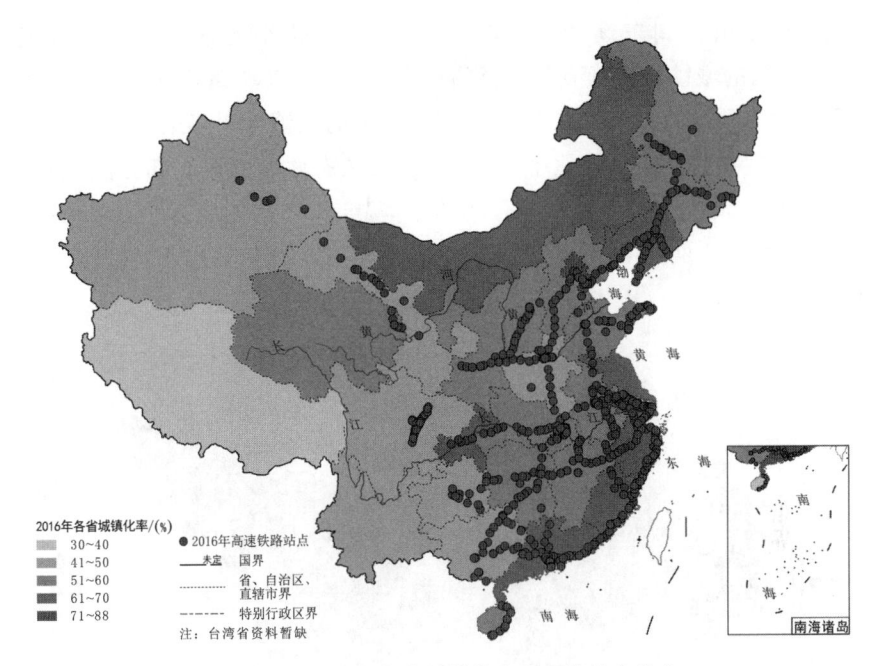

图 2-24　2016 年各省城镇化率与高铁站点分布
数据来源：国家统计局。

长情况相差不大，由 35% 左右增长到 55% 左右（图 2-25）。

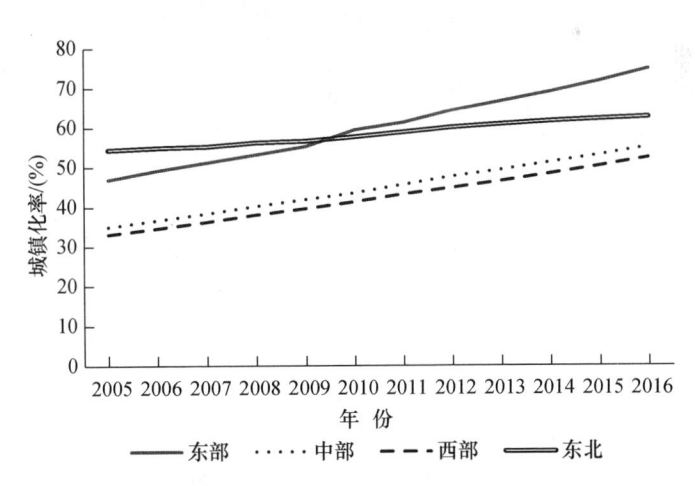

图 2-25　2005—2016 年四大地区城镇化率增长情况
数据来源：国家统计局。

空间方面，我国城镇化空间分布格局大体上变化不大，与人口分布格局相

城镇化格局与城市群交通

仿。城镇化率由西到东逐渐升高,东北地区城镇化率尤其高。从2000年到2016年,全国的城镇化率都有了明显的提升。2000年,城镇化率不到20%的城市还占绝大多数(图2-26),2016年,大部分城市的城镇化率都达到40%以上,东部沿海和各省主要城市城镇化率已超过60%,只有西南和西北部分城市的城镇化率还低于20%(图2-27)。2000—2010年,城市人口的流动方向主要是从中西部向东部流动,而2010年后,东部城市人口增量有所减少,中西部城市人口有部分回流(图2-28)。

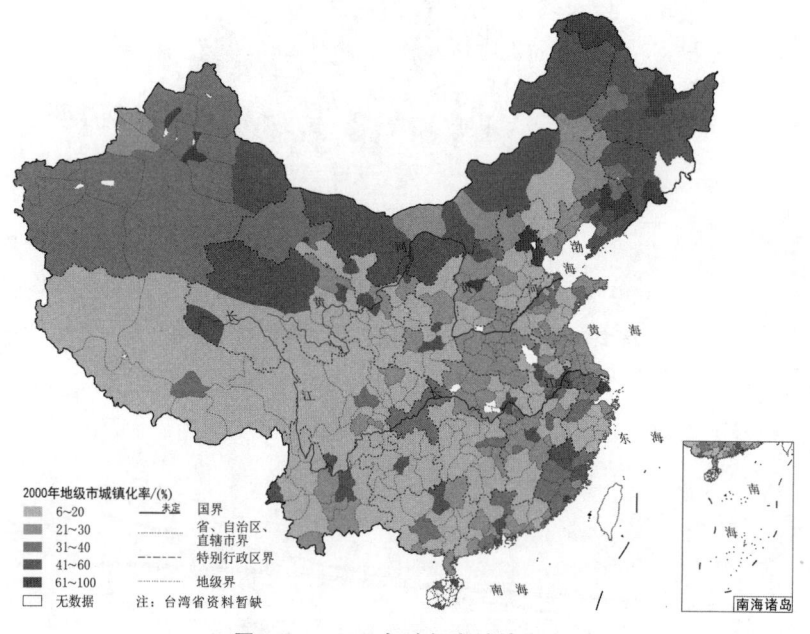

图2-26 2000年地级市城镇化率

数据来源:中国城市统计年鉴(2000)。

就城镇化率变化而言,2000—2016年,华北、华东、华中、华南地区和西北、西南部分地区的城镇化率增长较大,为30%~50%,城镇化率增长快的区域主要集中在城市群地区,包括京津冀、长三角、珠三角、成渝、长江中游、山东半岛、中原、关中、呼包鄂榆和滇中城市群。东北(黑龙江、吉林)和西北(新疆、西藏、青海)部分地区城镇化率增长较慢,黑龙江个别市还出现城镇化率降低的情况。从空间格局来看,城镇化率增长主要受经济发展驱动,在经济社会发展水平高的地区形成了城市集聚而成的城市群,城市群作为增长极,城镇化率的增长速度全国领先。而经济增长较慢的西北、东北地区,缺乏工业化和第三产业发展的驱动,

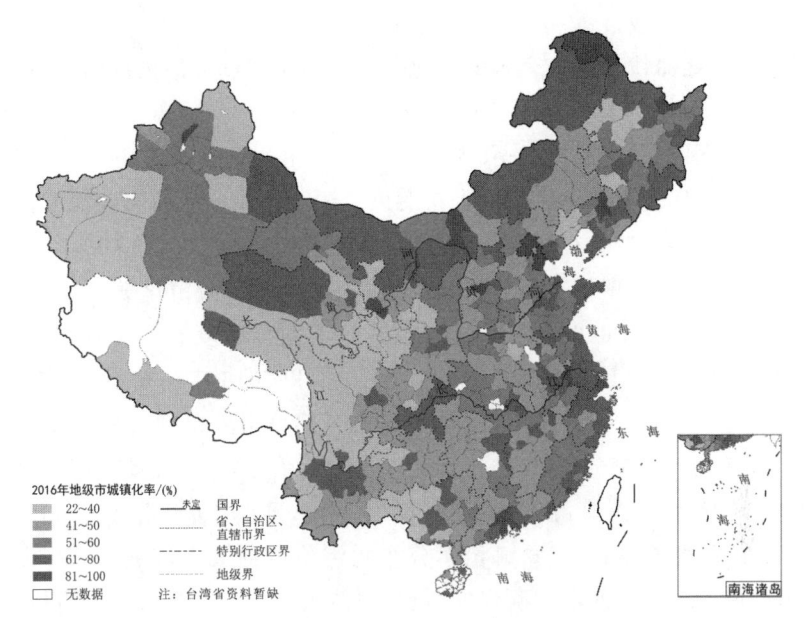

第二章 中国城镇化格局特征与演变

图 2-27 2016 年地级市城镇化率

数据来源：中国城市统计年鉴(2016)。

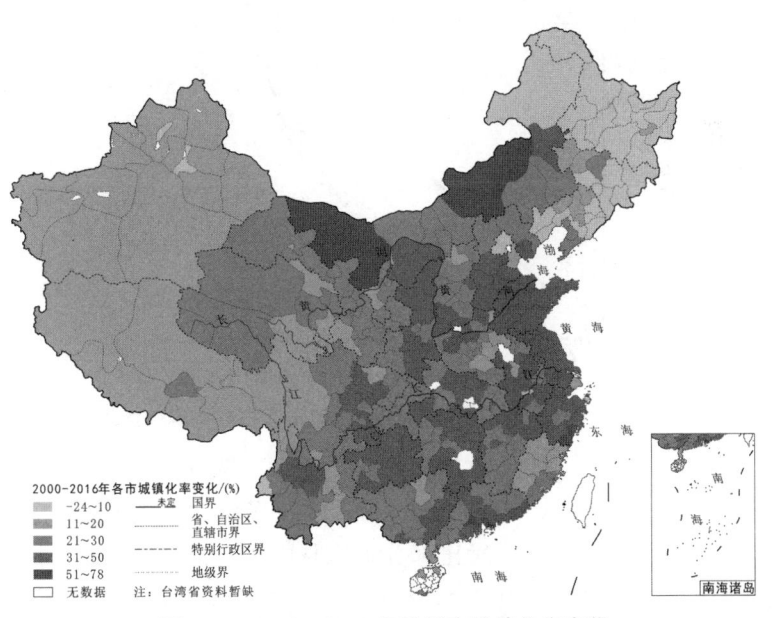

图 2-28 2000—2016 年地级市城镇化率变化

— 51 —

城镇化率的增长也较慢。

采用洛伦兹曲线来研究全国城镇化分布的均衡程度。洛伦兹曲线下凹的程度反映了数据分布的集中和均衡程度,下凹程度越大,表示数据分布越集中,均衡程度越差;下凹程度越小,表示数据分布越平均。本研究采用2000年、2010年和2016年的地级市城镇化率数据来测度全国城镇化分布的均衡程度,数据来自第五、六次全国人口普查和《中国城市统计年鉴》。

从地级市城镇化率的空间分布情况可以看出,我国城镇化进程存在发展不平衡的情况。2000—2016年的城镇人口分布不均衡程度有所增加,2010年和2016年的不均衡程度明显高于2000年,2010年和2016年相差不大。2000年,城镇人口最少的前10%的城市,城镇人口占全部城市人口的2.32%;2010年,所占比例降低至1.85%;到2016年,所占比例仅为1.44%。而城镇人口最多的前10%的城市,城镇人口占比在2000年为30%,到2010年增加至38%,2016年稍有下降,回归至33%。城镇化率分布的洛伦兹曲线及其变化(图2-29)表明,我国城镇人口分布的不均衡程度增加,城镇人口分布有渐趋集中的趋势。人口向大城市、特大城市集中,大城市与小城市之间的城镇化率水平差距增大。

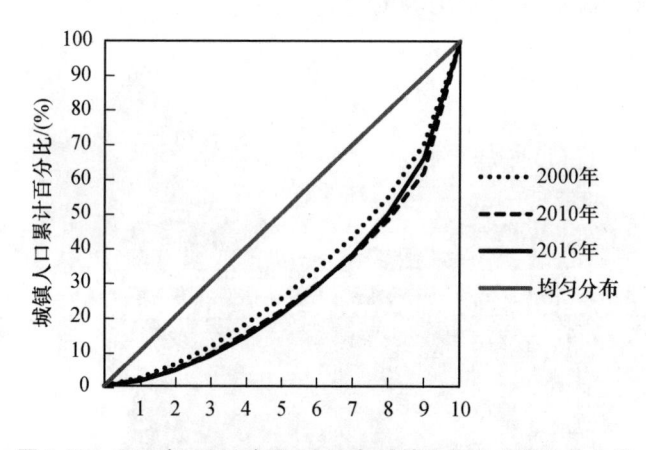

图 2-29 2000年、2010年和2016年城镇人口分布洛伦兹曲线
数据来源:中国城市统计年鉴。

全国人口最多城市(人口首位城市)的人口占总人口的比例反映了全国层面上城镇人口分布的均衡程度。对比部分国家与中国的首位城市人口比例,发现中国最大城市占全国人口的比例相较于美国、英国、法国、德国、日本、韩国等国家较低。韩国和日本作为东亚两个国土面积小、人口众多的发达国家,其人口首位城市的人口占比很大,占了全国总人口的30%左右。欧美国家中,法国和英

国的城市人口首位度较大,首位城市人口占比为15%左右;美国稍小,为10%左右;德国与中国差不多,为5%左右(图2-30)。观察各国人口首位程度的变化发现,韩国、法国、英国、美国和中国的首位城市人口比例在过去几十年间均有所下降,说明全国有多个大城市发展起来。从区域尺度上看,城镇人口向区域中心城市,以及区域中其他大城市集中,城镇化的均衡程度减小;从全国尺度上看,全国各个区域均有大城市发展起来,形成了全国城市和城市群体系,全国的人口首位度降低,城市体系发展更为成熟。

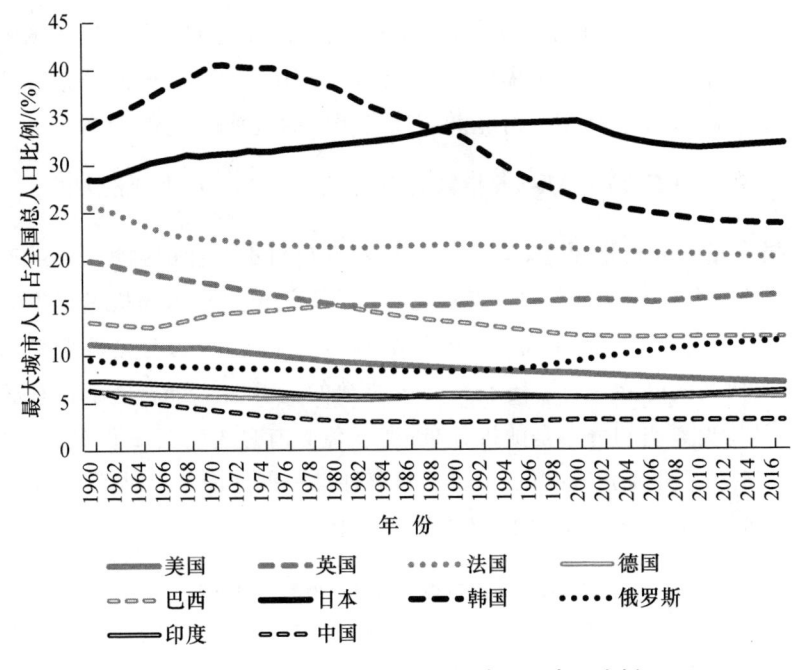

图 2-30 各国最大城市人口占全国总人口比例
数据来源:世界银行。

三、城镇化格局的均衡与集聚

(一)研究方法:空间自相关

空间自相关用于探究数据的空间集聚情况,分为全局空间自相关和局部空间自相关。常用的测度指标有 Moran 指数和 G 系数。G 系数探测高值集聚的能力强于低值集聚,当两种集聚同时存在时,若二者区域规模相当,G 系数通常为正;Moran 指数受集聚区域规模的影响,当集聚范围扩展时,Moran 指数会明

— 53 —

显增大。本研究采用 Moran 指数衡量城镇人口的集聚情况。Moran 指数反映了空间邻近的区域单元属性值的相似程度,计算公式为

$$I = \frac{n}{S_0} \frac{\sum_{i=1}^{n}\sum_{j=1}^{n}w_{ij}(x_i-\overline{x})(x_j-\overline{x})}{\sum_{i=1}^{n}(x_i-\overline{x})^2} = \frac{n}{S_0} \frac{\sum_{i=1}^{n}\sum_{j=1}^{n}w_{ij}z_i z_j}{\sum_{i=1}^{n}z_i^2} = \frac{n}{S_0} \frac{z^T W z}{z^T z},$$

其中,x_i 为区域 i 的属性值,$\overline{x}$ 为各区域单元属性值的均值,S 为相应方差,w_{ij} 为空间权重矩阵 W 中 i 和 j 之间的影响程度。Moran 指数取值在 -1 到 1 之间,指数为 0 表示区域单元间不相关,要素呈随机分布,接近 1 表示相邻区域单元间的要素有正相关关系,要素呈集聚分布,接近 -1 则表示要素分散分布。可以用标准化统计量 $Z(I)$ 检验 Moran 指数空间自相关的显著性水平,计算公式为 $Z = \frac{I-E(I)}{\sqrt{\mathrm{VAR}(I)}}$,其中 $E(I)$ 为 Moran 指数的理论期望,$\mathrm{VAR}(I)$ 为理论方差。

全局自相关分析结果中,Moran 指数表示空间相关性的强度,Moran 指数越大表示空间相关性越强。p 值表示观测到的空间模式是由随机过程生成的概率,p 值越小,表示该空间模式为随机分布的概率越小。z 得分是数据集标准差的倍数,p 值和 z 得分共同评估了 Moran 指数的显著性。当 p 值不具有显著性时,可以认为要素空间分布是随机分布;当 p 值具有显著性且 z 得分为正值时,可以认为要素呈集聚分布;当 p 值具有显著性且 z 得分为负值时,可以认为要素呈离散分布。z 得分和 p 值的临界值如表 2-1。

表 2-1 空间自相关临界 p 值和 z 得分

z 得分	p 值	空间分布模式
<-2.58	0.01	高度离散
$-2.58\sim-1.96$	0.05	中度离散
$-1.96\sim-1.65$	0.1	轻度离散
$-1.65\sim1.65$	—	随机分布
$1.65\sim1.96$	0.1	轻度集聚
$1.96\sim2.58$	0.05	中度集聚
>2.58	0.01	高度集聚

全局空间自相关只能反映全局的要素集聚状况,而局部空间自相关可以指出集聚的位置。局部 Moran 指数计算公式为

$$I_i = \frac{(x_i - \bar{x})}{S^2} \sum_j w_{ij}(x_j - \bar{x}),$$

是全局 Moran 指数的分解形式,有 $\sum_{i=1}^{n} I_i = nI$。

本研究采用全局和局部空间自相关探究2000年、2010年和2016年城镇化率分布的空间集聚格局,数据来自第五、六次全国人口普查和《中国城市建设统计年鉴》。

(二) 分析结果

2000—2016年,我国城镇人口分布的集聚程度增加。东南沿海地区,尤其是城市群区域,出现高值集聚区,西北出现低值集聚区。

Moran 指数大于0,表示要素有正的空间相关性,Moran 指数小于0表示要素有负的空间相关性,Moran 指数等于0则表示要素随机分布。对2000年、2010年和2016年城镇人口分布进行 Moran 指数计算,发现三年的全局 Moran 指数均大于0,表明城镇人口分布有正的空间相关性,即城镇人口呈集聚分布。

根据 Moran 指数大小以及 p 值和 z 统计量,2000年和2010年城镇人口为轻度集聚,2016年为高度集聚,说明城镇人口分布的集聚程度在增加(表2-2)。

表 2-2 城镇人口分布全局 Moran 指数

年份	Moran 指数	z 值	p 值	集聚程度
2000	0.0247	1.660	0.097	轻度集聚
2010	0.0236	1.653	0.098	轻度集聚
2016	0.0341	3.998	0.000	高度集聚

全局空间自相关能够反映要素在空间全局集聚的情况,而局部空间自相关反映了集聚或分异的具体位置。2000年城镇人口在东北、京津冀和长三角部分中心城市呈现高值集聚,即该地与周边的城镇人口均高;在成渝和珠三角地区部分中心城市呈现高低异类,即该地的城镇人口明显高于周边(图2-31)。

2010年,高低异类和高值集聚的区域均有所减少。东北地区高值集聚消失,京津冀地区维持,长三角地区的高值集聚城市增多,新增了山东半岛高值集聚区;高低异类的区域也减少,珠三角地区的高低异类消失;青海和西藏成为低值集聚区(图2-32)。

◆ 城镇化格局与城市群交通

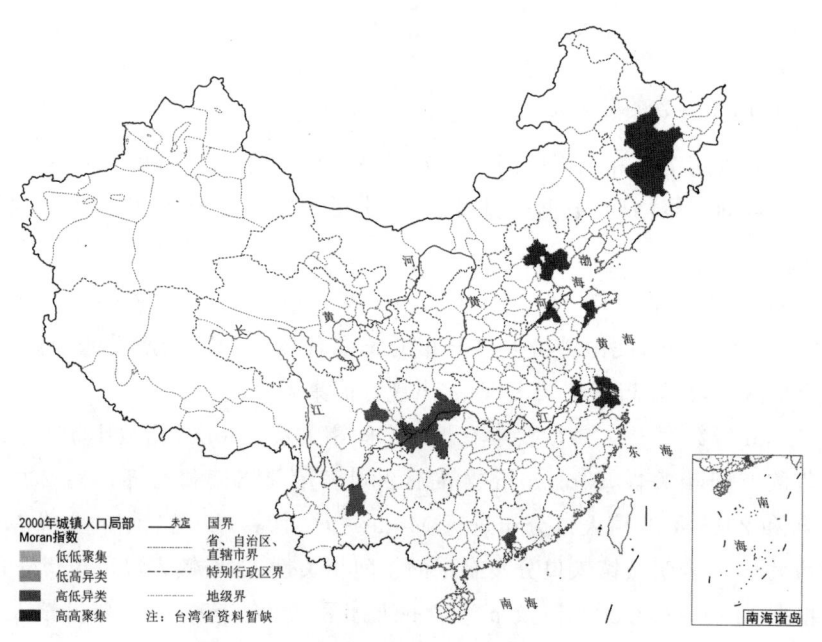

图 2-31　2000 年城镇人口局部 Moran 指数

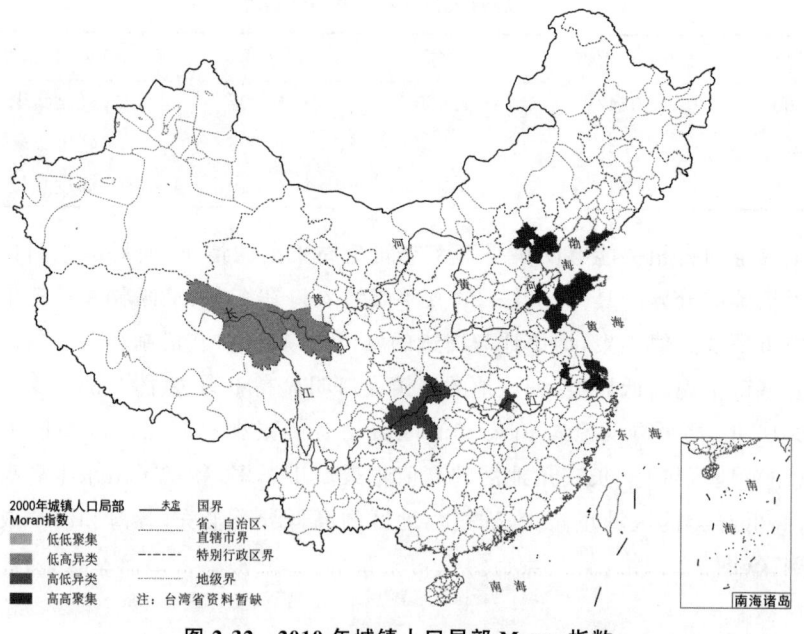

图 2-32　2010 年城镇人口局部 Moran 指数

2016年,京津冀和长三角的高值集聚区扩大,京津冀的集聚区向河北扩散,长三角的集聚区向江苏、浙江扩散,珠三角成为新的高值集聚区;高低异类地区有所变化,长江中游的高低异类消失;辽宁出现新的高低异类区,这些地区的中心城市发展明显快于周边,以致城镇人口数量出现了明显差距;青海和西藏依然维持低值集聚,西藏的低值集聚区扩大(图2-33)。

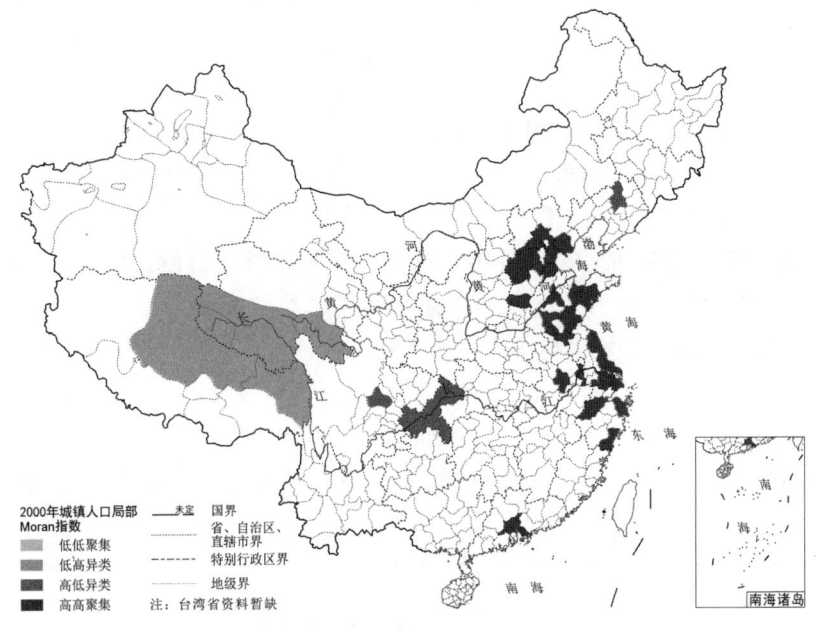

图2-33 2016年城镇人口局部Moran指数
数据来源:中国城市统计年鉴。

从全局空间自相关指数的变化来看,从2000年到2016年,全局Moran指数增加,即全国城镇人口的集聚程度增加。这说明全国的城镇化不是均衡发展的,城镇人口多的地区城镇化发展更快,形成了高城镇化地区的集群。从局部Moran指数的分布也可看出,这些集群就是城市群地区。中国的城镇化是乡村人口向城市集聚的过程,更是向人口密集的大城市和城市群集聚的过程,城市群地区引领了中国城镇化的发展。

集聚经济驱动了城镇人口集聚程度的增加,由于集聚经济的存在,人口、产业和经济活动集中的地区,企业发展成本更低,基础设施也更加完善,因此企业和居民都倾向于在不超过集聚经济的范围内尽可能地集中。大城市和城市群的发展体现了集聚经济,人口集聚与城市经济发展相互促进,创造了更多的就业机会,城市公共服务水平也逐渐提升,由此城市的吸引力增强,会吸引更多的人向大城市集聚。在中国,北京、上海、深圳等一线城市的就业机会和工作报酬高于二线城市,二线城市又高于次一等级的城市,在迁移的成本不大于收益的情况下,人们都倾向于向发展水平更高的地区集聚,全国城镇人口集聚水平因而增加。

城镇人口集聚格局的变化反映了城镇人口增长和迁移的空间分布。观察其变化可以发现,城镇人口向城市群集聚的趋势十分明显,京津冀和长三角的集聚区逐渐扩大,山东半岛和珠三角逐渐成为新的集聚区,城镇人口高值集聚区沿着东南沿海的城市群增长并逐渐扩大,已有沿海连成一片的趋势。

高低异类表明该区域的中心城市城镇人口明显多于周边,说明这一区域的城镇化处于发展初期,位于极化涓滴效应的极化阶段,中心城市大量集聚人口,但人口还未向周边扩散。高低异类区的变化反映了城市群的发展,高低异类多位于中部地区,2000年时成渝和珠三角均为高低异类区;2010年珠三角的高低异类消失,说明珠三角城市群中心城市周边地区的城镇人口有所增长,中心城市城镇人口与周边的差异程度减少,中心城市向周边地区的扩散效应已逐渐显现;到2016年,珠三角成长迅速,已成为新的高值集聚区,而辽宁出现新的高低异类区,说明辽宁的中心城市极化效应增强,迈入城市群发展的初期阶段(表2-3)。

表2-3 城镇人口集聚与各城市群发展水平

城市群	2000年	2010年	2016年	发展水平
京津冀	高值集聚	高值集聚	高值集聚	成熟,处于扩散阶段
长三角	高值集聚	高值集聚	高值集聚	成熟,处于扩散阶段
山东半岛	不显著	高值集聚	高值集聚	比较成熟,逐渐集聚并扩散
珠三角	高低异类	不显著	高值集聚	成熟,发展迅速,从极化到扩散
成渝	高低异类	高低异类	高低异类	中期,一直位于极化效应阶段
长江中游	高低异类	高低异类	不显著	中期,极化效应减弱但扩散未进行
关中	高低异类	不显著	不显著	初期,极化效应减弱但扩散未进行
东北	高值集聚	不显著	高低异类	初期,经历衰退又复兴的过程

值得注意的是,东北地区从最初的高值集聚变为不显著区域,再变为高低异类,经历了城镇人口减少又回流的过程,这是由于城镇化动力的演变。东北地区最初的城镇化水平高,城镇人口多,是由于20世纪重工业发展的带动,而重工业基地消亡之后,东北无可避免地走向衰落,但新的城镇化动力——市场经济带来的城市集聚经济、产业结构转变与第三产业发展、制度变迁与人口流动——为东

北地区的发展注入了新的活力,东北地区的城市群重新发展起来,新的城市群发展目前主要从辽宁开始。

未来人口集聚与城镇化发展的情况将依然呈现大尺度分散、小尺度集聚的态势。三大城市群引领格局还在不断加强,其他城市群也紧随其后,不断升级。

欧美国家的发展经验表明,城镇化率在60%前主要表现为乡村人口向城镇人口的转化,60%后,城镇化对个人财富的增长效应逐渐凸显,尤其达70%后,人均GDP会出现指数增长。目前中国处于发展方式转型和城市结构性调整的关键时期,也是避免中等收入陷阱的关键时期。不能片面重视城镇化率提升,而要着眼于城市内涵发展和人民生活水平的改善。

四、城市人口收缩

相比20世纪末、21世纪初高速的城镇化时期,中国现在的城镇化速率放缓,进入一个相对平稳的阶段。目前,全国的人口数量和城镇化水平还在上升,但部分城市已经出现城市收缩现象,即城市人口减少。北京城市实验室用人口普查数据研究了乡镇街道层级的人口变化,发现在2000—2010年,有30%左右的城市出现了人口收缩现象(毛其智等,2015)。人口收缩成为中国城镇化进程中逐渐凸显的议题。

从2000—2016年地级市尺度的户籍人口变化看,中国有12.9%的城市出现了人口收缩,如图2-34所示,图中浅色区域为人口减少的城市。从类型上看,人口收缩的城市可分为三类。第一类是老工业基地型,这一类型数量最多,位于东北地区,人口减少的原因与东北老工业基地的衰落密不可分。第二类是大城市周边型,这类城市位于长三角、珠三角、北部湾、长江中游和成渝等中东部城市群,往往紧邻人口增长较多的城市,其人口减少的可能原因是人口向城市群中心城市流动,与其人口收缩相伴随的,是附近中心城市人口的大量增长。第三类是发展滞后型,位于西北地区(西藏、宁夏、甘肃),这类城市所在地区经济发展水平较低,就业机会少、报酬低,因此人口向中东部流动。这三类中,老工业基地型和发展滞后型可以看作地区尺度的人口收缩,大城市周边型则是城市和城市群尺度的人口收缩。

城市人口收缩主要与地区的相对经济发展水平有关。经济发展相对落后的城市就业岗位少、范围窄、薪资缺乏竞争力,导致人口外流,而人口的流失反过来又限制了城市的发展,可能导致城市财政水平降低、城市未利用地增加、基础设

城镇化格局与城市群交通

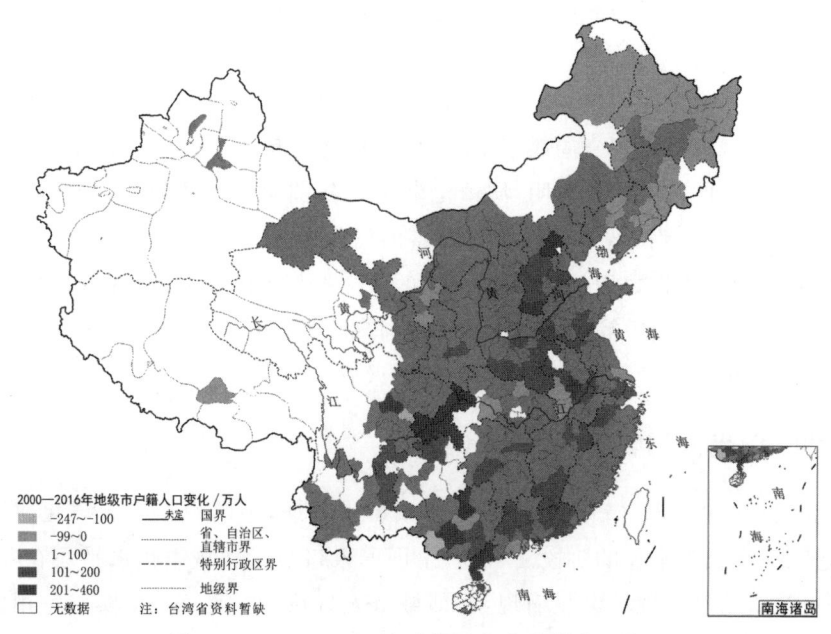

图 2-34　2000—2016 年中国地级市户籍人口变化

施缺乏维护等问题。但经济统计数据和土地利用表明，中国许多城市的人口收缩并未和财政减少、空间缩小同步。部分收缩城市存在人口流失与空间扩张的悖论，一方面劳动力外迁导致人口流失，一方面城市建设用地增长形成空间的扩张，从 2000 年到 2010 年，有半数人口收缩的城市空间有所扩张（杨东峰等，2015），可能存在土地资源浪费问题。

第四节　中国城市群和都市圈发展

一、中国城市群发展

（一）城市群的概念和空间范围界定

城市群描述了城市在空间上的绵延和聚合的情况，属于城市的功能地域的概念。因此城市群的定义和空间范围界定中，城市功能的扩展范围是重要的考虑因素。

与城市群相关的概念有大都市区、大都市带和都市连绵区等。大都市区（metropolitan district）是 1910 年美国提出的概念，指一个大的人口核心和与该核心有高度的社会经济一体化倾向的邻接社区的组合，是用于国情普查的统计区，1980年后改称为大都市统计区。每个大都市统计区至少包括一个5万人以上的中心城市，或包括一个5万人以上的城镇化地区，都市区的总人口至少10万人。大都市带（megalopolis）是戈特曼于1957年提出的概念，指区域内有若干个高人口密度的大城市核心，每个大城市核心与周边区县组成一连串的大都市区，这些核心和大都市区通过高效的交通走廊相连接，都市区内部、都市区之间都有密切的社会经济联系，同时它是国家的核心区域，是经济最发达、效益最高的地区之一，具有国际交往枢纽的作用，大都市带的规模标准为2 500万人口（许学强等，2009）。参考国外概念，周一星（1986）提出都市连绵区概念，是指以大都市区为基本单元，大都市区沿一条或多条交通走廊分布的巨型城乡一体化地区，空间上需要具有两个以上特大城市，大型国际交通枢纽、国际航线和综合交通走廊，各城市之间、城市和外围之间联系紧密。

大都市区、大都市带和城市群有序列上的关系，大都市区是城市及与其紧密相连的腹地，是城市群的基本组成单元，大都市带则是城市群发育的高级阶段。姚士谋（1992）最早提出了城市群的概念，将城市群视为特定地域范围内相当数量的不同性质、类型和规模的城市，依托一定的自然环境条件，以1～2个超大或特大城市为地区经济的核心，借助现代化交通工具、综合运输网络、高度发达的信息网络，形成城市之间的内在联系，共同构成一个相对完整的城市集合体。

随着城镇化发展，大城市在数量上和空间范围上均有所扩大，城市群的概念也发生了更新。目前学界比较认可的城市群概念是指在特定地域范围内，以一个超大或特大城市为核心，由至少3个都市圈（区）或大城市为基本构成单元，依托发达的交通通信等基础设施网络，形成的空间组织紧凑、经济联系紧密并最终实现同城化和高度一体化的城市群体，是工业化和城镇化发展到高级阶段的产物，也是都市区和都市圈发展到高级阶段的产物（方创琳，2014）。城市群的概念中包含3个基本条件：一是要有相当数量的城市，二是以一个及以上大都市为核心，三是城市间的经济联系比较密切（范恒山等，2017）。综合不同学者的观点（表2-4），城市群的本质即一定地域范围内具有各种联系的城市集群。

表 2-4 不同学者对城市群的定义

提出者	提出时间	定义
姚士谋	1992年	特定地域范围内相当数量的不同性质、类型和规模的城市,依托一定的自然环境条件,以1~2个超大或特大城市为地区经济的核心,借助现代化交通工具、综合运输网络、高度发达的信息网络,形成城市之间的内在联系,共同构成一个相对完整的城市集合体
顾朝林	1995年	若干个中心城市在各自的基础设施和具有个性的经济结构方面,发挥特有的经济社会功能,形成一个社会、经济、技术一体化的具有亲和力的有机网络
张京祥	2002年	一定地域范围内集聚了若干数目的城市,它们之间在人口规模、等级结构、功能特征、空间布局以及经济社会发展和生态环境保护等方面紧密联系,并按照特定的发展规律集聚在一起的区域城镇综合体
刘静玉	2004年	在城镇化过程中,在一定的地域空间上,以物质性网络(由发达的交通运输、通信、电力等线路组成)和非物质性网络(通过各种市场要素的流动形成的网络组织)组成的区域化网络组织为纽带,在一个或几个核心城市的组织和协调下,由若干不同等级规模、城镇化水平较高、空间上呈密集分布的城镇通过空间相互作用而形成的,包含有成熟的城镇体系和合理的劳动地域分工体系的城镇区域系统
苗长虹	2007年	在一定规模的地域范围内,以一定数量的超大或特大城市为核心,以众多中小城镇为依托,以多个都市区为基础,城镇之间、城乡之间紧密联系而形成的具有一定城镇密度的城市功能地域
倪鹏飞	2008年	由集中在某一区域、交通通信便利、彼此经济社会联系密切而又相对独立的若干城市或城镇组成的人口与经济集聚区
方创琳	2014年	在特定地域范围内,以一个超大或特大城市为核心,由至少3个都市圈(区)或大城市为基本构成单元,依托发达的交通通信等基础设施网络,所形成的空间组织紧凑、经济联系紧密并最终实现同城化和高度一体化的城市群体,是工业化和城镇化发展到高级阶段的产物,也是都市区和都市圈发展到高级阶段的产物

城市群概念落实到空间上,涉及空间范围界定问题。姚士谋(1992)最早提出了城市群的界定标准,包括:总人口1500万以上;具有特大超级城市;城市、城镇人口比重高;城镇人口占全省比重高;具有城市等级;交通网络密度高;社会消费品零售总额占全省比重高;流动人口占全省比重高;工业总产值占全省比重高。这份界定标准相对比较定性和模糊,之后不少学者提出了一些城市群空间范围界定的定量标准。方创琳(2009)提出了界定城市群的七大标准,涵盖人口、经济、交通、产业结构等方面:① 城市群内都市圈或大城市数量不少于3个,其中作为核心城市的城镇人口大于500万人的特大或超大城市至少有1个;② 人口规模不低于2000万人;③ 城镇化水平大于50%;④ 人均GDP超过1万美

元,经济密度大于500万元/平方千米;⑤ 经济外向度大于30%;⑥ 基本形成高度发达的综合运输通道和半小时、1小时与2小时经济圈;⑦ 非农产业产值比例超过70%,核心城市GDP中心度＞45%,具有跨省际的城市功能。

随着城市群的发展,学者们在此基础上更新并补充,形成了城市群范围界定的新标准(范恒山等,2017),包括将城镇化水平的门槛提高到60%,经济密度门槛提高到1500万元/平方千米;增加了"城市群内各城市的地域文化认同感大于70%以上,具有相似的地理环境和地域文化环境"的标准。这些标准通常围绕着城市群的基础条件(人口、经济水平、交通网络等)、相互联系(大城市核心与其腹地、大都市区之间的联系)、首位城市(核心城市的人口规模)和城市体系4个方面展开。新标准还衡量了城市群地区的文化环境,使城市群界定标准更加丰富合理(表2-5)。

表2-5　城市群的空间界定标准

提出者	提出时间	定义
姚士谋	1992年	① 总人口1500万以上;② 具有特大超级城市;③ 城市、城镇人口比重高;④ 城镇人口占全省比重高;⑤ 具有城市等级;⑥ 交通网络密度高;⑦ 社会消费品零售总额占全省比重高;⑧ 流动人口占全省比重高;⑨ 工业总产值占全省比重高
方创琳	2017年	① 城市群内都市圈或大城市数量不少于3个,其中作为核心城市的城镇人口大于500万人的特大或超大城市至少有1个;② 人口规模不低于2000万人;③ 城镇化水平大于60%;④ 人均GDP超过1万美元,经济密度大于1500万元/平方千米;⑤ 经济外向度大于30%;⑥ 基本形成高度发达的综合运输通道和半小时、1小时与2小时经济圈;⑦ 非农产业产值比例超过70%;⑧ 城市群内核心城市GDP中心度＞45%,具有跨省际的城市功能;⑨ 城市群内各城市的地域文化认同感大于70%以上,具有相似的地理环境和地域文化环境

(二)我国城市群的空间分布格局

我国城市群的定义在2000年后逐渐发展成熟,学界对于城市群的概念有了较为统一的认识,城市群概念逐渐被广泛接受。随着城市群概念的完善,以及我国城镇化的发展,关于城市群空间分布格局的研究也逐渐增多。

方创琳等(2005)最早研究了我国城市群的分布格局,选取了经济、交通、城镇密度等方面的14个指标来衡量城市群发育,提出中国城市群结构体系由28个大小不同、规模不等、发育程度不一的城市群组成,目前尚处于总体发育雏形阶段,根据城市群发育程度指数模型计算结果,将中国城市群划分为3个等级:

一级城市群包括长江三角洲城市群、珠江三角洲城市群和京津冀城市群 3 个城市群;二级城市群包括山东半岛城市群、成都城市群、武汉城市群等 11 个城市群;三级城市群包括滇中城市群、天山北坡城市群等 14 个城市群。这一研究成果成为国家城市群空间格局的基本框架,但这时划分的城市群数量较多,空间上分布零散,每个城市群的体量较小。因此后续《中国城市群发展报告(2011)》中,28 个城市群被修改为"15＋8"个城市群,其中 15 个达到发育标准,8 个未达到发育标准,这一研究成果被《国家新型城镇化规划(2014—2020 年)》所参考。该规划将城市群格局修正为"5＋9＋6"个城市群,分别是 5 个国家级城市群(长江三角洲城市群、珠江三角洲城市群、京津冀城市群、长江中游城市群和成渝城市群)、9 个区域性城市群(哈长城市群、山东半岛城市群、辽中南城市群、海峡西岸城市群、关中城市群、中原城市群、江淮城市群、北部湾城市群和天山北坡城市群)和 6 个地区性城市群(呼包鄂榆城市群、晋中城市群、宁夏沿黄城市群、兰西城市群、滇中城市群和黔中城市群)。

  上述城市群的空间分布都是根据定量指标对比城市统计数据,来确定哪些地区可以被划归为城市群。将城市群的识别方法分为实证法和模型法两种,用测度指标和数据来确定城市群的方法属于实证法,用几何图或数学算法来划分城市群的方法属于模型法(表 2-6)。有学者利用牛顿引力学方程对随机分布模型进行改进,构建城市空间分布的引力模型,用 2002 年的数据,以省级行政区为基本空间单元,识别出了 6 个块状城市群,分别是辽中南、京津冀、长三角、珠三角、成渝和长江中游城市群;10 个条状城市群,分别是济青、闽东南、黑中南、吉中、晋中、冀中南、中原、湘中、赣北和关中城市群;9 个单核心城市群,分别是以合肥、海口、南宁、贵阳、昆明、兰州、银川、呼和浩特、乌鲁木齐为中心的城市群(李震等,2006)。亦有学者以 GIS 手段为基础,提出了一套综合了交通、人口和经济属性判断的城市群快速识别和区划的技术流程。以空间通达性的定量测算为基础,依据交通网络的空间分布和地形地貌特点,初步确定城市集群的空间位置及范围。然后以城市集群的经济社会等属性为判据,对以空间通达性为依据初步识别出的城市集群结果进行遴选,遴选准则包括城市数量、城市群面积、人口总量、城镇化率、人口密度、人均 GDP、GDP 密度和经济类型。有学者用 2000 年的空间和统计数据,在空间分布的初步识别结果中识别出了 19 个城市群,然后进一步遴选出 9 个城市群,包括长江下游城市群和珠三角城市群 2 个发展较为成熟的城市群,以及东北城市群、京津冀城市群、中原城市群、长江中游城市群、海峡西岸城市群、关中城市群和成渝城市群 7 个发展中的城市群(张倩等,

2011)。

表 2-6 城市群空间识别方法

方法	内容	优点	缺点	代表文献
实证法	用测度指标和数据来确定城市群	具体特征研究较为深入,指标清晰	数据获取不易;指标有先验性	中国城市群结构体系的组成与空间分异格局(方创琳,2005)
模型法	用几何图或数学算法来划分城市群。例如引力模型、场模型、Voronni图等	解决数据获取问题,识别相对统一且容易	内部理论机制弱化;模型合理性有待讨论	基于交通、人口和经济的中国城市群识别(张倩,2011)

近年来夜间灯光成为研究城市群空间分布的新手段。基于夜间灯光识别城市群也属于模型法,识别步骤为:从夜间灯光数据中提取城市建成区域;将这些城市建成区域识别为城市对象,并计算每个城市对象的几何属性和形状属性;计算城市对象边缘之间的距离,在此基础上创建最小生成树以获取城市对象之间空间邻近关系,再基于完形理论,对最小生成树剪枝进行城市对象空间聚类,定义并计算城市群相关属性信息(舒松,2013)。有学者利用夜间灯光分析 2012—2017 年中国九大城市群的格局变化,发现长三角、珠三角、京津冀城市群的灯光总量和平均灯光均位于前列;长三角、珠三角、成渝、哈长、关中平原城市群的夜间灯光变分散,京津冀、长江中游、中原、北部湾城市群灯光变集中,成渝城市群夜间灯光重心移动最大,向重庆方向移动;长江中游城市群接近 Zipf 分布,中原城市群为序列分布,其他城市群为首位分布;长三角、珠三角、京津冀城市群的总体联系强度最高,各城市群边缘中小城市与核心城市空间联系较弱(王成港等,2019)。

模型法识别城市群相对统一且容易,但这类方法注重技术运用,弱化了城市群识别标准及其内部的理论机制。因此有学者提出,城市是区域作用的主体,城市群是区域作用程度的体现,由此可以基于区域合作视角来识别城市群,将研究相对成熟的区域作用模型手段和城市群实证研究相结合,避免单一采取实证法和模型法的不足之处。王丽等(2013)用 2009 年的城市统计数据,将城市群的识别标准分为前提、本质和结构三点,分别用潜力模型、传统引力模型和场模型、自然断裂法聚类进行分析,识别出的城市群需满足位于城市潜力较高的地区、腹地范围相连或城市引力值较大,首位城市实力较好且有一定的城市体系 3 个条件。最终识别出 12 个城市群,分别是长三角城市群、京津冀城市群、珠三角城市群、成渝城市群、辽中南城市群、长江中游城市群、中原城市群、山东半岛城市群、湘东城市群、关中城市群、海峡西岸城市群、南昌城市群。其中,长三角城市群规模最大,所处地区基础条件好,城市联系紧密、层级完善,且首位城市级别为最高一级。京津冀城市群、珠三角城市群紧随其后。

学者们识别出的城市群空间格局存在相同点,也存在一定的差异。京津冀、珠三角、成渝、中原、关中、海峡西岸城市群以及长三角城市群的江苏、浙江部分,在各项识别结果中争议不大。存在争议的主要有安徽、东北地区、山东半岛、长江中游和西北地区的部分城市群。

在长三角城市群的划定中,有学者将合肥及附近城市纳入长三角城市群范围内,有学者将皖中单独作为一个城市群,也有学者不认为合肥地区属于城市群范围。在东北地区城市群划定中,有学者将辽宁、吉林和黑龙江的部分城市作为一个整体划分为一个城市群,也有学者将东北地区分为辽中南和哈长两个城市群,还有学者识别出的城市群不包括吉林和黑龙江地区。在山东半岛城市群划定中,有学者将山东半岛作为一个整体城市群,从东到西包括济南和青岛及其周边城市,也有学者只把济南附近区域列入城市群,未把青岛列入城市群范围。在长江中游城市群划分中,有学者将湖北、湖南和江西部分城市作为一个整体城市群,也有学者将3个省份分开,划分出武汉城市群、长株潭城市群和南昌城市群等。此外,兰西、宁夏沿黄、呼包鄂榆、天山北坡、滇中和黔中这类位于西北和西南地区的城市群,由于发展水平一般,在模型法的识别中往往不被纳入。

总结对于城市群划分的争议,第一是在东北、长江中游和山东半岛这些城市连绵地区,是把距离较远的两个中心城市划在一个城市群中,组成一个范围较大的城市群,还是各自分开,形成多个范围较小的城市群?在目前的政策规划中,倾向于将其合并,形成一个范围较大的城市群。第二是西北和西南地区发展水平一般、城市数量较少的地区,是否被确定为城市群?出于国家城镇化战略的考虑,目前的政策规划多把乌鲁木齐、兰西、呼包鄂榆、宁夏沿黄、滇中、黔中区域的部分城市划入城市群的行列。

(三)我国城市群的发展动力

城市群的发展是由低级到高级的逐步演进过程:城市群内部城市之间的关系由松散关联发展到紧密联系,内部城镇之间的分工合作由不成熟逐渐走向成熟,最终形成合理的劳动地域分工体系(刘静玉等,2004)。在城市群发展过程中,首先是单个城镇范围扩展,城镇个数增多,围绕着核心城镇形成城镇的集聚,城市群开始出现,然后城市群区域内城镇的数量增多、质量优化,城市群形成扩张态势。

城市群的这一发展过程由多方面的动力推动。有学者将城市群发展的动力机制看作有机体的空间生长组织过程,认为城市群的发展就是经济核通过经济波对区域内其他经济体的辐射过程,这一过程遵循梯度原理,空间内要素密度分布的不均以及发展过程中的疏密不均导致了城市在空间上发展的差异,加上经济波辐射强度的差异形成发展水平不同的城市个体,这些个体通过经济和空间上的联系形成城市群(孟祥林,2006)。有学者从经济和社会角度出发,认为城市群的本质是集聚经济,集聚经济的本质是规模经济和范围经济,各种产业效应是规模经济和范围经济的载体,因此,产业关联效应、产业聚集效应、产业技术扩散效应、产业转移效应是城市群演变的动力(乔彬等,2006)。

也有学者将城市群的空间演化与经济社会发展相联系,将城市群的发展视为空间组织和经济社会发展的复合过程,将城市群的演进动力分为自然生长力、市场驱动力以及政府调控力三类(叶玉瑶,2006)。其中自然生长力是由城镇自身规模增长所产生的外向拓展的力量,地理位置和自然条件是城市群发展的基础,城镇空间向外拓展会受到区域地形条件、交通区位、资源禀赋、空间密度形态等因素的综合影响。市场和政府则是城市群发展中另外两种重要的推动力,在市场机制下,以利益最大化为目标的各种要素的集聚和扩散的双重作用是城市群形成和发展的根本动力。而仅有市场的作用是不够的,市场有时会因其外部性而失灵,因此需要发挥政府的作用,政府作为城市规划、管理以及基础设施供给的主体,为城市群的发展提供了行政、经济、法律等支撑。只有市场机制和政府机制同时发挥作用,才能最大限度地减少市场失灵和政府失灵,促进城市群规模和体系的合理发展,增强城市群的整体功能(陈玉光,2009)。

将城市群发展中市场和政府的两方面动力细分,市场方面的动力机制有产业集聚和扩散效应、企业区位选择驱动;政府方面的动力机制有政府宏观行为的调控等。而区域网络化组织,包括交通运输、通信、电力等物质网络和各种要素(如人、资金、信息)流动形成的非物质网络,也是城市群的发展动力,是市场和政府共同影响下的结果。在自然生长力驱动下,城市功能的集聚和扩散推动了城市群发展,城市发展初期往往以几个主要功能为主,如政治、交通、工业功能,而随着城市扩大,城市所具有的功能也逐渐增加,形成城市功能的集聚,但城市功能的集聚要求相应的发展空间,当城市的发展空间增长不足以满足其功能的要求时,城市的部分功能会向郊区或邻近城市扩散。城市功能的集聚与扩散这一机制推动了城镇集聚区的形成,最终可能形成城市群(刘静玉等,2004)。

◆ 城镇化格局与城市群交通

根据各种动力作用的层面不同,城市群的发展动力可以分为微观、中观和宏观三个层面。微观动力机制是企业、消费者(居民)等微观主体从自身效用最大化出发,在集聚与扩散效应的交替复合作用下所做出的理性选择,推动了城市群的形成与发展,包括企业区位选择、企业组织形式变化和居民空间行为。中观动力机制包括产业集聚与扩散、区域基础设施网络建设、农村城镇化、城市的知识经济和文化带来的城市凝聚力等。宏观动力机制则主要是政府利用政策制定来引导、调控城市群发展(王娟,2012)。市场动力在三个层面上均有表现,在微观层面起决定作用的是企业的聚集与扩散;在中观层面起决定作用的是产业的分工与合作;在宏观层面起决定作用的是工业化与城镇化的互动机制(庞晶等,2008)。相对而言,微观层面更侧重于市场动力机制,宏观层面政府的作用更明显,中观层面则是市场和政府的共同作用,城市群的自然生长力也主要表现在中观层面(图 2-35)。

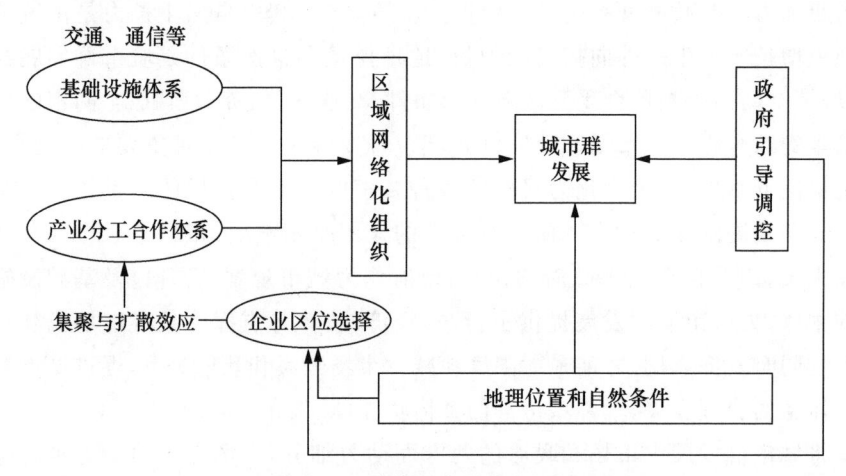

图 2-35 城市群发展动力机制

总的来说,良好的地理位置与自然条件是城市群发展的最初动力。在地形平坦、气候适宜、交通便利的地方,城市率先发展起来,人口逐渐集聚,城市规模扩大。城市规模的扩大为城市带来了规模经济,企业和居民受到城市便利条件的吸引,倾向于在这一区域集聚。集聚经济的作用使得这一区域的城市规模扩大、数量增多,一定地域空间内的城镇逐渐呈现出组团连片发展的形态,城市群逐渐形成。

从市场的角度,为了寻求利益最大化,企业的区位选择倾向于城市群地区,随着企业的集聚,城市群地区逐渐建立起产业分工合作体系,并反过来推动城群地区集聚经济的发展,形成正反馈。从政府的角度,政府政策的引导调控,为区域发展带来经济、社会等方面的优势,提高地区吸引力,极大地影响了城市群的形成与发展。从市场与政府结合的角度,交通、通信等基础设施体系由市场作用与政府规划共同影响,基础设施体系的建立与完善能够加快城市群地区的各类要素流动,增加城市群地区的吸引力。

无形的产业分工合作体系、人才体系,与有形的交通、通信等基础设施体系,都是区域网络化组织。区域网络化组织的发展提高了区域要素流动的速度和便利程度,能够进一步加强区域的集聚与扩散作用,促进城市群发展。总体而言,自然条件、市场机制和政府调控共同作用,对城市的集聚与扩散过程产生影响,由此推动了城市群发展。

二、中国都市圈发展

(一)都市圈的概念和空间范围界定

都市圈的概念最早由日本学者提出。20世纪50年代,日本将中心城市人口在10万人以上,周边地区在一天内可以提供或接受中心城市某一方面功能服务的地域范围界定为都市圈。1960年,日本又提出了大都市圈概念,规定大都市圈的中心城市为中央指定城市,或者人口100万人以上的城市,周边需分布一个或多个人口在50万人以上的城市,周边城市到中心城市的通勤人口不低于本地人口的15%,同时将大都市圈地域范围界定为对外货物运输量不超过总运输量的25%的范围。目前,日本将都市圈界定为常住地区15岁以上的就业人口和15岁以上的上学人口有10%以上在中心城市的通勤圈和上学圈。

都市圈是一个功能地域的概念。其概念与戈特曼的大都市区有相似之处,史育龙等(1996)指出都市区是由一定规模以上的中心城市及与其保持密切社会经济联系、非农业活动发达的外围地区共同组成的,具有城市一体化倾向的城市功能地域。这里的都市区概念实质上可以等同于都市圈。高汝熹等(1990)最早提出了圈域经济的概念,认为城市经济圈是以经济比较发达的城市为中心,通过经济辐射吸引,带动周围城市和农村发展,形成的统一的生产和流通经济网络。此后又在圈域经济的概念上延伸,认为都市圈就是以经济比较发达并具有较强城市功能的中心城市为核心,由中心城市和与其有经济内在联系且地域相邻的若干周边城镇所覆盖的区域共同组成的,都市圈的地域范围就是其经济吸引和经济辐射能力能够达到并能够促进相应地区经济发展的最大地域范围(高汝熹等,1998)。这一定义也强调都市圈的经济联系。后来杨勇等(2007)在经济联系的基础上加入对网络联系的描述,认为都市圈是指城镇化达到一定水平后,以发达的交通通信网络为基础,以一个或多个中心城市为主导,通过中心城市与周边城市间以频繁的人员流、资本流和信息流为基本特征的经济联系,最终形成的经济社会高度一体化的经济体。这一定义在之前经济联系的基础上,强调都市圈的网络联系,包括交通通信基础设施网络和人、资本、信息等非物质网络联系(表2-7)。

表 2-7 不同学者对都市圈的定义

提出者	提出时间	定义
史育龙	1996 年	由一定的规模以上的中心城市及与其保持密切社会经济联系、非农业活动发达的外围地区共同组成的,具有城市一体化倾向的城市功能地域
杨勇	2007 年	城镇化达到一定水平后,以发达的交通通信网络为基础,以一个或多个中心城市为主导,通过中心城市与周边城市间以频繁的人员流、资本流和信息流为基本特征的经济联系,最终形成的经济社会高度一体化的经济体
张伟	2003 年	由一个或多个中心城市和与其紧密社会、经济联系的邻近城镇组成,具有一体化倾向的协调发展区域,是以中心城市为核心、以发达的联系通道为依托,吸引辐射周边城市与区域,并促进城市之间的相互联系与协作,带动周边地区经济社会发展的,可以实施有效管理的区域
郭熙保	2006 年	以一个或少数几个大城市为中心,以圈域内若干大中小城市为次中心或节点,辐射周边腹地区域,依托发达便利的交通通信网络,经济联系紧密,具有较高城镇化水平和一体化特征的社会经济活动空间组织形态

都市圈在空间上内部联系紧密、有发达的交通通信网络,在功能上有机分工,有密切的经济、社会联系,并具有一体化倾向(张伟,2003)。空间上,都市圈主要有 3 个组成部分,分别是核心城市、周边城市以及镶嵌其间的生态隔离带或都市农业带。都市圈在空间形态上与一般城市的主要差别在于:一般城市为单体城市,都市圈则为由核心城市与外围城市共同组成的有机的城市复合体,其实质是城市之间在空间上的密切联系、功能上的有机分工和高度依存(徐琴,2002)。

都市圈的概念中强调了 3 个特征,分别是强大的中心城市、完善的城市等级体系和紧密的城际经济联系(杨勇,2008)。这 3 个特征确保了都市圈的空间和功能联系。中心城市经济实力强大、市场范围广阔、服务功能齐全、信息交流频繁、辐射影响深远,能够发挥增长极的作用,带动都市圈中其他城市的经济,共同促进都市圈的经济发展,是都市圈发展的前提和基础。一般来说,中心城市的经济总量可以占到都市圈的 1/3 到 1/2。都市圈城市等级体系是指都市圈内不同规模、不同等级和不同发育程度的城市通过各种通道有机联系而成的城市集群,它是城市体系结构、城市职能及其发展状况的直接反映。中心城市的功能和作用的发挥不能一枝独秀,它不仅要与区域经济发展水平相适应,也要与区域内城市规模结构体系、功能体系、分布体系的发展相协调。城市体系的完整性通常能够反映都市圈的成熟程度。而基于城市间良好的交通通信设施而发生的经济联系,是都市圈经济得以形成、发展的基础。城际经济联系既包括中心城市与周边成员城市的经济联系,也包括周边城市间的经济联系。在都市圈成长过程中,城际经济联系多以中心城市与周边城市的经济联系为主,随着都市圈的进一步发展,周边成员城市间的经济联系会逐步增强,但是仍将弱于中心城市与周边城市的经济联系,这也是都市圈城市等级体系的体现。

都市圈空间范围的界定目前没有统一的标准。有学者认为都市圈是在现代交通技术条件下,直径在 200~300 千米,面积在 4 万~6 万平方千米,人们可以在一天内乘汽车进行面对面交流的区域(王建,1997)。也有学者认为都市圈可以分为日常都市圈和大都市圈。日常都市圈也称"1 小时都市圈",从核心城市到周边城市之间的单向时间距离在 1 小时左右,而大都市圈的单向时间距离一般在 3 小时左右。如果以高速公路为主要通道、以私人小汽车为主要交通工具,或者以城际高速铁路为纽带(如日本新干线),则日常都市圈的半径最大可以达到 100 千米,而大都市圈的半径可达 300~400 千米(徐琴,2002)。

郭熙保等(2006)提出不同等级的都市圈界定标准不同,认为初级都市圈(单中心都市圈)中心城市人口不小于 100 万人,外围地区城镇化率在 30%~50%,圈域总人口在 1 000 万人以上,圈域 GDP 达 1 000 亿元以上,圈域范围在中心城市 100 千米范围内,圈域各地到中心城市有比较便捷的交通,该阶段的都市圈有济南都市圈等。中级都市圈(多中心都市圈)中心城市人口达 500 万人以上,至少出现一个圈域次级城市,人口规模达 100 万人以上,外围地区城镇化率在 50%~70%,圈域总人口达 3 000 万人以上,总 GDP 达 8 000 亿元以上,圈域范围在中心城市 200 千米范围内,除公路、水路和铁路外,圈域内形成较为发达的公路网,该阶段的都市圈有杭州都市圈和武汉都市圈等。高级都市圈(成熟都市圈)的中心城市人口达 800 万人以上,出现数个次级中心城市,人口在 100 万~800 万人,外围地区城镇化率达 80%以上,圈域总人口达 5 000 万人以上,总

GDP 达 45 000 亿元以上,该阶段的都市圈有上海都市圈(表 2-8)。

表 2-8　不同学者对都市圈的界定

提出者	提出时间	界定标准
周一星	2000 年	中心城市人口规模超过 20 万人,外围地区非农劳动力占总人口比例大于 60%,GDP 中来自非农产品的部分大于 75%
张京祥	2001 年	中心城市人口规模 100 万人以上,且 GDP 中心度达 45% 以上,外围地区人口 50 万人以上,外围地区到中心城市的通勤率不小于本身人口的 15%
郭熙保	2006 年	初级都市圈(单中心都市圈)中心城市人口不小于 100 万人,外围地区城镇化率在 30%~50%,圈域总人口在 1 000 万人以上,圈域 GDP 达 1 000 亿元以上;中级都市圈(多中心都市圈)中心城市人口达 500 万人以上,至少出现一个圈域次级城市,人口规模达 100 万人以上,外围地区城镇化率在 50%~70%,圈域总人口达 3 000 万人以上,总 GDP 达 8 000 亿元以上;高级都市圈(成熟都市圈)的中心城市人口达 800 万人以上,出现数个次级中心城市,人口在 100 万~800 万人,外围地区城镇化率达 80% 以上,圈域总人口达 5 000 万人以上,总 GDP 达 45 000 亿元以上

近年来大数据为界定都市圈空间范围提供了新的发展方向。有学者基于手机信令数据和土地利用覆盖数据识别都市圈空间范围,识别了城市的 4 类空间范围。首先利用基于遥感数据的土地利用覆盖识别城市实体地域,然后利用手机信令数据,以中心与外围地区的联系率、通勤率、生活出行率为关键指标,识别了京津冀城市群地区主要城市的 3 种不同类型的城市功能地域圈层:都市影响圈、通勤圈和生活圈。其中城市实体地域是都市圈的中心城区,后三者为都市圈的范围,是城市的功能地域,都市影响圈是与中心城市具有比较紧密社会经济活动联系的地域系统所占据的空间范围;通勤圈是与中心城市存在日常性稳定通勤行为的区域空间范围;生活圈是中心城市居民日常生活休闲娱乐的区域空间范围。研究发现,京津冀地区的各个地市的都市影响圈范围总体比较接近于其市域行政范围,各市的通勤圈实际上基本都未超出市域行政范围,超出市域最明显的北京通勤圈也仅有 7.1% 在市域范围之外。这为都市圈规划提供了参考,目前在《国家发展改革委关于培育发展现代化都市圈的指导意见》中提出将都市圈定义为"以 1 小时通勤圈为基本范围的城镇化空间形态",但若以通勤作为标准,京津冀地区几乎所有城市的都市圈都没有超出市域范围,我国当前的城市与区域发展状态下,与城市具备稳定通勤联系的区域实际上很难超出市域行政范围(赵鹏军等,2019),都市圈的空间范围不宜被扩得过大。

总的来说,都市圈的概念和界定属于城市功能地域的概念,中心城市对周边地区提供的服务功能是都市圈界定中考察的核心,中心城市、城市等级体系和城市间的经济联系是都市圈不可或缺的3个特征。在空间上,都市圈内的空间属性分为两类:一是人口众多、经济发达,对周边有极大吸引力的大城市;二是围绕在大城市中心区外的通勤范围,也即都市圈的空间范围。由于中心城市的规模、经济发展水平、提供就业岗位和服务的不同,都市圈的空间范围也会有相应的变化。

(二)我国都市圈的发展评价研究

中心城市、外围地区以及两者之间的联系是都市圈的基本要素。由于都市圈空间界定范围的不同,都市圈的空间分布也没有统一的定论。目前研究全国都市圈空间分布与发展评价的文献较少,但也有学者建立了综合指标体系,评价我国都市圈的综合发展水平。

高汝熹等(2006)最早评价了我国都市圈的综合发展水平,建立了发育指数(包括交通联系强度、经济落差、城镇化水平和中心城市地位)、实力指数(总体规模、次区域发展强度、投入与消费能力)和绩效指数(发展水平与财富、产出能力与效益)3个维度的评价指标体系,发现目前中国都市圈大致可划分为3个级别:第一是上海都市圈,发育较好、实力最强、绩效最高;第二是广州都市圈和北京都市圈,目前已形成一定规模,但在发育、实力、绩效等方面仍存在一些问题;第三是其他15个都市圈,包括杭州、南京、济南、沈阳、长春、大连、武汉、石家庄、青岛、哈尔滨、汕头、重庆、成都、西安、太原都市圈,目前还没有形成明显的圈域经济。

清华大学中国新型城镇化研究院发布的《中国都市圈发展报告2018》中,对目前全国都市圈发展现状进行了全面评估,描绘了全国3个等级都市圈的空间分布状况。该研究利用通勤率指标来划定都市圈范围,首先将城区人口500万人以上,1小时左右通勤圈内人口密度超过1 500人/平方千米作为都市圈划定的基本门槛,同时基于国家战略需求,将部分人口未达标但战略地位重要的城市纳入中心城市范围;然后以与中心城市的联系度为标准确定都市圈范围,在1小时通勤圈基础上选取与中心城市日平均双向流动人口占市域人口比重在1.5%以上的城市,中心城市与符合标准的外围城市即为都市圈的范围,外围市县的中心区进入该范围,则将整个市县纳入。根据这一标准识别出了34个中心城市都市圈。在此基础上,建立了都市圈发展水平(包括经济实力、人口集聚、创新能力、公共服务、交通设施)、中心城市贡献度(包括经济、人口、交通辐射力)、都市圈联系强度(包括经济、人口、交通联系)、都市圈同城化机制4方面的指标。在评价中将已经连片发展的都市连绵区作为整体进行测算,因此测算单元是29个都市圈或都市连绵区。根据测算结果,将我国都市圈分为3个层级(表2-9)。

表2-9 各都市圈等级

等级	都市圈/都市连绵区
成熟型	长三角都市连绵区、珠三角都市连绵区
发展型	北京、合肥、青岛、成都、西安、郑州、厦门、济南、武汉、石家庄、长春、太原、长沙、贵阳、南宁、沈阳都市圈
培育型	南昌、昆明、重庆、银川、哈尔滨、大连、兰州、福州、呼和浩特、乌鲁木齐、西宁

数据来源:《中国都市圈发展报告2018》。

除通勤率外,亦有学者用交通时耗来确定都市圈范围(梁军辉,2018),选取全国"19+2"城市群中的中心城市作为都市圈中心城市,利用百度地图算路功能计算中心城市与周边区域的交通时耗,以中心城市为中心划定等时圈,将中心城市及周边城市中心区包含在2小时等时范围内的城市行政边界作为都市圈范围,最终确定33个都市圈。再从创新热力、空间潜力、人口活力、公服能力、一体化程度和网络成熟度6个方面来评价都市圈发展水平,依照评价结果将都市圈划分为4个层级,如表2-10所示。

表2-10 都市圈等级划分

等级	都市圈
第一层级	杭州、上海、广州、天津、深圳、北京都市圈
第二层级	南京、宁波、成都、郑州都市圈
第三层级	石家庄、西安、武汉、长沙、济南、青岛、厦门、沈阳、南昌、太原、合肥、长春、福州、重庆、南宁、银川、昆明、贵阳
第四层级	哈尔滨、兰州、乌鲁木齐、西宁、呼和浩特

数据来源:梁军辉,2018。

对比不同学者的结论,发现不同学者都市圈识别的结果大体相似,发展评价等级划分结果也大致相仿,长三角地区一直是都市圈发展最完备的地区,珠三角地区的都市圈成长较为明显,华北、华中和华东地区是都市圈密集区,都市圈的空间分布呈现出明显的沿海、沿江分布,以及与省会城市重合的特征。

在都市圈发展评价中,学者们对于都市圈范围的判定存在可讨论的空间。

有学者将根据路网计算的交通时耗作为判定都市圈范围的依据(梁军辉,2018),但如此判断出的都市圈范围是基于交通设施水平的范围,而实际都市圈之间可能并未产生足够的通勤联系,也就不能体现都市圈作为功能地域的概念。也有学者利用通勤率来界定都市圈(清华大学新型城镇化研究院,2018),但在测定结果中将都市圈范围邻接或者重合的圈域视作一个都市连绵区整体来进行发展评价,这导致在评价中,一个都市连绵区实际上囊括了多个都市圈,这样将都市连绵区与其他都市圈进行比较,存在比较对象的层级不匹配的问题。

(三)都市圈的发展机制

都市圈的发展机制涉及多个方面,可以分为市场机制、基础设施、政府调控等方面(图2-36)。

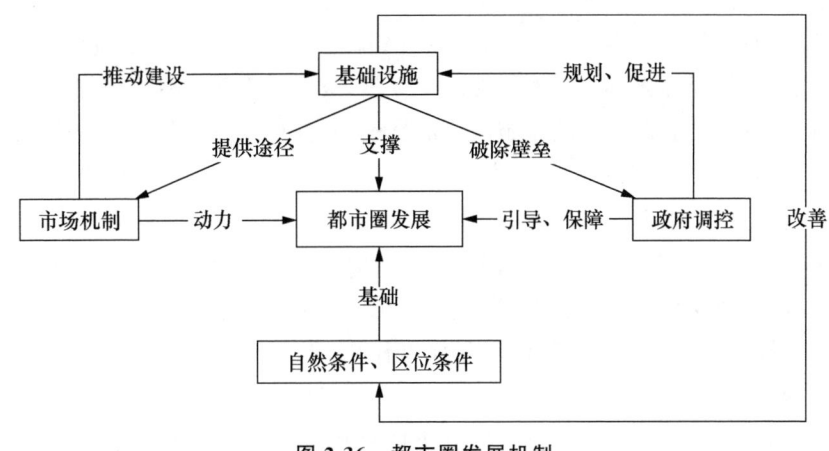

图2-36 都市圈发展机制

市场机制是都市圈发展的根本动力。都市圈中心城市与周边城市的紧密联系离不开圈内各城市专业化的分工体系。在市场机制的效益驱动下,个体寻求利益最大化,要素自由流动,产生了都市圈内的集聚和扩散效应。在集聚与扩散效应下,市场机制催生和培育了中心城市,促使中心城市迅速发展,形成区域经济的增长极,同时,市场机制保护了都市圈内部最基本的经济联系,保持经济联系的原始状态,避免行政干预强加的经济联系的偶然性,使都市圈的形成具有更牢固的基础。在发展过程中,市场机制使得都市圈内部的边缘城市在中心城市的辐射下得到发展,内部各城市都将从发展中受益,真正实现互惠互利(高汝熹等,2006)。都市圈要形成联系紧密、足够强韧的圈域经济,不能通过简单的产业叠加形成,而是需要优势产业互相叠加、紧密联系,发展为区域内的产业集群,产

— 75 —

生发展可持续、区域紧密交互的产业结构,才能有效推动都市圈的发展(张晓兰,2013)。

基础设施是都市圈发展的重要支撑。包括交通、通信、信息等在内的基础设施网络为市场作用提供了传导途径,市场作用推动下的要素流动得以通过基础设施网络,在都市圈内快速、便捷流动,保证了要素的集聚与扩散在空间上的实现(杨勇,2008)。世界上发展水平高的都市圈都离不开四通八达的区域交通基础设施网络,其中轨道交通和公路交通是都市圈空间结构的核心骨架。例如东京都市圈在形成过程中,经济发展与人口增长给中心城市带来了人口和土地的压力,而市域铁路有效疏解了中心城市人口压力,促进了近郊区的土地开发,近郊区与市域铁路一体化建设实现了综合效益最大化,促进了都市圈的空间结构和功能结构合理化(张天琳等,2019)。

政府调控(规划和引导)是都市圈发展的保障。由政府主导的制度建设、政策引导、法律法规等为都市圈发展提供了保障,政府一方面能积极培育和完善市场机制,另一方面能促进基础设施网络的建设,对都市圈发展起到扶持作用。伦敦都市圈的发展离不开政府的多次规划,1944年的《大伦敦规划》提出的同心圆模式奠定了伦敦都市圈发展的基础,21世纪以来,大伦敦政府又在2004年、2008年、2011年和2016年多次制定《大伦敦地区空间发展战略规划》,贴合发展实际,不断更新规划内容,始终引导都市圈的发展(邢琰等,2018)。虽然政府的规划和引导对都市圈发展起了保障和促进作用,但行政区体系也可能阻碍都市圈的发展。在强行政分配的逻辑下,中心城市资源吸附能力强,都市圈地区的要素流动偏向于向心式,这种强行政管辖下的资源分配可能造成城市交界地区的弱管制与无序发展。此外,城市的竞争思维和政府政绩导向可能导致都市圈一体化发展难以有效实现,在强调城市竞争、追求经济发展的导向下,都市圈内的各层级城市之间难以自发形成紧密协同的合作共赢格局(尹稚等,2019)。破除行政壁垒是都市圈发展中政府必须考虑的问题。

总的来说,都市圈的发展机制主要有市场、政府和基础设施网络3个方面,此外,自然条件和区位条件也是都市圈发展的基础。纵观世界各地发展水平高的都市圈,东京、伦敦和纽约都市圈都位于经济发达的沿海平原地区,具有港口优势。

各项机制之间也存在着互动。市场机制与政府调控相互平衡,寻求要素在自由流动和宏观调控之间的优化选择。市场机制推动了基础设施的建设,而基础设施网络为市场作用下要素的流动提供了途径。政府能够规划和促进基础设

第二章　中国城镇化格局特征与演变

施建设,基础设施网络又有助于破除都市圈内的行政壁垒。同时,基础设施水平的提升反过来能够改善都市圈的区位条件。都市圈的发展是多种机制共同作用的结果。

参 考 文 献

[1] 陈明星,陆大道,张华.中国城市化水平的综合测度及其动力因子分析[J].地理学报,2009,64(04):387—398.

[2] 陈玉光.城市群形成的条件、特点和动力机制[J].城市问题,2009,(01):18—22,34.

[3] 陈忠暖,高权,王帅.中国省际城镇化综合水平及其空间分异[J].经济地理,2014,34(06):54—59.

[4] 范恒山,肖金成,方创琳,唐杰,张学良,潘玉君,周国华,吴传清,李刚,梁育填,钟业喜,王雅莉,郭淑芬,李红,林芳莹,马学广,吴康.城市群发展:新特点新思路新方向[J].区域经济评论,2017,(05):1—25.

[5] 方创琳.城市群空间范围识别标准的研究进展与基本判断[J].城市规划学刊,2009,(04):1—6.

[6] 方创琳,宋吉涛,张蔷,李铭.中国城市群结构体系的组成与空间分异格局[J].地理学报,2005,(05):827—840.

[7] 方创琳,姚士谋,刘盛和等.中国城市群发展报告[M].北京:科学出版社,2011:25—33.

[8] 方创琳.中国城市群研究取得的重要进展与未来发展方向[J].地理学报,2014,69(08):1130—1144.

[9] 高汝熹,罗明义.世界城市圈域经济发展态势分析[J].经济问题探索,1998,(10):5—8.

[10] 高汝熹,罗守贵.论都市圈的整体性、成长动力及中国都市圈的发展态势[J].现代城市研究,2006,(08):5—11.

[11] 高汝熹,阮红.论中国的圈域经济[J].科技导报,1990,(04):8—12.

[12] 郭熙保,黄国庆.试论都市圈概念及其界定标准[J].当代财经,2006,(06):79—83.

[13] 纪韶,朱志胜.中国人口流动与城镇化格局变动趋势研究:基于"四普""五普""六普"长表数据的比较分析[J].经济与管理研究,2013,(12):75—83.

[14] 李凯,刘涛,曹广忠.中国省区城镇化空间格局与驱动力演变[J].城市发展研究,2018,25(06):8—16.

[15] 李震,顾朝林,姚士媒.当代中国城镇体系地域空间结构类型定量研究[J].地理科学,2006,(05):5544—5550.

[16] 梁军辉.我国主要都市圈发展水平综合评价与差异化研究[C].2018中国城市规划年会论文集(16区域规划与城市经济).中国城市规划学会、杭州市人民政府:中国城市规划学会,2018:591—602.

[17] 刘静玉,王发曾.城市群形成发展的动力机制研究[J].开发研究,2004,(06):66—69.

[18] 刘彦随,杨忍.中国县域城镇化的空间特征与形成机理[J].地理学报,2012,67(08):1011—1020.

[19] 毛其智,龙瀛,吴康.中国人口密度时空演变与城镇化空间格局初探:从2000年到2010年[J].城市规划,2015,39(02):38—43.

[20] 孟祥林.城市化进程研究[D].北京师范大学,2006.

[21] 庞晶,叶裕民.城市群形成与发展机制研究[J].生态经济,2008,(02):97—99.

[22] 乔彬,李国平.城市群形成的产业机理[J].经济管理,2006,(22):78—83.

[23] 乔艺波.改革开放以来中国城镇化的演进历程、特征与方向:基于人口、经济与制度视角[J].城市规划,2020,44(01):44—51.

[24] 清华大学中国新型城镇化研究院.中国都市圈发展报告2018[M].北京:清华大学出版社,2018.

[25] 史育龙,周一星.戈特曼关于大都市带的学术思想评介[J].经济地理,1996,(03):32—36.

[26] 舒松.基于稳定夜间灯光遥感数据的城市群空间模式识别方法研究[D].华东师范大学,2013.

[27] 苏红键,魏后凯.改革开放40年中国城镇化历程、启示与展望[J].改革,2018,(11):49—59.

[28] 唐馨怡.城乡关系进程中的户籍制度功能演化[J].西部学刊,2019,(24):38—40.

[29] 王成港,宁晓刚,王浩,刘效江.利用夜间灯光数据的城市群格局变化分析[J].测绘科学,2019,44(06):176—186.

[30] 王桂新.新中国人口迁移70年:机制、过程与发展[J].中国人口科学,2019,(05):2—14,126.

[31] 王建.美日区域经济模式的启示与中国"都市圈"发展战略的构想[J].战略与管理,1997,(02):1—15.

[32] 王娟.中国城市群演进研究[D].西南财经大学,2012.

[33] 王丽,邓羽,牛文元.城市群的界定与识别研究[J].地理学报,2013,68(08):1059—1070.

[34] 邢琰,成子怡.伦敦都市圈规划管理经验[J].前线,2018,(03):76—78.

[35] 徐琴.从世界都市圈的发展经验谈中国的都市圈建设[J].南京工业大学学报(社会科学版),2002,(03):56—59,63.

第二章　中国城镇化格局特征与演变

[36] 许冰娅.土地财政的起因及治理[J].金融理论与教学,2019,(06):79—80,93.

[37] 杨传开.中国多尺度城镇化的人口集聚与动力机制[D].华东师范大学,2016.

[38] 杨东峰,龙瀛,杨文诗,孙晖.人口流失与空间扩张:中国快速城市化进程中的城市收缩悖论[J].现代城市研究,2015,(09):20—25.

[39] 杨勇.都市圈发展机理研究[D].上海交通大学,2008.

[40] 杨勇,高汝熹,罗守贵.都市圈形成的基本要素[J].安徽农业科学,2007,(16):5006—5008,5017.

[41] 姚士谋.中国城市群[M].合肥:中国科学技术大学出版社,1992.

[42] 叶玉瑶.城市群空间演化动力机制初探:以珠江三角洲城市群为例[J].城市规划,2006,(01):61—66,87.

[43] 尹稚,叶裕民,卢庆强,王建国,黄寰.培育发展现代化都市圈[J].区域经济评论,2019,(04):103—113.

[44] 张车伟,蔡翼飞.中国城镇化格局变动与人口合理分布[J].中国人口科学,2012,(06):44—57,111—112.

[45] 张倩,胡云锋,刘纪远,刘越,任旺兵,李军.基于交通、人口和经济的中国城市群识别[J].地理学报,2011,66(06):761—770.

[46] 张天琳,刘语轩,任利剑,运迎霞.市域快轨引导下的东京都市圈近郊区发展模式分析[A].中国城市规划学会、重庆市人民政府.活力城乡 美好人居——2019 中国城市规划年会论文集(06 城市交通规划)[C].中国城市规划学会、重庆市人民政府:中国城市规划学会,2019:12.

[47] 张伟.都市圈的概念、特征及其规划探讨[J].城市规划,2003,(06):47—50.

[48] 张晓兰.东京和纽约都市圈经济发展的比较研究[D].吉林大学,2013.

[49] 赵鹏军,胡昊宇,海晓东,黄杉,吕迪.基于手机信令数据的城市群地区都市圈空间范围多维识别:以京津冀为例[J].城市发展研究,2019,26(09):69—79.

[50] 周敏,刘志华,孙叶飞,高文.中国新型城镇化的空间集聚效应与驱动机制:基于省级面板数据空间计量分析[J].工业技术经济,2018,37(09):59—67.

[51] 周一星.关于明确我国城镇概念和城镇人口统计口径的建议[J].城市规划,1986,(03):10—15.

第三章 城镇化与交通出行

第一节 城乡居民出行差异

一、全国面板数据的对比分析

本书采用 2010 年中国家庭追踪调查数据(CFPS)考察全国城乡居民出行的差异。该数据调查范围包括全国 25 个省(直辖市、自治区),调查了 14 960 户家庭,33 600 名成人,8 990 名少儿。本研究分析指标来自 CFPS 成人问卷模块,城市样本占比 46.4%,乡村样本占比 53.6%。

调查结果显示,城市和乡村居民的出行有一些共同特征,交通活动用时多集中在 0.5 小时内,步行、公共汽车、摩托车和自行车是较为常见的出行方式。城乡出行特征也有差异,乡村居民的交通活动平均用时少于城市居民,摩托车的使用比例高于城市,出租车、私家车和公共交通的使用比例则低于城市。此外,城市居民乘坐过火车和飞机的比例高于乡村。

交通活动用时方面,城乡居民在工作日和休息日的交通活动用时都集中在 0.5 小时以内,比例达到 70%,0.5~1 小时的比例约为 20%,只有 10% 左右的居民交通活动用时超过 1 小时,二者的工作日交通活动用时均大于休息日。乡村居民的交通活动用时在 0.5 小时内的比例比城市居民更多,0.5~1 小时的比例更少。平均而言乡村居民的交通活动用时稍少于城市居民,前者的工作日和休息日平均交通用时为 24.03 分钟和 22.74 分钟,后者为 29.05 分钟和 23.79 分钟(图 3-1)。

出行方式方面,总体上城乡居民出行方式结构相似,非机动化出行方式与机动化出行方式各占 50% 左右。占比最高的 4 项出行方式是步行(城市 30.9%,乡村 34.2%)、公共汽车、摩托车和自行车,4 项总占比均为 70% 左右。城市居民常用的交通方式为公共汽车(18.9%)、自行车(12.3%)和摩托车(7.4%),乡村居民为摩托车(14.6%)、公共汽车(13.4%)和自行车(11.3%)。乡村居民选择步行和摩托车的比例高于城市,尤其是摩托车占比比城市高了 1 倍。城市居

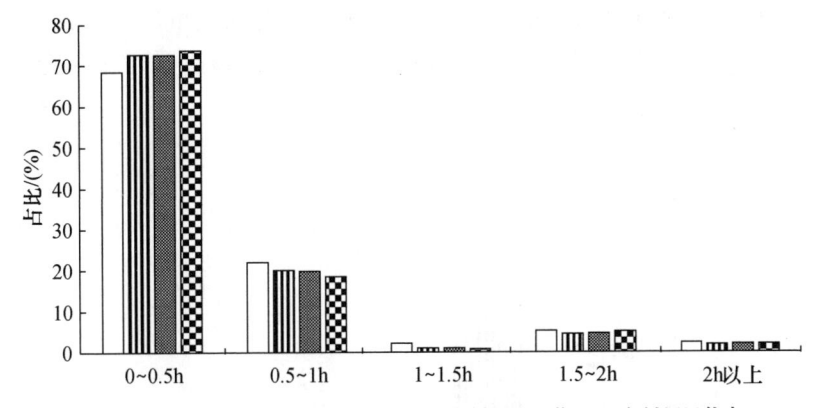

第三章 城镇化与交通出行

图 3-1 城乡居民工作日和休息日交通活动用时
数据来源：中国家庭追踪调查(2010)。

民选择自行车、电动自行车、公共汽车、地铁、私家车和出租车的比例高于乡村，地铁、私家车和出租车三项在城市的占比总共为 7.1%，在乡村占比仅为 2.6%。由于城市的交通基础设施建设更加完备，城市居民的经济水平相对更高，城市居民的机动化特征拥有更多的多样性：摩托车、公共交通和小汽车交通均占一定比例，而乡村居民的机动车主要集中在摩托车和公共汽车，小汽车使用量低(图 3-2)。

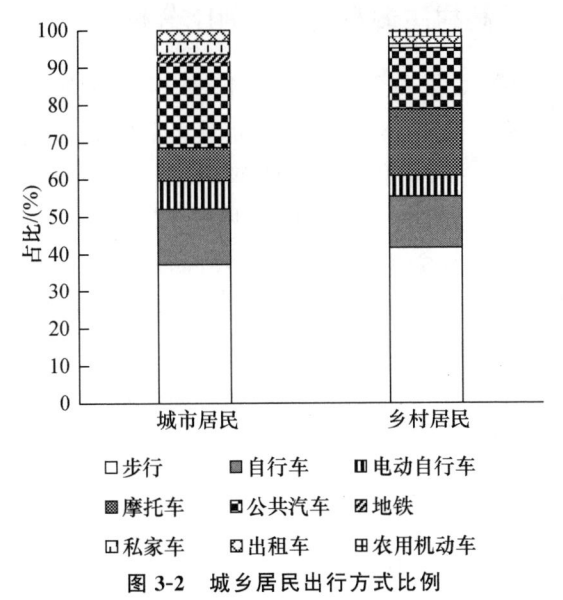

图 3-2 城乡居民出行方式比例
数据来源：中国家庭追踪调查(2010)。

出行机会方面,城乡居民有明显差异。坐过火车的城市居民占比76.9%,乡村居民占比58.9%,坐过飞机的城市居民占比22.6%,乡村仅占比3.5%。火车的城乡普及率远远高于飞机(图3-3)。

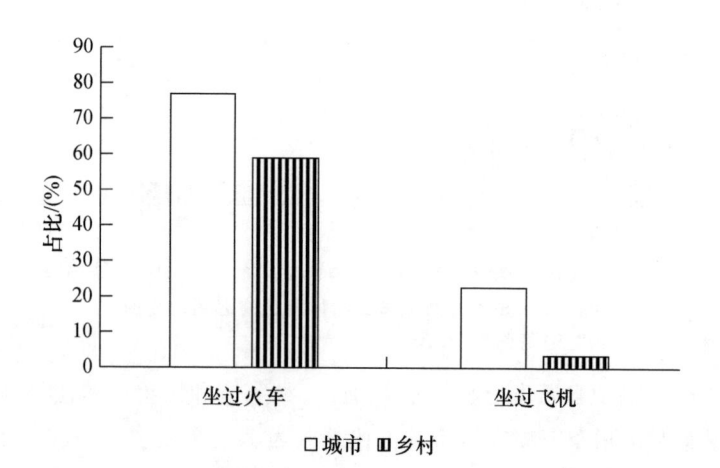

图 3-3 城乡居民出行机会
数据来源:中国家庭追踪调查(2010)。

二、城市、乡镇和村庄调查数据的对比分析

采用中国城市出行数据和全国小城镇调查数据,分为城市、镇和村三个层面进行对比分析。中国城市出行数据汇总了相关文献中2000—2016年部分城市居民的出行频率、出行方式结构和出行距离数据。全国小城镇调查数据来自2016年住建部联合北京大学等高校开展的调查,调查范围包括全国31个省(直辖市、自治区)的121个小城镇,内容包括镇民调查问卷、村民调查问卷、企业调查问卷、城镇空间与建设调查表和基本情况调查表。本研究数据来自镇民调查问卷和村民调查问卷。由于不同区域的社会经济发展水平有所差异,本研究分区域进行数据的统计归纳。根据数据可得性、区域发展水平和区位,选取京津冀地区、长三角地区、成渝地区、云南地区和兰西地区进行分析。各地区数据的样本量和样本来源如表3-1所示。

表 3-1　各地区数据的样本量和样本来源

地区	城市	镇	村
京津冀	北京市、天津市	北京市、天津市、河北省14个镇,923个样本	北京市、天津市、河北省9个镇,216个样本
长三角	上海市、苏州市、南京市、常州市、杭州市、宁波市	上海市、江苏省、浙江省12个镇,1102个样本	上海市、江苏省、浙江省11个镇,263个样本
成渝	重庆市	重庆市、四川省10个镇,1035个样本	重庆市、四川省10个镇,207个样本
云南	昆明市	云南省6个镇,397个样本	云南省4个镇,80个样本
兰西	兰州市、西宁市	甘肃省、青海省7个镇,829个样本	甘肃省、青海省7个镇,202个样本

（一）出行目的

购物玩乐、探亲访友和就医看病是镇民去县城和市区最主要的出行目的,各地区出行目的表现出不同特征,京津冀地区购物玩乐占比较高,成渝地区探亲访友占比较高,云南地区就医看病占比较高。办事是兰西地区镇民出行的主要目的之一,在其他区域则不明显。

镇民的出行目的按照去县城和去市区统计。各地区的镇民出行目的中,购物玩乐、探亲访友和就医看病是占比最高的三个目的。对京津冀镇民来说,购物玩乐出行在去县城的目的中占了50%,去市区的目的中占40%,这一比例分别是长三角地区的1.5倍左右,成渝、云南和兰西地区的2倍左右。探亲访友和就医看病在各地区去县城和去市区的目的中均占20%左右,其中成渝地区探亲访友所占比例较高,为27%,云南地区就医看病占比较高,为27%(去县城)和29%(去市区)。办事这一目的在兰西地区占比较高,去县城和去市区分别达到29%和21%,此外长三角和成渝地区该项占比也稍高,京津冀和云南地区则不到10%(图3-4)。

村民去镇上和去县城的目的比较多样化,主要是购物和看病。大部分地区的村民购物出行目的占比在30%~40%,去镇上的比例大于去县城的,京津冀和长三角地区购物出行占比较高,云南地区较低,为25%(去镇上)和22%(去县城)。看病是村民去县城的另一主要目的,占比在15%~30%。到镇上的出行目的为看病的并不高,除兰西地区(28%)外,其他地区都在10%左右(图3-5)。

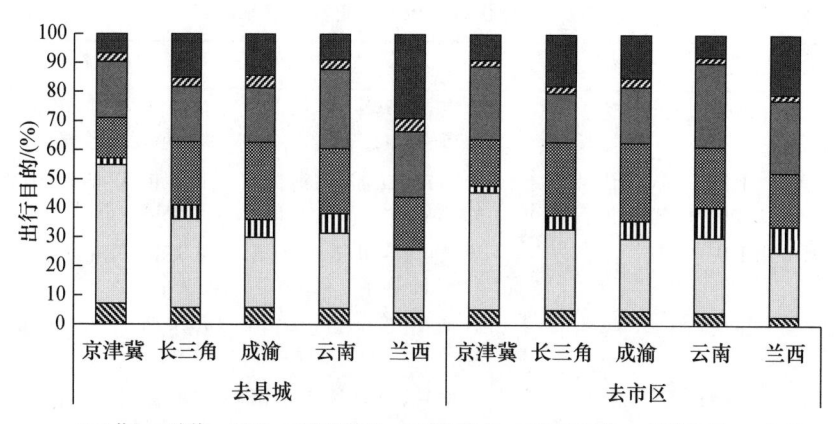

图 3-4　乡镇居民出行目的

数据来源：全国小城镇调查（2016）。

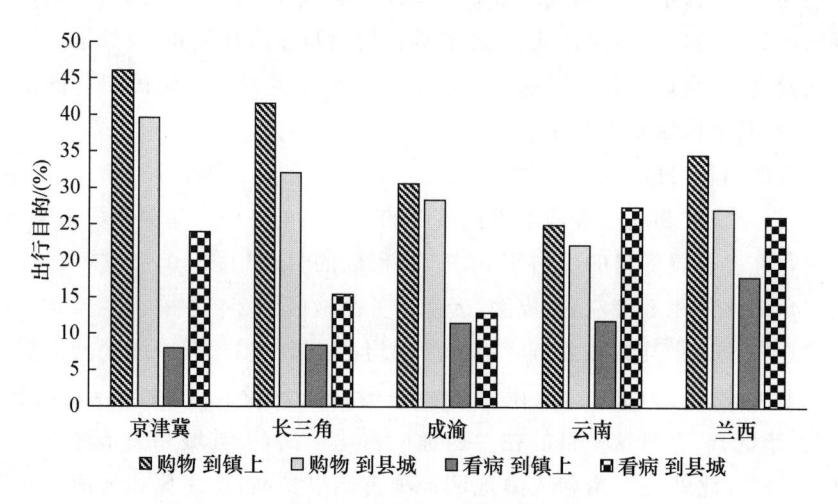

图 3-5　农村居民出行目的

数据来源：全国小城镇调查（2016）。

（二）出行频率

村民去镇上和县城，要比镇民去县城和市区更加频繁，村民去镇上的频率尤为频繁。这体现出村民的生产生活需求比镇民更多地依赖高一级行政单元。镇到市的出行频率较低，村镇居民的大部分活动在县级单元即可完成。完善县—镇—村之间的交通值得关注。

镇民去县城的频率大多为一个月左右和半年或更长时间，二者占比均为

20%~30%。成渝地区镇民去县城较为频繁,一个月以内去一次的频率占比超过60%,京津冀、长三角和云南地区这一比例超过50%,兰西地区则不到40%。镇民去市区的频率明显低于去县城,一个月左右的占比达到30%~50%,从来不去的除云南地区(4%)外也达到20%~30%。京津冀和长三角地区镇民去县城的频率较成渝、云南和兰西地区低,前者一个月以内去一次的频率在30%左右,后者则超过40%(图3-6)。这可能由于京津冀和长三角地区乡镇基础设施和服务更加完备,因此去县城和市区的出行需求较低。

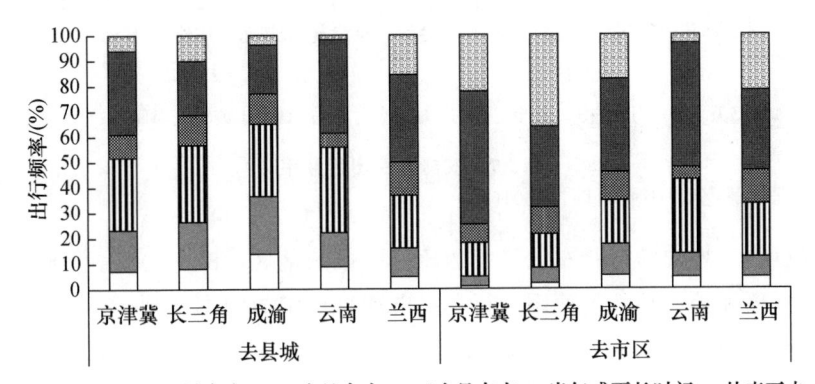

图3-6 乡镇居民出行频率

数据来源:全国小城镇调查(2016)。

村民的出行需求主要指向镇,县城较少,村民去镇上的频率要比去县城以及镇民去县城和市区的出行频繁得多。长三角、成渝和云南地区有50%~60%的镇民1~3天去一次镇上,在京津冀和兰西为30%。半年或更长时间去一次,或从来不去的比例不超过20%。村民去县城的频率相比之下大为减少,20%~30%的村民半月左右去一次,除长三角(17%)和成渝(24%)外,半年或更长时间的比例达到40%左右(图3-7)。不同地区对比,长三角、成渝和云南地区的村民去镇上和去县城都更加频繁,京津冀地区村民的出行频率较低。

(三)出行方式

步行、自行车、电动自行车和摩托车是村镇居民的主要出行方式,村民到县城的交通很大程度上依赖公交车,村镇到县城的公共交通建设和服务值得关注。相比城市和乡镇之间,地区之间的出行方式差异更加显著,发达地区的村镇小汽车出行比例更高,不发达地区的摩托车出行比例较高。

镇民的出行方式主要是自行车、电动自行车和步行,地区之间有较大差异。

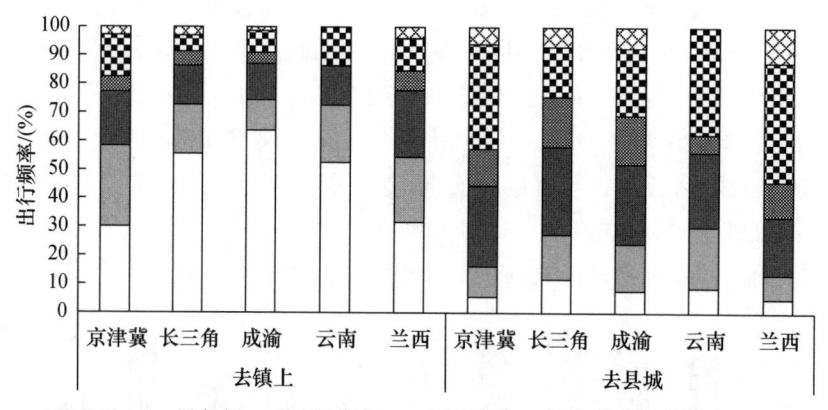

图 3-7 农村居民出行频率

数据来源:全国小城镇调查(2016)。

镇民通勤出行方式为自行车或步行的比例除成渝地区(48.6%)外,达到60%以上。京津冀和长三角地区使用自行车或电动自行车的频率达到40%,其他三地区则仅有10%左右。京津冀、长三角和成渝地区小汽车使用频率在20%左右,高于兰西和云南地区的10%左右(图3-8)。购物出行方式的结构与通勤出行相似,但自行车、电动自行车和步行方式的占比更高,达到70%左右。发达地区(京津冀、长三角、成渝)的镇民出行更多借助自行车、电动自行车、小汽车等交通

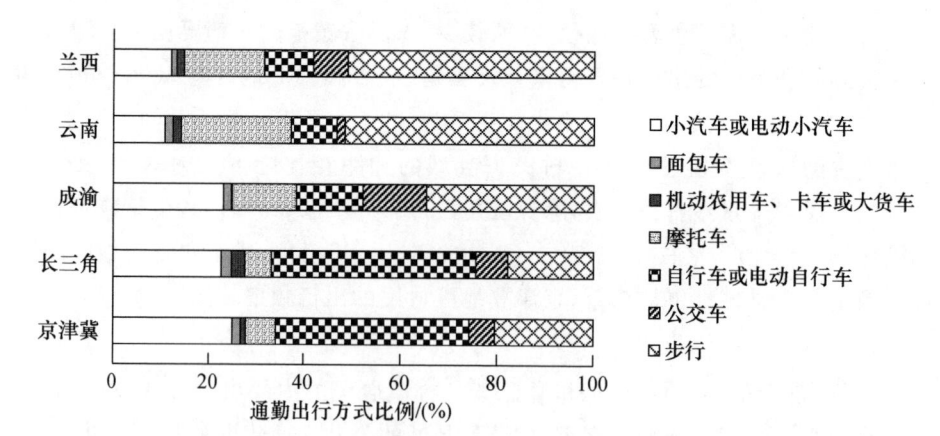

图 3-8 镇民通勤出行方式

数据来源:全国小城镇调查(2016)。

工具,不发达地区(云南、兰西)的镇民更多采用步行和摩托车(图 3-9)。不同地区镇民的公共交通出行机会也有差异,家附近无公交站的比例在京津冀、长三角和成渝地区为 20%~30%,云南和兰西地区则达到 50%~60%(图 3-10)。

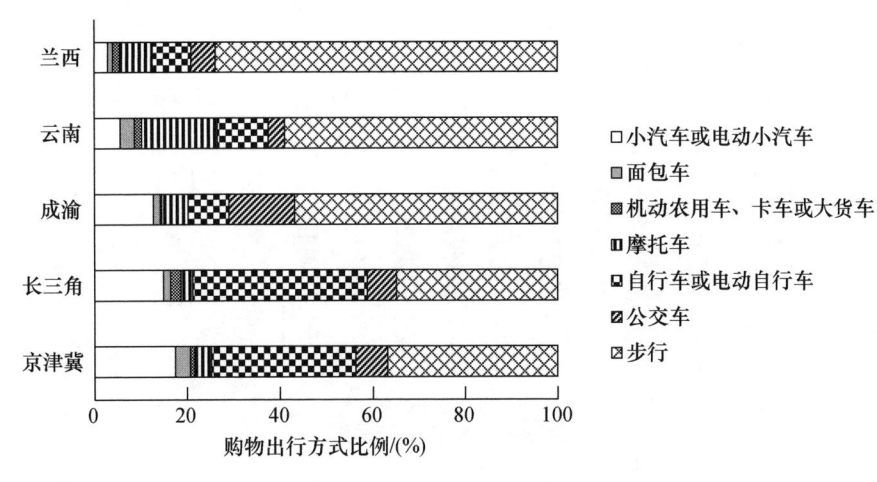

图 3-9 镇民购物出行方式
数据来源:全国小城镇调查(2016)。

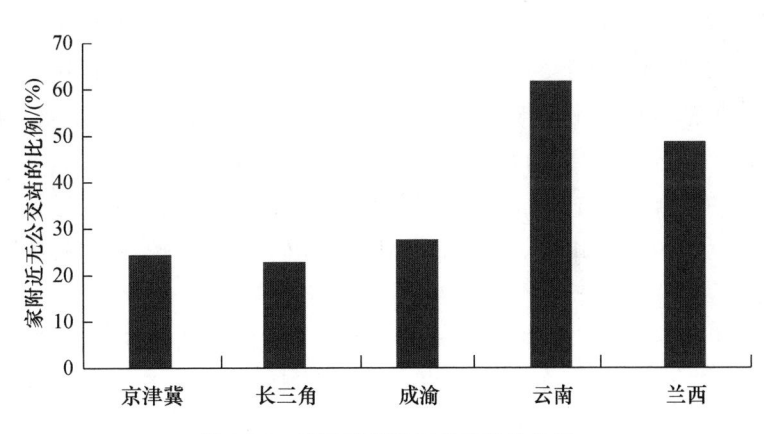

图 3-10 镇民家附近无公交站的比例
数据来源:全国小城镇调查(2016)。

去镇上和县城的出行方式有很大差异,去县城有 60%~70%的村民选择公交车,20%~30%选择小汽车或电动小汽车,其中长三角地区选择小汽车或电动小汽车的比例尤其多(35%)。选择公交车和小汽车的比例除云南(69.2%)外达到 85%~90%。步行、自行车和电动自行车则是去镇上的主要方式,除兰西

(33.2%)外达到40%~60%,京津冀地区自行车或电动自行车使用比例(57%)尤其高,而云南地区则步行比例(43%)高。此外,摩托车也是成渝(22%)、云南(36%)和兰西(22%)地区村民去镇上的主要方式之一(图3-11)。

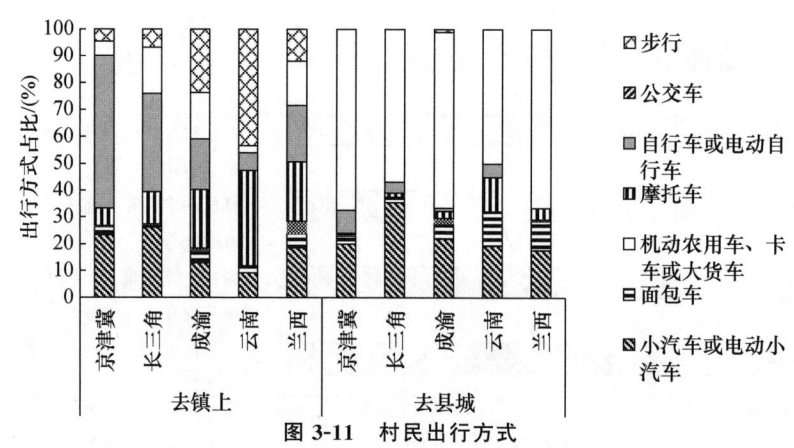

图3-11 村民出行方式

数据来源:全国小城镇调查(2016)。

三、特大城市案例

本书采用2005年、2010年和2015年的北京居民出行调查数据,研究北京市城区和郊区居民的出行特征差异。该数据调查范围为北京市市域范围,采用分层随机抽样,分层分配各街道所需的样本量和居委会数量,然后随机抽取街道中的居委会和居委会中的调查对象。根据各区距离中心城区的远近,将16个区分为城六区(东城区、西城区、朝阳区、海淀区、丰台区、石景山区)、近郊区(通州区、顺义区、大兴区、房山区、昌平区、门头沟区)和远郊区(平谷区、延庆区、密云区)三类。

2010年样本量为46 900户,户平均规模为2.47人,城六区占70.62%,近郊区占23.97%,远郊区占5.42%。2015年样本量为40 003户,户平均规模为2.55人,中心城区占63.25%,近郊区占30.5%,远郊区占6.25%。

三类区域中,城六区的老年人(65岁以上)占比相对较高,2005年、2010年和2015年分别是13.88%、15.65%和19.9%。远郊区的青少年(25岁以下)占比相对较高,2005年、2010年和2015年分别是25.52%、20.64%和19.44%。老年人的比例从中心城区向外逐渐减少,青少年比例逐渐增加。而从2005年到2015年,全北京市域的老年人比例都有所上升,各区老龄化情况加重(图3-12)。

第三章　城镇化与交通出行

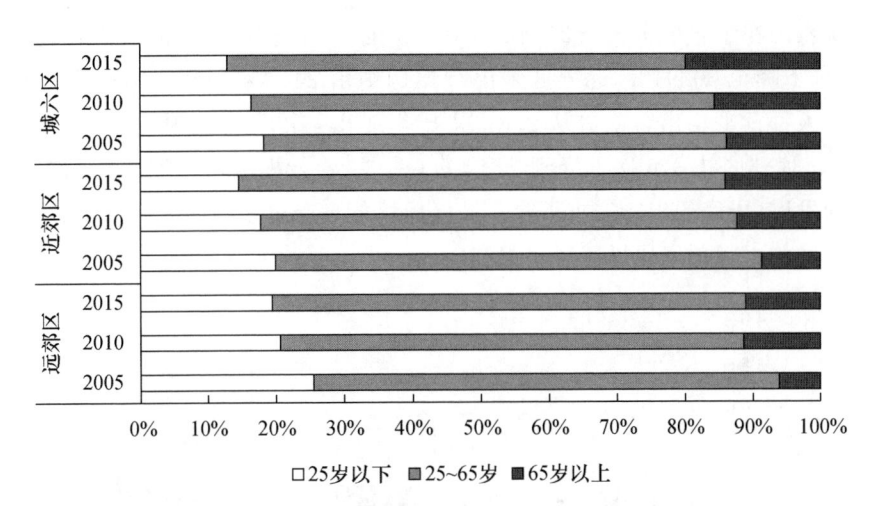

图 3-12　北京市居民出行调查对象年龄

数据来源：北京居民出行调查。

（一）出行频率

从 2005 年到 2015 年，北京市各区每人每日平均出行次数下降，中心城区比郊区居民的出行次数更低。但未出行比例中，远郊区＞近郊区＞中心城区（图 3-13），说明远郊区的出行比例低，但出行者的平均出行次数更多。

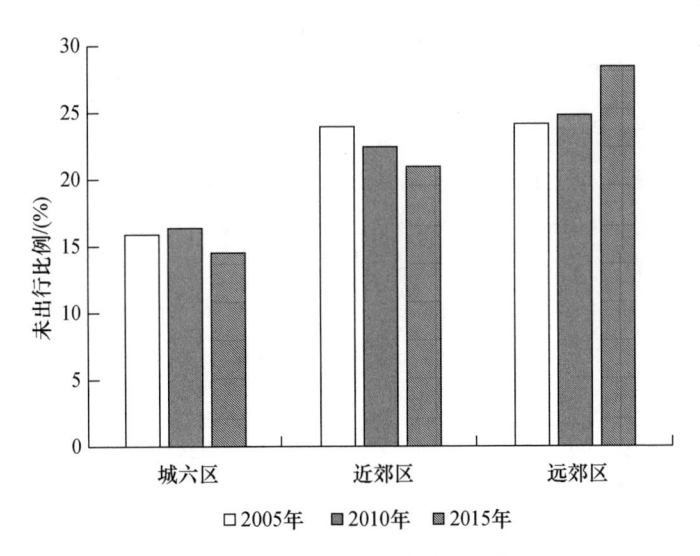

图 3-13　北京市居民未出行比例

数据来源：北京居民出行调查。

城六区在十年中未出行比例变化不大,在15%左右,近郊区未出行比例由23.93%下降至20.94%,远郊区未出行比例则由24.2%上升至28.4%。城六区的每人每日平均出行次数从2.81次下降到1.9次,近郊区从2.99次下降到2.19次,远郊区从3.6次下降到2.42次(图3-14)。推测由于网络购物等线上服务的发展,居民的出行需求下降。城区居民能享受更多的线上服务资源,因此郊区居民的出行频率比城区居民更高。

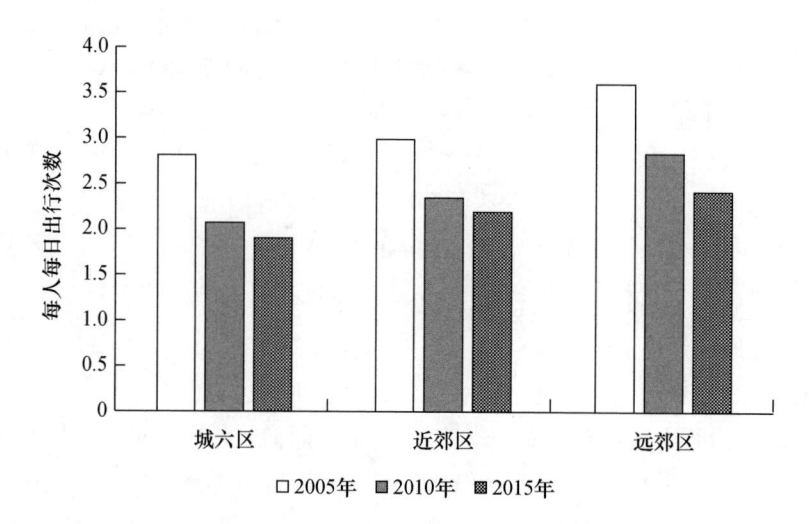

图 3-14 北京市居民每人每日出行次数
数据来源:北京居民出行调查。

(二)出行方式

出行方式在时间上的变化比空间上的变化更加明显,2005年主要出行方式为步行和自行车,2005—2010年公共交通和电动车出行比例大幅上升,步行出行比例大幅下降,自行车出行比例稍有下降;2010—2015年电动车出行比例稍有上升,自行车出行比例稍有下降。2005—2015年十年间小汽车出行比例一直缓慢上升。到2015年,步行、公共交通和小汽车成为北京市居民最常用的交通方式,机动化程度增加。

2005年各区步行出行比例占60%左右,自行车出行比例占20%左右,仅这两项就占总出行的80%以上。小汽车出行占13%左右,公共交通(公共汽车、地铁、城铁)仅占0.1%~0.2%。到2010年,步行比例下降至40%左右,自行车出行比例在15%~25%,电动车由2005年的不到1%增长至3%~8%。小汽车出行比例在14%~16%,增长不大。2005—2010年,公共交通出行比例增长较大,城六区和近郊区公共汽车出行占比达20%~25%,远郊区较低,为6.35%。2015年步行出行比例与2010年相差不大,自行车占比下降,为12%~18%,电动车占比继续上升至5%~12%。小汽车出行占比缓慢上升,达到16%~18%,公共交通占比与2010年相差不大。

公共交通出行比例由中心城区向郊区递减,自行车和电动车出行比例由中心城区向郊区递增,小汽车出行比例在郊区比中心城区稍高,步行出行比例的空间区别不大。2015年,城六区的公共交通出行比例已达25.25%,近郊区也达到14.63%,远郊区则仅为5.54%。城六区的电动车和自行车出行在2015年为18.08%,近郊区为23.82%,远郊区则达到30.97%。2015年城六区的公共交通出行比例是近郊区的1.66倍,远郊区的5倍。中心城区的公共交通线路更完备、可达性更强,因而中心城区居民乘坐公共交通比郊区居民更方便快捷,更倾向于使用公共交通。郊区的人口密度较中心城区低,交通拥堵程度也较低,因此郊区居民更倾向于使用自行车、电动车和小汽车等私人交通(图3-15)。

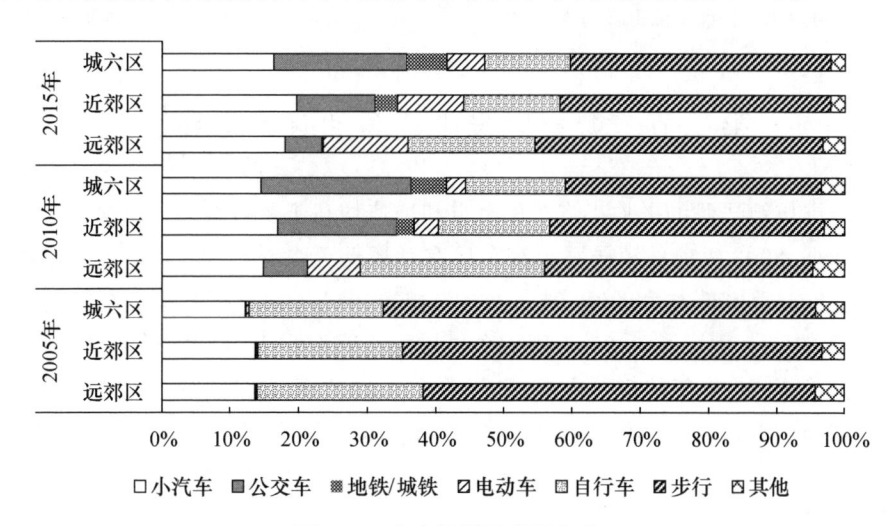

图3-15 北京市居民出行方式

数据来源:北京居民出行调查。

(三)出行时长

北京市域居民的出行时长多在半小时之内,中心城区居民出行时长比郊区更长。远郊区居民出行在半小时内的比例为92.46%,近郊区为73.06%,中心城区为65.94%,是远郊区的70%(图3-16)。一方面,中心城区交通拥堵程度更高,且公共交通相比私人交通会花去一定的换乘等待时间;另一方面,中心城区居民出行的空间跨度较大,出行圈范围大,因此出行时长更长。

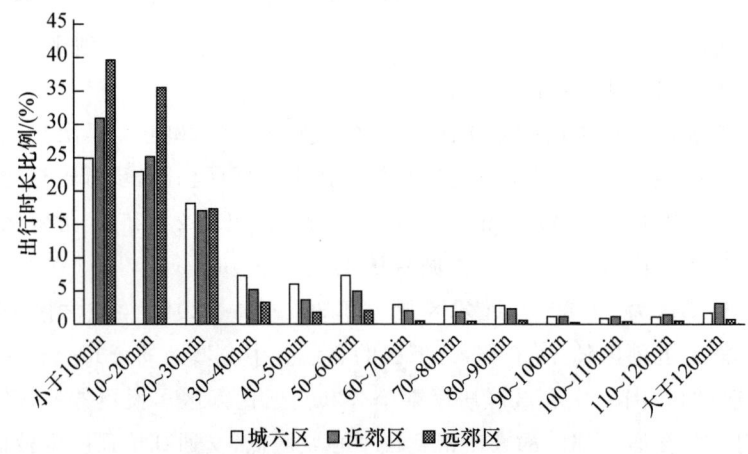

图 3-16 北京市居民出行时长

数据来源:北京居民出行调查。

第二节 城乡居民小汽车拥有的差异性

全国城镇居民的平均小汽车保有量和增速均高于乡村居民。根据国家统计局的数据,2003年前城镇居民小汽车保有量还低于乡村居民,2003年后快速增长,2008年后增长尤为迅速,到2012年,城镇居民每百户拥有小汽车数量已从2000年的0.5辆增长至21.5辆。乡村居民小汽车保有量则增长非常缓慢,到2012年仅从2000年的每百户1.32辆增长至4.05辆(图3-17)。

城镇和乡村居民小汽车保有量的分布模式有所不同。2012年,北京市、浙江省和广东省的城镇居民小汽车保有量在全国位居前列,每百户超过32辆;内蒙古、西藏、云南、河北、山东和江苏其次,每百户23~31辆;宁夏、河南、辽宁、上海、福建、湖南和广西再次,每百户15~22辆;其余省份城镇居民小汽车保有量少于15辆。东南沿海发达地区的城镇居民平均小汽车保有量最高,西北和西南部分省份由于人口密度低,平均小汽车保有量也较高。乡村居民的平均小汽车保有量主要呈现出北高南低的态势,西藏的乡村居民平均小汽车保有量最高,达到每百户12.5辆;其次是天津市,每百户9.12辆;青海、宁夏、河北和北京再次,每百户6~7辆;西北、东北和华北地区的新疆、内蒙古、陕西、山西、吉林、辽宁以及南方的云南和浙江省,位于第四梯队。城乡居民平均汽车拥有量受人口密度

第三章 城镇化与交通出行

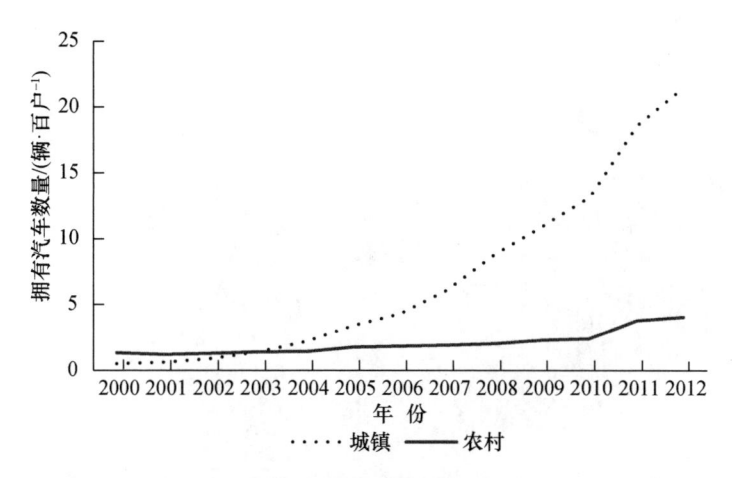

图 3-17 2000—2012 年全国城乡每百户小汽车保有量的变化
数据来源：国家统计局。

和经济发展水平的影响，总体而言，经济发展水平越高、人口密度越低的地方，居民平均汽车保有量越高，但城镇居民的汽车拥有量差异更多体现了经济水平因素，乡村居民的差异则更多体现了人口密度因素（图 3-18、图 3-19）。

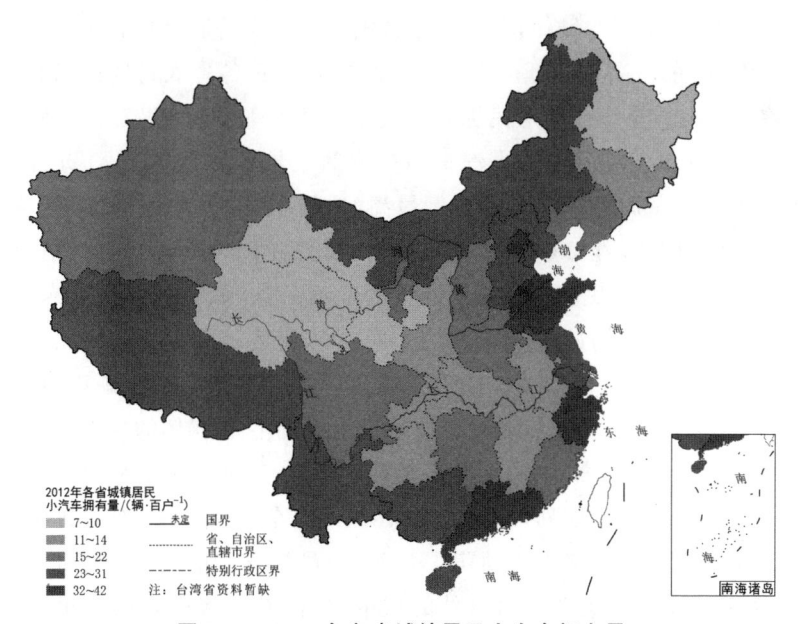

图 3-18 2012 年各省城镇居民小汽车拥有量
数据来源：国家统计局。

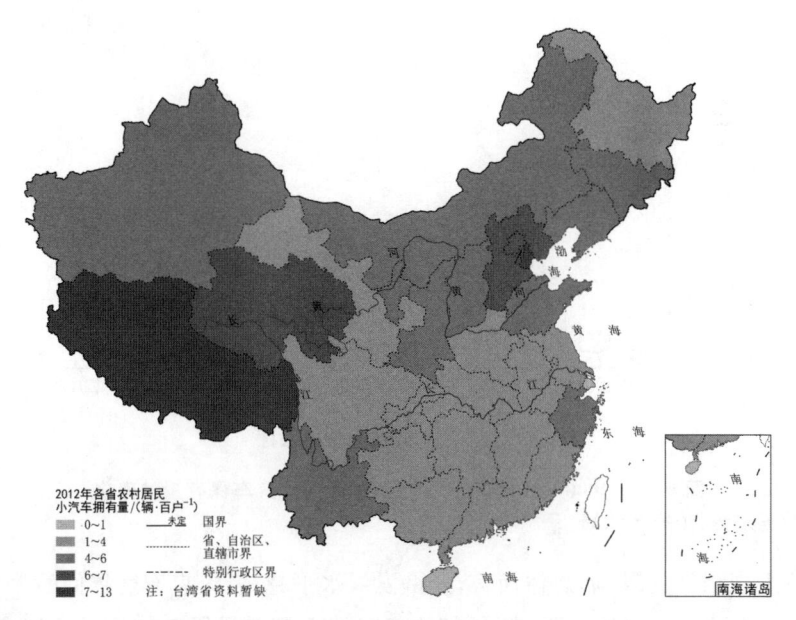

图 3-19 2012 年各省农村居民小汽车拥有量
数据来源：国家统计局。

根据 2016 年全国小城镇调查数据，全国乡镇和农村居民拥有小汽车的比例呈现北高南低、东西高中间低的态势，相比乡镇居民，各省农村居民拥有小汽车比例的差异更大。全国乡镇居民拥有小汽车比例的平均值是 21.8%，农村居民是 25.2%，农村和乡镇居民的小汽车拥有比例差异不大。北京、江苏、浙江、宁夏和陕西乡镇居民拥有小汽车的比例最高，达到 35%~44%；天津、内蒙古、辽宁、山东和四川其次，在 25%~35%；河北、安徽、湖北和西藏再次，在 20%~25%；其余省份乡镇居民拥有小汽车的比例不到 1/5。农村居民中山东、浙江和福建拥有小汽车的比例最高，在 40%~53%；其次是北京、天津、河北、青海、四川和湖北，在 30%~40%；新疆、内蒙古、吉林、辽宁、陕西、山西、湖南、贵州和云南再次，为 20%~30%。乡镇居民拥有小汽车比例不到 20% 的省份有 16 个，农村居民的有 11 个（图 3-20、图 3-21）。总体而言，华东地区乡镇和农村居民拥有小汽车比例在全国位居前列，在 40% 左右，华北、东北、华中大部分省份该比例也较高，华南地区该比例较低。尤其是广东省，虽然珠三角在全国经济发展高居前列，但珠三角外围以及珠三角以外的城市、村镇发展水平与珠三角还相差较大，汽车拥有比例也不高。

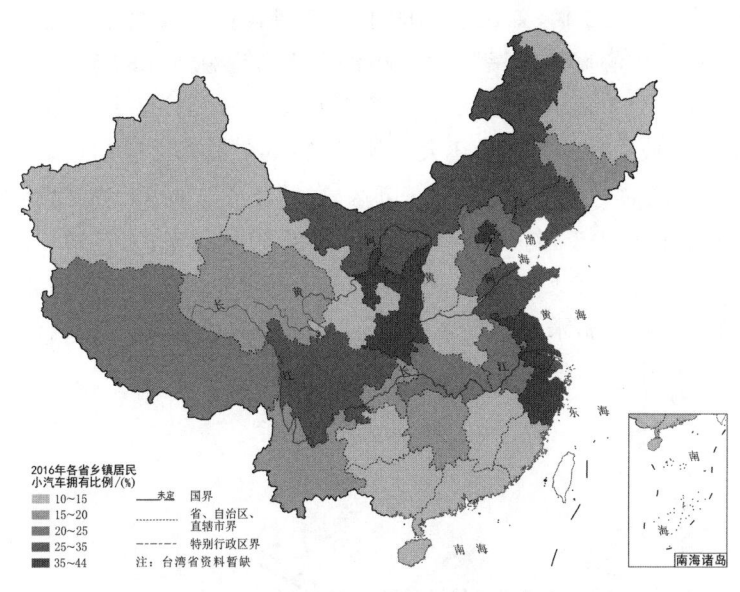

图 3-20　2016年各省乡镇居民拥有小汽车比例
数据来源：全国小城镇调查（2016）。

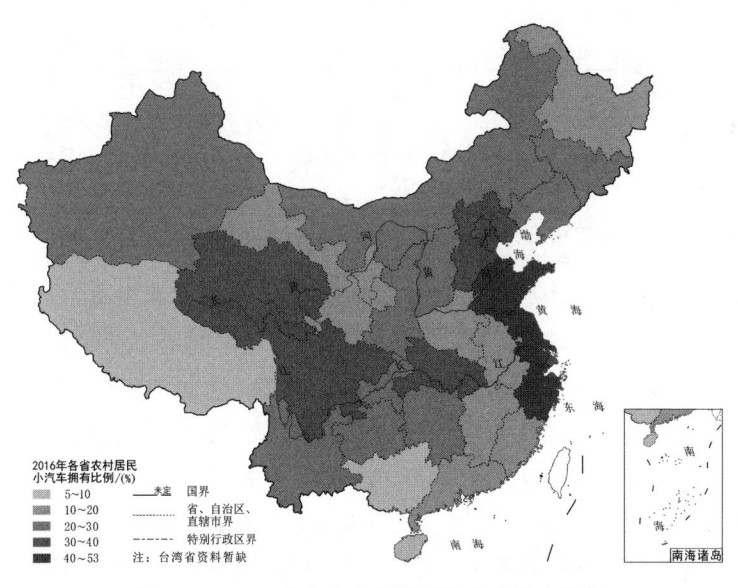

图 3-21　2016年各省农村居民拥有小汽车比例
数据来源：全国小城镇调查（2016）。

根据北京市居民出行调查数据，中心城区和城郊的居民平均小汽车拥有量差别不大,为 1~1.2 辆,郊区居民的小汽车拥有量增长快于中心城区居民。2005—2015 年,中心城区居民的平均小汽车拥有量从 1.082 辆增长至 1.132 辆,近郊区由 1.026 辆增长至 1.203 辆,远郊区由 1.032 辆增长至 1.187 辆。2005 年时中心城区汽车拥有量还大于郊区,2015 年时郊区就超过了中心城区。一开始中心城区的交通发展水平高于郊区,居民经济水平也较高,道路设施水平和小汽车拥有量都优于郊区,而到 2015 年,城郊发展起来,人口增长,基础设施建设也逐渐跟上。中心城区的交通拥堵促使人们选择小汽车以外的公共交通等方式,而郊区道路设施水平的提高、居民经济水平的提高,以及郊区较低的拥堵程度,使得郊区居民小汽车拥有量增长较大(图 3-22)。

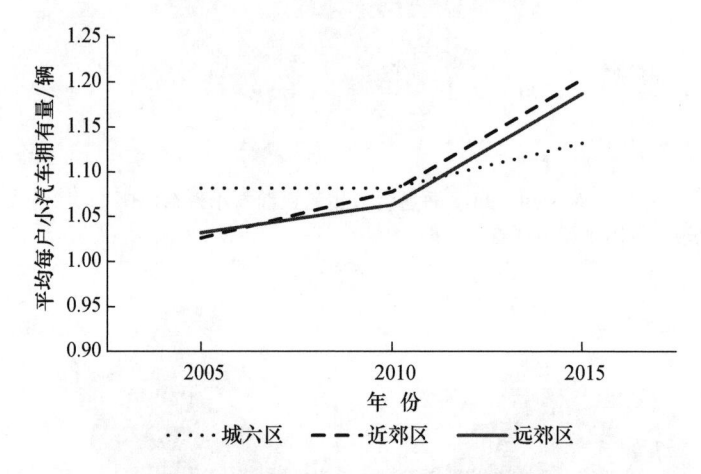

图 3-22 北京市平均每户小汽车拥有量
数据来源:北京市居民出行调查。

总体而言,2000 年来,全国城镇居民的小汽车保有量高于乡村居民,增速也较快。相比同一地区之间城、镇、村的差异,不同地区间的小汽车保有量和保有比例差异更加明显。全国城镇居民小汽车保有量的分布情况主要受经济因素影响,东部发达省份的城镇居民平均小汽车保有量较高;乡村居民的小汽车保有量则主要受人口因素影响,西部人口较少的省份,乡村居民小汽车保有量较高。华北和华东地区乡镇和农村居民的小汽车保有比例较高,与其经济发展水平相契合;华中和西部地区镇村居民汽车保有比例中等,西部地区虽然整体发展水平比不上中东部,但镇村居民的小汽车保有量不低;华南地区镇村居民小汽车保有比例较低,虽然广东、福建省有不少经济发达的大城市,但城乡差异较大,乡镇和农村居民的小汽车保有比例不高。全国镇村居民小汽车保有比例的差异一方面与经济因素有关,经济发达地区的镇村居民小汽车保有比例较高;另一方面与区域地理特征有关,西北、东北和华北的乡镇和农村地貌更加平坦,人口密度较低,而华南地区镇村丘陵多,人口密度高,小汽车的适用性弱于前者。

第三节 城乡交通强度差异

一、城乡居民小汽车出行比例差异

中国城市出行数据汇总了 2000—2016 年部分大中小城市的小汽车出行比例。分别统计大城市和中小城市的小汽车出行比例,发现 2000 年来,各类城市的小汽车出行比例都逐渐上升,2009 年后增长尤其迅速。大城市的小汽车出行比例高于中小城市,2005 年,大城市小汽车出行达到 10% 左右,中小城市只有 5% 左右;2016 年,大城市小汽车出行增长至 25% 左右,中小城市则增长至 17% 左右。近年来,全国大城市的小汽车出行比例约为 20%～25%(图 3-23)。

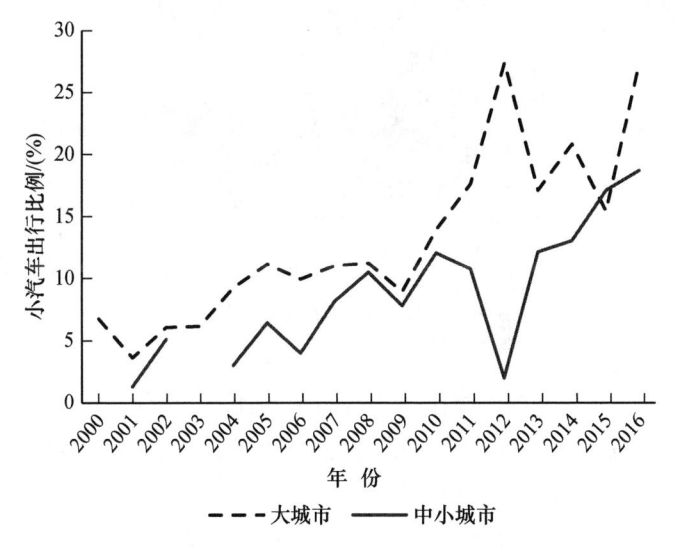

图 3-23 大城市和中小城市小汽车出行比例
数据来源:中国城市出行数据。

乡镇居民的小汽车出行比例地域差别较大,东北、华北、西北、华东、华中的部分省份镇民小汽车出行比例较高,华南地区较低。通勤出行的小汽车出行比例总体上要高于购物出行,北京和天津的镇民通勤小汽车出行比例高于 40%,

陕西高于30%，内蒙古、辽宁、四川、山东、江苏和浙江高于20%，这些省份的镇民通勤出行已经高于或相当于全国大城市平均值。购物出行中，只有北京镇民的小汽车出行比例大于30%，西藏、陕西、天津和辽宁的镇民小汽车出行比例大于20%。镇民通勤小汽车出行比例小于20%的有21个省（市、自治区），占全部省（市、自治区）的2/3（图3-24）；购物小汽车出行比例低于20%的有26个省（市、自治区），占全部的5/6（图3-25）。

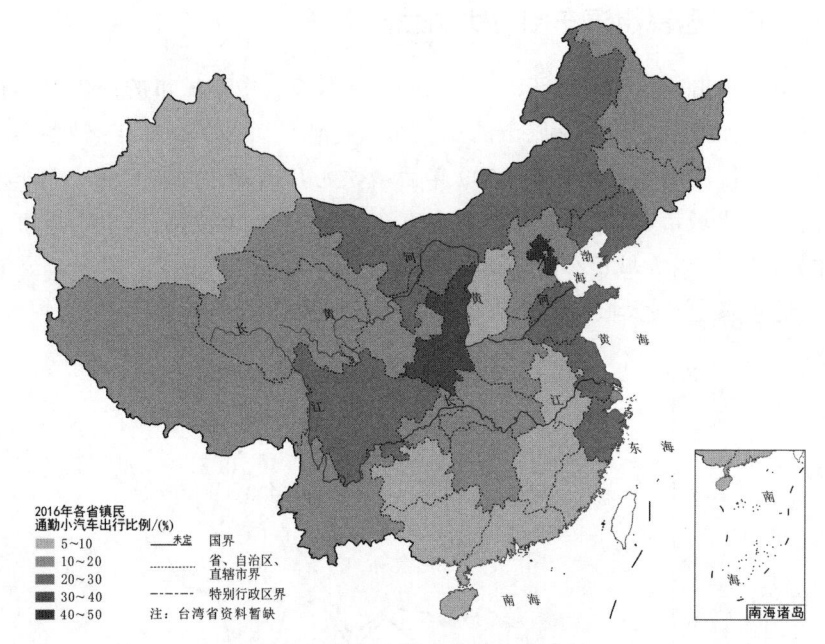

图3-24 镇民通勤小汽车出行比例

数据来源：全国小城镇调查（2016）。

农村居民小汽车出行比例按照出行目的地统计，村到县的小汽车出行比例比村到镇高，分布上也呈现北高南低、东西高中间低的态势。村到镇出行中，内蒙古和浙江的小汽车出行比例高于30%，青海、四川、陕西、河北、北京和辽宁等西北、西南、华北、东北部分省份高于20%（图3-26）。村到县城出行中，小汽车出行比例高于30%的有内蒙古、江苏和浙江，高于20%的有青海、四川、河北、山东和辽宁（图3-27）。有将近1/3的省（市、自治区）村到镇小汽车出行比例高于20%，2/3的省（市、自治区）高于10%，村到县小汽车出行比例更高，高于20%的占1/3左右，高于10%的则达到5/6。

第三章 城镇化与交通出行

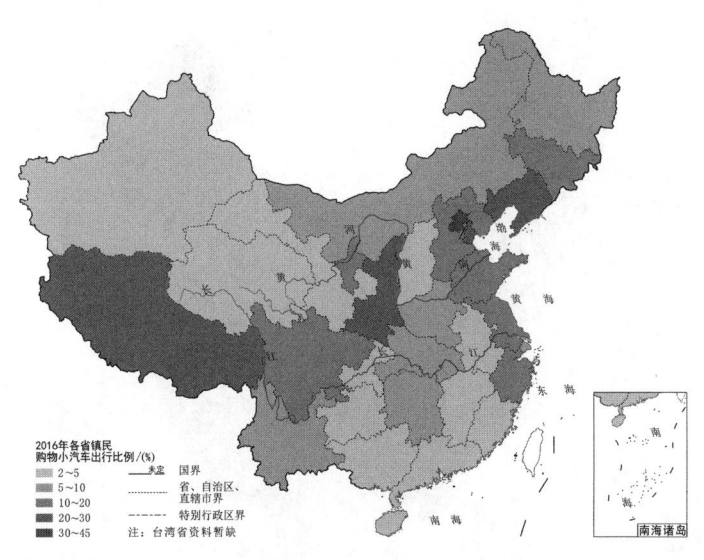

图 3-25 镇民购物小汽车出行比例
数据来源：全国小城镇调查(2016)。

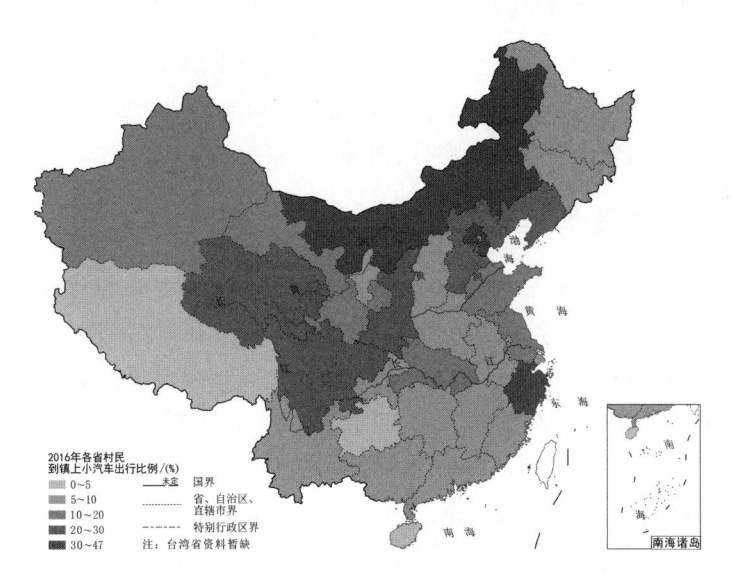

图 3-26 村民到镇上小汽车出行比例
数据来源：全国小城镇调查(2016)。

总的来说，城市居民小汽车出行比例高于乡镇和农村居民，但也有部分地区（集中于华北、东北和西北）的镇村居民小汽车出行比例较高。与小汽车保有比例相似，镇村的小汽车出行比例受到经济发展与自然条件的双重影响。镇村居

— 99 —

城镇化格局与城市群交通

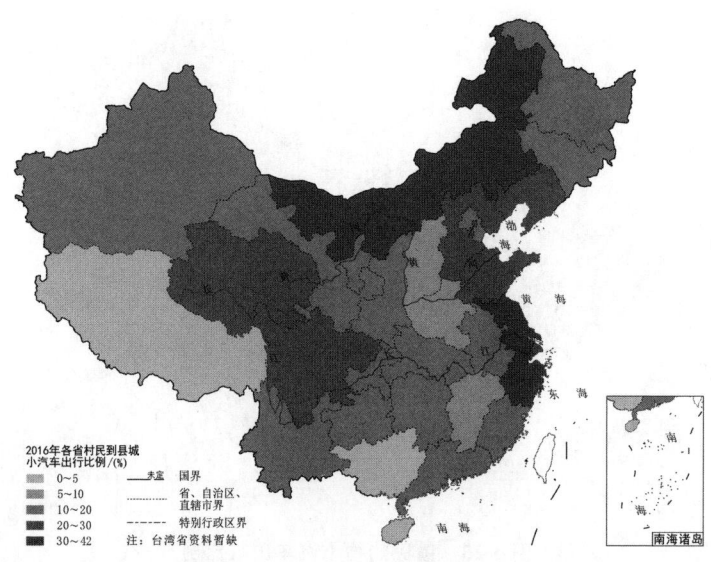

图 3-27 村民到县城小汽车出行比例
数据来源：全国小城镇调查（2016）。

民小汽车出行比例较高的地区分为两类，一类位于东部经济社会发展水平较高的区域，如江苏、浙江、山东、北京等；另一类位于西北和东北部人口密度低、面积广阔的地区，如内蒙古、西藏、青海、陕西等。

二、镇村居民小汽车保有和出行比例差异

对比乡镇和农村居民小汽车保有比例和出行比例，发现小汽车保有比例一般都高于出行比例。但乡镇居民中，北京、天津、重庆和黑龙江镇民通勤使用小汽车的比例高于小汽车保有比例，购物出行中仅有北京市镇民使用小汽车的比例高于保有比例。农村居民中，内蒙古的村民小汽车出行比例高于保有比例。

对比村民的小汽车保有与出行比例，贵州、江苏、山东、上海和天津几个省市的村民小汽车保有比例高出去镇上的小汽车出行比例最多，在 20%～30%，但这几个省份去县城的小汽车出行比例与其他地区无明显差别。说明全国村到县的交通一定程度上依赖小汽车出行，而村到镇的出行有更多可选方式。

值得注意的是，长三角地区镇民的小汽车保有比例比出行比例高出最多。江苏、浙江、安徽和上海的镇民小汽车购物出行比例比保有比例低 20% 左右，小汽车通勤出行比例也比保有比例低 15%～20%。长三角地区的镇民小汽车出行比例并不突出，但保有比例在全国位居前列。长三角地区经济发达，居民生活

— 100 —

水平较高,小汽车保有量高,但公共交通设施同样供给充沛,因此小汽车交通的比例不高。相比之下,黑龙江、吉林、辽宁、山东、河北、陕西、内蒙古、西藏以及几个东北、华北、西北地区的部分省份,小汽车保有比例低于长三角,但镇民小汽车出行比例与长三角差不多,相对于保有量来说出行比例较高,这与其乡镇地区的公共交通服务水平有关。随着经济发展,未来这些地区的小汽车保有比例可能进一步升高,但交通发展模式应当向长三角学习,促进方便快捷的公共交通发展,避免小汽车出行比例过高(图3-28)。

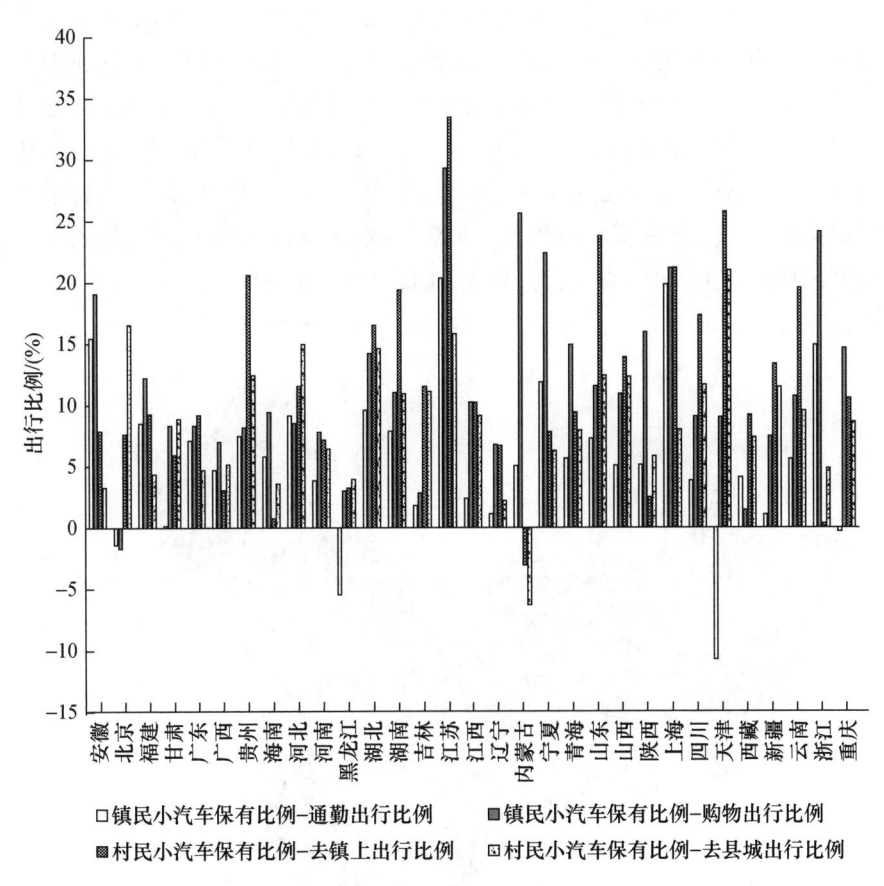

图 3-28　镇村居民小汽车保有比例与出行比例差别

数据来源:全国小城镇调查(2016)。

三、镇村居民小汽车交通强度

由于数据条件限制,本节以乡镇和农村居民小汽车出行比例乘出行时间来描述小汽车出行强度,数据来自全国小城镇调查。在人口相同的情况下,一个地区的小汽车出行比例越高,出行时间越长,则交通强度越大。

镇民小汽车通勤出行的时间少于购物出行的时间。31个省(直辖市、自治区)中全部的镇民平均小汽车通勤出行时间都低于30 min,购物平均出行时间则有5个省超过了30 min。通勤出行中,吉林、上海、甘肃和贵州的小汽车平均出行时间超过25 min,西藏、青海、陕西、重庆、北京、山东、安徽、广西和广东的平均出行时间在20~25 min,江苏和海南的平均出行时间最短,少于10 min。通勤出行时间较长的地区分为两类:一类是西部欠发达地区,如甘肃、贵州、西藏和青海;另一类是东部发达地区,如上海、北京、山东、广东等(图3-29)。购物平均出行时间长的地区主要分布在西部和东北部,新疆、西藏和吉林的镇民平均小汽车购物出行时间在35~45 min,青海、甘肃、重庆、贵州、黑龙江和辽宁为25~35 min,河北、天津以及华中和华南地区小汽车购物出行时间较短,江苏最短,为12.4 min

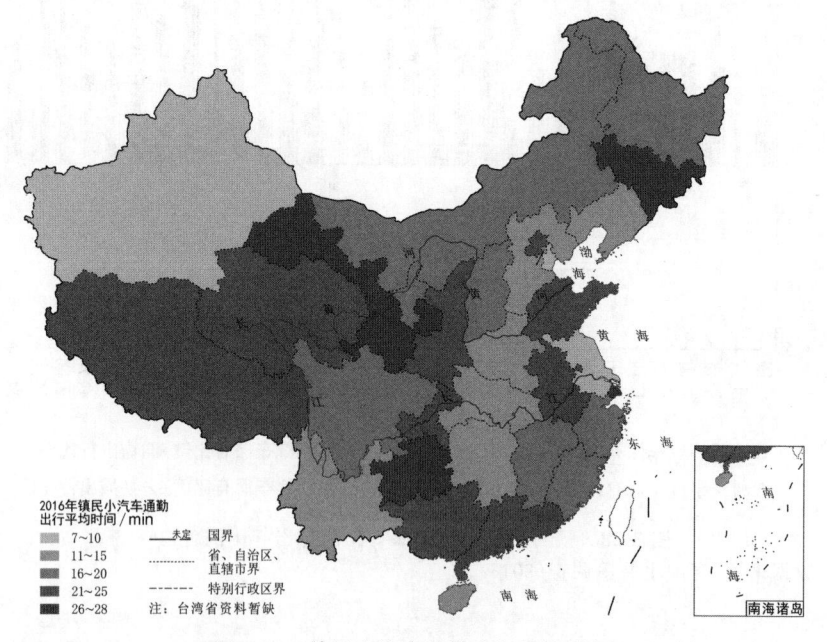

图3-29 镇民小汽车通勤出行平均时间
数据来源:全国小城镇调查(2016)。

左右(图 3-30)。结合购物与通勤出行时长的分布,西部和东北部镇民小汽车通勤与购物的平均时间都较长,这与其就业机会较少、服务设施水平较低有关。而长三角、珠三角和北京的购物出行时间不长,但通勤时间较长,可能由于这些地方乡镇商业服务设施较为完备,但就业可选择机会多,因此部分镇民会选择去更远的地方就业。

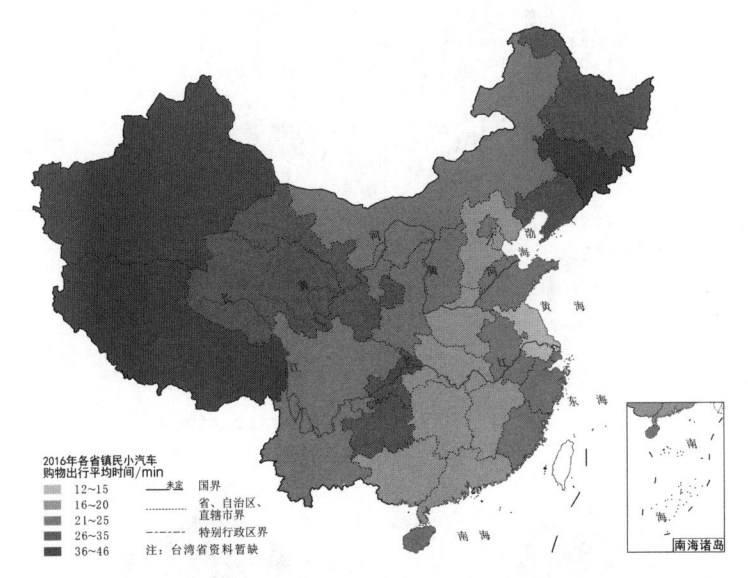

图 3-30　镇民小汽车购物出行平均时间

数据来源:全国小城镇调查(2016)。

村到县的小汽车平均出行时间远高于村到镇。各地村民去镇上的小汽车平均出行时间都在 30 min 以内,内蒙古、河南、青海和贵州较长,在 20~30 min,西藏、湖南和广西最短,在 5 min 以内。村民去县城的小汽车出行平均时间最短为 22.5 min(陕西);宁夏、四川和湖北的村到县出行时间较短,为 22~30 min;太原、河南、青海和贵州最长,在 1 小时以上(图 3-31、图 3-32)。

将小汽车出行比例乘以出行时间,再对结果进行标准化,得到小汽车出行强度。总体上出行强度的分布与小汽车出行比例相似,但也受到出行时间的影响。镇民小汽车出行强度呈现北高南低的态势。山东、北京、陕西、内蒙古、西藏、吉林、辽宁和浙江的镇民小汽车通勤出行强度较高。西藏、北京、吉林和辽宁的小汽车购物出行强度较高,其次为宁夏、陕西、四川、河北、山东和浙江(图 3-33、图 3-34)。

城镇化格局与城市群交通

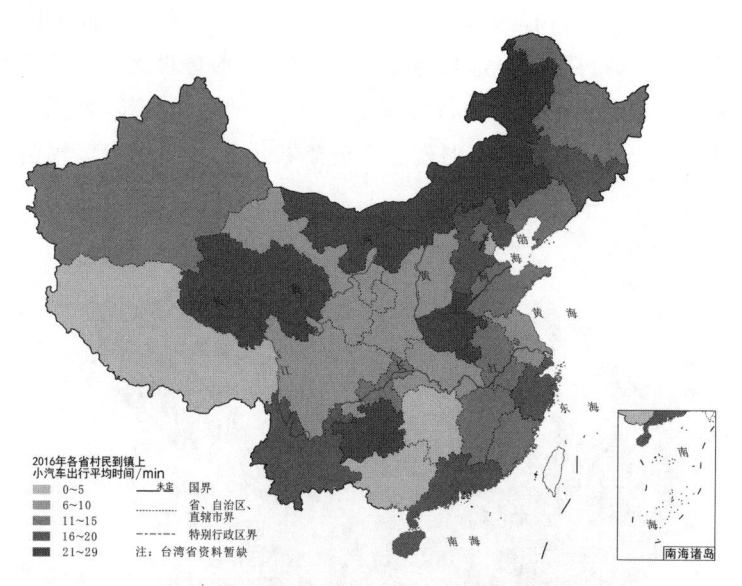

图 3-31　村民到镇上小汽车出行平均时间

数据来源：全国小城镇调查（2016）。

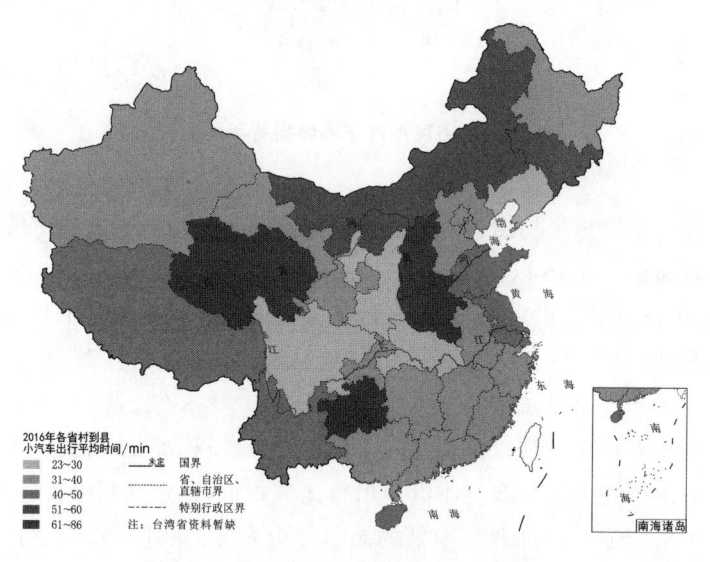

图 3-32　村民到县城小汽车出行平均时间

数据来源：全国小城镇调查（2016）。

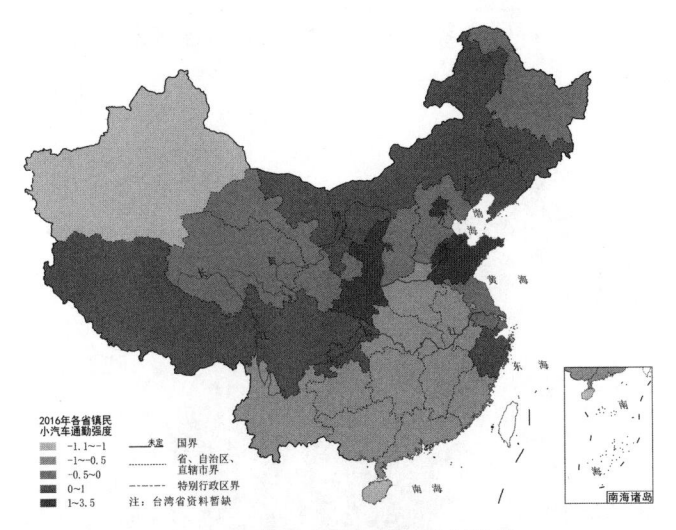

图 3-33 镇民小汽车通勤出行强度

数据来源：全国小城镇调查(2016)。

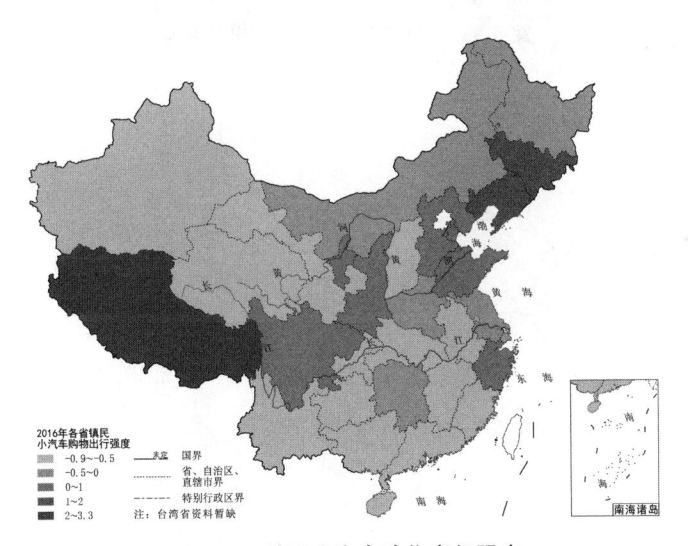

图 3-34 镇民小汽车购物出行强度

数据来源：全国小城镇调查(2016)。

村民小汽车出行强度同样是北高南低，内蒙古、河北、青海、辽宁、山东等西北、东北和华北地区的村民小汽车出行强度大(图 3-35、图 3-36)。此外，位于长三角的浙江、位于珠三角的广东和位于成渝地区的四川，同样有较高的村民小汽车出行强度。村民的小汽车出行强度一方面受地形影响，在北方平原和高原地区小汽车出行强度较高;另一方面受经济因素影响,经济发达地区的村民小汽车出行强度较高。

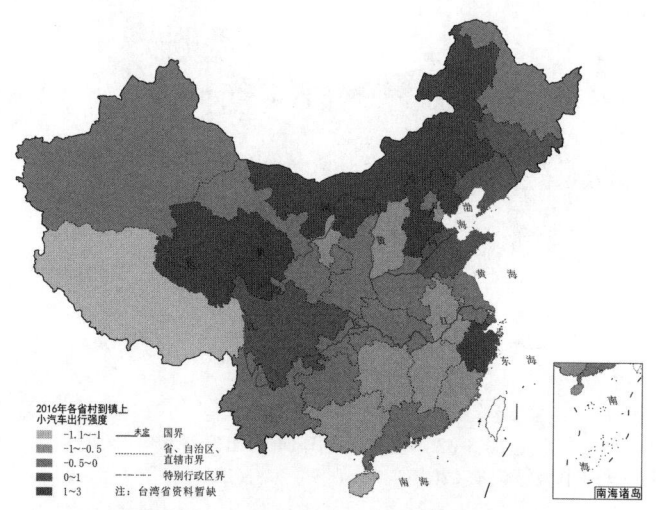

图 3-35　村民到镇上小汽车出行强度

数据来源:全国小城镇调查(2016)。

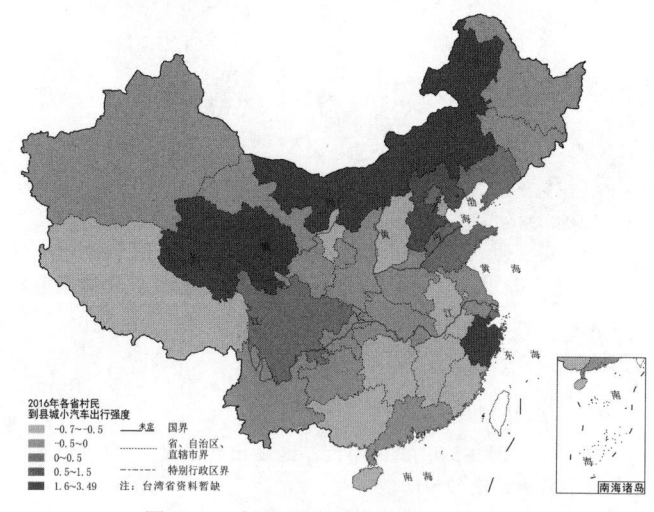

图 3-36　村民到县城小汽车出行强度

数据来源:全国小城镇调查(2016)。

第四章　中国城镇体系演变

第一节　基本概念与方法

一、中国城镇的概念与标准

目前世界上没有统一的城镇定义的标准。各国、各地区根据自身经济社会发展的特点,制定了不同的标准。这些标准很少离开城镇的本质特征,包括行政中心所在地、空间形态、人口规模、基础设施等方面。不同地区只是侧重于其中一个或几个特征。

我国的市镇建制标准前后经历过几次变动。1955年公布的第一个标准,规定聚居人口10万人以上的城镇可以设市;聚居人口不足10万人但是重要工矿基地、省级地方国家机关所在地、规模较大的物资集散地或边远地区的重要城镇,确有必要也可设市。县级和县级以上地方国家机关所在地,或常住人口2000人以上,居民50%以上为非农业人口的居民区可以设镇,少数民族地区标准从宽。

1963年此标准被修改,设镇的下限标准提高到聚居人口3000人以上,非农业人口70%以上,或聚居人口2500～3000人,非农业人口85%以上。设市标准虽未变化,但由于"大跃进"期间城镇人口增加过快、市镇建制增加过多,国家开始对设市标准从严掌握,规定城市人口中农业人口所占比例一般不超过20%。

目前的设镇标准于1984年正式颁布,规定20000人以下的乡,如果乡政府驻地非农业人口超过2000人,可以撤乡建镇。县政府驻地均应设镇。少数民族地区、人口稀少的边远地区、山区和小型工矿区、小港口、风景旅游区、边境口岸等地,非农业人口不足2000人,如有必要也可设镇。

1986年设市标准调整,规定非农业人口6万人以上,年国内生产总值2亿元以上,已成为该地经济中心的镇,可以设市。总人口50万以下的县,县人民政府驻地所在镇的非农业人口10万以上,常住人口中农业人口不超过40%,年国内生产总值3亿元以上;或总人口50万以上的县,县政府所在镇的非农业人口12万人以上,年国内生产总值4亿元以上的,可以撤县设市。市区非农业人口25万以上,市国内生产总值10亿元以上的中等城市,可以实行市领导县的体制(许学强等,2009)。

1993年国务院对设市标准再次调整,不同人口密度的县市对应不同的指标,并细化了经济和基础设施方面的考察指标(表4-1)。

表4-1 1993年设市设镇标准

指标		县级市			地级市
		原来县的人口密度			
		>400	100～400	<100	
人口	县城镇人口中 非农产业人口 非农户口人口	≥12万人 ≥8万人	≥10万人 ≥7万人	≥8万人 ≥6万人	市政府驻地 非农户口人口> 20万人
	县总人口中 非农产业人口	≥15万人 ≥30%	≥12万人 ≥25%	≥10万人 ≥20%	市区人口中 非农产业人口≥ 25万人
经济	全县乡镇以上 工业产值	≥15亿元	≥12亿元	≥8亿元	市区 工农业总产值> 25亿元
	占工农业总产 值比例	≥80%	≥70%	≥60%	工业产值占比 >80%
	全县GDP	≥10亿元	≥8亿元	≥6亿元	市区GDP>25 亿元
	全县第三产业 占GDP比例		>20%		第三产业GDP 占比>35%
	地方预算内财 政收入	≥100元/人 ≥6 000万元	≥80元/人 ≥5 000万元	≥60元/人 ≥4 000万元	>2亿元
基础设施	自来水普及率	≥65%	≥60%	≥55%	
	道路铺装率	≥65%	≥55%	≥50%	
	排水系统		较好		

二、城镇体系的内涵

(一)城镇规模体系

城镇规模体系也称城镇等级体系,城镇等级通常以人口规模来划分,划分的断裂点不同,等级体系也不同。

城镇规模体系分布的模型有首位分布和位序-规模分布。首位分布是一个国家最大城市的人口与第二大城市的人口之比较大,即首位度较高。位序-规模分布是指一个国家城市的人口数乘以城市的位序等于一个常数。如果以城市位序为横轴,城市人口规模为纵轴,则各城市由人口规模和城市位序所确定的坐标,连起来应当近似一条斜率绝对值为1的直线(图4-1)。

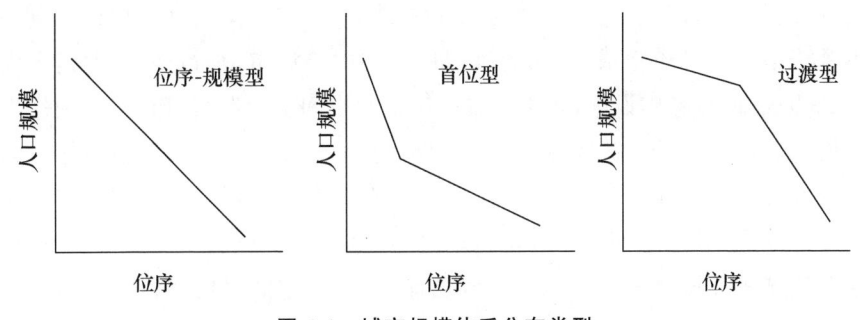

图 4-1 城市规模体系分布类型

首位分布和位序-规模分布是城镇规模体系分布的两种典型情况。当城镇规模体系呈首位分布时,说明城镇规模分布较为集中,首位城市的人口明显多于其他城市。当城镇规模体系接近位序-规模分布时,说明城镇规模分布比较均衡,首位城市或前几位城市的人口没有和其他城市形成非常明显的差距,随着城市位序的增加,城市人口规模有序、平缓地减少。同一时间,不同国家可能呈现出首位分布和位序-规模分布的不同形态,而同一国家在不同时间,城镇规模分布形态也可能有所变化。

现实中的城镇规模体系分布不一定完全吻合首位分布或位序-规模分布。可以利用位序-规模法则来衡量城市的规模分布。位序-规模法则的假设是 $P_rR^n=P_1$,其中 P_1 是首位城市的人口,P_r 是第 r 位城市的人口,R 是第 r 位城市的位序,n 是要被估计的 Zipf 指数。Zipf 指数反映了城市规模分布的集聚状态,n 越大,表明城市分布越均匀,如果 n 为 ∞,则城镇等规模均匀分布。如果 $n=1$,则城市为标准的位序-规模分布;n 小于 1 时,n 越小,城镇越接近首位分布,城镇规模分布的集中程度越高。对公式作对数变换,得到 $\ln P_r = \ln P_1 - n\ln R$,则可以用线性模型来估计 Zipf 指数,即 n 值。本研究利用位序-规模法则,计算不同年份中国城镇规模的 Zipf 指数,来研究中国城镇规模体系分布。

（二）城镇空间体系

城镇空间体系是指一定时空范围内,城镇在空间上的分布、组合和联系状态,实质是不同城镇社会经济和资源环境要素在空间上的局部或整体表现(冯健等,2003)。

城镇空间体系的经典理论有中心地理论、增长极理论、核心-边缘理论、点轴理论等。这类理论将城镇空间体系看作由点到线再到面发展的过程,最先发展的是中心地、增长极这类"点",点的辐射作用使人口、经济等各类要素在点周围集聚,并逐渐扩散,形成线与面,在这个过程中核心-边缘结构逐渐形成。点轴理论也基于增长极理论形成,点指各级居民点和中心城市,轴指交通、通信干线和能源、水源通道等基础设施,各类要素通过轴在空间上流动、传递,点和轴作为区域的增长极,要素集聚-扩散的过程以点轴为核心发生。这类城镇空间体系的经典理论带有强烈的等级色彩,而随着交通发展带来的时空压缩,全球化和全球生产网络的发展,城镇空间体系逐渐采取网络化的研究方式,相比城镇的中心性,更加关注城镇在网络中的节点属性和功能互补,流空间、世界城市、世界城市网络理论开始兴起(王士君等,2019)。

（三）城镇职能体系

城镇职能是指某一城镇在国家或区域中所起的作用、承担的分工,是指城镇对其自身以外的区域在经济、政治、文化等方面所起的作用。城镇职能是从整体上看一个城镇的作用和特点,体现的是城镇与区域的关系、城镇之间的分工,属于城镇体系的研究范畴(周一星,1997)。城镇职能体系就是一个国家或区域城镇职能的组成和结构。

城镇职能的判定与经济基础理论有关。在经济基础理论中,城镇各个领域的活动由两部分组成,一部分是为本地居民的生产和生活服务,这是城镇的非基本活动部分;另一部分是为城镇以外的区域服务,这是城镇的基本活动部分。城镇职能的判定依据是基本活动部分。城镇职能的判断方法从最初的定性分析、简单定量分析,发展到多变量、较复杂的定量分析。按照发展的时间顺序,城镇职能的判断方法主要有五种,分别是一般描述法、统计描述法、统计分析方法、城镇经济基础研究方法和多变量分析法。

纳尔逊分类法是城镇职能分类的常用方法,属于统计分析方法。它将城镇中从事某种活动的就业人员比例作为城镇职能的判断依据,以全国或特定区域内全部城镇从事该活动的就业人员比例的平均值加一个标准差为判定城镇主导职能的标准,以高于平均值几个标准差来判定职能的强度。判断结果中,一个城镇可能有多个主导职能,也可能没有主导职能。纳尔逊分类法给出了城镇职能的判断方法和标准,其中具体的城镇经济活动的划分方式可以根据实际情况进行调整。

第二节 中国城镇规模和职能体系

一、中国的城镇规模体系

城镇规模分布的理论有城市首位度(M. Jefferson,1939)、城市金字塔、城市位序-规模法则、贝克曼城市规模体系模型等。城市首位度由 Jefferson 提出,他分析了 51 个国家,列出每个国家前三位城市的规模和比例关系,发现第一位城市的人口与第二位城市人口有巨大差距,首位度即是一个国家最大城市的人口与第二位城市人口的比值,如果首位度大,则称这种城市规模分布模式为首位分布。位序-规模法则最早由 Auerbach 于 1913 年提出。Zipf 扩展了这一法则,提出最大城市与其他城市人口的关系公式,即第 r 位序城市的人口等于最大城市的人口除以 r 城市的位序。以城市位序为横轴,城市人口规模为纵轴,则二者之间的关系在图上表现为一条回归线。当回归线斜率绝对值接近 1 时,说明城市规模分布接近位序-规模法则的理想状态;大于 1 时,说明城市规模分布集中,倾向于首位分布;小于 1 时,说明城市规模分布比较分散。

城市首位度和城市位序-规模法则本质上都是对城市规模分布的描述,从位序-规模分布到首位分布是一个连续谱,而非完全隔断的类型。Berry(1960)对 38 个国家的城市进行分析发现,38 个国家中有 13 个属于位序-规模分布,包括美国、意大利、联邦德国、印度、中国、巴西等;15 个属于首位分布,包括希腊、西班牙、荷兰、泰国、日本、秘鲁等;10 个属于过渡类型,包括英国、澳大利亚、新西兰、巴基斯坦、挪威、马来西亚等。Berry 用系统熵最大化原理来解释规模分布类型,认为当影响城市规模分布的力量很多,且作用时间长,则容易产生位序-规模分布,其一般出现在历史久、人口多、面积大、条件复杂的国家;如果影响城市规模分布的力量较少,则容易产生首位分布,这些国家一般面积小、人口少、历史较短。

位序-规模法则测算是研究城市规模分布最常用的方法。我国学者用Zipf法则测算了1953年、1963年、1973年、1990年中国前100位城市的位序-规模分布,并预测了2000年的分布状况,发现新中国成立后城市规模分布的Zipf指数不断下降,从0.906下降到0.737,越来越偏离理想值1,说明前100位城市的人口分布逐渐分散,我国城市规模在朝着均衡化的方向发展,中小城市快速成长,与大城市之间的人口差距缩小(许学强等,1997)。2011年,前100位城市的Zipf指数依然下降,由0.7039下降到0.5886,说明大城市之间规模分布比较均衡,由于我国幅员辽阔、人口众多、具有数量庞大的城市和城市群,首位城市的首位度并不高。但对第101~255位城市的测算显示了不一样的结果,这些城市在2000—2011年的Zipf指数由1.3709下降到1.0716,这是由于中小城市相对于大城市发展的制约因素少,各种生产要素可以通过市场机制较好地发挥作用,因而中小城市在这12年中的发展更多地呈现出一种"自然状态",在规模分布上较大城市更加贴近位序-规模法则(李茂等,2014)。

纳入更多的城市以及更长的时间长度进行位序-规模测算,结果显示在1952—2014年,我国人口大于30万人的398个城市的规模演化可以分为5个阶段:1952—1961年的集中趋势,1961—1984年的分散趋势,1984—1994年的集中趋势,1994—2001年的分散趋势和2001—2014年的集中趋势。这种规模分布的波动很大程度上与城镇化政策密切相关,20世纪50年代初至60年代初,在"重点建设"政策指引下,区位条件优越的大中城市率先增长;20世纪60年代后,"控制大城市规模和发展小城镇"的城市发展方针起了作用,"上山下乡""三线"建设开始施行,分散力量大于集中力量,城市规模分布趋向分散,改革开放初期的乡镇企业进一步减少了人口向大城市的流动,人口分散在各等级的城市中。20世纪80年代中期,市场经济占据主导地位,大城市发展迅速,知识青年大量返城,集中力量驱动国家城市规模向首位分布演化。1990年,城市规划战略为"严格控制大城市规模,合理发展中等城市和小城市",大城市规模得到严格控制,中小城市快速发展,城市体系向分散化、扁平化发展。此后,国家"十五"计划纲要又提出要走符合中国国情、大中小城市和小城镇协调发展的多样化城镇化道路,户籍制度逐渐放开,大城市发展速度加快,城市规模分布又向集中化发展(孙斌栋等,2019)。这种集中和分散交织的变化态势与从位序-规模分布向首位分布变化,再回到位序-规模分布的发展历程相似,但在中国的现实发展中,这一进程并不是一次完成的,而是经历不断反复的阶段,螺旋上升,每个发展阶段采取适配的道路。

除了用 Zipf 法则测算城市规模分布,还有其他方法。幂函数(顾朝林,1990)、分形结构因子、差异度(刘继生等,1998)和分布偏离度(李茂等,2014)均可以用来测算城镇体系规模结构。如李茂等(2014)用分布偏离度测算了 13 个国家的城市分布数据,比较分析结果发现,中国城市系统分布偏离度较高,城市系统的分布更加均衡,可能与城市发展系统中的外生因素,如户籍管制、土地制度、经济自由度等有关。

《全国城镇体系规划纲要(2005—2020)》对全国城镇规模体系结构进行了预测,2010 年,我国人口超过 1 000 万人的城市有上海、北京、重庆、天津 4 个,当时预测到 2020 年,将增加广州和武汉两个。人口超过 1 000 万人的超大城市分布在京津冀、长江三角洲、珠江三角洲、成渝地区和长江中游几个城市群地区。

用 Zipf 指数衡量中国城镇规模体系分布的变化,发现从 2000 年至今,我国城镇的规模分布接近位序-规模分布,且分布集中程度稍有降低。全部城市的规模体系分布要比前 100 位城市的规模体系分布更加集中。

分别计算 2000 年、2005 年、2010 年和 2016 年全国人口前 100 位的城市,以及全部城市的 Zipf 指数。全部城市的计算中,2000 年包含 262 座城市,2005 年包含 284 座城市,2010 年包含 283 座城市,2016 年包含 291 座城市(表 4-2)。

表 4-2　各年份全国前 100 位城市和全部城市的 Zipf 指数

年份	n(前 100 位城市)	R^2	t	n(全部城市)	R^2	t
2000 年	0.974	0.949	0	0.835	0.695	0
2005 年	0.986	0.972	0	0.858	0.734	0
2010 年	0.983	0.965	0	0.87	0.757	0
2016 年	0.989	0.978	0	0.883	0.779	0

数据来源:中国城市统计年鉴。

R^2 为线性模型拟合中因变量能被自变量解释的比例,即模型的拟合准确度。结果显示,前 100 位城市的拟合程度更高,在 90% 以上,全部城市的拟合程度稍低,但也达到 70% 左右。t 统计量显示模型均通过显著性检验。

前 100 位城市的计算结果中,Zipf 指数从 2000 年起,每五年都有所增长,但增加并不大,基本维持在 0.98 左右。说明从 2000 年至今,我国前 100 位城市的规模分布接近位序-规模分布,且分布集中程度有稍许减少,分布更加分散,但这种趋势不明显。

全部城市的 Zipf 指数低于前 100 位城市的,从 2000 年起也逐渐增加,增加幅度比前100位城市明显。说明相比前100位城市,我国全部城市的规模分布更集中,但集中程度稍有下降。前100位城市的Zipf指数高于全部城市的,说明我国前100位城市的规模分布比较均衡,而全部城市的规模分布则集中化程度更高,也即在前100位城市之后,城市人口规模的下降落差更大。

二、中国的城镇职能体系

城镇职能分类的方法经历了从定性到定量的过程,定量方法包括区位商、纳尔逊分类法、聚类分析法等(易斌等,2013)。分类方法的演进可以大致归纳为5个阶段,即一般性描述、统计描述、统计分析、经济基础研究和多变量聚类分析。其中,一般性描述是定性方法,统计描述阶段开始利用城镇就业人口进行定量分析。统计分析中的纳尔逊分类法是城市职能常用的分类法,其用统计方法来客观、统一地衡量每个城市每种职业所占比例与所有城市每种职业平均所占比例的差距,以此作为分类的依据。经济基础研究,即区位商方法也是常用分类法之一,是指凡是由于城市本身以外的区域需要而形成的部分是城市经济的"基本"部分,包括主要不是为本市服务的工商企业等,这部分就是城市的"经济基础",也就是城市最重要的职能。统计分析和经济基础研究聚焦于经济层面,衡量标准比较单一,多变量聚类分析则将人口、民族、教育、社会等社会特征容纳进来,给予更全面的考量(孙盘寿等,1983)。

早期我国的城镇职能分类采用定性描述的方法,将城镇的职能体系分为4类,分别是政治中心体系,由首都—省会—地区中心—县城—乡镇组成;交通中心体系,由铁路枢纽、港口城镇、公路中心城镇和航空港城市4个次级体系构成;矿工业(包括农副产品加工)城镇体系,以块状形式出现,构成我国的区域生产综合体和不同类型的工业城镇体系;旅游中心城镇体系(宋家泰等,1988;顾朝林,1992)。这一分类主要基于主观的定性描述,后来学者多通过定量方法来确定城镇职能分类,有学者利用统计分析法将全国城市分为工业城市、交通运输城市、商业城市、教育科技城市、国际旅游城市和行政管理城市6类专业性职能城市,以及综合性城市、非综合性城市、一般城市3个城市类别(张文奎等,1990)。田文祝等(1991)用多变量聚类分析和纳尔逊分类法,对中国城市市区的工业职能进行分类,用纳尔逊分类法对聚类分析结果做了适当调整及补充,将中国1984年295个城市分成4个大类、18个亚类和43个职能组。其中4个大类包括全国最重要的综合性工业基地,特大及大中型加工工业城市,中小型加工工业城市和以能源、冶金为主的工矿业城市。周一星等(1997)在此基础上,用相同的方法将工业职能分类扩展到综合职能分类,把1990年全国465个城市分成了4个职能大类、14个职能亚类和47个职能组。其中4个职能大类包括全国最重要的超大型综合城市,大区、省区级大型、特大型综合性城市,中小规模的专业化或综合性城市,小型的高度专业化城市。

我国城市职能分类还有待进一步研究。方法方面,目前研究多基于统计分析、聚类分析等传统方法,例如竞争型人工神经网络模型等新方法可以多加尝试。另外,专业化部门、职能强度、职能规模是城市职能分类一般要考虑的三大要素,但从现有的分类方法来看,对专业化部门和职能强度两个要素的反映直接、清晰,对职能强度的测度则比较间接,综合考虑专业化部门、职能强度、职能规模三大要素,全面客观合理地对城市职能类型进行研究的方法有待挖掘。数据方面,行业就业人口是城市职能分类中应用最为广泛的基础数据,但如何精确地衡量城市外来人口对城市职能的影响、分离城市基本人口和非基本人口,仍需加以探讨(徐红宇等,2005)。

《全国城镇体系规划纲要(2005—2020)》提出了八类重要类型城市。其中两类是影响力大、带动作用强的全球职能城市和区域中心城市,另外六类是具有特殊职能和特殊类型的城市,包括门户城市、老工业基地城市、矿业(资源)型城市、历史文化名城、革命老区和少数民族地区城镇。全球职能城市和区域中心城市的职能比较综合,门户城市主要是交通职能城市,也兼有商业职能,老工业基地城市和矿业(资源)型城市具有工业职能,历史文化名城具有文化旅游职能。

全球职能城市在我国有重要的战略地位,在推动外向型经济发展和推动国际文化交流上有重要作用,有可能发展为亚洲乃至世界的金融、贸易、文化、管理等中心。这类城市有北京、天津、上海、广州和香港。

区域中心城市在区域具有重要的战略地位,但比全球职能城市稍次,其发展能够在区域的经济社会发展中起领头作用。区域中心城市较多,包括重庆、沈阳、大连、长春、哈尔滨、南京、杭州、宁波、厦门、济南、青岛、武汉、深圳、成都、西安、石家庄、太原、呼和浩特、合肥、福州、南昌、郑州、长沙、南宁、海口、贵阳、昆明、兰州、西宁、银川和乌鲁木齐。

其他有特殊职能的城市中,门户城市承担着重要的对外衔接门户作用,包括国家重要的空港、海港和陆路口岸城市。老工业基地包括各种类型的工业型城市,如冶金工业城市、建材城市、森林工业城市等。矿业(资源)型城市则包括煤炭城市、有色冶金城市、黑色冶金城市、石油城市等。

城镇职能体系的分布在空间上表现出向城市群和都市圈集结的特征。全球职能城市分布在京津冀、长三角和珠三角三大城市群,区域中心城市多为各城市群和都市圈的中心城市,特殊职能城市中,门户城市主要分布在沿海沿边地区,起对外交流门户的作用,老工业基地和矿业(资源)型城市这类工业职能城市分布呈现北多南少的分布状态。

本研究利用纳尔逊分类法判断中国城镇职能,使用的数据为2016年的城市就业人员结构,来自《中国城市统计年鉴》。根据国民经济行业分类的19个行业大类统计各行业的就业人员比例,并对19个行业进行归并,划分为8种职能类型(表4-3)。

表4-3 根据行业分类的城镇职能划分

城镇职能	包含行业
农林牧渔业	农林牧渔业
工业	工业;电力、燃气及水的生产和供应业;制造业
商业	批发和零售业;住宿和餐饮业;居民服务、修理和其他服务业
交通运输	交通运输、仓储和邮政业
建筑与房地产业	建筑业;房地产业
科教文卫	科学研究、技术服务和地质勘察业;水利、环境和公共设施管理业;教育;卫生、社会保障和社会福利业;文化、体育和娱乐业
公共管理	公共管理和社会组织
信息、金融和商务服务业	信息传输、计算机服务和软件业;金融业;租赁和商务服务业

以高于就业比例平均值一个标准差为判定主导职能的标准,划分高于就业比例平均值一个标准差的城市为职能强度较低,高出两个标准差为职能强度中等,高出三个标准差为职能强度较高。统计出各个职能的城市个数,发现各个职能中,职能强度较高的城市大多不超过5个,只有商业职能强度较高的城市达到8个。职能强度中等的城市在4~7个,公共管理职能较多,包含11个。职能强度较低的城市数量在各个类别中差别较大,农林牧渔业和商业的职能强度较低的城市只有6个,交通运输、建筑与房地产业,以及信息、金融和商务服务业有20个左右,工业、科教文卫和公共管理职能强度较低的城市则达到30个左右(图4-2)。从城市数量看,具有农林牧渔业和商业主导职能的城市数量较少,说明这两类职能在城市中集中程度更高;拥有工业、科教文卫和公共管理主导职能的城市更多,说明这几类职能的集中程度较低,交通运输、建筑与房地产业以及

信息、金融和商务服务业职能的集中程度介于上述两类之间。

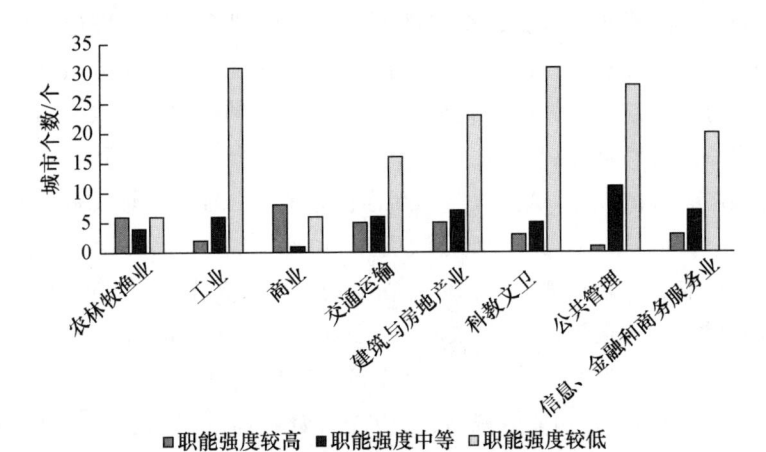

图 4-2　各职能城市个数

数据来源：中国城市统计年鉴(2016)。

第三节　中国城镇空间体系

一、城镇空间体系演变

我国城镇空间体系的变化可大致分为 4 个阶段：第一阶段为 1949—1978 年，城镇空间分布在平衡战略下呈现平衡分布的格局；第二阶段为 1978—1990 年，改革开放初期城镇空间分布以小城镇化为主；第三阶段为 1990—2000 年，改革深化阶段，城镇空间体系的等级分布程度加深，大城市发展起来，东部沿海地区城市规模更大、数量更多；第四阶段为 2000 年后，城市群、巨型城市、城市连绵带发展起来，城市分布由点成线再及面，东部沿海地区形成了连绵的城市区域，而中西部地区的大城市也成长起来（孙久文等，2012）。总的来说，中国城镇空间体系具有东密西疏、南密北疏的特征，城镇空间分布的密度在省区间有很大差异，且差异自新中国成立以来逐渐扩大；城镇整体分布有空间自相关性，集聚程度一直增强；超大型和特大型城市由均匀分布转向随机分布，城市发展对自然条件的依赖下降（鲍超等，2014）。20 世纪 90 年代后，城镇空间分布的差异逐渐由南北差异转向东西差异，形成了以城市群为主的空间结构（李佳洺等，2018）。

城镇体系在空间上呈现一定的结构,陆大道(1995)认为空间结构是区域发展状态的指示器,提出了社会经济空间发展的点轴理论。这一理论是增长极理论的延伸,从区域经济发展的过程看,经济中心总是先集中在少数条件较好的区位,成点状分布。这一区域中心就是增长极,也是点轴模式中的点。随着经济发展,经济中心逐渐增加,点与点之间由于生产要素交换,需要交通线路、动力供应线、水源供应线等的支持,这些线路相互连接起来就是轴线。轴线首先是为区域增长极服务的,但其一旦形成,便会吸引人口、产业、资本等要素向轴线两侧集聚,新的增长点也逐渐产生。城镇体系在空间上可以看作不断生长的点轴系统。基于点轴理论,陆大道提出中国国土空间开发的"T"形战略,即以沿海一带和长江作为两条一级轴线,"T"形战略由此成为我国城镇空间结构的基本形态。此后 2011 年的《全国主体功能区规划》对"T"形战略进行了扩充,提出以陆桥通道和长江通道为两条横轴,以沿海、京广和包昆通道为三条纵轴,形成"两横三纵"的城镇化空间结构,并以轴线上的大城市和城市群为增长极进行发展。亦有学者提出从城市群的角度考察城镇空间体系,我国将形成由东部沿海地区纵向城市群连绵带、长江流域横向城市群连绵带和黄河流域横向城市群连绵带组成的"π"形城市群连绵带(方创琳,2011)。

近年来,城镇空间体系研究不再局限于城镇人口空间分布,研究指标和方法也更加多元,网络分析成为研究空间结构的重要方法。有学者用新浪微博数据来研究基于网络的城镇空间体系,发现城市的网络连接度与城市等级表现出了相对一致性。东部、中部、西部三大区域的网络联系差异明显:东部地区内部的联系,以及东部与中西部地区的联系几乎构成当前网络体系中的全部;城市网络呈现出分层集聚现象,京津冀区域、珠三角区域、长三角区域、成渝地区、海西地区、武汉地区、东北地区成为城市网络集聚区;高等级城市在整个城市网络中处于绝对支配地位,北京以突出的优势成为全国性的网络联系中心,上海、广州、深圳则成为全国性的网络联系副中心(甄峰等,2012)。有学者利用综合引力模型,用功能距离来代替物理距离,对城市进行基于多元交通方式的网络分析,发现中国的城镇空间体系呈现为具有很强关联的城市之间的聚集,从整体来看城市之间的差距在缩小;现阶段处于相同城市群的城市发展并不平衡,城市群中高层级城市大多分布在东部,但中西部高层级城市增长显著(韩瑞波等,2018)。基于网络方法的城镇空间体系表现出了与基于等级的城镇空间体系相似的特性。

二、中国城镇的数量与分布

(一) 城市数量的变化

从1978年至今,我国地级市和县级市的数量不断增加。地级市数量的增加比较平稳,1978年地级市数量为98个,到2016年,全国地级市数量为293个,40年间增加了近200个地级市(图4-3)。县级市的数量变化在1978—1997年迅猛增长,从92个增加至445个,此后有所下降,到2016年降至360个,这一方面是由于行政区划标准的变化,另一方面是由于部分县级市升级成为地级市。

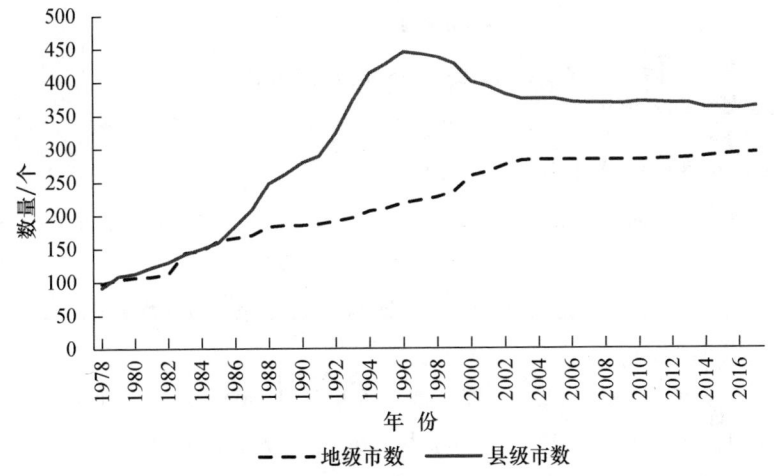

图4-3　1978—2016年全国地级市和县级市个数

数据来源:国家统计局。

(二) 县城和建制镇数量的变化

相比于级别较高的市,我国县和镇的个数较多。由于撤县设市、撤县设区等行政区划调整,我国县的数量不断减少,从1978年的2011个减少到2016年的1366个,减少了近700个县。而镇的数量不断增加,从1978年的2176个增加到2016年的20883个,增长近10倍。其中1984—2000年增长最为迅猛,从7186增长至20312个,这与区划标准的调整有关,此后镇数量的变化比较平稳,2000—2016年变化不大(图4-4)。

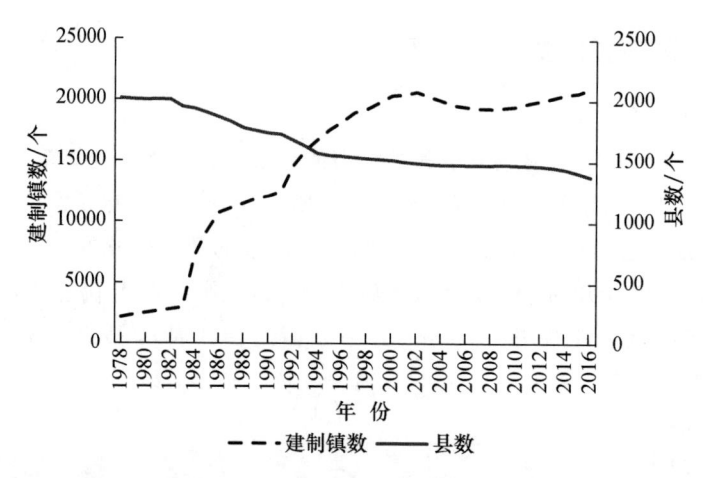

图 4-4　1978—2016 年全国县和镇个数
数据来源：国家统计局。

（三）不同规模城市所占人口的比例

近年来，人口向大城市集中的趋势愈发突出。20 世纪我国中小城市发展良好，增加的人口主要分布于小城市，但随着国家政策的变化和市场经济的发展，大城市成为集聚经济的主要场所，人口逐渐向大城市集聚，特大城市、超大城市也逐渐发展起来。

根据最新的城市规模划分，城区常住人口小于 50 万人的为小城市，50 万～100 万人的为中等城市，100 万～500 万人的为大城市，500 万～1 000 万人的为特大城市，1 000 万人以上的为超大城市。2010—2016 年，特大城市人口规模增长最为显著，从 1 亿人增加到 1.3 亿人，占全部城市人口比例从 29% 增加至 32%；超大城市人口规模增长也比较显著，从 5 000 万人增加至 6 600 万人，数量也从 3 个增加至 4 个。中小城市的人口规模基本维持不变，中等城市人口规模略有增长，中小城市人口占城市总人口的比例约为 50%，且 2010—2016 年该比例从 49% 降至 44%。中小城市的人口占比维持了一定程度的稳定（图 4-5），说明就地城镇化态势依然明显。

虽然总的城市人口和中小城市的人口数量均有增长，但中小城市人口占比，以及城市数量均下降，相对应地，超大城市和大城市数量有明显增长（图 4-6），这说明大城市吸引人口的能力强于中小城市，人口向大城市集聚，城市规模等级网络总体升级。预计到 2030 年，中小城市人口将保持稳定，但比例不断缩小，大城市、特大城市和超大城市人口将进一步增加。

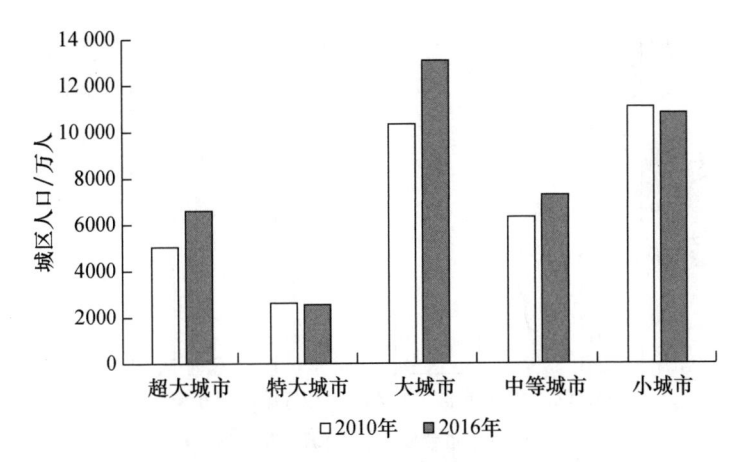

图 4-5　2010 年和 2016 年不同规模城市人口变化

数据来源：中国城市统计年鉴(2010,2016)。

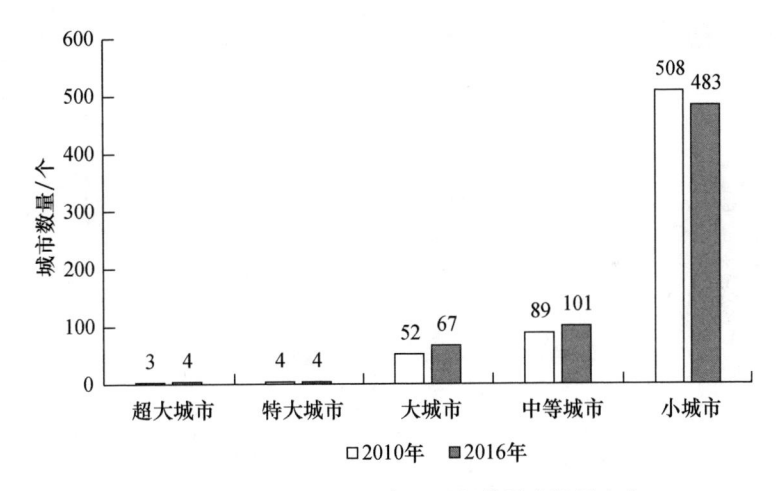

图 4-6　2010 年和 2016 年不同规模城市数量变化

数据来源：中国城市统计年鉴(2010,2016)。

大城市是城区常住人口在 100 万～500 万人的城市，2016 年我国共有 67 个大城市，城区常住人口总计 13 079 万人，占全国城区常住人口的 32.45%，接近三分之一（图 4-7、图 4-8）。相比超大城市和特大城市，大城市人口没有那么密集，但却是我国城市发展的中坚力量。

城镇化格局与城市群交通

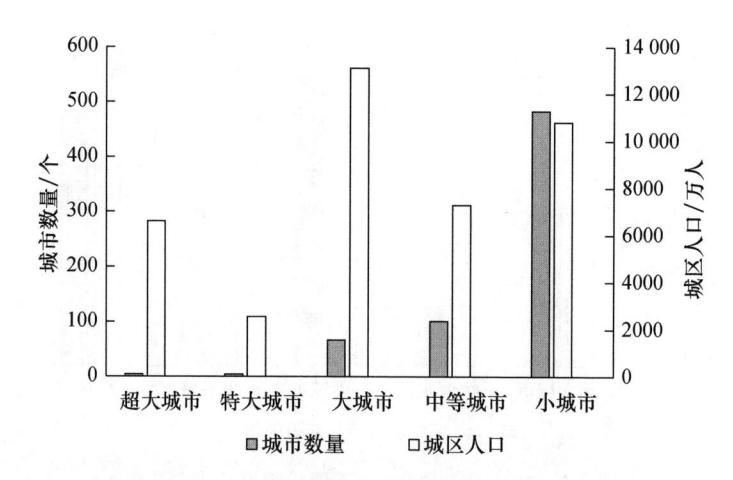

图 4-7　2016 年不同规模城市数量和人口
数据来源：中国城市统计年鉴（2016）。

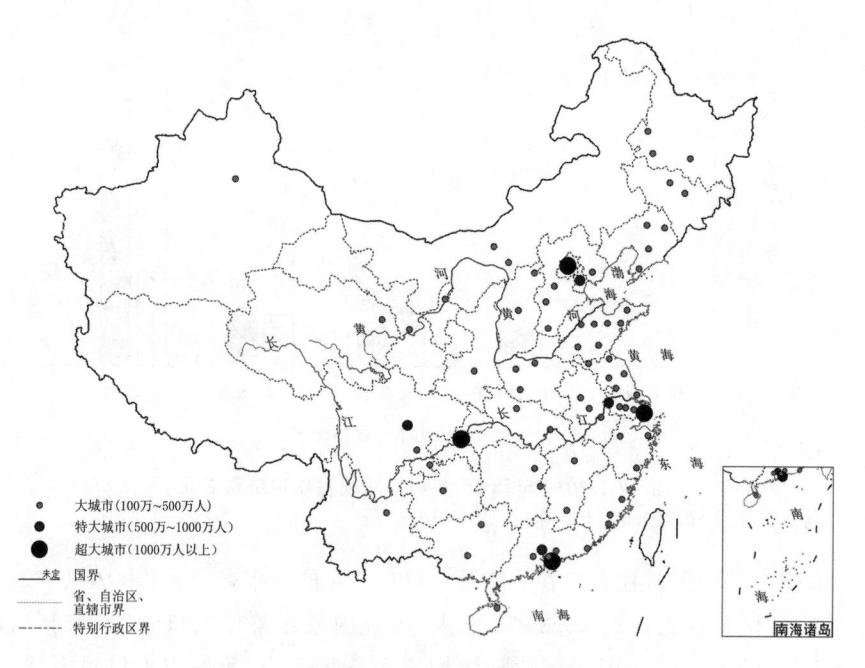

图 4-8　大城市、特大城市、超大城市分布
数据来源：中国城市统计年鉴（2016）。

新中国成立初期一直到 20 世纪 80 年代，我国遵循积极发展中小城市，控制大城市发展的城市体系发展战略，小城市发展较好且分布分散，大城市的规模被控制。20世纪80年代后,随着市场经济的发展,城市的集聚经济效应成为经济发展的重要推力,政府也逐渐意识到这一点,大城市的发展不再受到严苛的限制。2000—2010年大城市的人口规模飞速增长,与其他城市拉开了显著差距,人口向大城市集聚,集聚程度也由此提高。中国城市体系经历了由扁平到集中的变化,大城市的规模经济和集聚经济效应得以发挥,城市体系得以优化。

中小城市的重要性依然不容小觑。中小城市处于城市体系的较低层,数量较多。2016年我国有101个中等城市,人口7 270万人,占总城区常住人口的18%;小城市有483个,人口10 802万人,占总城区常住人口的26.8%,中小城市共占总城区常住人口的44.8%,接近一半。

中小城市是推动国民经济发展的重要力量。到2016年年底,中小城市直接影响和辐射的区域,行政区面积达876万平方千米,占国土面积的91.3%;这些区域的经济总量达41.48万亿元,占全国经济总量的55.74%。国家重视中小城市发展,《国家新型城镇化规划(2014—2020年)》提出,把加快发展中小城市作为优化城镇规模结构的主攻方向,教育、医疗等公共资源配置要向中小城市和县城倾斜。

中小城市是新型城镇化的主要载体。2000—2016年,我国城镇化率从36.2%上升至57.35%,但中小城市影响区域的城镇化率只有38.7%,城镇化主要集中在大城市。但目前,人口向大城市流动的速度放缓,而城镇化依然稳步进行,这意味着将有更多人口在中小城市集聚,中小城市将成为提升城镇化数量和质量的主要阵地。

建制镇是城镇概念中的最低一级行政区。1978—2002年,中国建制镇的个数不断增长,从2 000多个增长至20 000多个,增长近10倍。2002年后,建制镇的数量趋于稳定。1983—1986年三年期间建制镇的数量飞跃性地增长,从2 968个增加到1万多个。这一飞跃性增长主要是由于设镇标准的变化,1984年,国务院规定20 000人以下的乡,如果乡政府驻地非农业人口超过2 000人的,可以撤乡建镇;县政府驻地均应设镇。少数民族地区、人口稀少的边远地区、山区和小型工矿区、小港口、风景旅游区、边境口岸等地,非农业人口不足2 000人,如有必要也可设镇。1991—2000年,建制镇的增加又迎来一个高峰期,从12 455个增加至2万多个,相比之前由于设镇标准变化带来的迅猛增长,这一时期建制镇个数的高速增长主要是因为乡镇本身的人口、经济快速增长(图4-9)。

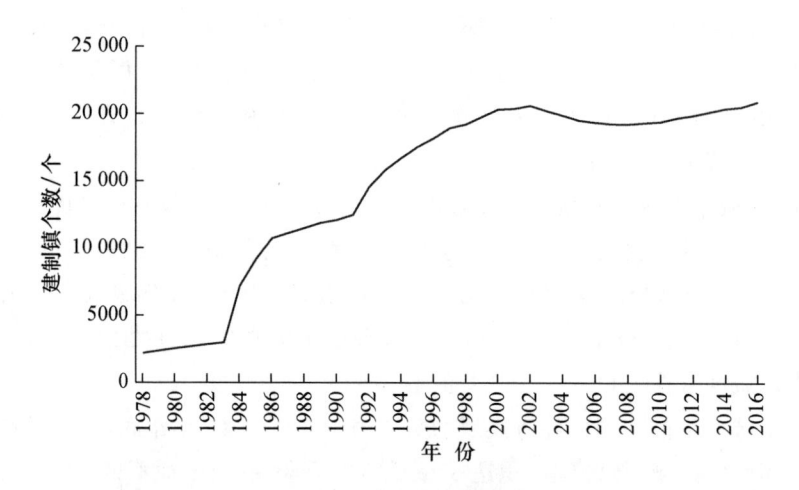

图 4-9 全国建制镇数量变化

数据来源：国家统计局。

参 考 文 献

[1] Berry B J L. City size distributions and economic development[J]. Economic Development and Culture Change,1960,9(4):573—588.

[2] Jefferson M. The law of the primate city[J]. Geography Review,1939,29(2):226—232.

[3] 鲍超,陈小杰.中国城市体系的空间格局研究评述与展望[J].地理科学进展,2014,33(10):1300—1311.

[4] 方创琳.中国城市群形成发育的新格局及新趋向[J].地理科学,2011,31(09):1025—1034.

[5] 冯健,周一星.中国城市内部空间结构研究进展与展望[J].地理科学进展,2003,(03):204—215.

[6] 顾朝林.中国城镇体系等级规模分布模型及其结构预测[J].经济地理,1990,(03):54—56.

[7] 顾朝林.中国城镇体系:历史、现状、展望[M].北京:商务印书馆,1992.

[8] 韩瑞波,曹沪华,刘紫葳.基于综合引力模型的中国城镇体系再探索[J].中国科学:地球科学,2018,48(12):1670—1684.

[9] 李佳洺,杨宇,樊杰,金凤君,张文忠,刘盛和,傅伯杰.中印城镇化区域差异及城镇体系空间演化比较[J].Journal of Geographical Sciences,2018,28(12):1860—1876.

第四章 中国城镇体系演变

[10] 李茂,张真理.中国城市系统位序规模分布研究[J].中国市场,2014,(36):12—31.

[11] 刘继生,陈彦光.城镇体系等级结构的分形维数及其测算方法[J].地理研究,1998,(01):83—90.

[12] 陆大道.区域发展与空间结构[M].北京:科学出版社,1995.

[13] 宋家泰,顾朝林.城镇体系规划的理论与方法初探[J].地理学报,1988,(02):97—107.

[14] 孙斌栋,金晓溪,林杰.走向大中小城市协调发展的中国新型城镇化格局:1952年以来中国城市规模分布演化与影响因素[J].地理研究,2019,38(01):75—84.

[15] 孙久文,焦张义.中国城市空间格局的演变[J].城市问题,2012,(07):2—6.

[16] 孙盘寿,杨廷秀.国外城镇职能分类法概述[J].地理译报,1983,(01):32—37.

[17] 田文祝,周一星.中国城市体系的工业职能结构[J].地理研究,1991,(01):12—23.

[18] 王士君,廉超,赵梓渝.从中心地到城市网络:中国城镇体系研究的理论转变[J].地理研究,2019,38(01):64—74.

[19] 徐红宇,陈忠暖,李志勇.中国城市职能分类研究综述[J].云南地理环境研究,2005,(02):33—36.

[20] 许学强等.城市地理学[M].北京:高等教育出版社,2009.

[21] 易斌,翟国方.我国城镇体系规划与研究的发展历程、现实困境和展望[J].规划师,2013,29(05):81—85.

[22] 张文奎,刘继生,王力.论中国城市的职能分类[J].人文地理,1990,(03):1—8,80—88.

[23] 甄峰,王波,陈映雪.基于网络社会空间的中国城市网络特征:以新浪微博为例[J].地理学报,2012,67(08):1031—1043.

[24] 周一星,孙则昕.再论中国城市的职能分类[J].地理研究,1997,(01):11—22.

第五章　城镇体系与交通发展

第一节　城镇体系与交通的关系

一、克里斯塔勒的中心地理论

城镇体系的形成与发展是一个复杂的过程,其形成和发展的时间、方向和形式受到多种因素的影响。城镇体系的形成是城镇出现和发展,并由于区位、规模和职能的不同,相互间产生不同类型和强度的连接,逐渐组成体系的过程。

克里斯塔勒的中心地理论提出于 20 世纪 30 年代,是通过演绎法描述城镇体系的经典理论(Christaller,1933)。中心地是指能够向周围区域提供商品和服务的地点,可以是城市,也可以是镇或者大的居民聚集点。城镇可以被看作中心地,城镇提供商品和服务的能力越强,其作为中心地的等级就越高,即在城镇等级体系中所处位置越高。通常而言等级较高的中心地范围更大、人口更多,能够服务和影响的面积与人口也更多。

克里斯塔勒在研究德国南部的城镇时,发现一定区域内的中心地在职能、规模和空间形态分布方面有一定的规律性,中心地的空间分布形态会受到市场、交通和行政三个原则的影响,在不同的地区,三种原则的影响程度不同。克里斯塔勒用六边形图式来描述中心地的空间分布,假定一个人口和自然条件都均匀分布的平原,在其上居民的消费需求和收入都相同,且相同的商品和服务在任何一个中心地的价格都相同。那么在市场原则下,居民需要服务时就会寻找离自己最近的中心地,在市场竞争下,中心地将会形成六边形的服务范围,在等级上,一个高等级中心地的服务范围中包括 6 个比它低一级的中心地,且高等级的中心地服务范围是比它低一级的中心地服务范围的 3 倍。每一级中心地的服务范围都囊括在更高等级中,形成多层级嵌套的六边形网络(图 5-1)。

交通原则组织下的中心地也呈现六边形模式,但等级之间的嵌套有所不同。

第五章　城镇体系与交通发展

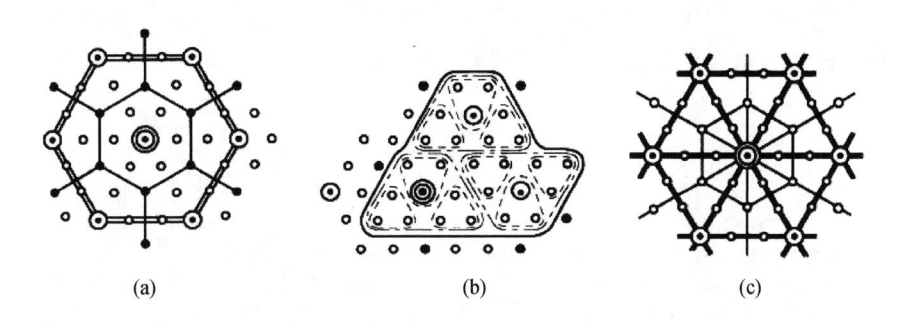

图 5-1　市场原则下中心地系统的供应(a)、行政(b)和交通(c)
图片来源:许学强等.城市地理学[M].北京:高等教育出版社,2009。

由于道路系统对城镇形成有巨大的影响,中心地不一定像市场原则下一样,分布在理想化的均匀地表上,而是会沿着交通线分布。因此次一级中心地并非位于三个高一级中心地的中间位置,而是位于连接两个高一级中心地的交通线的中间位置。交通原则组织下的六边形中心地系统中,高一级中心地的服务范围是次一级中心地的 4 倍。次一级中心地位于高一级中心地的主要道路上时,交通网的组织效率最高,因此交通原则组织下的中心地也是最可能在现实社会中出现的(图 5-2)。

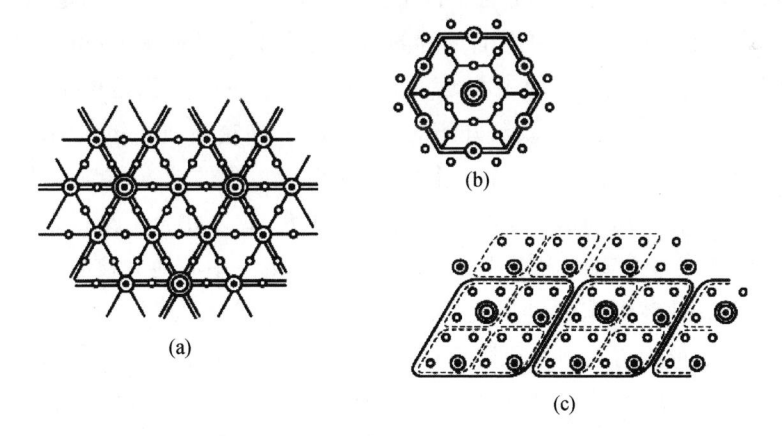

图 5-2　交通原则下中心地系统的交通(a)、供应(b)和行政(c)
图片来源:许学强等.城市地理学[M].北京:高等教育出版社,2009。

行政原则组织下的中心地,是在行政地域划分时,尽量不把低等级的中心地割裂开,而将之完整地纳入一个高等级中心地服务范围中,这一原则下高一级中心地的服务范围是次一级中心地的 7 倍。相比市场原则和交通原则,消费者在行政原则组织下的中心地购买商品和服务时的平均距离最长,因此行政原则是市场经济运行效率最差的一种组织方式(图 5-3)。

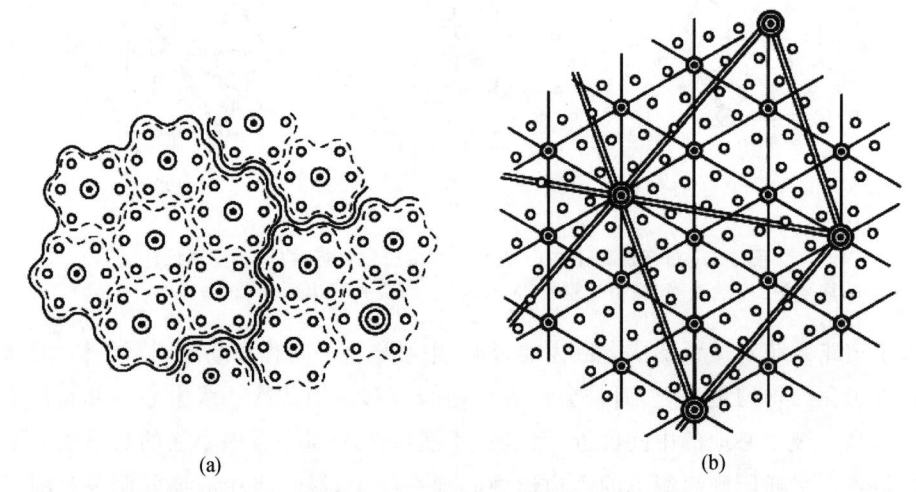

图 5-3　行政原则下中心地系统的行政(a)、供应(a)和交通(b)
图片来源:许学强等.城市地理学[M].北京:高等教育出版社,2009。

中心地理论指出了城镇体系形成的原则和机理,并演绎了城镇体系的空间形态组织和规模等级分布。通常情况下,市场原则是中心地组织的基础,交通和行政原则可以看作在市场原则上进行的修正。克里斯塔勒认为:市场原则适用于中世纪由市场区域构成的中心地商品供给情况。交通原则适用于 19 世纪交通大发展时期、新开发区以及新开拓的殖民国家。在这些地方,交通引导城市发展,城镇沿交通线分布;此外,文化水平高、工业人口多的地方,交通原则比市场原则更适用。行政原则适用于统治机构力量强大,或以社会主义行政组织为基础的地区;与城市分离的山间地区,自给自足、以某一中心地为核心的区域也可能有较强的行政原则作用。

不同等级的中心地组织原则也有区别。高等级中心地由于提供商品和服务的等级高、种类多、数量大,因此要依赖交通运输,更倾向于按交通原则布局。中级中心地行政原则影响较大,低级中心地则主要遵循基础的市场原则。

现实中,城镇的组织不完全遵循克里斯塔勒推导的理想状态的六边形模式。例如,消费者可能并不选择距离自己最近的中心地,而是选择商品和服务更丰富的更高级中心地;中心地产生的集聚经济也会影响城镇的空间和规模等级分布。尤其重要的是,人口的增长与交通系统的发展会带来中心地系统的变化。

二、交通在城镇体系形成中的作用

克里斯塔勒的中心地理论指出,城镇体系的形成受交通原则的影响。交通原则实际上体现了交通网络对城镇发展的作用。城镇之间的人、物质等要素流动通过交通实现,城镇体系在空间蔓延和组织的形态也受到交通体系的影响。在交通原则下形成的中心地系统中,次一级的中心地位于两个高一级中心地道路连线上的中点位置,这样,次一级中心地到高一级中心地的交通连接最为便利。在交通原则形成的中心地系统的基础上,根据市场原则,高一级中心地仍然支配周边 6 个次一级的中心地,次一级中心地位于高一级中心地市场区六边形的边的中点,其本身的市场区被分割为两部分,分属两个高一级中心地。而高一级中心地市场区的范围相当于 4 个次一级中心地市场区的范围,如图 5-2 所示。因此,在交通原则下的中心地系统中,市场区的数量从高等级到低等级形成公比为 4 的等比数列。

交通对城镇体系的影响可以分解为两方面,一是建立通道,二是提高城镇中心性。一方面,交通体系在城镇之间、城乡之间建立了交流通道,物质和信息等通过交通通道和网络流动,交通通道为城镇体系提供了可视的骨架,也引导了城镇体系的形成和发展。另一方面,城镇的等级越高,该城镇的服务能力和人们对其所提供服务的需求就越高,因此城镇的客运和货运交通需求也越高;反过来,交通发展水平较高的城镇有更好的商品和服务供给流通能力,也推动其在城镇体系中向更高等级发展。交通系统与城镇体系的发展相互推动,交织进行,交通发展对于城镇体系发展有支撑和引导作用。

从时间历程的角度看,城镇体系的发展是由点及线,再形成面和网络的过程。最初在具有自然资源或交通等区位优势的地方形成了人类聚集地,并逐渐发展为城镇,城镇的成长伴随着人口与面积的增长和生产力的增长。如果其商品和服务供给能力超过周边,就成为中心城镇。商品和服务供给能力可以通过交通建设来提高,而城镇一旦成为等级较高的中心城镇,贸易需求也随之增长,催生进一步的交通建设。中心城镇与周围的次级城镇形成一个简单的一层城镇体系,多层这样的城镇体系嵌套,在空间上铺开来组合成更大的体系,由此形成了规模上呈金字塔结构、空间上呈网络状、职能上具有不同分工的城镇体系。

交通对于城镇规模、空间和职能体系的作用也体现在不同维度。对于城镇规模体系,交通可达性较高的城镇在规模体系中具有较高的等级,位于城镇等级规模金字塔的上方。对于城镇空间体系,交通系统的形态影响了城镇空间体系的形态和发展。对于城镇职能体系,交通区位影响了城镇职能,例如,靠近河流、海洋和边境的城镇在发展门户职能上具有优势,而交通可达性、连通度好的城镇则适于承担中心职能。

第二节 中国交通发展演变

中国的交通总投资和各类交通基础设施建设水平不断增长。交通总投资在2008年有跨越式增长,公路和港口设施水平在2000年后增长加快,铁路和民航设施水平则在2010年后增长加快。

交通投资方面,全国的交通运输、仓储和邮政业全社会固定资产投资从2003年至2017年增长了8.77倍,不含农户的固定资产投资(即城镇固定资产投资加上农村企事业组织的项目投资)增长了9.79倍,不含农户的交通固定资产投资增长更快。2003年,全社会固定资产投资为6 289.38亿元,不含农户的投资为5 669.02亿元;2017年,前者增长至61 449.85亿元,后者增长至61 185.82亿元。2008—2010年的投资增长尤为迅速,从1.5万亿元增长至将近3万亿元,这是由于2008年金融危机,国家推出经济刺激计划,重点投资基础设施建设(图5-4)。

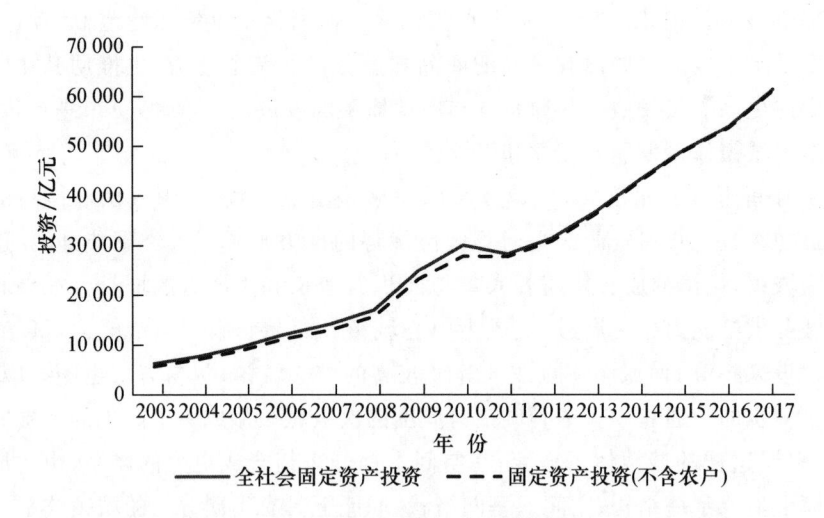

图 5-4 2003—2017年全国交通运输、仓储和邮政业固定资产投资
数据来源:国家统计局。

在交通投资的构成中,新建项目占比最大、增长最快,改建和扩建项目占比差不多，增长缓慢。2003年，新建、改建和扩建投资分别是3 154亿元、1 140亿元、905亿元；到2017年，分别增长至46 043亿元、5 118亿元和6 898亿元。新建投资的占比从2003年的60%左右增长至2017年的80%左右。2015年，扩建项目的投资超过改建项目。过去二十年间，相比改建和扩建既有的交通基础设施，新建项目获得了更多的投资(图5-5)。

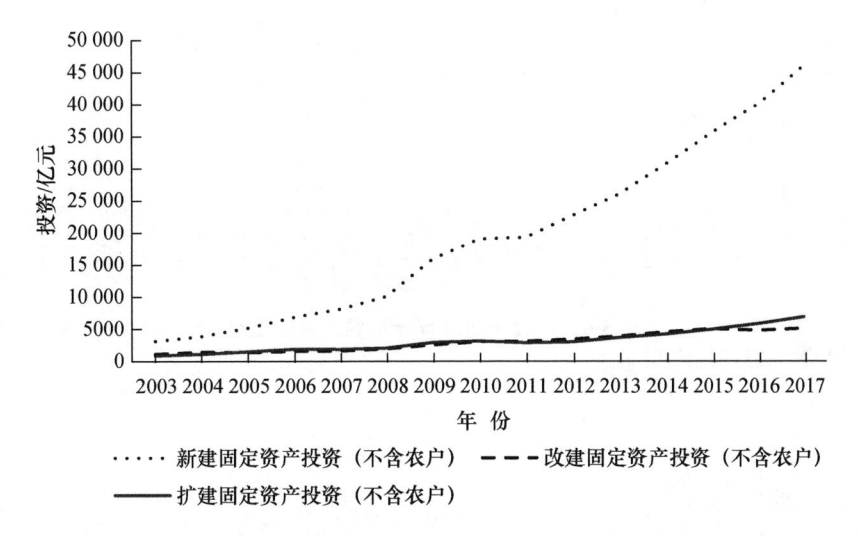

图5-5 2003—2017年全国交通运输、仓储和邮政业新建、改建和扩建固定资产投资
数据来源：国家统计局。

铁路和公路网络方面，从1952年到2018年，铁路营运里程从2.29万千米增长至13.17万千米，增长了4.75倍。2008年后铁路营运里程增长迅速，从7.97万千米增长至13.17万千米，十年间增长了65%(图5-6)。公路里程(包括村道)增长更加迅速，从1952年的12.67万千米增长至2018年的484.65万千米，增长了37.25倍。公路里程在2004—2005年飞跃式的增加是由于从2005年起。除去由统计口径带来的飞跃式增长，也可以看出，2005年后公路里程的增长快于20世纪(图5-7)。

高速公路的里程和其占全部公路的比例都逐年增长，里程从1988年的100千米增长至2018年的14.26万千米，2000年前增长缓慢，2000年后增长较为迅速，2008年后再次加速。高速公路占全部公路的比例则从1988年的0.01%增长至2018年的2.94%，在全部公路中的占比逐渐提高，说明全国公路整体有所升级(图5-8)。

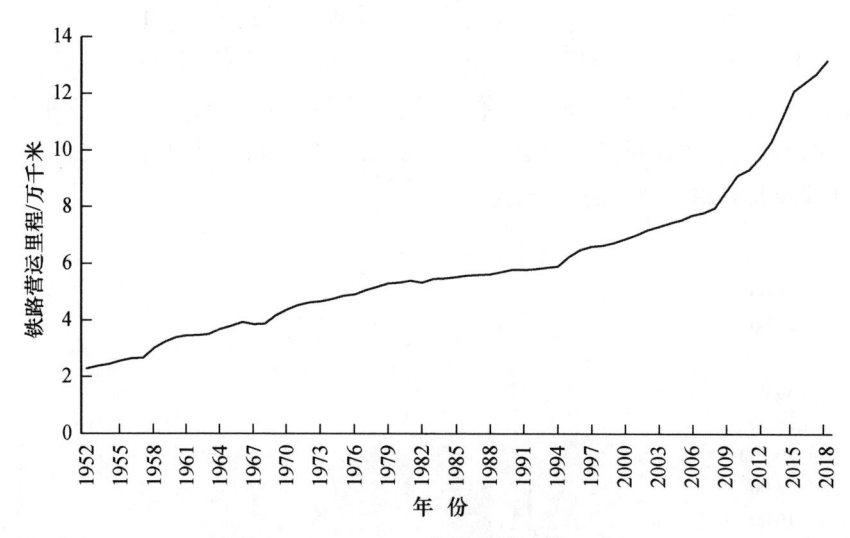

图 5-6　1952—2018 年全国铁路营运里程
数据来源：国家统计局。

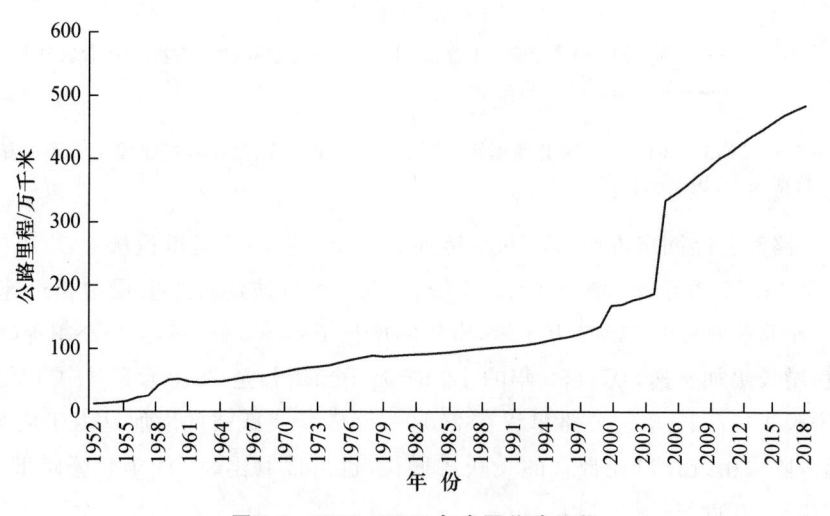

图 5-7　1952—2018 年全国公路里程
数据来源：国家统计局。

港口方面，1980—2018 年，全国主要港口的货物吞吐量从 21 731 万吨增长至 922 392 万吨，增长了 41.45 倍。港口吞吐量在 2002 年后增长加快，这与中国 2001 年加入世界贸易组织（WTO），国际贸易量增长有关（图 5-9）。码头泊位方面，沿海码头泊位数逐年增长，从 1980 年的 437 个增长至 2018 年的 6 150 个；内

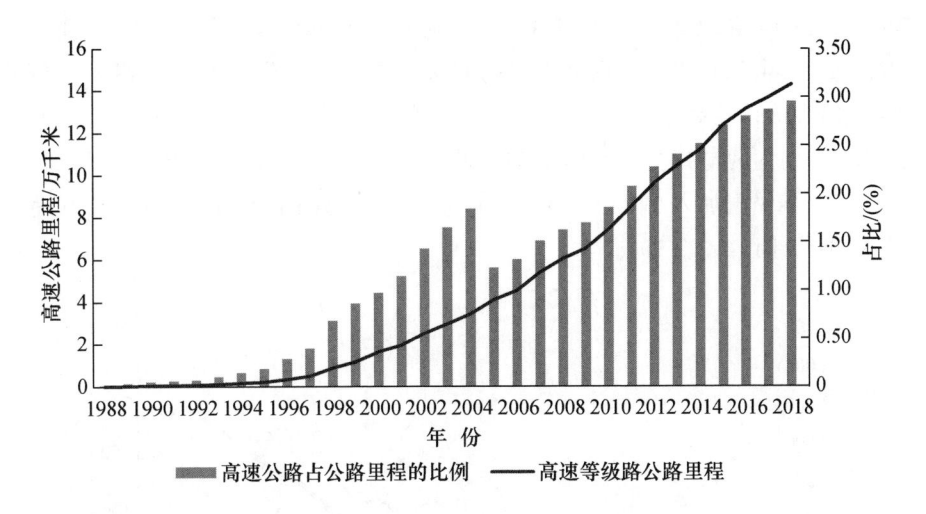

图 5-8　1988—2018 年全国高速公路里程和占比
数据来源：国家统计局。

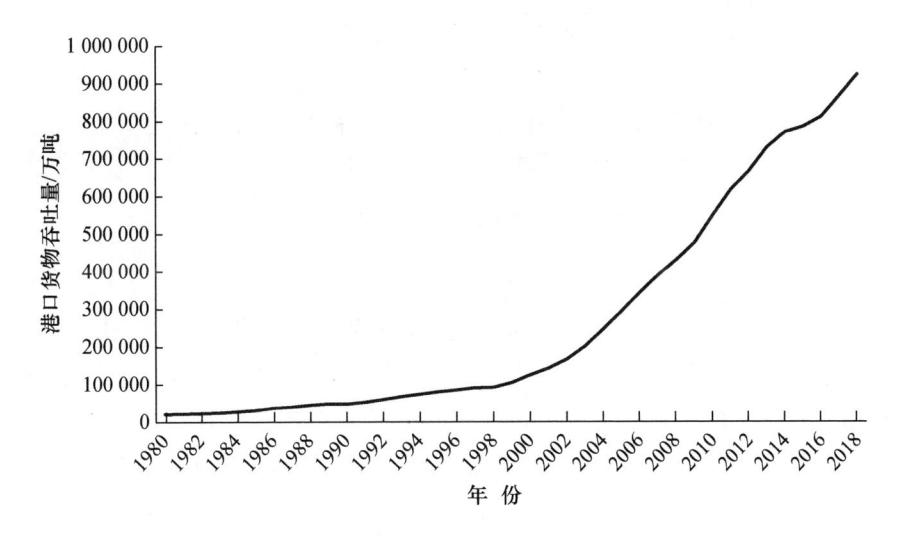

图 5-9　1980—2018 年全国主要港口货物吞吐量
数据来源：国家统计局。

河码头泊位数历年有增有减，但总体呈上升趋势，从 1980 年的 462 个增长至 2018 年的 11 148 个，2011 年内河港口码头数达到最高值 14 912 个，2011 年后有所下降。万吨级码头泊位数也逐年增长，且沿海港口比内河港口增速更快。

1980—2018年,沿海港口和内河港口的万吨级码头泊位数分别从144个和4个增长至2019个和451个。内河港口的码头泊位数多于沿海港口,但沿海港口的万吨级码头泊位数高于内河港口,沿海港口的码头吨位级别更高,承担的主要是国际贸易,而内河港口主要承担国内贸易。码头泊位数在2002年后增长加速,也与2001年中国加入WTO有关,贸易量的增长使码头泊位需求增加,推动了码头的供给建设(图5-10)。

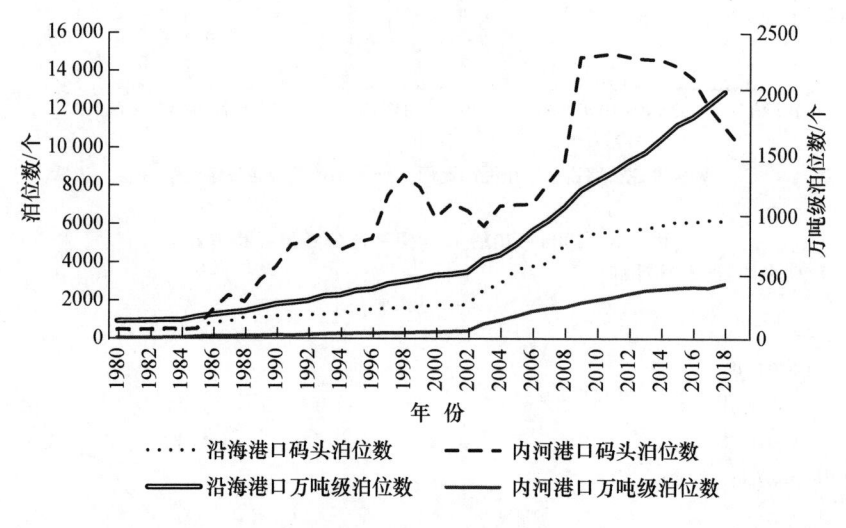

图5-10 1980—2018年全国主要码头泊位数
数据来源:国家统计局。

民航方面,民航机场数、航线数和航线里程数都不断增长。民航机场从1984年的88个增长至2018年的233个,增长了1.65倍。1993年机场数量的快速增长是由于统计口径变化,1992年以前,民航机场数为民航总局直属企业数,1992年起为民航全行业数字。20世纪90年代机场数量比较稳定,2003年后,机场数量再次快速增长(图5-11)。航线数量则从1980年的181条增长至2018年的5521条,其中国内航线数增长较快,从159条增长至4568条;国际航线稳中有升,从15条增长至953条(图5-12)。2010年后,航线数量增长加快,民航的国际服务水平有所提升,国际航线占全部航线的比例增加,从1980年的9.94%增长至2018年的17.17%。航线里程也不断增长,1980—2018年,定期航线里程从19.1万千米增长至948.3万千米,其中国内航线里程从11万千米增长至546.8万千米,国际航线里程从8.1万千米增长至401.5万千米。与航线数量的增长相似,航线里程在 2010 年后增长更加迅猛(图 5-13)。国际航线数量的占比虽有所上升,但里程占比变化不大,1980 年国际航线里程占比为 41.58%,2018 年占比为 42.34%。

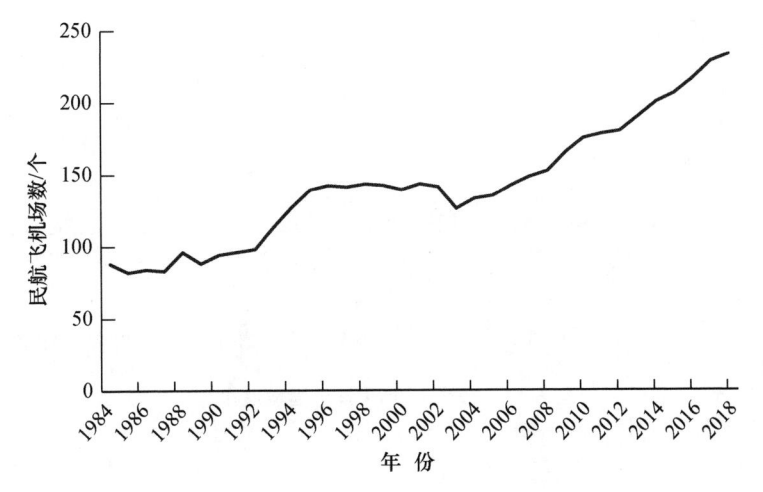

图 5-11　1984—2018 年民航机场数量

数据来源:中国民用航空局。

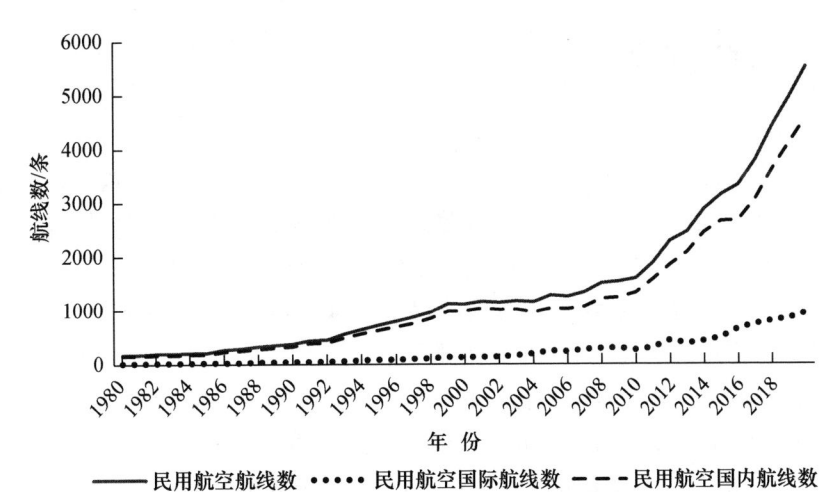

图 5-12　1980—2018 年全国航线数量

数据来源:中国民用航空局。

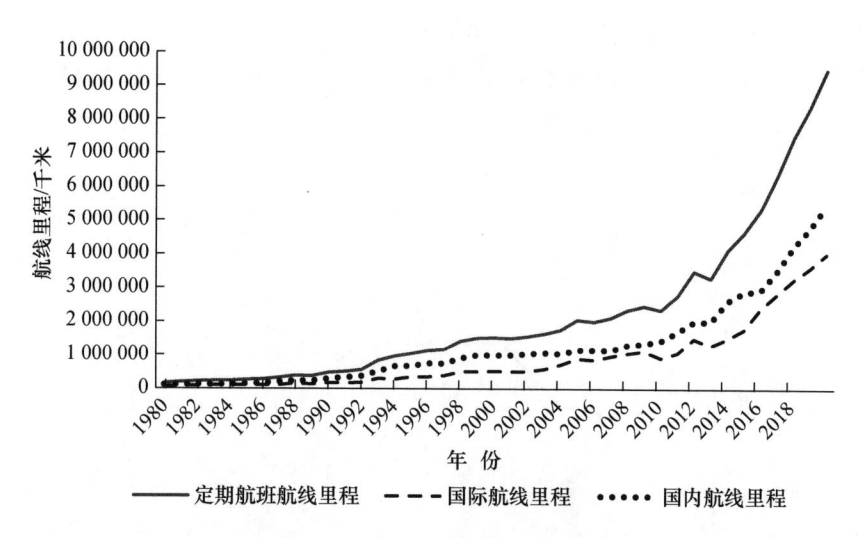

图 5-13　1980—2018 年全国航线里程

数据来源：中国民用航空局。

第三节　中国城镇规模体系与交通的关系

一、数据与方法

（一）Zipf 指数

Zipf 指数是用来衡量对象规模分布均衡程度的方法。Zipf 指数的计算公式为 $P_rR^n=P_1$，其中 P_1 是所研究的对象在所有样本中的最高值；P_r 是所有样本的值从大到小排序，第 r 位样本的值；R 是第 r 位样本的位序；n 是要被估计的 Zipf 指数。Zipf 指数越大，表示对象的规模分布越均匀，Zipf 指数越小，对象的规模分布越集中。当 n 为 ∞ 时，表示对象等规模均匀分布；$n=1$ 时，表示对象为位序-规模分布，即每个样本的值与位序的乘积等于最大的样本的值。对公式作对数变换，可用 $\ln P_r = \ln P_1 - n\ln R$ 来估计 Zipf 指数。

本研究用 Zipf 指数来衡量全国地级市人口、铁路和高速公路规模分布的情况。所用数据为 2005 年、2010 年和 2016 年各地级市的年末总人口、铁路里程和高速公路里程。人口数据来自各年份《中国城市统计年鉴》，高速公路和铁路数据来自经过 GIS 处理的路网数据。

(二) 网络分析

本研究用网络分析来研究城市规模与城市节点在交通网络中的地位的关系,采用的方法有 GIS 网络分析和社会网络分析。GIS 网络分析是依据图层的网络拓扑关系,考察网络元素的空间和属性数据,来对网络的性能、特征等开展多方面的研究。GIS 网络分析的应用有最短路径分析、最近设施点分析、服务区分析、资源分配分析等。社会网络分析则是社会学家根据图论等方法发展的定量分析方法,社会网络分析将对象在环境中的相互作用看作基于关系的模式,将对象之间的"关系"作为基本的分析单元,对象之间的关系模式则成为网络的结构。社会网络分析的应用有中心性分析、凝聚子群分析、核心-边缘分析等。

本研究首先用 GIS 网络分析,以高速公路和铁路路网图层为基础,计算地级市之间的高速公路和铁路路网距离,创建城市间路网距离的 OD 矩阵,以获得各地级市之间路网距离的基础数据。然后应用社会网络分析,计算各地级市在交通网络中的度中心度,城市在路网中的度中心度越大,说明该城市在交通网络中越处于中心位置,在网络中的重要程度越高,对其他节点的影响越强。度中心度的计算公式为 $d(i) = \sum_j x_{ij}$,其中 $d(i)$ 为节点 i 的度中心度,x_{ij} 表示节点 i 和 j 之间的联系强度。将各地级市在交通网络中的度中心度与城市规模进行比较,来分析城市在交通网络中的地位与城市规模的关系。所用数据为 2005 年、2010 年和 2016 年的地级市年末总人口和高速公路、铁路路网数据,其中年末总人口来自各年份《中国城市统计年鉴》。

二、城镇人口规模体系与交通规模体系分布

为了对比城镇人口规模体系分布和交通规模体系分布的异同,分别计算 2005 年、2010 年和 2016 年全国前 100 位,以及所有城市的人口、高速公路里程、铁路里程的 Zipf 指数。人口规模体系计算中,2005 年包含 284 座城市,2010 年包含 283 座城市,2016 年包含 291 座城市;高速公路里程规模体系计算中,2005 年包含 274 座城市,2010 年包含 311 座城市,2016 年包含 570 座城市;铁路里程规模体系计算中,2005 年包含 336 座城市,2010 年包含 313 座城市,2016 年包含 529 座城市。

R^2 表示线性模型拟合中因变量能被自变量解释的比例,结果显示,前 100 位城市三类规模体系的拟合程度均较高,达到 95% 以上;全部城市三类规模体系的拟合程度均较低,其中人口的拟合程度稍高,达 70% 以上,铁路和高速公路里程

的拟合程度较低,为50%～60%。t统计量显示模型均通过显著性检验(表5-1)。

表5-1 各年份全国前100位城市和全部城市的人口、铁路和高速公路 Zipf 指数

	年份	n(前100位城市)	R^2	t	n(全部城市)	R^2	t
人口	2005	0.986	0.972	0	0.858	0.734	0
	2010	0.983	0.965	0	0.87	0.757	0
	2016	0.989	0.978	0	0.883	0.779	0
铁路	2005	0.991	0.983	0	0.776	0.601	0
	2010	0.994	0.989	0	0.779	0.605	0
	2016	0.983	0.966	0	0.757	0.572	0
高速公路	2005	0.99	0.979	0	0.766	0.585	0
	2010	0.991	0.981	0	0.701	0.489	0
	2016	0.975	0.949	0	0.732	0.535	0

对比前100位城市人口和交通网络的Zipf指数,发现2005年和2010年,铁路和高速公路的Zipf指数比人口的更大,而2016年人口的Zipf指数超过铁路和高速公路的。说明2005年和2010年时路网长度前100位城市的路网规模分布要比人口前100位城市的人口规模分布更加分散,也即2005年和2010年人口规模比路网规模分布的集中程度更高,而路网规模分布中,高速公路规模分布比铁路规模分布更集中。到2016年,路网规模分布Zipf指数下降,人口规模分布Zipf指数上升,说明前100位城市路网规模分布的集中程度升高,而人口规模分布的集中程度下降(图5-14)。

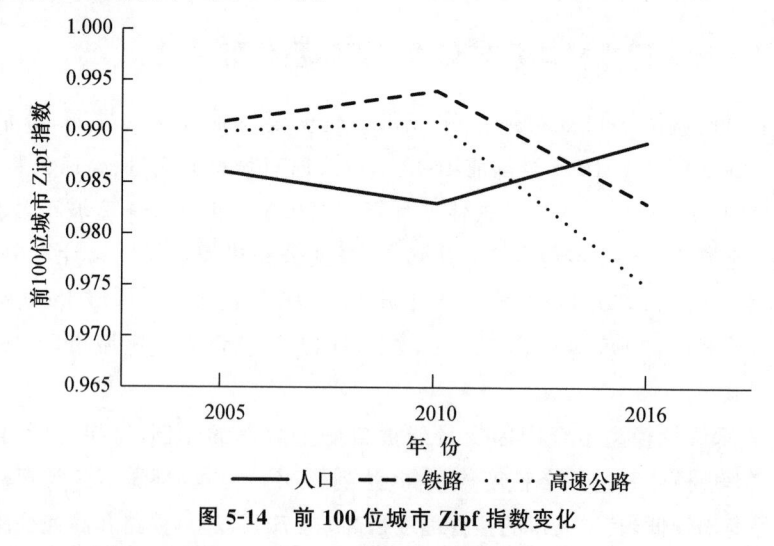

图5-14 前100位城市Zipf指数变化

对比全部城市人口和交通网络的Zipf指数,发现2005年到2016年,人口规模分布的Zipf指数升高,铁路和高速公路规模分布的Zipf指数总体下降,说明10年间全部城市人口规模分布的集中程度下降,而路网规模分布集中程度稍有上升,但变化不大。人口规模分布的Zipf指数一直大于路网规模分布,前者一直大于0.8,而后者在0.75左右,说明全部城市的路网规模分布一直比人口规模分布集中,其中高速公路规模分布比铁路规模分布更集中(图5-15)。

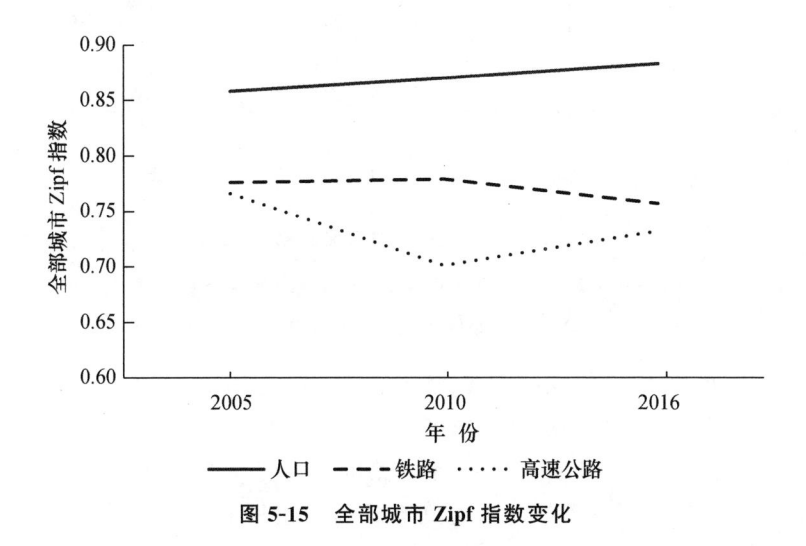

图5-15 全部城市Zipf指数变化

总体而言,前100位城市的人口和路网规模分布比全部城市的人口和路网规模分布更分散,更接近位序-规模分布。前100位城市人口与路网规模的Zipf指数一直大于0.975,而全部城市的人口规模分布一直在0.85~0.9,路网规模分布则在0.7~0.8。说明相比于在规模体系分布中处于前列的城市,全部城市人口和路网的规模体系分布集中化程度更高,全部城市中,路网规模分布又比人口规模分布的集中化程度高。在规模体系中处于前列的城市,规模分布比较均衡,前100位城市之后,人口和路网规模的下降落差更大。

为了探究城市规模与城市在交通网络中的地位的关系,运用GIS网络分析计算城市间高速公路、铁路距离的OD矩阵,再用社会网络分析对OD矩阵进行分析,得到各地级市在2005年、2010年和2015年高速公路和铁路路网中的度中心度,然后分析不同年份各城市在交通网络中的度中心度和城市规模的相关性。2005年铁路样本包含268个地级市,高速公路样本包含235个地级市;2010年铁路样本包含269个地级市,高速公路样本包含253个地级市;2015年铁路样本包含 275 个地级市,高速公路样本包含 282 个地级市(图 5-16)。

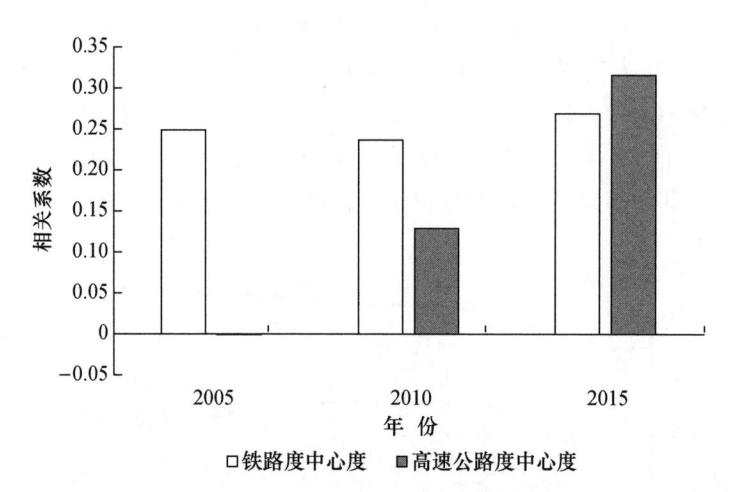

图 5-16　2005 年、2010 年和 2016 年地级市铁路和高速公路度中心度与城市规模相关系数

从 2005 年到 2016 年,城市的铁路度中心度和城市人口规模具有正相关性,且变化不大,高速公路度中心度与城市人口规模从不相关变为正相关,且相关性逐渐增强。2005 年、2010 年和 2016 年铁路度中心度与人口规模的相关系数分别为 0.249、0.237 和 0.269,二者之间有较弱的正相关且在 0.01 的水平上显著。铁路度中心度的分布呈现出明显的核心-边缘模式,以河南、安徽和湖北为中心,向外呈圈层式递减。铁路度中心度较高的城市首先位于湖北,其次位于河南,再次位于长三角。湖北省和河南省是全国的铁路枢纽所在地,其区位处于全国中心位置,横连东西,纵接南北,在全国铁路网中的重要性最强。2005—2015 年,城市铁路度中心度与人口规模的相关性变化不大,说明城市在铁路网络中的地位与城市规模有一定的正相关性,且这一相关性比较稳定,铁路网络的变化与城市人口规模变化之间的联系不大(图 5-17~图 5-19)。

2005 年、2010 年和 2015 年城市高速公路度中心度与人口规模的相关系数分别为 −0.01、0.129 和 0.316,其中 2005 年二者相关系数不显著,二者之间没有显著的相关性,2010 年相关系数在 0.05 水平上显著,2015 年相关系数在 0.01 水平上显著,显著性增强。从 2005 年到 2015 年,城市在高速公路网络中的地位与城市人口规模的相关程度增强,2015 年高速公路度中心度与人口规模的相关性超过了铁路。这与全国高速公路网密度在十年间的大量增加有关。从 2005 年到 2015 年,全国高速公路由 4.1 万千米增长至 12.35 万千米,增长了 2

第五章 城镇体系与交通发展

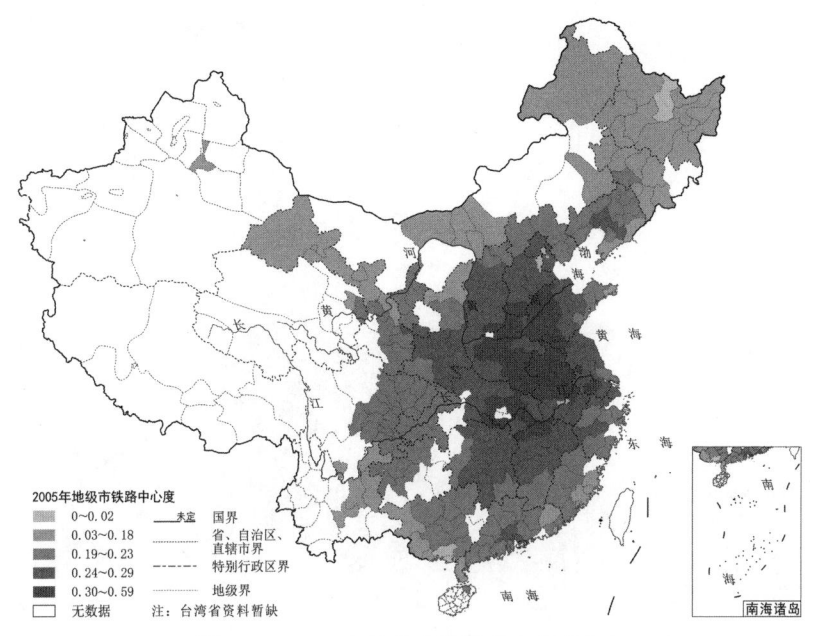

图 5-17 2005 年地级市铁路度中心度分布

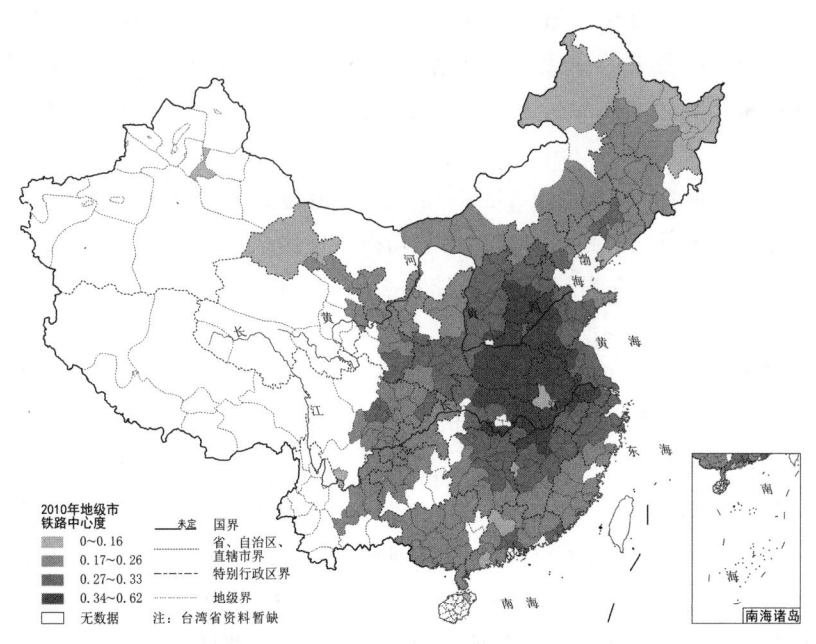

图 5-18 2010 年地级市铁路度中心度分布

城镇化格局与城市群交通

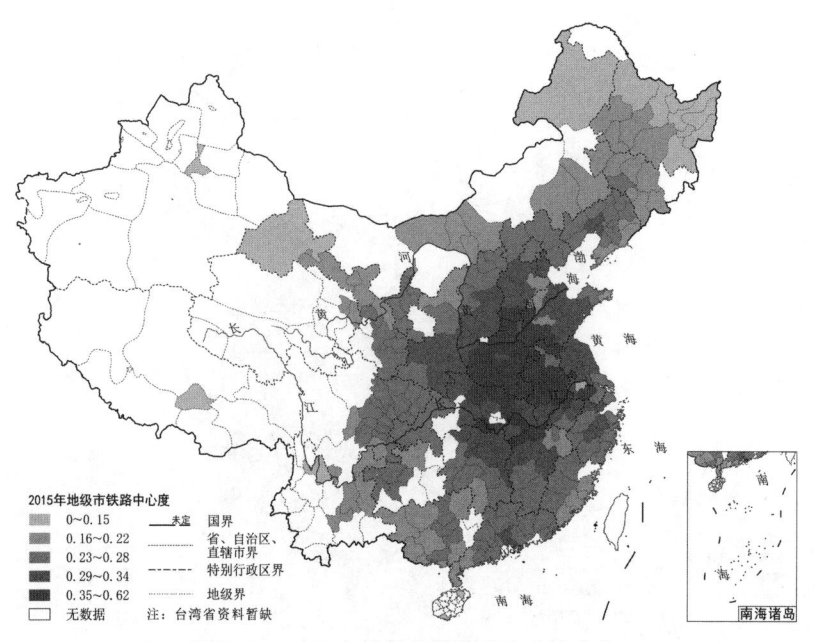

图 5-19 2015 年地级市铁路度中心度分布

倍;铁路则由 7.54 万千米增长至 12.1 万千米,增长幅度不如高速公路。2005年时,全国的高速公路分布还呈区块状,全国并未形成紧密的高速公路网络连接;2015 年时,地区之间的高速公路连接增强,全国形成了一张密集的高速公路网络。

在路网分布的均衡程度上,度中心度显示出与 Zipf 指数相同的特征,全国铁路网的分布比高速公路网的分布更加均衡。铁路网中相对度中心度最大的城市的度中心度为 0.6 左右,而高速公路在 2005 年和 2010 年为 0.8 左右,2015 年达到 2.5 左右。度中心度最大的城市该值越大,说明网络分布越集中,可以看出,高速公路网络的空间分布一直比铁路更加集中,且从 2005 年到 2015 年高速公路网分布集中程度增强。在空间格局上,高速公路度中心度经历了由分割的区块模式到整体的核心-边缘模式的变化。2005 年时,高速公路度中心度分布比较破碎,有河南、山东、湖北、长三角和珠三角几个小的核心,各自向外形成度中心度递减的圈层(图 5-20)。2010 年,河南、长三角和湖北的核心区域连接起来,形成了一个比较大的核心(图 5-21)。2015 年,核心的分布更加密实、规则,向外形成规则的度中心度递减圈层(图 5-22)。高速公路度中心度较高的城市首先位于河南,其次位于长三角、珠三角,然后位于湖北,说明高速公路网络相比铁路网络,重心分布更偏东部。总体而言,从城市在交通网络中的地位与人口规模的关系看,随着交通线网的加密,城市在交通网络中的地位与人口规模的相关程度增强。交通线网越密集,城市在网络中的位置对城市规模的影响更大。

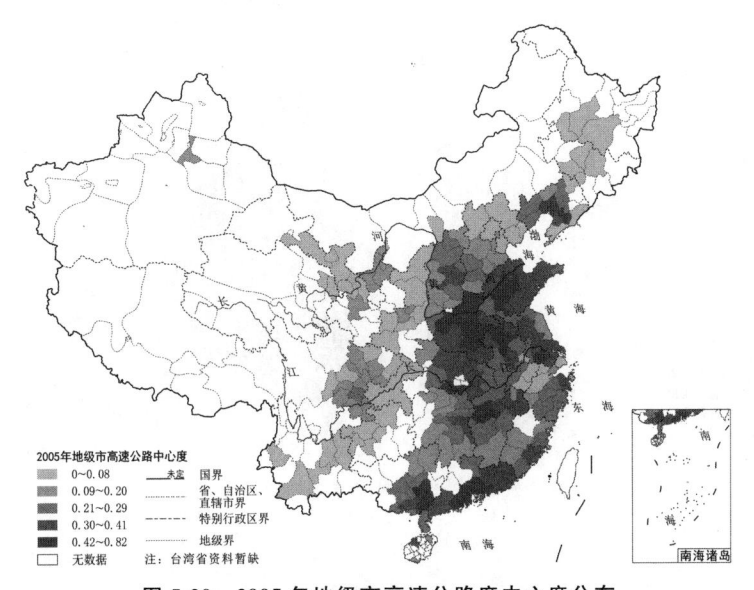

图 5-20　2005 年地级市高速公路度中心度分布

三、城镇规模与交通方式的关系

比较不同交通方式与城镇规模的关系,分别以 2000 年、2010 年和 2015 年铁路、公路、水运、航空的客运量和货运量与城市人口进行相关分析,得到二者之间的相关性(表 5-2、图 5-23)。

表 5-2　2000 年、2010 年和 2015 年不同交通方式与城镇规模的相关性

交通运输方式	2005 年	2010 年	2015 年
铁路客运	0.376	0.336	0.43
公路客运	0.622	0.5	0.559
水运客运	0.371	0.262	0.084
航空客运	0.269	0.319	0.358
铁路货运	0.124	0.041	−0.032
公路货运	0.606	0.723	0.677
水运货运	0.304	0.351	0.341
航空货运	0.261	0.29	0.275

城镇化格局与城市群交通

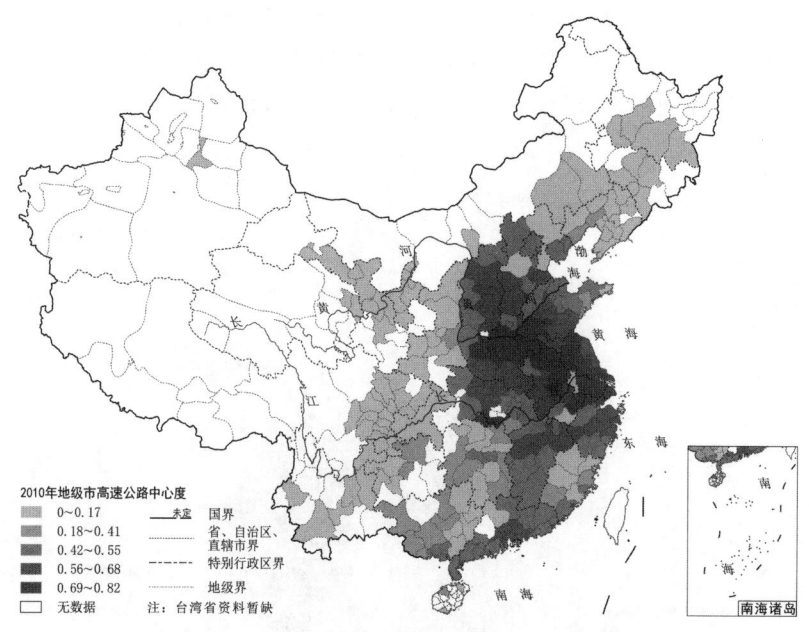

图 5-21 2010 年地级市高速公路度中心度分布

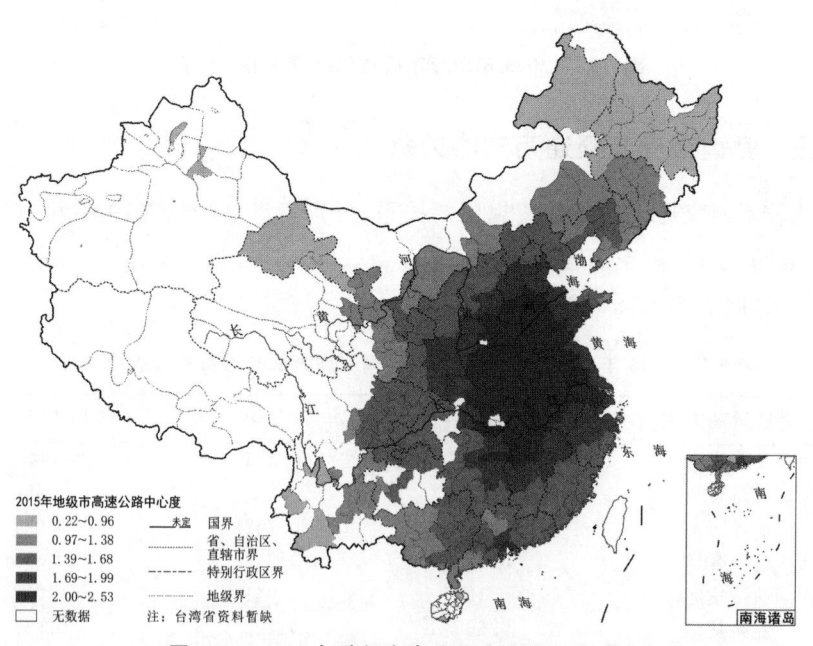

图 5-22 2015 年地级市高速公路度中心度分布

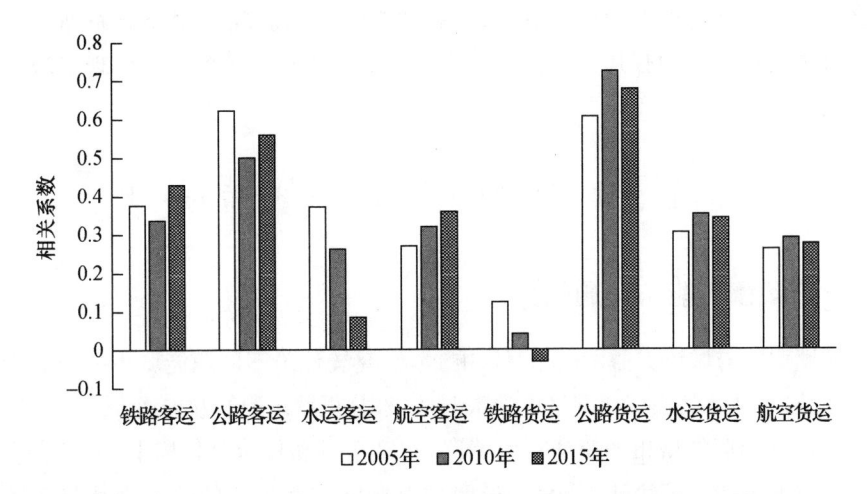

图 5-23　2000 年、2010 年和 2015 年不同交通方式与城镇规模的关系
数据来源：中国城市统计年鉴(2000,2010,2015)。

各类交通方式中，公路交通与城镇规模的关系最大，三个年份的公路客运量与城镇规模的相关性均超过了 50%，公路货运量更是超过了 60%。公路客货运也是各类运输方式中占比最大的一类。铁路客运和货运与城市规模相关性的差别较大，铁路客运与城市规模的相关性均超过 30%，而铁路货运与城市规模的最强相关性在 2005 年，也只有 10% 左右，此后铁路货运与城市规模的相关性不断降低，2015 年成为负值，为 −3.2%，即铁路货运量越高，城市人口规模越小。水运和航空的客货运与城市规模的相关性差不多，都在 30% 左右，其中航空客货运和水运货运变化不大，而水运客运与城市规模的关系在 2005—2015 年变化巨大，从 37% 降低至 8.4%。

从变化情况看，从 2005 年到 2015 年，铁路客运、航空客运、公路货运、水运货运和航空货运与城市规模的相关性提高，公路客运、水运客运和铁路货运与城市规模的相关性降低。在客运中，公路和水运客运与城市规模的相关性降低，而铁路和航空的相关性提高。这说明，公路、水运这类传统、速度慢的客运方式对城市规模的重要性降低，而铁路、航空这类建设投入较大、速度快的客运方式对城市规模的重要性提升，铁路与航空枢纽将更多地促进城市规模的发展。在货运中，铁路货运与城市规模的相关性由正变负，公路、水运和航空货运的相关性略有上升，但变化不大。铁路货运与城市规模的相关性在各类运输方式中一直最低，且有明显降低，这是由于铁路货运枢纽更多是原材料、能源或农副商品加工、制造城市,在产业升级的背景下,这类城市的规模萎缩,铁路货运枢纽不再对城市规模发展有正向作用。不同交通方式与城市规模关系的变化体现了城市产业升级的过程。

第四节　中国城镇职能体系与交通的关系

一、城镇职能与交通的关系

城镇职能与城镇交通发展相互影响,本研究统计了不同职能城市的交通设施水平、运输水平及其在交通网络中的重要性,来分析城市职能和交通发展的关系。

对比不同职能城市的交通运输情况,在客运量和货运量指标中,不同职能城市货运量的差距明显大于客运量,说明城市职能与货运量的关系比其与客运量的关系更大。信息、金融和商务服务业职能城市的平均货运量明显高出其他职能的城市,交通运输职能和商业职能城市的平均货运量次之,其他职能城市的平均货运量都较低。这三个职能类型城市的客运量平均值也较高,但相比不同职能城市货运量的差距,不同职能城市客运量的差距较小。建筑与房地产业、工业和科教文卫职能城市的平均客运量次之;农林牧渔业和公共管理职能城市的平均客运量较低(图 5-24、图 5-25)。

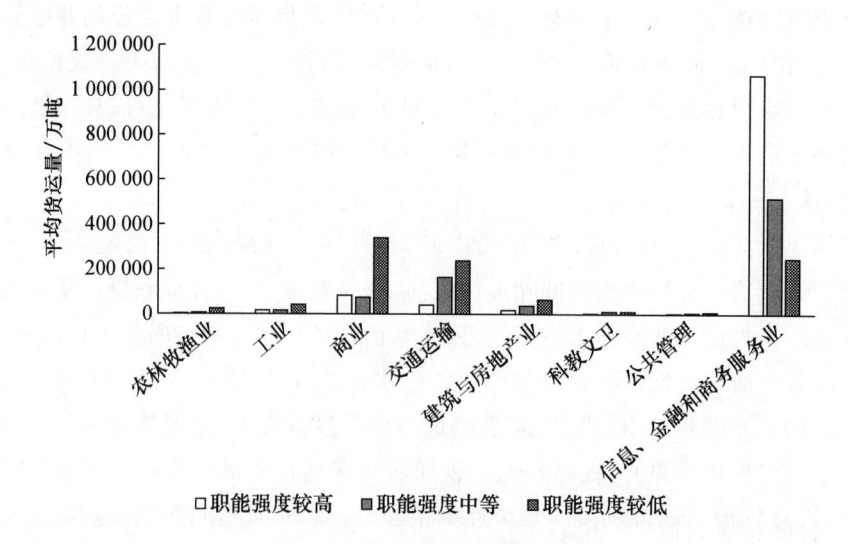

图 5-24　不同职能城市平均货运量
数据来源:中国城市统计年鉴(2016)。

图 5-25　不同职能城市平均客运量

数据来源：中国城市统计年鉴(2016)。

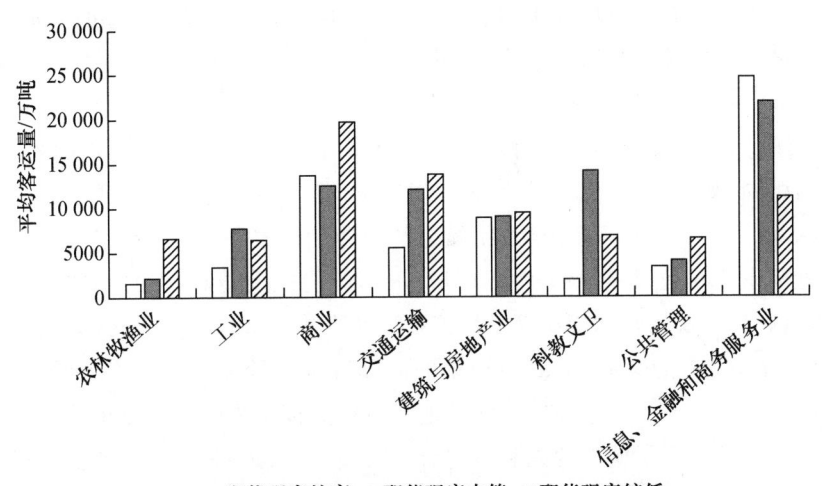

　　城市客货运量分别是一定时间内城市运输部门运送的旅客人数和货物吨数，代表了城市的人流、货物流的流通规模，客运量和货运量越大，则城市的人员和货物流通规模越大。客货运量较高的城市职能类别可以划分为商业商务服务职能和交通运输职能两类，都属于第三产业。信息、金融和商务服务业职能与商业职能可统一归为商业商务服务职能，前者基本属于生产者服务，包含少量消费者服务，后者反之。从城市职能的角度看，这两类职能的城市客货运量较高，是由于它们的生产过程需要较多的人流和货物流交换。从城市规模的角度看，信息、金融和商务服务业是现代高端服务业，这类职能的城市自身发展水平较高，包括北京、上海、济南、大连、南京、西安、广州、杭州、呼和浩特、石家庄、深圳、南宁、哈尔滨、海口、三亚、成都等，很大一部分属于一线、二线城市，其本身城市规模等级高，因此客货运量也大；商业职能包含批发零售、住宿餐饮和居民服务业，拥有商业职能的城市平均发展水平不如高端服务业职能的城市，但也包含重庆、成都、上海、北京等一线、二线城市，客货运量比起前者稍低，但比其他职能城市较高。

　　交通运输职能的城市规模等级不如高端服务业职能城市的规模等级，但也包含不少一、二线城市，尤其包含一些省会城市，如乌鲁木齐、太原、西宁、海口、广州、上海、昆明、西安、石家庄、北京、哈尔滨、沈阳、南京等。说明交通运输职能对城市发展水平有一定的要求,发展水平较高的城市常常成为区域的交通枢纽。交通运输职能的城市分布遍及全国,其中的省会城市北方较多而南方较少,南方的主要分布在华东、华南和西南地区,华中地区较少。省会城市常常作为区域的交通枢纽,因此其交通运输也有很大一部分面向城市外服务,不同城市的服务范围不尽相同,如北京、上海和广州等一线城市,其交通运输服务范围达到全国甚至全球,而西安、沈阳、南京、昆明等城市的交通运输服务范围更偏向于区域。

值得注意的是,高端服务业职能城市中,职能强度越高,其平均客货运量越高,而商业和交通运输职能城市的职能强度越低,平均客货运量越高。这是由于"北上广深"一线城市与部分二线城市的高端服务业职能非常突出且强度较大,但商业和交通服务业职能强度不如其他在这类职能上更专业的城市。

客货运量反映了城市的人和货物流通规模,城市道路面积、高速公路里程和铁路里程则反映了城市的交通基础设施水平。对比不同职能城市的交通基础设施水平,信息、金融和商务服务业职能的城市在城市道路面积、高速公路里程和铁路里程上依然有明显优势(图5-26~图5-28)。三个指标中,不同职能城市的平均城市道路面积差别较大,可分为三个等级,第一等级是信息、金融和商务服务业职能,第二等级是工业、商业、交通运输、建筑与房地产业职能,第三等级是农林牧渔业、科教文卫和公共管理职能。这是由于城市规模的差别,拥有高端服务业、工业、商业和交通运输等市场性职能的城市规模较大,而科教文卫和公共管理这类公共管理型职能城市的规模较小。大城市提供的主要是市场服务,小城市自身的商业、商务等服务又被更大规模的城市所提供,其向周边提供的主要是公共管理服务,且服务范围较小。

相比城市道路面积,不同职能城市间高速公路和铁路里程的差别稍小。其中高速公路里程的差别又小于铁路,说明铁路设施水平与城市职能的关联性更大,而高速公路分布在不同职能城市中较为平均。

交通运量与设施水平体现了城市自身的交通发展水平,但却无法反映城市在交通网络中的地位。因此,统计不同职能城市的铁路度中心度和高速公路度中心度的差异,以对比不同职能城市在交通网络中的重要性。相比运量与设施,不同职能城市的交通网络度中心度的差异不大,说明城市在交通网络中的重要性与城市职能的关系没有那么明显,如同交通网络度中心度分布图所显示的,城市在交通网络中的重要性与城市在整个网络中的位置关系最大,与城市规模也有一定的关系,而与城市职能的关系不大。

但不同职能城市的铁路和高速公路度中心度依然表现出了一定的差异,且

图 5-26　不同职能城市平均道路面积
数据来源：中国城市统计年鉴(2016)。

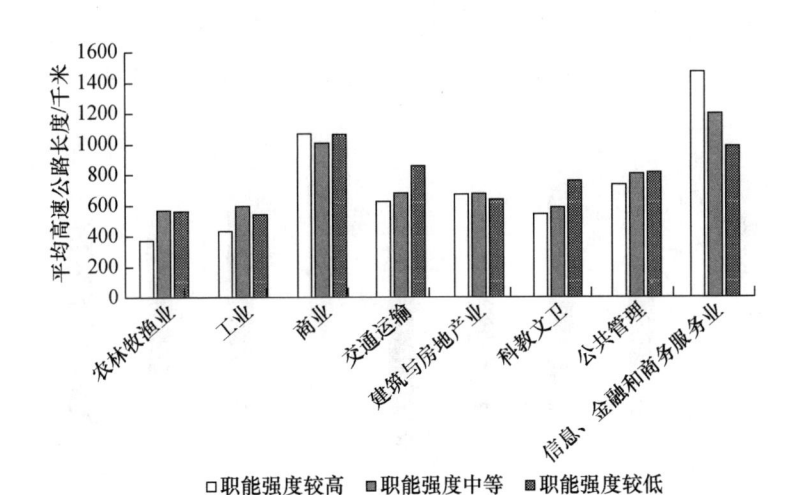

图 5-27　不同职能城市平均高速公路里程
数据来源：中国城市统计年鉴(2016)。

两种交通方式下的差异相似。除农林牧渔业职能的城市外，其他职能的城市这两项指标差异较小，其中工业职能和建筑与房地产业职能的城市交通网络度中心度稍大于其他职能的城市，说明工业职能和建筑与房地产业职能的城市在交通网络中的重要性更高，更位于网络中心地位。而农林牧渔业职能的城市，铁路和高速公路度中心度明显低于其他城市，说明这类职能的城市多位于交通网络

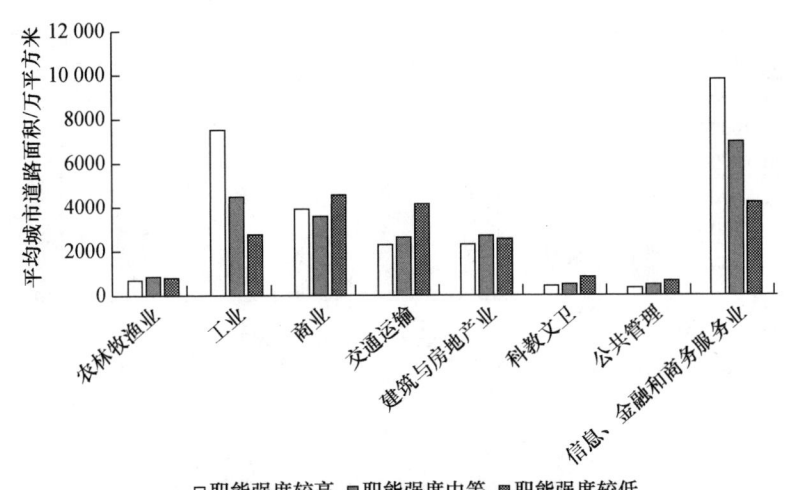

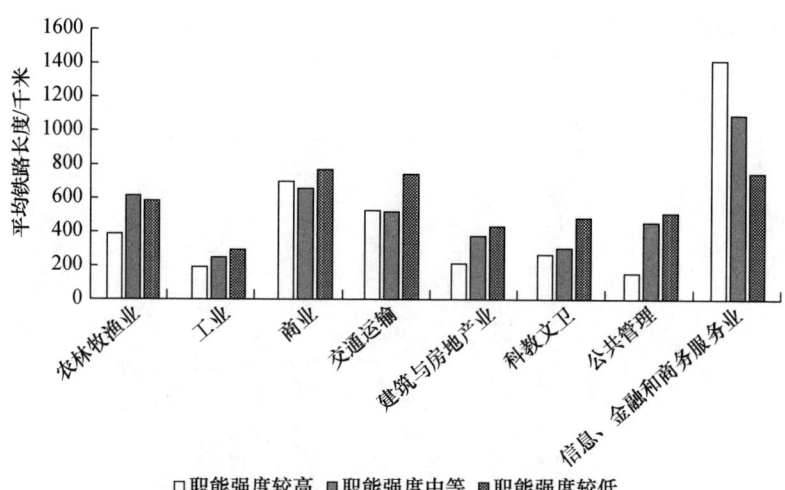

图 5-28 不同职能城市平均铁路里程

数据来源：中国城市统计年鉴（2016）。

的边缘。职能为农林牧渔业的城市有伊春、黑河、盘锦、鹤岗、齐齐哈尔、通辽、拉萨、嘉峪关、张掖等，几乎都位于东北和西北地区，位于全国交通网络的边缘地带（图 5-29、图 5-30）。

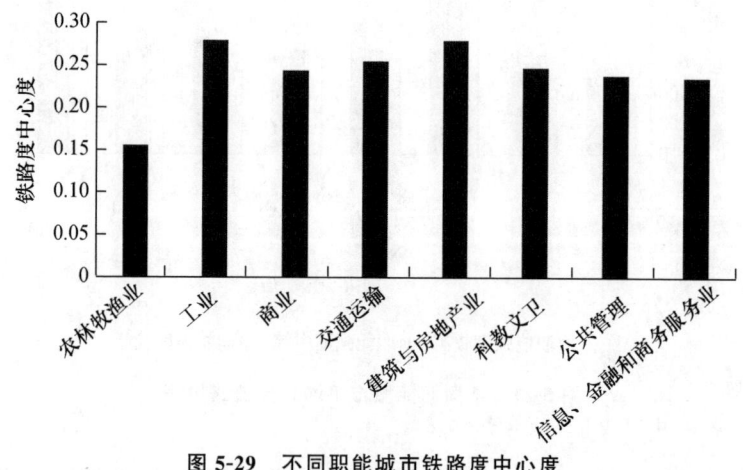

图 5-29 不同职能城市铁路度中心度

总体而言，职能在第二、三产业方面的城市，在交通网络中的重要性相差不大。而职能为第一产业的城市，在交通网络中明显表现出边缘化的特征。这说明了交通网络的发展与城镇化发展密切相关，职能为第一产业的城市的城镇化水平较为落后，在交通网络中位于边缘，城镇化进程也比较滞后。

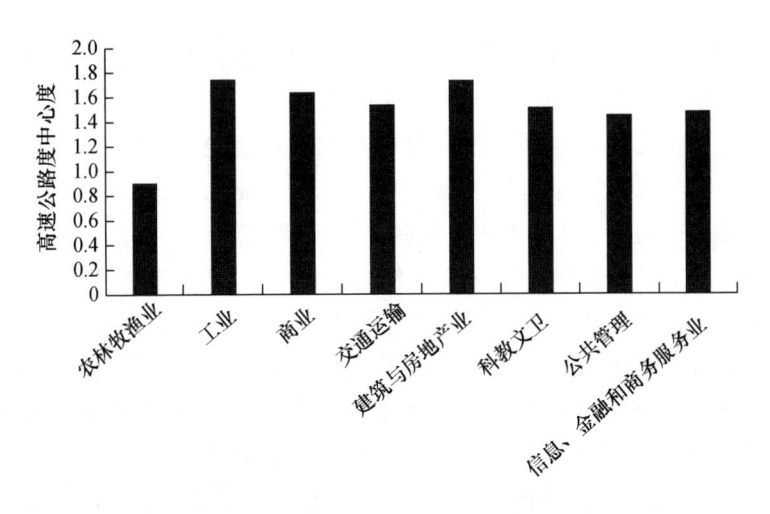

图 5-30 不同职能城市高速公路度中心度

二、城镇职能对交通发展水平的影响

商业和商务服务职能,尤其是信息、金融和商务等高端服务业职能,对交通发展水平有较高的正向影响。以 8 类城镇职能就业人员比例为自变量,城市货运量、客运量、道路面积、高速公路里程和铁路里程分别为因变量,进行最小二乘法多元线性回归。回归前对自变量进行多重共线性检验,显示工业就业人员比例与其他自变量有多重共线性,因此排除这一自变量,剩下的自变量 VIF 值小于 10,不存在多重共线性。

回归模型的 F 统计量均通过显著性检验,说明因变量与该组自变量之间存在回归关系。对残差进行正态性和独立性检验,根据残差分布直方图,残差符合正态分布。残差的独立性检验参考 DW 值,DW 值接近 2 时,可认为残差间不存在相关关系;DW 值接近 0 时,残差间存在正相关;DW 值接近 4 时,残差间存在负相关。各回归方程的 DW 值均接近 2,因此残差独立分布(表 5-3)。

表 5-3 各回归方程的 DW 值和 R^2

检验值 因变量	城市道路面积 /万平方米	高速公路里程 /km	铁路里程 /km	货运量 /万吨	客运量 /万人
DW 值	2.004	2.043	1.825	1.45	1.985
R^2	0.391	0.069	0.183	0.374	0.084

R^2 表示了模型的解释程度,使用调整后 R^2,避免了自变量个数的影响。5个回归模型的 R^2 显示,城市不同职能就业人员比例与城市高速公路里程、铁路里程和客运量的相关关系很弱,模型的解释程度不到 20%;与城市道路面积、货运量有一定的相关性,但解释程度也仅有 40% 左右。说明虽然不同职能的城市交通设施和运输状况有所差别,但这一差别不完全是由城市职能导致的。从上文不同职能城市的交通水平图表也可看出,不同职能的城市平均高速公路里程、铁路里程和客运量的差别相较城市道路面积和货运量的差别更小。

观察回归结果,在所有的自变量中,信息、金融和商务服务业就业人员比例在各个因变量回归计算中均显著,其他行业就业人员比例在不同因变量中显著性有所差异。对于城市道路面积,农林牧渔业和公共管理就业比例有负向影响,信息、金融和商务服务业有正向影响。对于高速公路里程,商业与信息、金融和商务服务业就业比例有正向影响。对于铁路里程,仅有信息、金融和商务服务业就业比例有正向影响。对于货运量,公共管理就业比例有负向影响,信息、金融和商务服务业有正向影响。对于客运量,商业、科教文卫以及信息、金融和商务服务业就业比例有正向影响,公共管理就业比例有负向影响。在具有显著性的自变量中,多数自变量的解释程度不高,标准化系数为 0.2 左右,说明该自变量每变化一个单位,因变量变化约 0.2 个单位。仅在城市道路面积和货运量中,信息、金融和商务服务业就业比例的解释程度较高,标准化系数达到 0.5 左右(表 5-4)。

表 5-4 不同职能就业人员比例对城市交通发展水平的影响

因变量	城市道路面积/万平方米 标准化系数	城市道路面积/万平方米 t 显著性	高速公路里程/km 标准化系数	高速公路里程/km t 显著性	铁路里程/km 标准化系数	铁路里程/km t 显著性	货运量/万吨 标准化系数	货运量/万吨 t 显著性	客运量/万人 标准化系数	客运量/万人 t 显著性
农林牧渔业	−0.155	0.004	−0.038	0.557	0.089	0.143	−0.049	0.354	−0.041	0.526
商业	0.048	0.389	0.192	0.005	0.143	0.025	0.052	0.353	0.13	0.055
交通运输	0.055	0.309	0.038	0.567	0.102	0.1	0.08	0.14	0.021	0.75
建筑与房地产业	−0.049	0.396	0.05	0.471	0.045	0.49	−0.018	0.749	0.079	0.249
科教文卫	−0.039	0.656	0.025	0.81	0.084	0.396	0.03	0.727	0.183	0.08
公共管理	−0.462	0	0.075	0.495	−0.024	0.816	−0.262	0.004	−0.273	0.012

第五章　城镇体系与交通发展

(续表)

因变量	城市道路面积/万平方米		高速公路里程/km		铁路里程/km		货运量/万吨		客运量/万人	
	标准化系数	t显著性	标准化系数	t显著性	标准化系数	t显著性	标准化系数	t显著性	标准化系数	t显著性
信息、金融和商务服务业	0.429	0	0.187	0.007	0.34	0	0.512	0	0.136	0.045

总的来说,信息、金融和商务服务业对于各类交通设施和运输水平都有正向影响,该类行业的就业人员比例越高,城市的交通设施水平越高,客货运量也越大。商业就业比例对高速公路里程和客运量有正向影响,但与信息、金融和商务服务业相比,影响的程度和范围较小。公共管理就业人员比例是对交通设施和运输水平负向影响较为突出的行业,城市的公共管理就业人员比例越高,则城市道路面积和客货运量越低。信息、金融和商务服务业就业比例对城市交通设施和运输水平的影响较大,是因为这类行业很大程度上代表了城市发展水平,其就业比例越高,说明城市的高端服务业越发达,城市的人口和经济规模也越大。这类行业就业人员比例的提高代表着城市发展水平的提高,与此同时,与人口和经济发展相匹配的交通需求和供给水平也相应提高。批发零售业、住宿餐饮业和居民服务业这类商业属于服务业中层级较低的行业,其作为第三产业也能在一定程度上反映城市的发展水平,但这类职能突出的城市,发展水平不如高端服务业职能的城市,这一职能对城市交通设施与运输水平的影响也不如前者高。

三、城镇职能与交通枢纽类别的关系

统计不同职能城市的公路、铁路、水运和航空运输的平均客货运量,来分析城镇职能与交通枢纽类别的关系。

在客运量中,不同交通方式在不同职能的城市中差别相似。商业职能的城市公路、铁路、水运和航空平均客运量都最高,其次是交通运输职能以及信息、金融和商务服务业职能的城市。各类交通方式客运量最低的是农林牧渔业、科教文卫和公共管理职能的城市。建筑与房地产业和工业职能的城市各项客运量水平位于中游,其中铁路、公路和航空客运量都是建筑与房地产业职能的城市平均水平高于工业职能城市,水运客运量则相反,说明工业职能的城市相比其他职能城市,对水运客运的依赖更大。不同交通方式中,公路和水运客运量在不同职能城市中的差别小一些,水运客运量在不同职能城市中的差别最小;铁路和航空客

运水平在不同职能城市中的差别较大,尤其是航空客运量只在商业、交通运输以及信息、金融和商务服务业职能的城市中较高,其他职能城市的航空客运量都极低,说明航空枢纽更集中分布于商业、商务等服务业职能的城市,水运枢纽则在不同职能城市中的分布相对比较平均。总体而言,运输效率越高的交通方式的客运枢纽,对城市职能的选择性越强,基本只分布在信息、金融和商务服务业职能的城市,运输效率较低的交通方式的枢纽,对城市职能的选择性不强,在各职能城市中的运量差别稍小(图 5-31～图 5-34)。

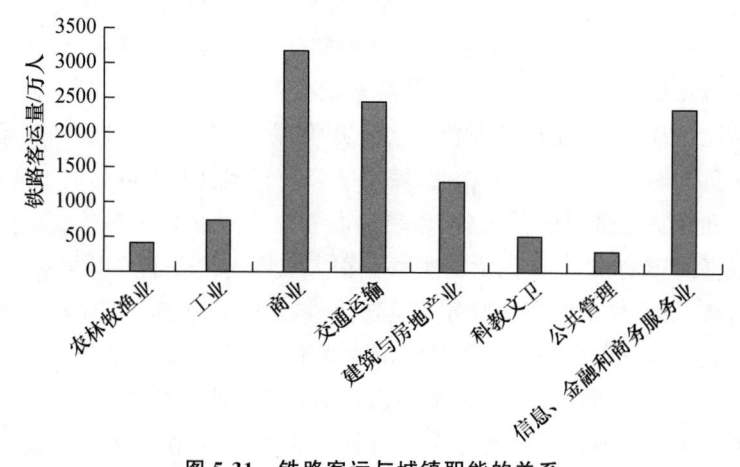

图 5-31 铁路客运与城镇职能的关系

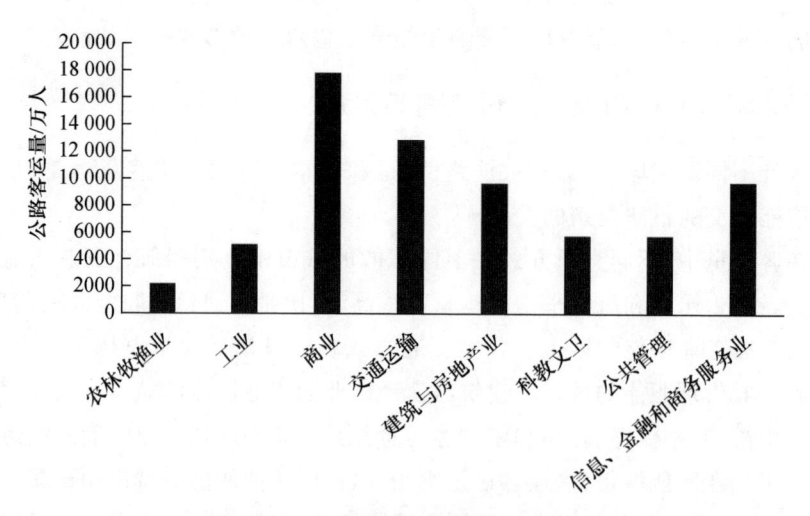

图 5-32 公路客运与城镇职能的关系

第五章 城镇体系与交通发展

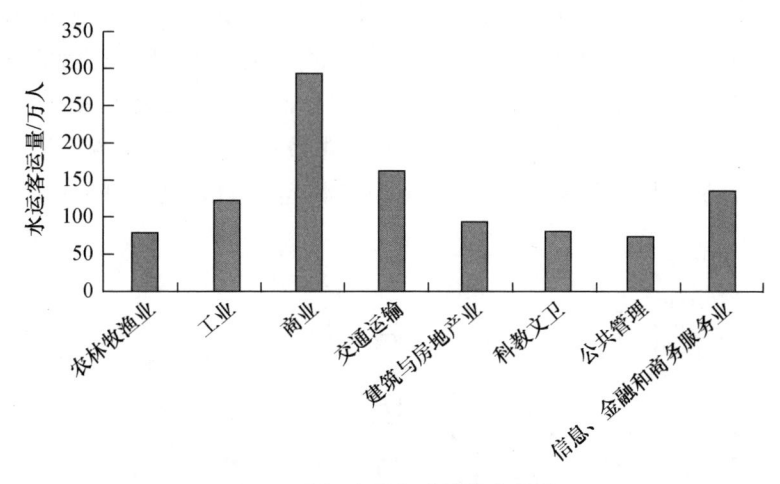

图 5-33 水运客运与城镇职能的关系

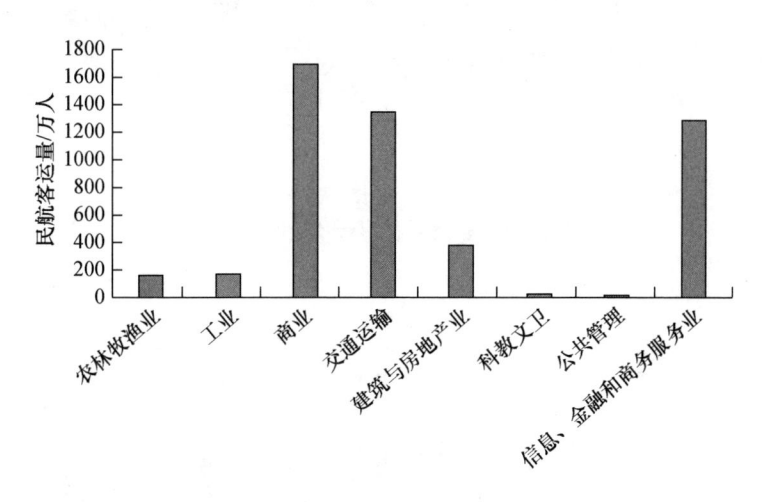

图 5-34 航空客运与城镇职能的关系

数据来源：中国城市统计年鉴（2015）。

在货运量中，不同职能城市铁路平均货运量的差别不大，公路、水运和航空平均货运量差别较大。公路、水运和航空货运量在不同职能城市中的差别与客运相似，商业职能的城市三类货运量最大，其次是交通运输与信息、金融和商务服务业职能的城市。农林牧渔业、科教文卫和公共管理职能的城市三类货运量较低，科教文卫和公共管理职能城市的民航货运量更是为零。铁路货运与其他运输方式差异较大，交通运输职能的城市平均铁路货运量最高，其次是工业和公共管理职能的城市，再次为商业、农林牧渔业和科教文卫职能的城市，建筑与房地产业

— 155 —

以及信息、金融和商务服务业职能的城市平均铁路货运量最低。说明铁路货运枢纽更多位于原材料、能源和农副产品等大宗商品加工、制造业突出的城市,这些城市的交通运输职能和工业职能比较突出。而在其他交通方式运量中表现突出的商务服务业职能的城市,货物流的需求较低,人流、信息流的需求较高,因此与铁路货运枢纽的关系较低,更多作为客运枢纽以及航空枢纽(图5-35～图5-38)。

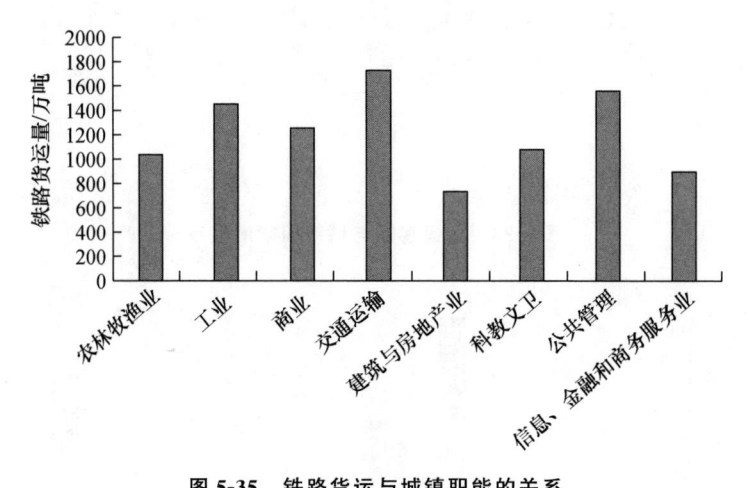

图 5-35 铁路货运与城镇职能的关系

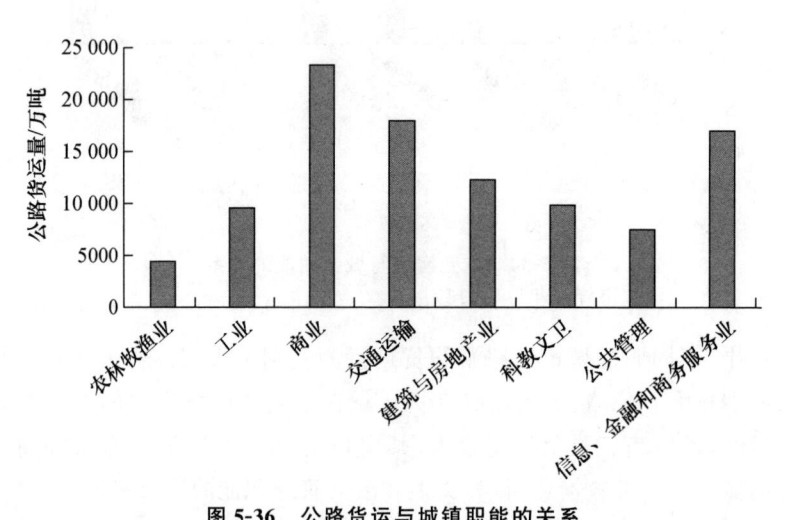

图 5-36 公路货运与城镇职能的关系

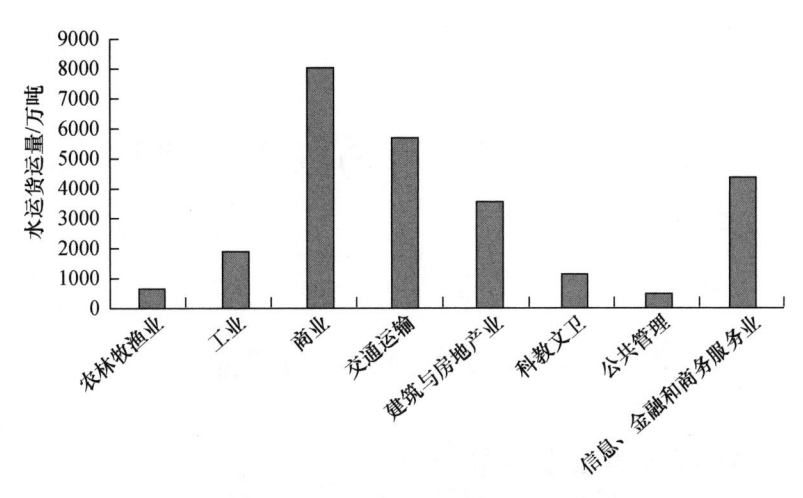

图 5-37　水运货运与城镇职能的关系

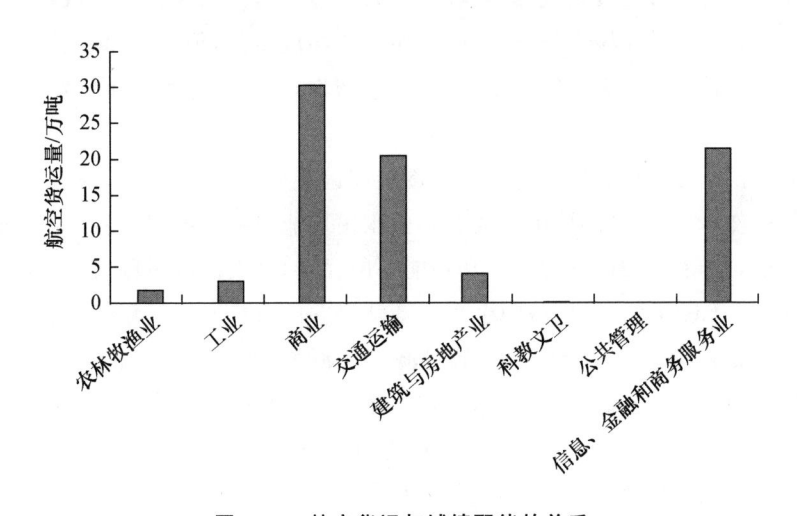

图 5-38　航空货运与城镇职能的关系

数据来源：中国城市统计年鉴(2015)。

参 考 文 献

[1] Christaller W. 德国南部中心地原理[M]. 常正文,王兴中等译. 北京:商务印书馆,1998.

第六章 城市群与都市圈发展

第一节 中国城市群发展

一、城市群的概念、界定和特征

城市群是城市发展到成熟阶段的空间组织形式,是指在特定地域范围内,以一个或几个大城市为核心,至少3个大城市为构成单元,依托交通和通信等基础设施网络而形成的空间组织紧凑、经济联系密集,向同城化和一体化发展的城市群体。

城市群的发展是由低级到高级的逐步演进过程,这一过程中,内部城市间的关系由松散到紧密,内部城镇间的合作分工由不成熟到成熟,最终形成合理的劳动地域分工体系。城市群的结构和功能不断完善,其发展的过程表现为,先是单个城镇范围不断扩展、区域城镇个数不断增多并向着核心城镇集中,在空间上出现城镇的集聚,城市群开始出现;随着城市群区域内城镇的质量优化和数量攀升,城市群的内涵式和外延式发展持续进行,城市群持续扩张,在空间上表现为城镇的扩散,整个区域城镇化水平达到均衡状态;与此同时,在一个较高的起点上,区域开始了新一轮的城镇化发展(刘静玉,2004)。

二、中国城市群空间格局

城市群的空间范围界定在2011年发布的《全国主体功能区规划》、2014年的《国家新型城镇化规划(2014—2020年)》和2016年的"十三五"规划纲要中均有出现。"十三五"规划纲要综合之前各项文件对城市群的界定,最终确定了现有的19个城市群。

2011年发布的《全国主体功能区规划》中提出,资源环境承载能力较强、人口密度较高的城镇化地区,要把城市群作为推进城镇化的主体形态。提出构建

"两横三纵"为主体的城镇化战略格局,即以路桥通道、沿长江通道为两条横轴,沿海、京哈京广、包昆通道为三条纵轴,以国家优化开发和重点开发的城镇化地区为主要支撑,以轴线上其他城镇化地区为重要组成的城镇化战略格局;提出推进环渤海、长江三角洲、珠江三角洲地区的优化开发,形成3个特大城市群;推进哈长、江淮、海峡西岸、中原、长江中游、北部湾、成渝、关中—天水等地区的重点开发,形成若干新的大城市群和区域性的城市群。在城镇化战略格局示意图中,共列出了21个城镇化开发地区,其中环渤海、长江三角洲、珠江三角洲等地为5个优化开发地区,其余为重点开发地区。

图 6-1 《全国主体功能区规划》城镇化战略格局示意

图源:《全国主体功能区规划》。

2014年《国家新型城镇化规划(2014—2020年)》中再次提到"两横三纵"的城镇化战略格局,提出城市群集聚经济、人口的能力明显增强,东部地区城市群一体化水平和国际竞争力明显提高,中西部地区城市群成为推动区域协调发展的新的重要增长极;城市规模结构更加完善,中心城市辐射带动作用更加突出,中小城市数量增加,小城镇服务功能增强的发展目标。也再次列出《全国主体功能区规划》中确定的城镇化战略格局。

2016年的"十三五"规划纲要中,在优化城镇化布局和形态中再次提到"两横三纵"城镇化战略格局,并确定了如图6-2所示的19个城市群,提出优化提升东部地区城市群,建设京津冀、长三角、珠三角世界级城市群,提升山东半岛、海峡西岸城市群开放竞争水平;培育中西部地区城市群,发展壮大东北地区、中原地区、长江中游、成渝地区、关中平原城市群,规划引导北部湾、山西中部、呼包鄂榆、黔中、滇中、兰西、宁夏沿黄、天山北坡城市群发展,形成更多支撑区域发展的增长极;促进以拉萨为中心、以喀什为中心的城市圈发展(表6-1)。

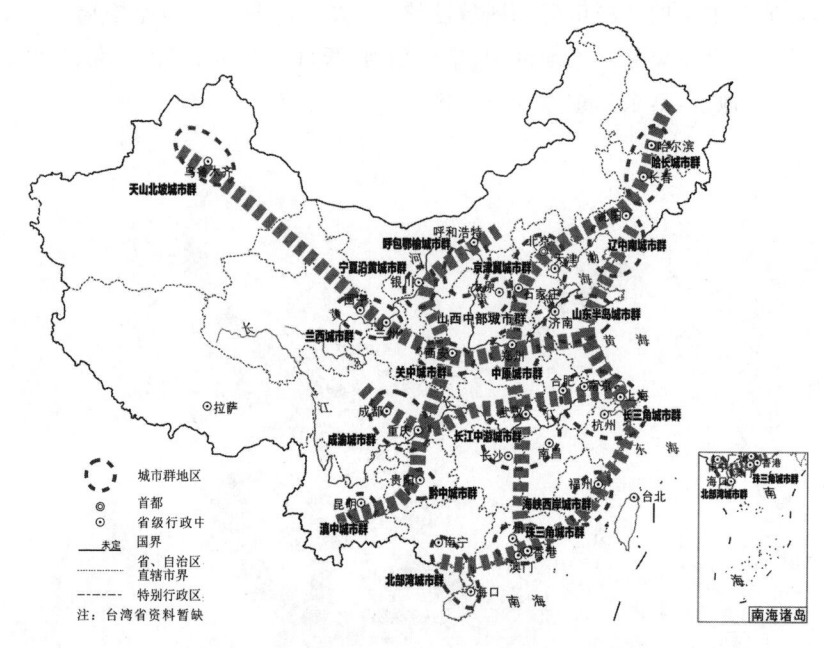

图6-2 "十三五"规划城市群空间分布示意

图片来源:"十三五"规划纲要。

表6-1 城市群包含城市

城市群	包含城市
京津冀	北京、天津、石家庄、唐山、秦皇岛、邯郸、邢台、保定、张家口、承德、沧州、廊坊、衡水
长三角	上海、南京、无锡、常州、苏州、南通、盐城、扬州、镇江、泰州、杭州、宁波、嘉兴、湖州、绍兴、金华、舟山、台州、合肥、芜湖、马鞍山、铜陵、安庆、滁州、池州、宣城
珠三角	广州、深圳、珠海、佛山、江门、肇庆、惠州、汕尾、河源、阳江、清远、东莞、中山、云浮
成渝	重庆、成都、自贡、泸州、德阳、绵阳、遂宁、内江、乐山、南充、眉山、宜宾、广安、雅安、资阳

(续表)

城市群	包含城市
山东半岛	济南、青岛、淄博、枣庄、东营、烟台、潍坊、济宁、泰安、威海、日照、莱芜、临沂、德州、聊城、滨州、菏泽
长江中游	武汉、黄石、宜昌、襄阳、鄂州、荆门、孝感、荆州、黄冈、咸宁、长沙、株洲、湘潭、岳阳、常德、益阳、娄底、衡阳、南昌、景德镇、萍乡、九江
辽中南	沈阳、大连、鞍山、抚顺、本溪、丹东、锦州、营口、辽阳、盘锦、铁岭
中原	郑州、开封、洛阳、平顶山、安阳、鹤壁、新乡、焦作、濮阳、漯河、许昌、三门峡、南阳、商丘、信阳、周口、驻马店、长治、晋城、运城
海峡西岸	福州、厦门、莆田、三明、泉州、漳州、南平、龙岩、宁德、温州、衢州、丽水、赣州、汕头、梅州、潮州、揭阳
关中	西安、铜川、宝鸡、咸阳、渭南、运城、临汾、天水、平凉
哈长	哈尔滨、齐齐哈尔、大庆、牡丹江、绥化、长春、吉林、四平、辽源、松原、延边朝鲜族自治州
呼包鄂榆	呼和浩特、包头、鄂尔多斯、榆林
宁夏沿黄	银川、石嘴山、吴忠、固原、中卫
兰西	兰州、白银、定西、西宁海东、临夏回族自治州、海北藏族自治州、海南藏族自治州、黄南藏族自治州
天山北坡	乌鲁木齐、克拉玛依、石河子
山西中部	太原、晋中、忻州、吕梁
黔中	贵阳、遵义、安顺、毕节、黔南布依族苗族自治州、黔东南苗族侗族自治州
滇中	昆明、曲靖、玉溪、楚雄彝族自治州、红河哈尼族彝族自治州
北部湾	南宁、北海、防城港、钦州、玉林、崇左、湛江、茂名、阳江、海口、儋州、东方、澄迈县、临高县、昌江黎族自治县

19个城市群的空间分布与人口的分布相契合。19个城市群多数位于胡焕庸线东南侧,沿海、沿江、沿铁路线分布,形成"两横三纵"的格局。相较西部,东部和南部的城市群包括的城市更多,人口数量和人口密度也更大。三大发展最成熟的城市群——京津冀、长三角和珠三角城市群均沿海分布。位于横纵交通线交叉处的其他城市群,如成渝、长江中游、关中、中原、山东半岛城市群,具有较大的发展潜力(图6-3)。

三、中国城市群发展

城市群地区的人口和经济活动密集,是经济增长极。2018年,19个城市群的户籍人口占全国总人口的76.8%,GDP占全国GDP的53.3%。2000—2018年,19个城市群地区的人口增长了5%,GDP增长了将近5倍。

城镇化格局与城市群交通

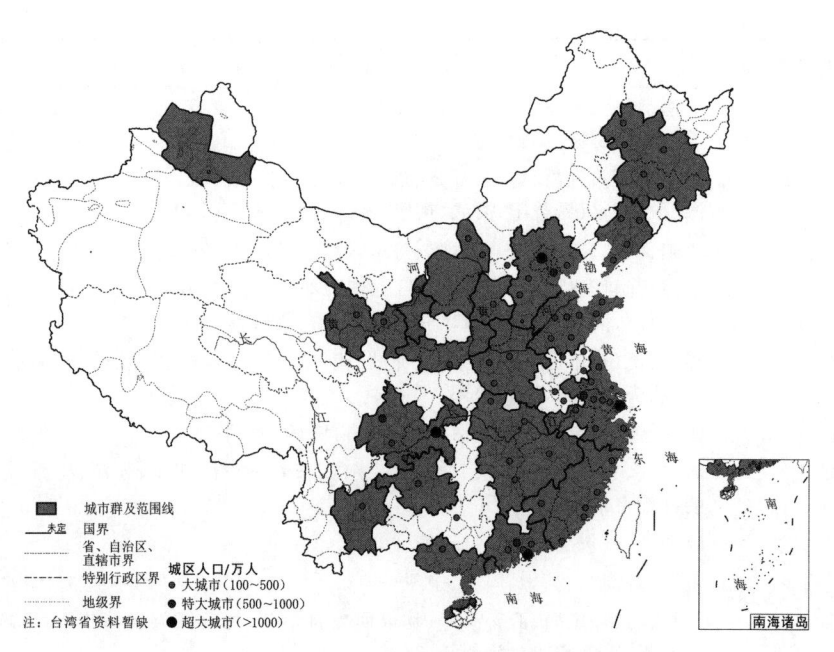

图 6-3 城市群空间分布

数据来源：中国城市统计年鉴(2016)。

由于城市常住人口只有在普查年份和人口抽样调查年份有较为准确的统计，且不同年份常住人口的统计口径有所变化，不同年份之间的可比性低于户籍人口，因此采用户籍人口对比不同年份城市群人口数量的变化。各城市群从2000年到2018年的人口都呈上升态势，2000—2010年增长尤为迅速；2010—2018年多数城市群的人口增速比前十年都有所减缓，但长三角和珠三角城市群人口增长速度与前十年相差不大，哈长城市群则是唯一一个在2010—2018年人口减少的城市群。长三角、长江中游和中原城市群人口数量高居前列，在2000年就已超过1亿人，2018年更是超过1.2亿人。京津冀、成渝和山东半岛城市群其次，在2018年人口达到1亿（图6-4）。

从人口密度分布情况看，长三角、山东半岛和中原城市群的人口密度最高，是第一梯队；京津冀、珠三角和成渝城市群其次；辽中南、关中、长江中游和海峡西岸城市群再次；其余城市群人口密度较低。人口密度高的城市群集中于华北和华东地区，沿海、沿长江分布，而西北和西南地区的城市群人口密度较低（图6-5~图6-7）。

GDP增长方面，多数城市群2000—2010年GDP增长快于2010—2018年，

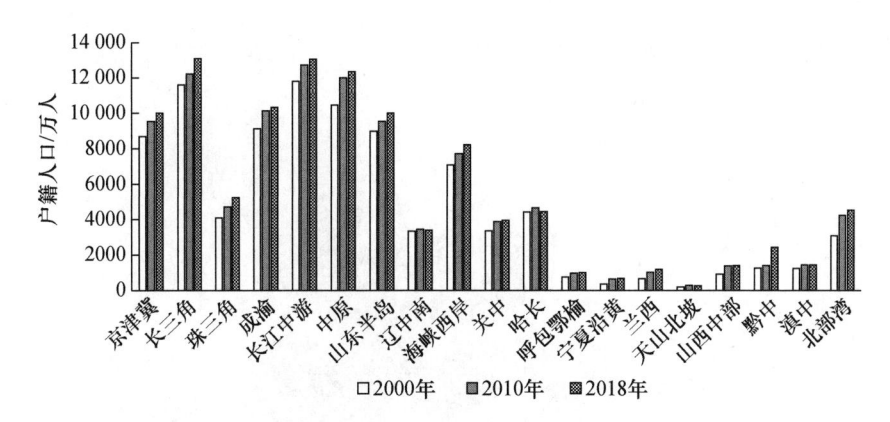

图 6-4 2000—2018 年 19 个城市群人口变化
数据来源：中国城市统计年鉴（2000，2010，2018）。

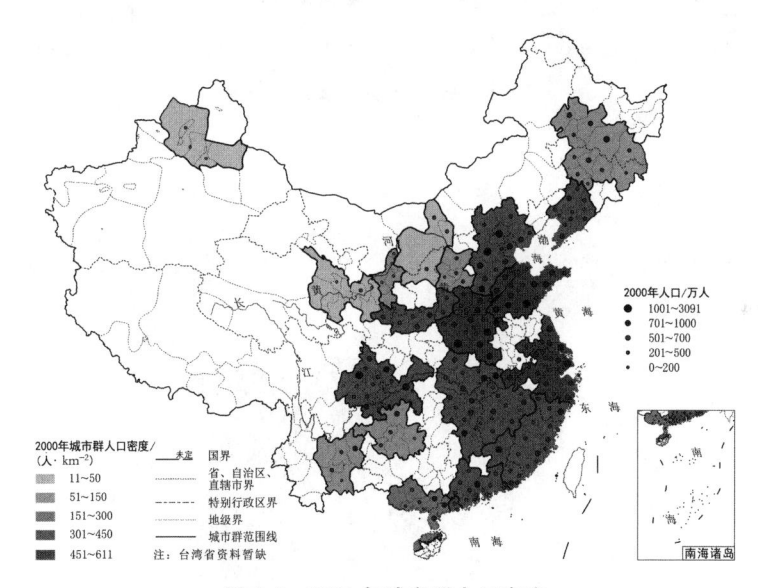

图 6-5 2000 年城市群人口密度
数据来源：中国城市统计年鉴（2000）。

但珠三角、成渝、长三角和京津冀这四大城市群 2010—2018 年 GDP 增长依然强劲。部分城市群，如山东半岛、辽中南、哈长、山西中部和呼包鄂榆城市群，2018 年 GDP 比 2010 年有所下降（图 6-8），这与其产业结构有关，辽中南和哈长城市群位于东北地区，产业以重工业为主，呼包鄂榆和山西中部城市群中则大多为资源型城市。在经济结构性改革、产业结构调整的时代背景下，以重工业和资源开

— 163 —

◆ 城镇化格局与城市群交通

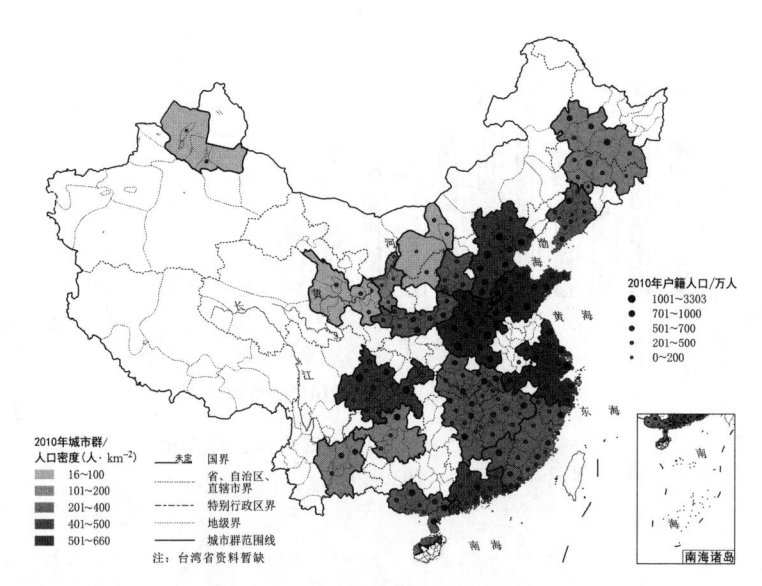

图 6-6 2010 年城市群人口密度

数据来源：中国城市统计年鉴(2010)。

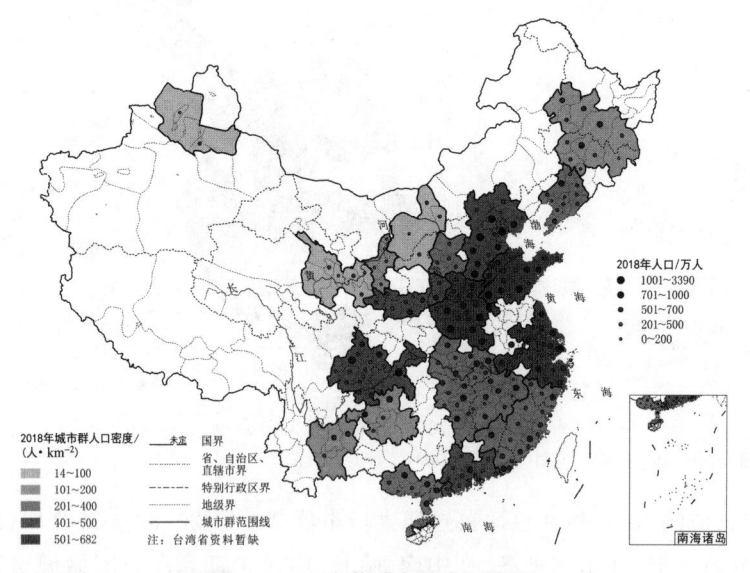

图 6-7 2018 年城市群人口密度

数据来源：中国城市统计年鉴(2018)。

采为支柱的城市发展乏力，资源面临枯竭，缺乏后续替代产业，面临着产业结构转型的问题。

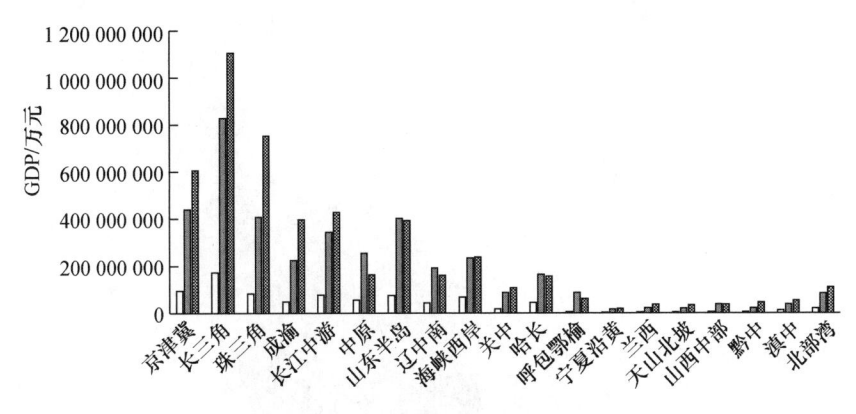

图 6-8　2000—2018 年 19 个城市群 GDP 变化
数据来源：中国城市统计年鉴(2000,2010,2018)。

GDP空间分布上,长三角城市群一直明显领先于其他城市群,京津冀、珠三角、山东半岛、长江中游和成渝城市群其次;中原、海峡西岸和辽中南再次。山东半岛和长江中游城市群在 2000—2010 年 GDP 水平较高,与京津冀和珠三角差不多,成渝城市群则低于它们,位列第三梯队。但 2010 年以后,山东半岛和长江中游城市群 GDP 增长态势不如成渝城市群,成渝城市群的 GDP 水平已追至与它们齐平,而京津冀和珠三角城市群 GDP 超过了它们不少。与人口密度分布相同,GDP 高的城市群也沿海、沿长江分布(图 6-9~图 6-11)。

就业规模方面,总体而言京津冀、长三角和长江中游城市群的就业规模在所有城市群中最大。2000 年和 2010 年,就业规模超过 1 000 万人的城市群只有京津冀、长三角和长江中游三个,2018 年珠三角、成渝、山东半岛、中原和海峡西岸城市群的就业规模也超过 1 000 万人,同年,京津冀、珠三角和长江中游城市群就业规模已超过 1 500 万人,长三角更是超过 3 000 万人(图 6-12)。城市群的就业规模与其人口规模有密切联系,人口多的城市群,一般而言就业规模也大。但长江中游和中原城市群户籍人口规模与长三角差不多,比京津冀多,就业规模却不如长三角和京津冀城市群。而珠三角的户籍人口规模远小于长江中游和中原城市群,但就业规模与后两者差不多。这说明长三角、京津冀和珠三角城市群相比长江中游和中原城市群,有更多的外来人口。

就业规模的空间分布方面,长三角、京津冀和长江中游城市群一直位于第一梯队,2018 年珠三角也晋升到第一梯队;成渝、中原、山东半岛和海峡西岸城

◆ 城镇化格局与城市群交通

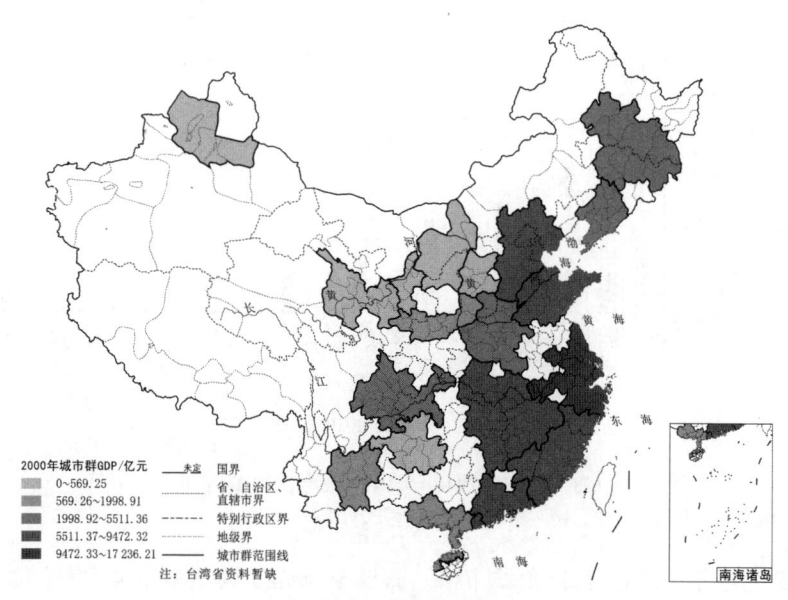

图 6-9　2000 年城市群 GDP

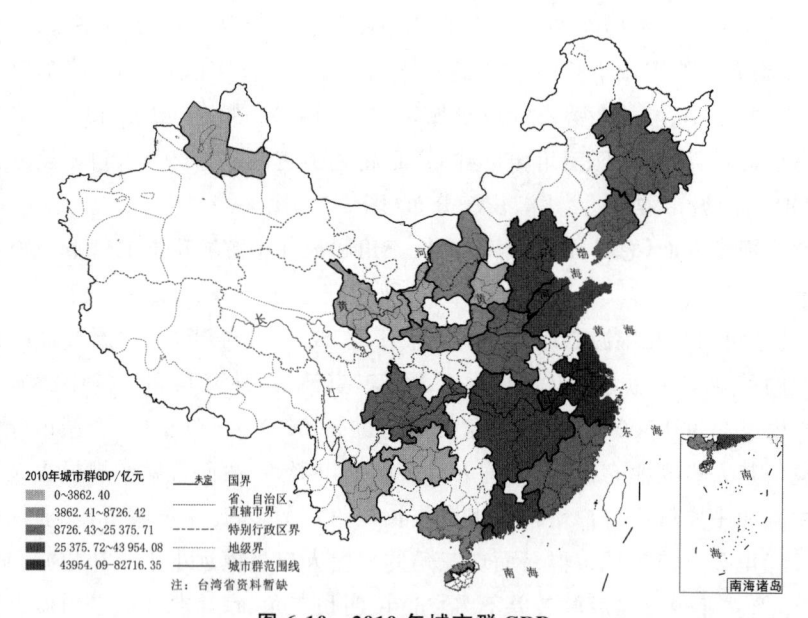

图 6-10　2010 年城市群 GDP

市群其次;哈长、辽中南、关中和北部湾城市群再次。与人口规模的分布格局相似,中东部地区城市群就业规模较大,西北和西南地区的城市群就业规模较

第六章　城市群与都市圈发展

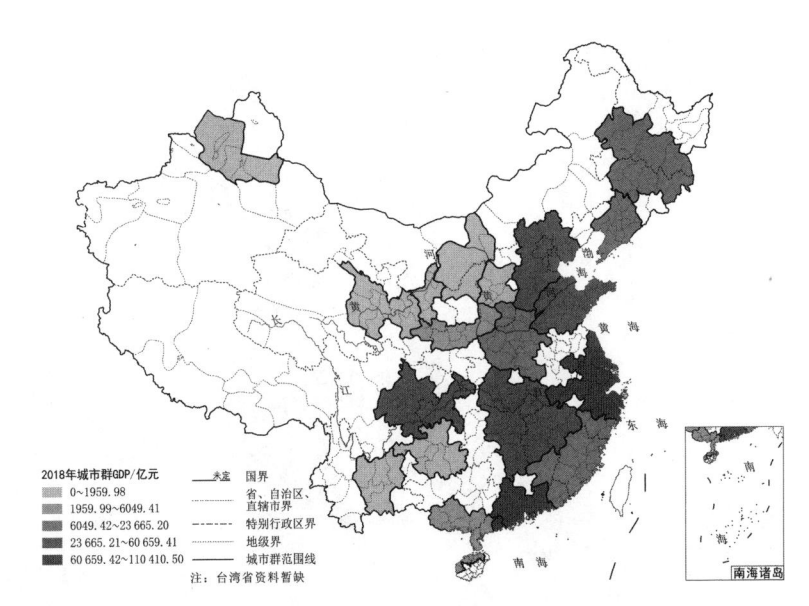

图 6-11　2018 年城市群 GDP

数据来源：中国城市统计年鉴(2018)。

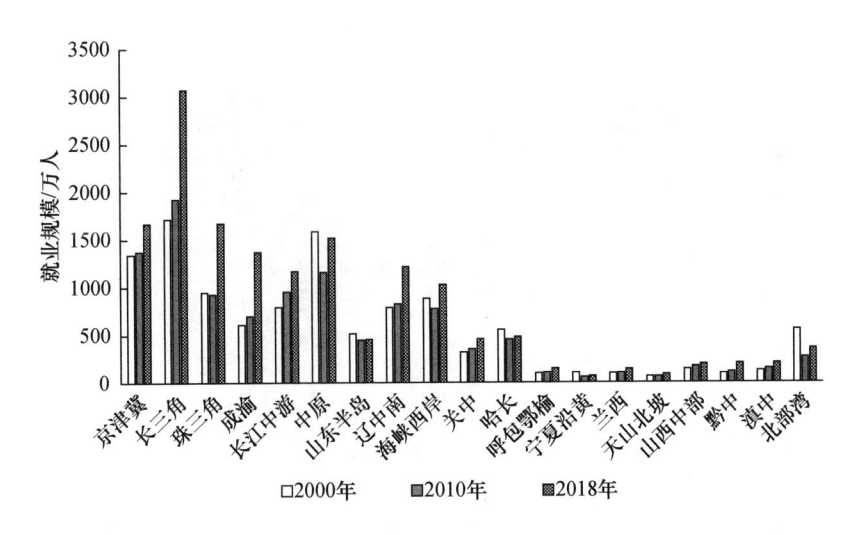

图 6-12　2000—2018 年城市群就业规模变化

数据来源：中国城市统计年鉴(2000,2010,2018)。

小(图 6-13～图 6-15)。

— 167 —

◆ 城镇化格局与城市群交通

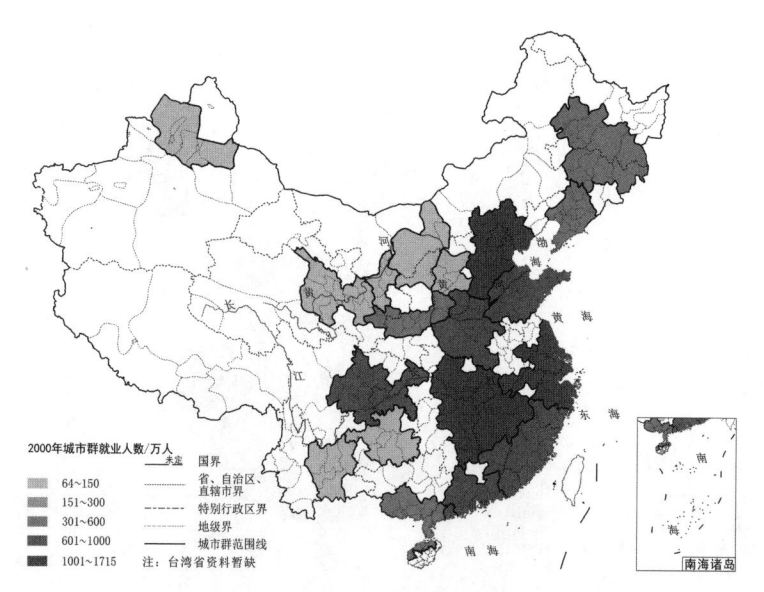

图 6-13　2000 年城市群就业规模
数据来源：中国城市统计年鉴（2000）。

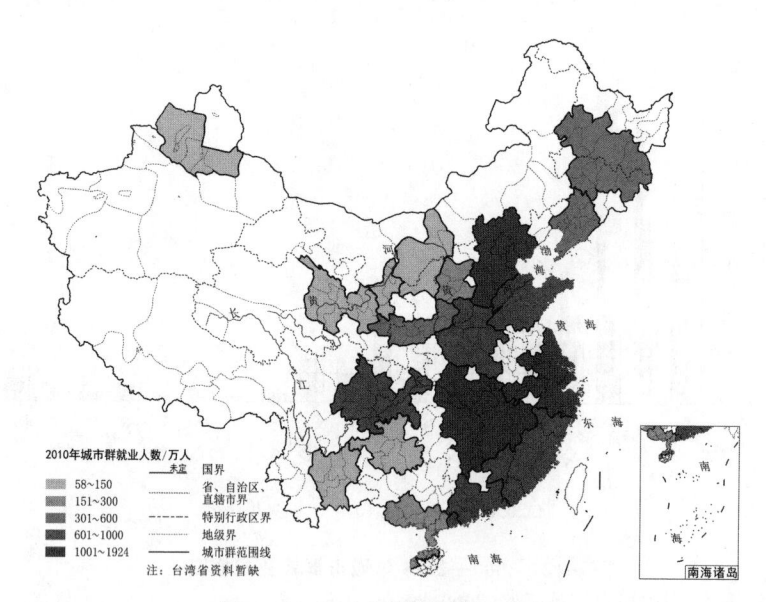

图 6-14　2010 年城市群就业规模
数据来源：中国城市统计年鉴（2010）。

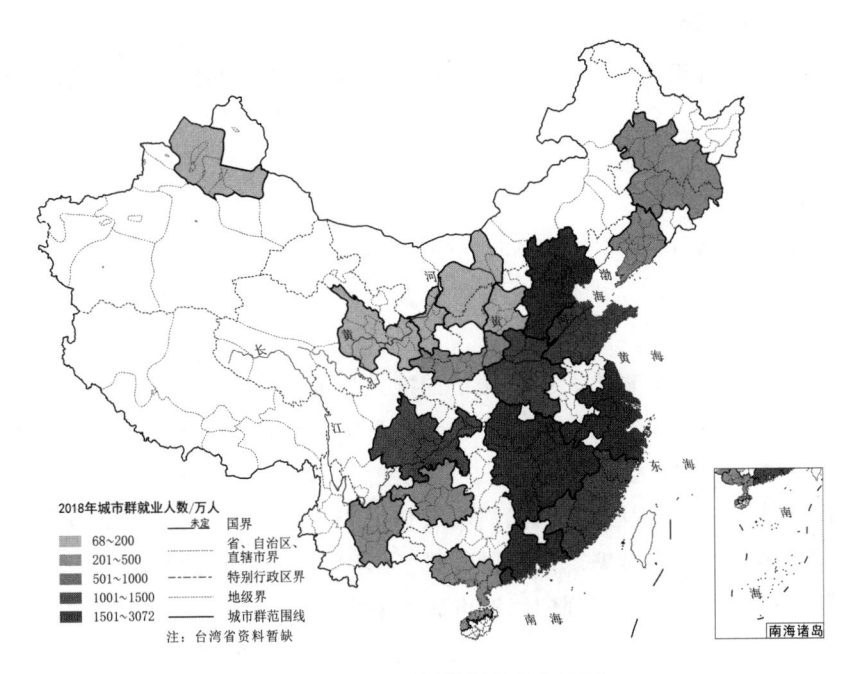

图 6-15　2018 年城市群就业规模

数据来源：中国城市统计年鉴(2018)。

第二节　中国都市圈发展

一、都市圈测定方法与数据

都市圈是指由中心城市和周边地区构成的地域范围,中心城市是大都市圈中的核心行政市,周边地区是与中心城市社会、经济联系密切的地区。都市圈的概念中包含两个核心要素,一是人口众多、经济发达,对周边有极大吸引力的大城市;二是有围绕在大城市中心区外的通勤范围,也即都市圈的空间范围。都市圈中的城镇是一体化的城市集合,组团间交流频繁。

目前都市圈的空间范围没有统一的界定标准。其空间范围界定通常分两部分,包括中心城市的准入门槛和中心城市向外扩展的都市圈空间范围。中心城市的准入门槛主要考察中心城市和圈域的人口,兼考察中心城市和圈域的经济水平。空间范围的界定涉及两方面:一是外围城市与中心城市的联系强度,通常用外围城市到中心城市的通勤率衡量,与欧美国家相比,日本都市圈的人口和建成环境与中国比较相似,其通勤率阈值为 1.5%(清华大学中国新型城镇化研究院,2018);二是都市圈的圈域大小,通常按空间距离或时间距离来划定,圈域半径在 100~300 千米不等(王建,1997;徐琴,2002;郭熙保等,2006),国家发展改革委《关于培育发展现代化都市圈的指导意见》中则提出都市圈的空间范围为 1 小时通勤圈。

本研究以确定中心城市、确定都市圈范围两个步骤来识别中国都市圈数量和空间分布,按照外围城市到中心城市通勤率大于 1% 的标准来划定,中国目前有 25 个都市圈。

第一步,确定中心城市。中心城市的准入标准在不同的时间和空间上都有相应变化,目前中国都市圈中心城市的人口至少应大于 100 万人,等级较高的都市圈中心城市人口应大于 500 万人。首先按照中心城市 2018 年常住人口大于 500 万人的标准筛选中心城市,然后在人口大于 100 万人但小于 500 万人的城市中,选择省会城市等战略地位重要的城市,纳入中心城市的行列。

第二步,按照外围城市到中心城市通勤率大于 1%,且在中心城市 1 小时通勤圈范围内的标准,来识别都市圈的数量和范围。数据采用地级市间人口流动数据,采集时间为 2019 年 12 月 9—15 日,取一周的平均值为最终采用的城市间人口流动数据,以外围城市向中心城市的人口流动数与外围城市人口数的比值为通勤率。通勤率的阈值参考各国对通勤率的界定,考虑到本研究所用城市间人口流动数据为地级市尺度,因此适当降低通勤率阈值,划定为 1%。以此筛选出中心城市及其外围城市,并考察外围城市是否在中心城市的 1 小时通勤圈范围内。1 小时通勤圈的范围根据城市大小、交通状况和交通方式的不同,在空间上是一个弹性的范围,本研究采用高铁交通方式来计算 1 小时通勤圈的最大范围,认为圈域半径在 250~300 千米。

二、中国都市圈空间格局

经识别,中国目前有 25 个都市圈,如表 6-2 所示。中心城市户籍人口大于 1 000 万人的有 3 个(北京、上海、成都),700 万~1 000 万人的有 8 个(杭州、西安、广州、武汉、郑州、沈阳、长春、长沙),500 万~700 万人的有 6 个(苏州、南京、济南、宁波、汕头、昆明),300 万~500 万人的有 3 个(深圳、贵阳、太原),100 万~300 万人的有 5 个(厦门、呼和浩特、乌鲁木齐、西宁、银川)。

表 6-2 中国都市圈识别

中心城市	外围城市	与中心城市日人口流动比例最高的外围城市	都市圈面积/平方千米	中心城市户籍人口
北京	廊坊	廊坊,4.76%	22 821.89	1000万人以上
上海	苏州、嘉兴、舟山	苏州,3.53%	14 141.66	
成都	眉山、德阳、雅安	眉山,1.97%	40 218.68	
杭州	嘉兴、湖州、绍兴	嘉兴,3.2%	30 986.25	700万人以上
西安	咸阳、铜川、渭南	咸阳,4.7%	37 207.33	
广州	佛山、东莞、中山、珠海、深圳、清远	佛山,10.23%	33 203.02	
武汉	鄂州、孝感	鄂州,5%	19 073.68	
郑州	开封、焦作	开封,1.58%	17 838.13	
沈阳	抚顺、辽阳、铁岭、本溪	抚顺,1.69%	50 266.83	
长春	四平	四平,1.7%	34 976.62	
长沙	湘潭、株洲	湘潭,1.89%	28 079.45	
苏州	无锡、上海	无锡,2.76%	13 295.01	500万人以上
南京	马鞍山、镇江、滁州	马鞍山,3.73%	28 218.02	
济南	德州	德州,1.21%	20 584.66	
宁波	舟山	舟山,1.54%	9 285.68	
汕头	潮州	潮州,1.33%	5 263.06	
昆明	玉溪	玉溪,1.63%	35 958.76	
深圳	东莞、惠州	东莞,10.69%	15 637.83	300万人以上
贵阳	安顺	安顺,1.39%	17 271.85	
太原	晋中	晋中,2.85%	23 292.46	
厦门	漳州	漳州,1.94%	14 176.39	
乌鲁木齐	吐鲁番	吐鲁番,1.09%	83 528.50	100万人以上
呼和浩特	鄂尔多斯	鄂尔多斯,1.02%	104 005.87	
银川	石嘴山	石嘴山,1.87%	11 559.58	
西宁	海东	海东,2.94%	20 542.31	

数据来源：中国城市统计年鉴。

中心城市的人口数量与外围城市个数有一定的正向关系。中心城市人口大于 1000 万人的都市圈中，上海和成都都有 3 个外围城市，北京只有 1 个；中心城市人口在 700 万～1000 万人的都市圈大多有 2 个以上的外围城市，广州更是有 6 个外围城市；中心城市人口在 500 万～700 万人的都市圈中只有苏州和南京有 2 个以上的外围城市，其他都只有 1 个；中心城市人口小于 500 万人的都市圈，

— 171 —

只有深圳有 2 个外围城市,其他只有 1 个。苏州、南京和深圳的户籍人口虽然不多,但外来的流动人口较多,中心城市辐射能力强,因此外围城市的人口数量也较多。

中心城市的人口规模影响了都市圈的总面积、人口规模、就业规模和经济水平。都市圈的面积与都市圈区位及中心城市人口规模均有关系。一般而言中心城市人口规模越大,外围城市数量就越多,都市圈的面积也就越大。但中心城市人口规模为 100 万~300 万人的都市圈平均面积却最高,这是由于其中位于西北地区的乌鲁木齐、呼和浩特都市圈人口虽然不多,但城市面积大,因此从以地级市行政区划分的都市圈来看面积较大,但中心城市实际影响的范围没有这么大(图 6-16)。

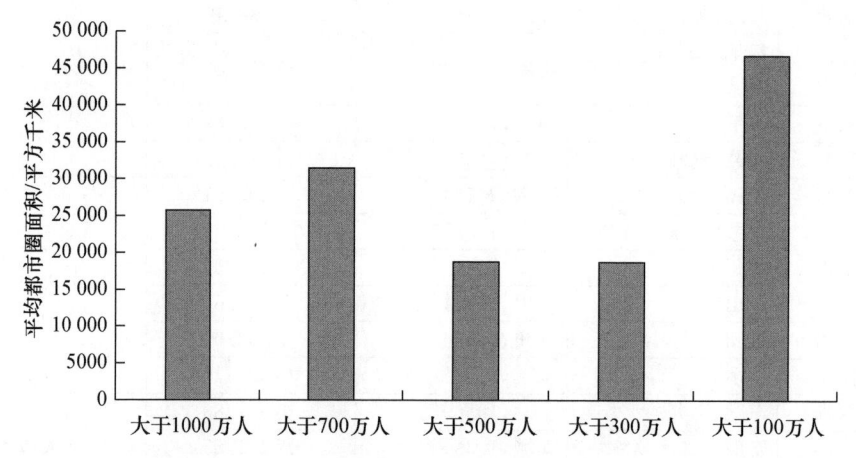

图 6-16 不同中心城市人口规模的都市圈的平均面积
数据来源:中国城市统计年鉴。

人口与就业规模方面,都市圈的平均户籍人口和就业人口随着中心城市规模递减而递减。中心城市人口规模大于 1 000 万人的都市圈,平均人口规模达到 2 251 万人,而中心城市人口规模在 100 万~300 万人的都市圈,平均人口规模只有 415 万人。中心城市人口规模在 300 万人以上的都市圈,都市圈总人口是中心城市人口的 2.5 倍左右,而中心城市人口在 100 万~300 万人的都市圈,都市圈总人口是中心城市人口的 4.15 倍(图 6-17)。与人口和就业相似,中心城市人口规模大的都市圈,平均 GDP 水平也较高。中心城市人口大于 1 000 万人的都市圈,平均 GDP 达到 27 408 亿元;700 万~1 000 万人的都市圈,平均 GDP 为 17 075 亿元;500 万~700 万人的和 300 万~500 万人的差不多,分别是

13 600 亿元和 13 240 亿元;100 万~300 万人的都市圈,平均 GDP 只有 2 709 亿元,远小于其他都市圈(图 6-18)。

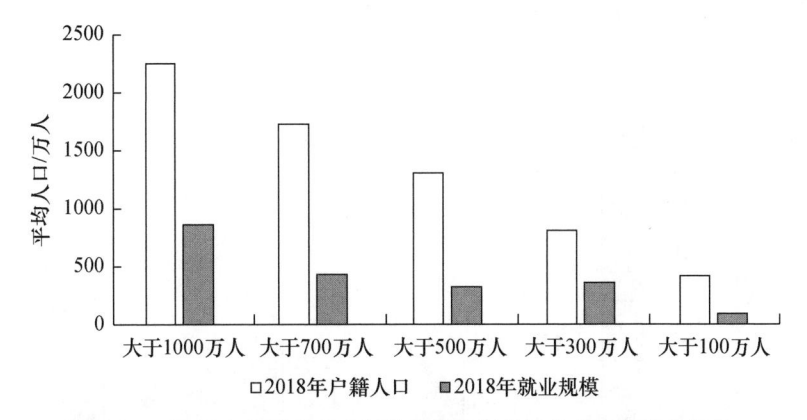

图 6-17　不同中心城市人口规模的都市圈的平均人口与就业规模
数据来源:中国城市统计年鉴。

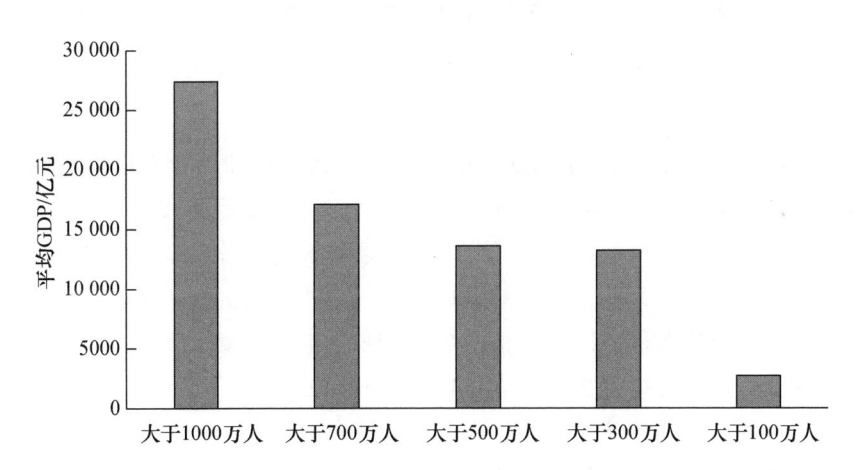

图 6-18　不同中心城市人口规模的都市圈的平均 GDP
数据来源:中国城市统计年鉴。

从不同地区来看,东部地区都市圈数量最多、人口多、经济发展好,中西部和东北地区都市圈数量和发展水平逊于东部。在数量上,东部地区都市圈有 11 个,西部有 8 个,中部 4 个,东北 2 个;东部地区都市圈所包含的城市有 35 个,西部 20 个,中部 11 个,东北 7 个;平均来看东部地区的一个都市圈有 3.18 个城市,西部有 2.5 个城市,中部有 2.75 个城市,东北有 3.5 个城市。东部地区的都市圈数量和都市圈所包含的城市数量都高出西部地区 50%,高出中部地区 2 倍,高出东北地区 5 倍,而东部和东北地区的都市圈平均包含城市个数较高,超过 3 个,中部和西部地区稍低(图 6-19)。

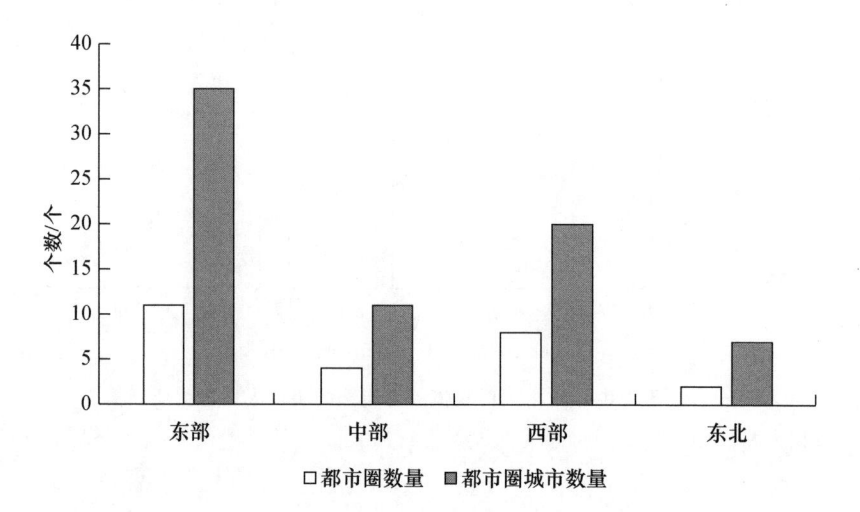

图 6-19 不同地区都市圈和都市圈城市数量
数据来源:中国城市统计年鉴。

人口和就业规模方面,东部地区的都市圈户籍人口和就业人口规模也远大于其他地区,2018 年,东部地区的都市圈户籍人口总量达到 17 752 万人,是中部地区的 3.31 倍、西部地区的 2.48 倍、东北地区的 6.73 倍;东部地区都市圈的就业规模则达到 6 635 万人,是中部地区的 6.77 倍、西部地区的 4.42 倍、东北地区的 18.98 倍。虽然西部地区的都市圈数量和所包含城市数量高于中部,但户籍人口和就业人口却与中部相差不大,这说明中部地区都市圈的平均人口和就业规模要大于西部地区。从就业人口占户籍人口的比例看,也是东部地区都市圈最高,占比达 37.4%,中部地区为 18.28%,西部地区为 21%,东北地区为 13.2%。这说明东部地区都市圈的外来人口较多,就业规模大,而东北地区都市圈的人口流失最严重,就业人口仅为户籍人口的 13.2%(图 6-20)。

经济方面,东部地区都市圈依然远超其他地区,2018 年 GDP 达到 27 万亿元,是中部地区都市圈的 8.09 倍、西部地区的 7.28 倍、东北地区的 21.7 倍。相比人口和就业规模,东部地区都市圈的经济发展水平超出其他地区都市圈更多,人均经济水平也更高(图 6-21)。

第六章 城市群与都市圈发展

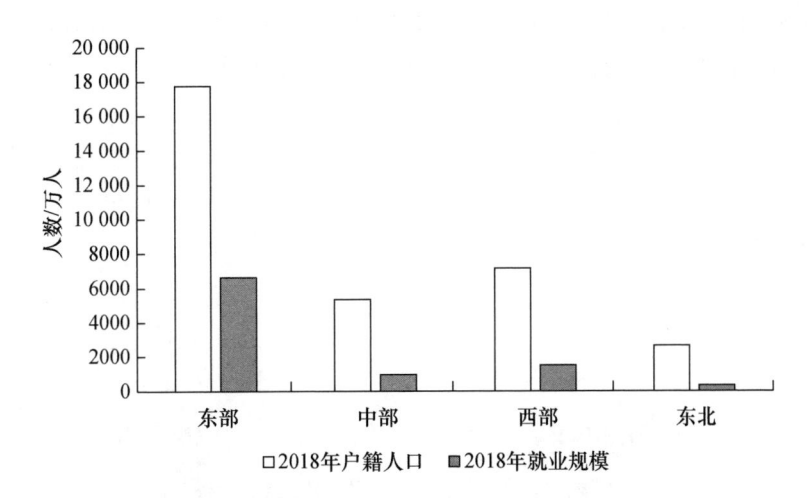

图 6-20 不同地区都市圈人口和就业规模
数据来源：中国城市统计年鉴。

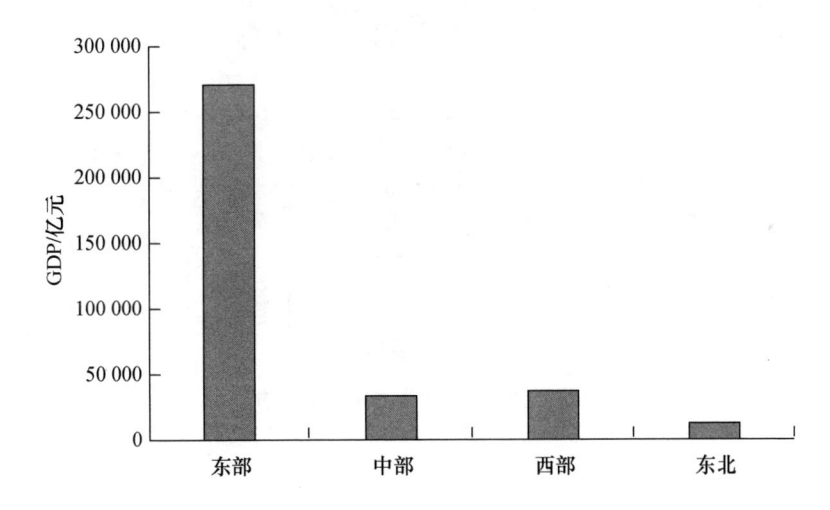

图 6-21 不同地区都市圈 GDP
数据来源：中国城市统计年鉴。

从都市圈与城市群的空间分布（图 6-22）来看，除了长三角、珠三角、长江中游和海峡西岸城市群以外，其他的哈长、辽中南、京津冀、呼包鄂榆、宁夏沿黄、山西中部、兰西、天山北坡、关中、中原、山东半岛、成渝、滇中、黔中城市群，都只拥有 1 个都市圈，且都市圈的中心城市也是城市群的中心城市。长三角城市群拥有的都市圈数量最多，达到 5 个，有 15 个城市包含在都市圈的范围内。珠三角、

— 175 —

长江中游和海峡西岸城市群都有 2 个都市圈,其中珠三角城市群中有 8 个城市包含在都市圈的范围内,长江中游有 6 个,海峡西岸有 2 个(表 6-3)。长三角和珠三角的不同都市圈范围有所交叉,已经形成都市圈集中分布的连绵地带,而长江中游和海峡西岸的两个都市圈范围没有重合。虽然范围有所重合,但长三角和珠三角都市圈所包含的城市个数却比其他两个城市群高,说明其每个都市圈的地域范围更广。

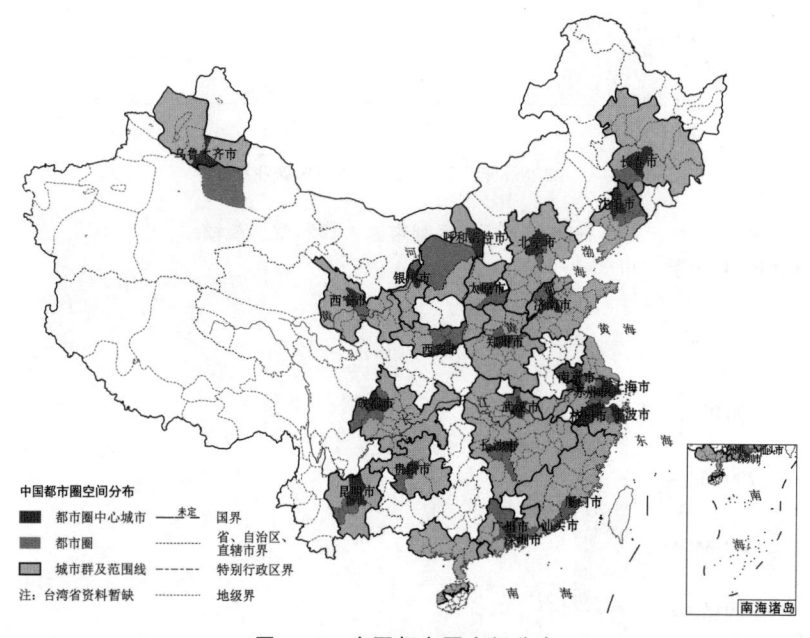

图 6-22 中国都市圈空间分布

表 6-3 包含一个以上都市圈的城市群

城市群	都市圈个数	都市圈城市个数
长三角	5	15
珠三角	2	8
长江中游	2	6
海峡西岸	2	4

考察外围城市到中心城市的最大通勤率,珠三角地区的都市圈远超其他都市圈,广州和深圳的外围城市最大通勤率均达到 10% 以上,说明珠三角的都市圈中心城市与外围城市联系非常密切。其次是北京、武汉和西安都市圈,最大通勤率在 4%~5%。第三梯队是长三角的上海、苏州、杭州和南京都市圈,以及太

原和西宁都市圈,通勤率在2%~4%。其余14个都市圈的通勤率在1%~2%,其中乌鲁木齐、呼和浩特、济南、贵阳和汕头都市圈的最大通勤率低于1.4%。总体而言,发展水平较高的地区,如珠三角、长三角和北京都市圈的最大通勤率较高,珠三角由于其发达的轨道交通和良好的同城化发展,中心城市与外围城市的通勤强度尤其高。武汉和西安虽然是二线城市,但与周边城市的联系也很强,最大通勤率也较高。其他都市圈的中心与外围城市通勤率表现平平(图6-23)。

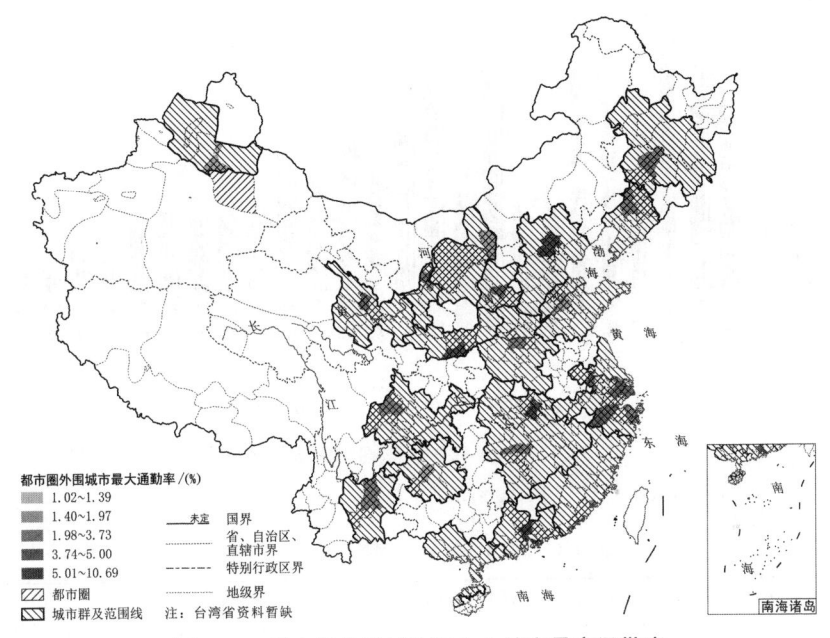

图 6-23 都市圈外围城市与中心城市最高通勤率

三、中国都市圈人口和经济发展

从2000年到2018年,全国25个都市圈的人口增长了20%左右,占了全国2000—2018年人口增长的42.3%,将近一半;GDP增长了6.7倍,占全国2000—2018年GDP增长的37.7%。21世纪以来,25个都市圈的人口和经济增长为全国的人口和经济增长均贡献了40%左右。

由于城市常住人口只有在普查年份和人口抽样调查年份有较为准确的统计,且不同年份常住人口的统计口径有所变化,不同年份之间的常住人口可比性低于户籍人口,因此采用户籍人口考察不同年份都市圈人口的变化。各都市圈2000—2018年的人口均有所增长,其中广州、深圳和成都都市圈人口增长尤其迅速,广州都市圈从2000年的接近2000万人增长到2018年的超过2600万人,是所有都市圈中人口增长最多的。位于长三角城市群的上海和苏州都市圈人口最多,虽然2000—2018年增长量不如广州、深圳和成都都市圈大,但人口总量依然领先。武汉、郑州、沈阳、长春和昆明都市圈2010—2018年的人口持平或下降,其中沈阳和长春两个都市圈都位于东北(图6-24、表6-4)。

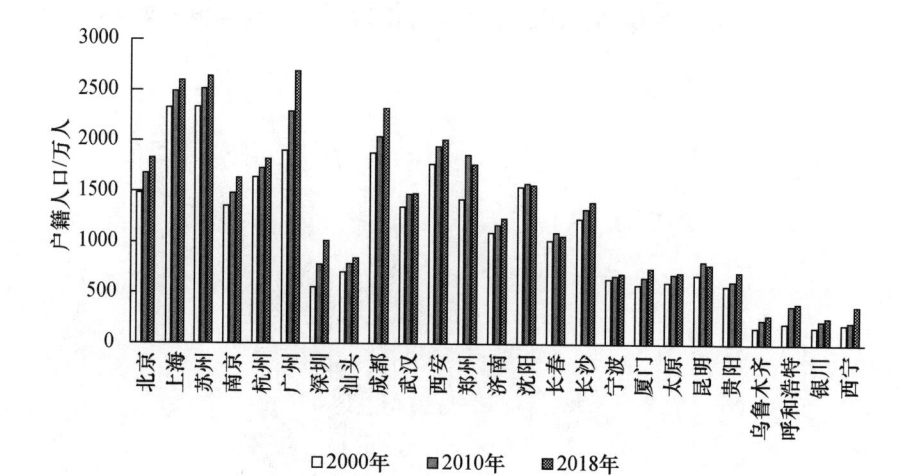

图6-24 2000—2018年都市圈人口变化

数据来源:中国城市统计年鉴(2000,2010,2018)。

表6-4 2000—2018年都市圈人口变化

都市圈	2000年户籍人口/万人	2010年户籍人口/万人	2018年户籍人口/万人	2000—2018年户籍人口变化/万人
北京	1 485.89	1 676.82	1 833	347.11
上海	2 329.46	2 488.35	2 599	269.54
苏州	2 334.41	2 516.54	2 639	304.59
南京	1 355.5	1 483.03	1 635	279.5
杭州	1 641.31	1 729.61	1 822	180.69
广州	1 904.02	2 286.06	2 690	785.98
深圳	555.34	778.92	1 015	459.66
汕头	705.42	785	841	135.58
成都	1 882.36	2 042.2	2 322	439.64
武汉	1 351.02	1 476.24	1 484	132.98
西安	1 774.76	1 948.32	2 013	238.24

(续表)

都市圈	2000年户籍人口/万人	2010年户籍人口/万人	2018年户籍人口/万人	2000—2018年户籍人口变化/万人
郑州	1 426.39	1 865.72	1 772	345.61
济南	1 098.38	1 174.26	1 239	140.62
沈阳	1 549.01	1 583.58	1 567	17.99
长春	1 022.52	1 099.44	1 069	46.48
长沙	1 237.61	1 331.65	1 400	162.39
宁波	639.35	670.85	694	54.65
厦门	581.55	656.57	745	163.45
太原	611.03	686.46	701	89.97
昆明	682.62	814.59	782	99.38
贵阳	575.8	616.95	709	133.2
乌鲁木齐	164.38	243.03	287	122.62
呼和浩特	209.17	381.94	404	194.83
银川	170.11	233.62	263	92.89
西宁	197.92	220.87	378	180.08

数据来源：中国城市统计年鉴。

以300万人、500万人、1 000万人和2 000万人作为都市圈人口等级划分的临界值，在2000年人口超过2 000万人的只有上海和苏州都市圈，2010年广州和成都都市圈人口也超过2 000万人，2018年西安都市圈突破2 000万人。人口在1 000万~2 000万人的都市圈，2000年有北京、南京、杭州、广州、成都、武汉、西安、郑州、济南、沈阳、长春和长沙都市圈，2010年1 000万人以上的都市圈数量没有变化，2018年深圳都市圈的人口也超过1 000万人，从2000年到2018年，深圳都市圈人口从500万人增长到1 000万人，增长了近1倍。2018年，人口超过1 000万人的都市圈有15个，占全部都市圈的60%。

从空间分布来看，都市圈人口分布也符合胡焕庸线，位于胡焕庸线东南侧的都市圈人口较多，西北和西南地区的都市圈人口较少。但内陆的成都和西安都市圈人口增长明显，从第二梯队迈入第一梯队（图6-25）。

GDP方面，各都市圈2000—2018年GDP均有大幅增长，广州都市圈由于包含城市多，GDP远远领先于其他都市圈，2000年的优势还不甚明显，而2018年广州都市圈GDP将近7万亿元，超过第二名苏州都市圈近1倍。北京、上海、苏州、广州和深圳都市圈在2000—2018年的GDP增长最明显，到2018年均超过或接近3万亿元，远超其他都市圈。南京、杭州、成都和武汉都市圈位列其后，

城镇化格局与城市群交通

2018年GDP超过1万亿元。沈阳和呼和浩特都市圈是两个在2010—2018年GDP有所下降的都市圈(图6-27)。

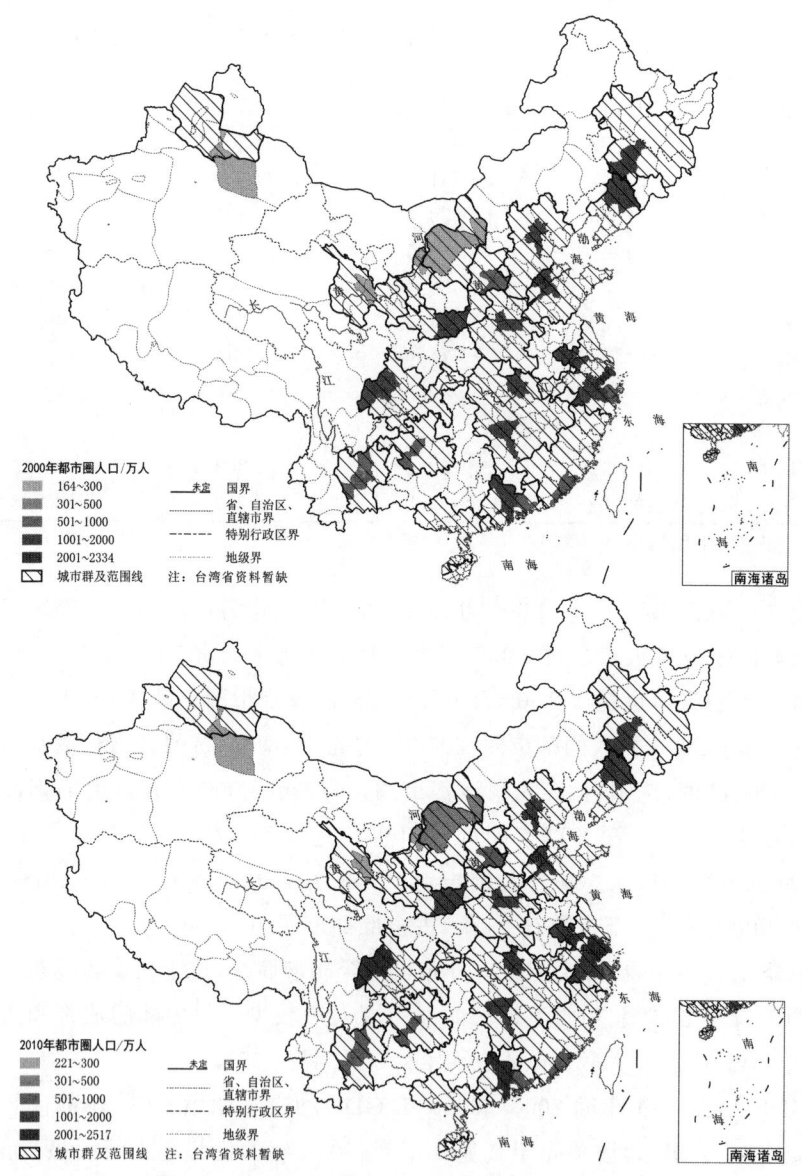

图6-25 2000年、2010年、2018年都市圈人口分布

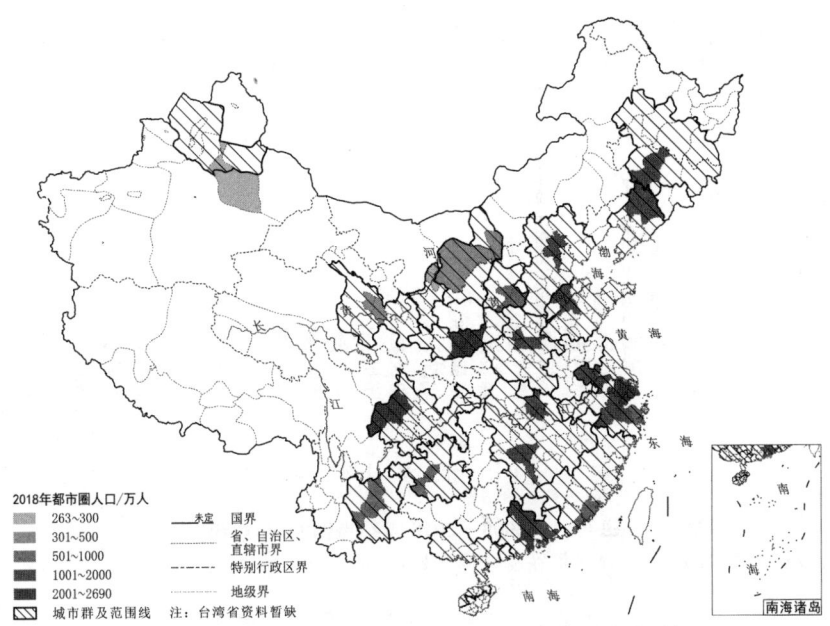

第六章 城市群与都市圈发展

图 6-25 2000年、2010年、2018年都市圈人口分布(续)

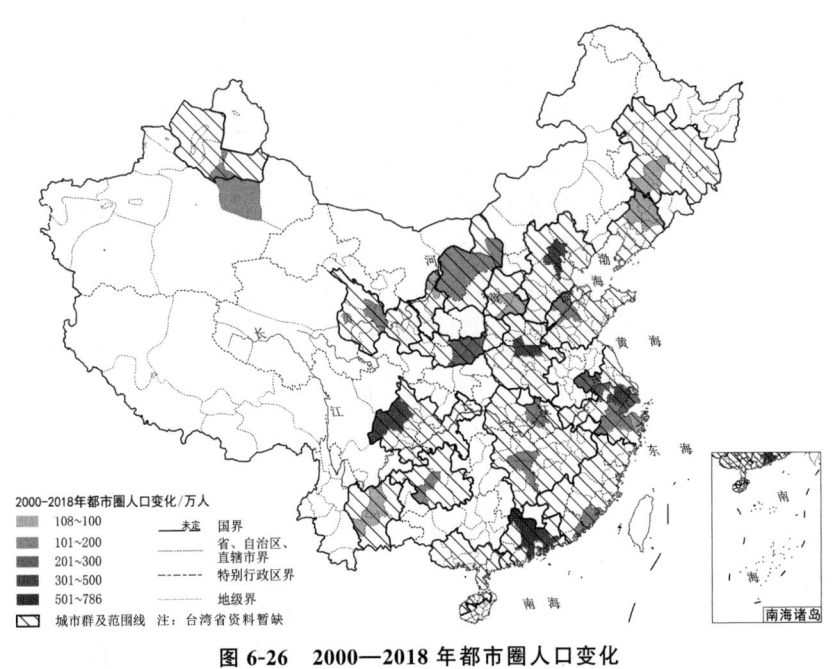

图 6-26 2000—2018年都市圈人口变化

GDP分布的格局在十几年间变化不大，2000年，仅有上海、苏州和广州都市圈

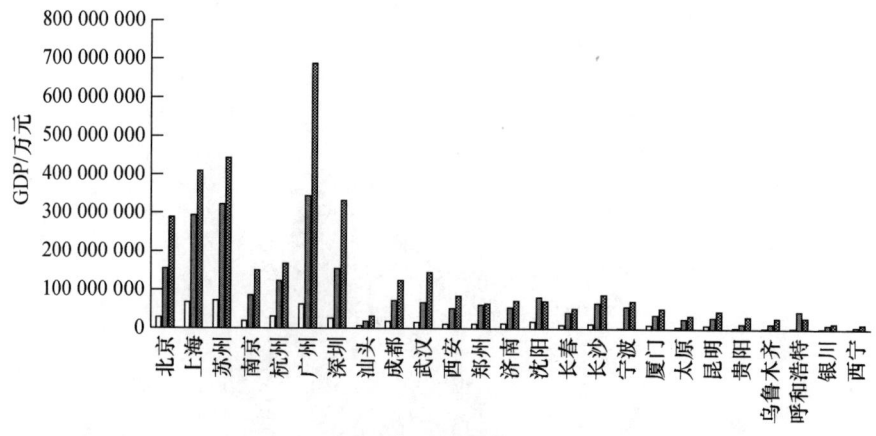

图 6-27 2000—2018 年都市圈 GDP 增长
数据来源：中国城市统计年鉴(2000,2010,2018)。

的 GDP 大于 4 000 亿元，北京、杭州和深圳都市圈的 GDP 大于 2 000 亿元。深圳都市圈虽然人口不多，但 GDP 十分领先。2010 年，这一格局变化不大，上海、苏州和广州都市圈 GDP 超过了 2 万亿元，深圳、杭州和北京则超过 1 万亿元。另有沈阳、济南、郑州、西安、成都、武汉、南京、长沙和宁波都市圈的 GDP 在 5 000 亿~10 000 亿元之间。2018 年，上海、苏州和广州都市圈的 GDP 已超过 4 万亿元，北京和深圳都市圈超过 2 万亿元，南京、杭州、成都和武汉都市圈成为第三梯队，GDP 超过 1 万亿元。虽然 GDP 分布的总体格局变化不大，但非顶级都市圈之间还是拉开了差距，成都、武汉、南京和杭州都市圈在第二梯队中脱颖而出(图 6-28)。

人均 GDP 方面，25 个都市圈中的 14 个都市圈，在 2010—2018 年人均 GDP 都有 1 倍以上的增长。其中西安、西宁、昆明、长沙、厦门、南京和武汉都市圈人均 GDP 增长了 1.5 倍以上。呼和浩特都市圈是唯一一个人均 GDP 下降的都市圈。但呼和浩特都市圈起点较高，2010 年呼和浩特都市圈人均 GDP 超过 10 万元，其次是位于京津冀、长三角和珠三角城市群的北京、上海、苏州、杭州、广州、深圳和宁波都市圈，人均 GDP 超过 6 万元但未达 10 万元。汕头、西安和西宁都市圈 2010 年人均 GDP 较低，未达 3 万元。2018 年，上述位于京津冀、长三角和珠三角城市群的都市圈以及长沙都市圈，人均 GDP 增长迅速，超过 12 万元，跻身第一梯队；成都、武汉、济南、厦门和呼和浩特位列第二梯队，人均 GDP 超过 9 万元(图 6-29)。

第六章 城市群与都市圈发展

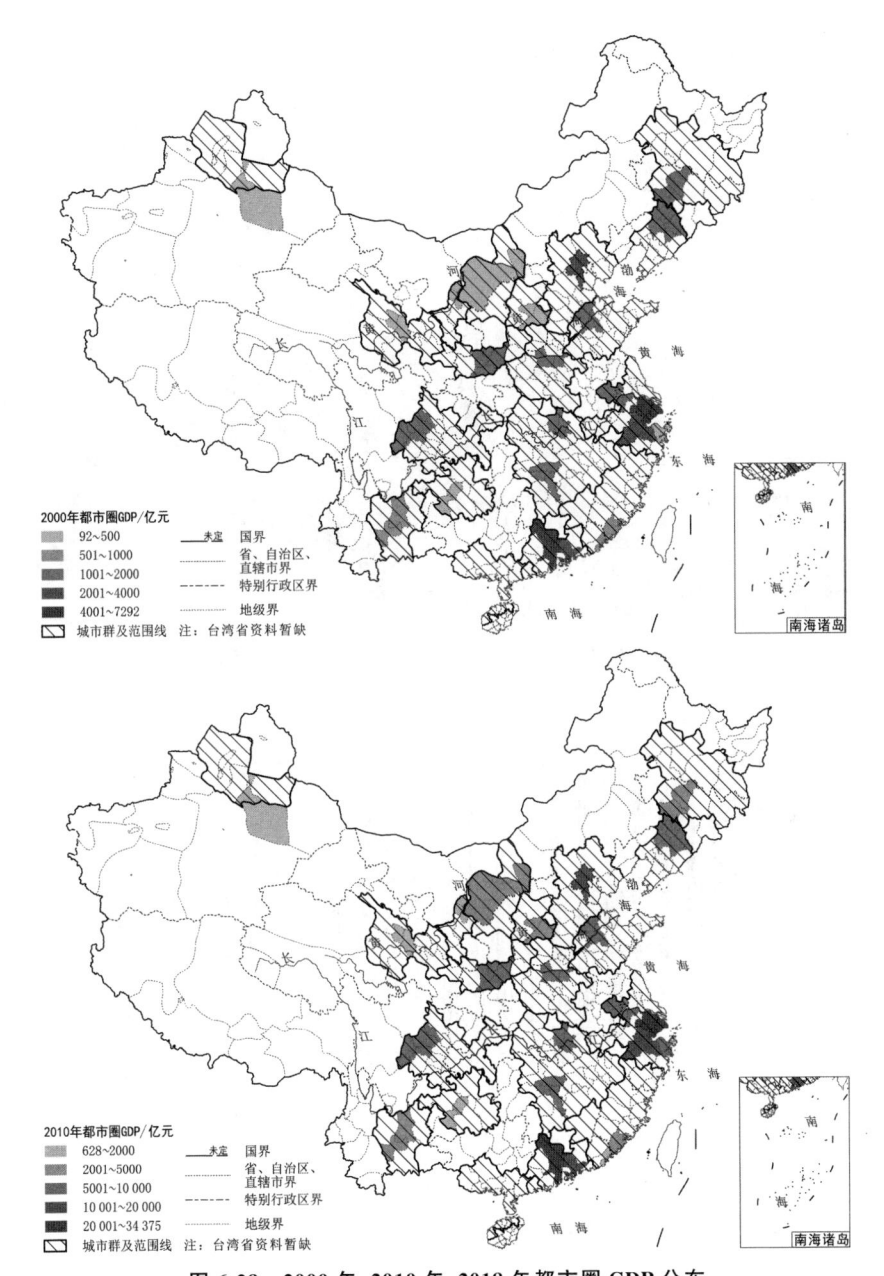

图 6-28 2000 年、2010 年、2018 年都市圈 GDP 分布

城镇化格局与城市群交通

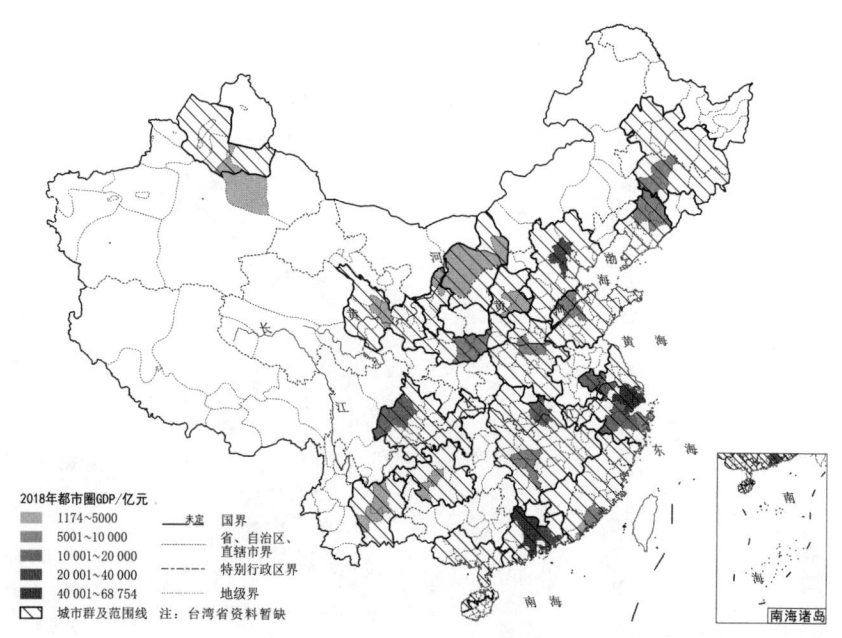

图 6-28　2000 年、2010 年、2018 年都市圈 GDP 分布（续）

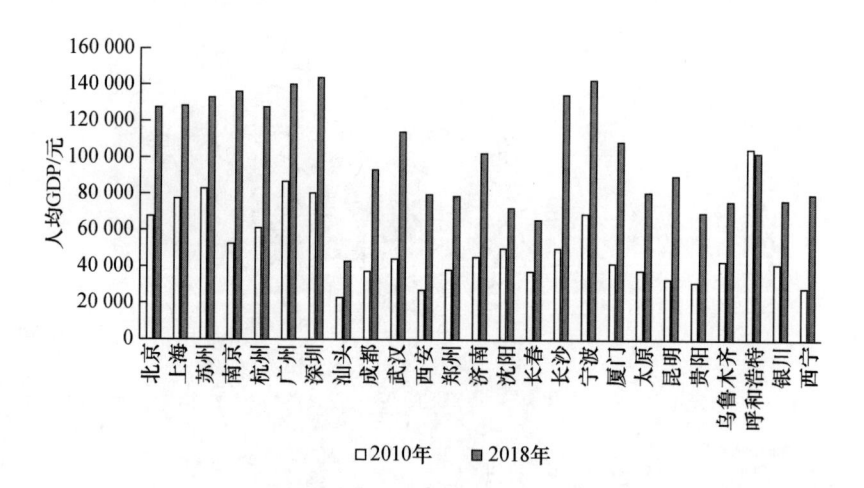

图 6-29　2010—2018 年都市圈人均 GDP 增长
数据来源：中国城市统计年鉴（2010，2018）。

　　人均 GDP 的空间分布大体上也呈东南高、西北低的状态，但不完全遵循这一规律。西北地区的呼和浩特都市圈和西南地区的昆明都市圈由于人口较少，人均 GDP 不低。但人均 GDP 最领先的都市圈，还是集中在三大城市群（图 6-30）。

第六章 城市群与都市圈发展

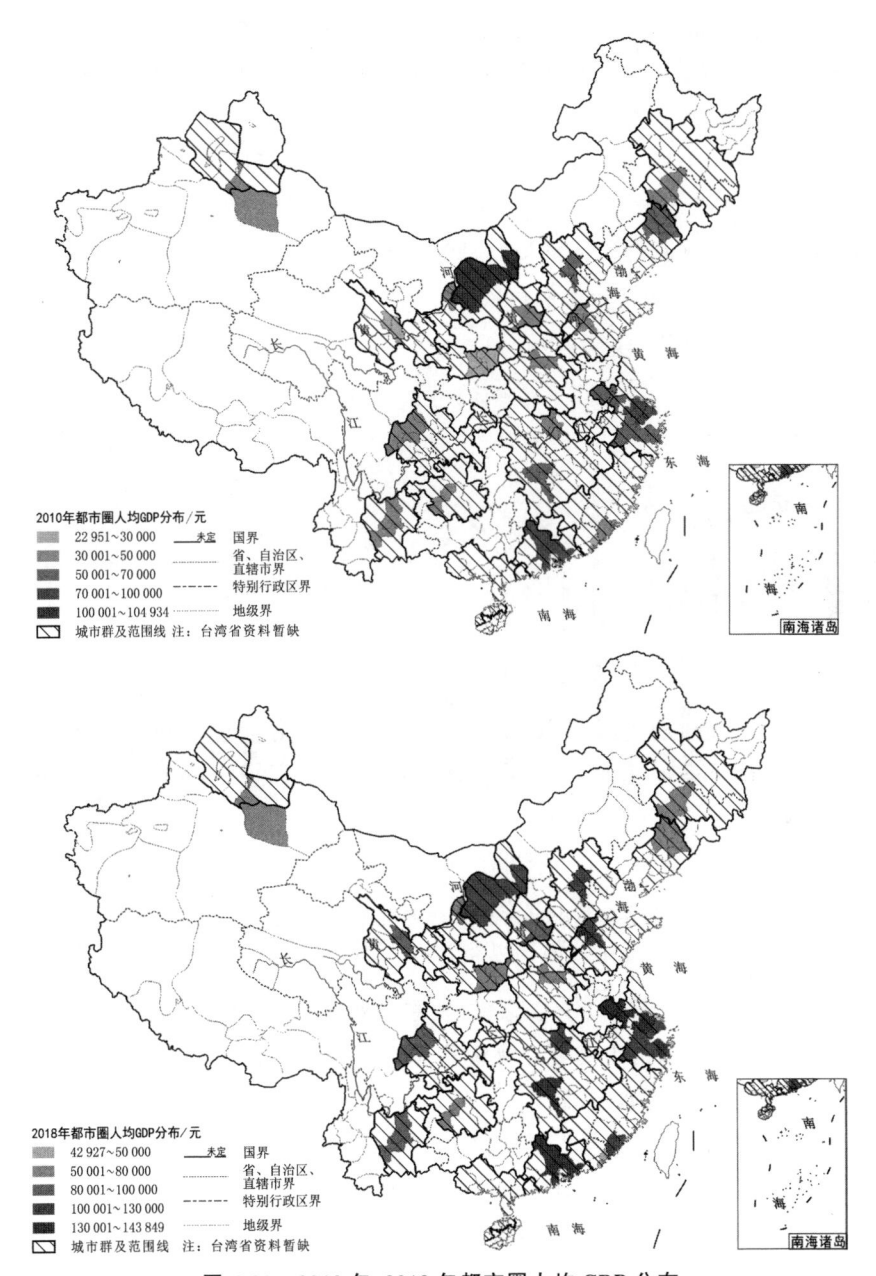

图 6-30 2010 年、2018 年都市圈人均 GDP 分布

就业规模方面,北京、上海、苏州、广州和深圳都市圈的就业规模较大,其中广州和深圳都市圈2000—2018年的就业规模增长尤为迅猛。2000年只有上海和苏州都市圈的就业规模超过800万人,2018年北京、广州和深圳都市圈就业规模也超过800万人,同年上海和苏州都市圈就业规模超过1000万人,广州都市圈更是迅猛增长至将近1400万人,比2010年增长近1倍。2000—2018年,深圳都市圈就业规模增长比例最大,2018年就业规模是2000年的5.33倍;广州、杭州和成都都市圈增长比例也较大,2018年就业规模分别是2000年的2.67倍、3.12倍和3.65倍(图6-31)。

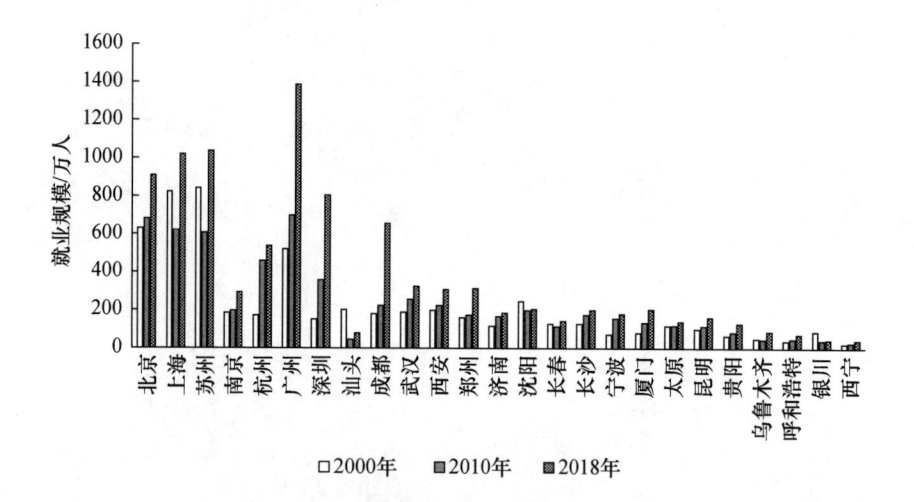

图6-31 2000—2018年都市圈就业规模变化
数据来源:中国城市统计年鉴(2000,2010,2018)。

就业规模分布方面,位于京津冀、长三角和珠三角城市群的北京、上海、苏州、杭州、广州和深圳都市圈就业规模位于第一梯队;南京、成都、武汉、西安、郑州和沈阳都市圈其次;西宁、银川、乌鲁木齐和呼和浩特都市圈就业规模最小。都市圈的就业规模分布也与人口规模分布相似,以胡焕庸线为界,中东部都市圈的就业规模较大,西北地区都市圈就业规模较小(图6-32)。但相比户籍人口分布,位于京津冀、长三角、珠三角和成渝城市群的都市圈就业规模比其他都市圈表现出了更鲜明的优势。

第六章　城市群与都市圈发展

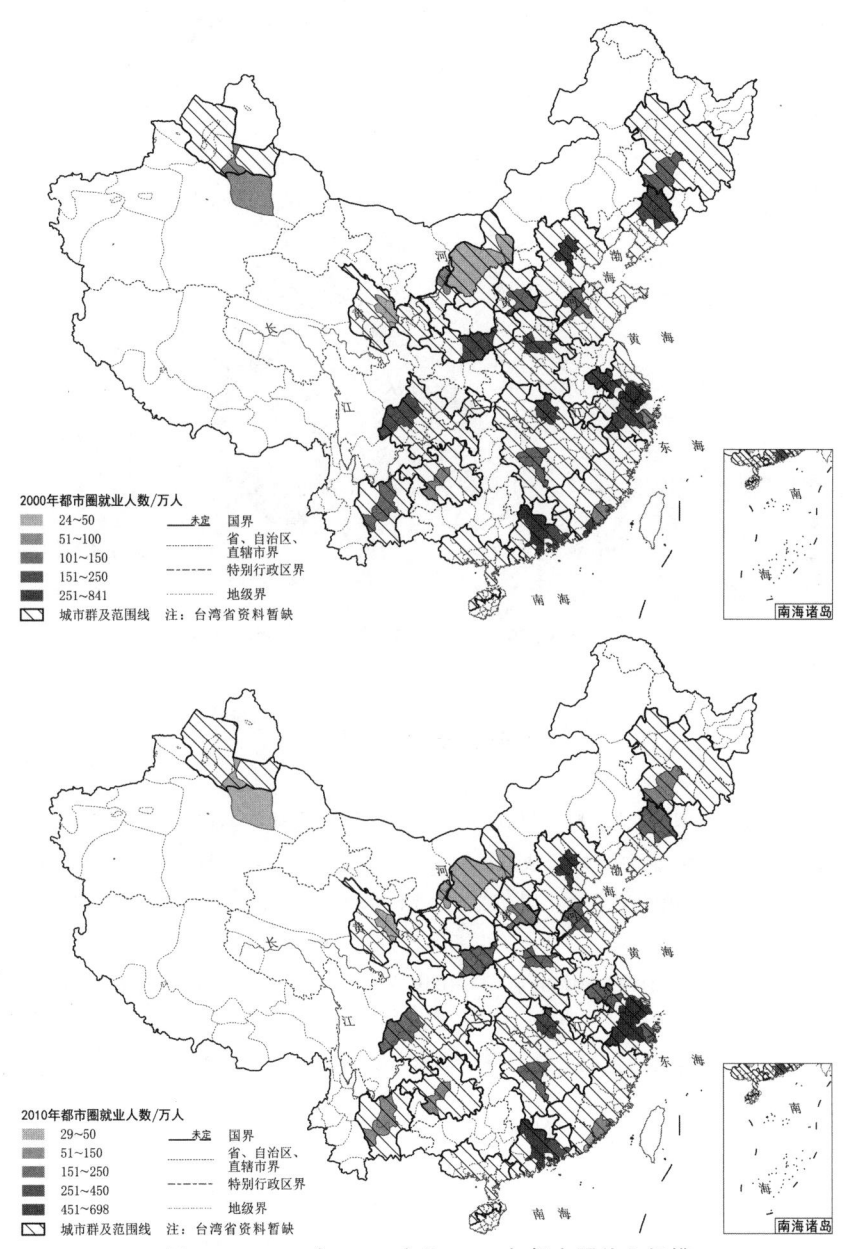

图 6-32　2000 年、2010 年和 2018 年都市圈就业规模

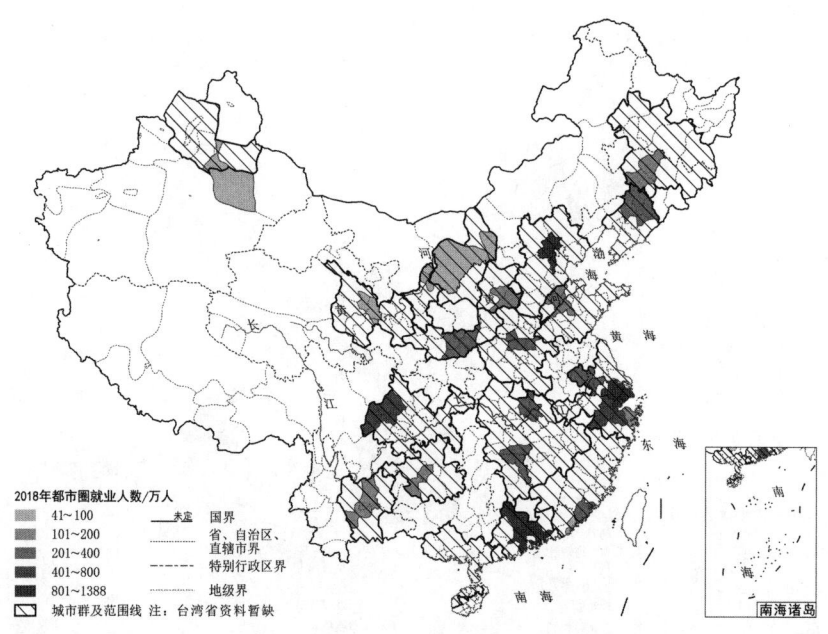

图 6-32　2000 年、2010 年和 2018 年都市圈就业规模(续)

参 考 文 献

[1] 郭熙保,黄国庆.试论都市圈概念及其界定标准[J].当代财经,2006,(06):79—83.

[2] 刘静玉,王发曾.城市群形成发展的动力机制研究[J].开发研究,2004,(06):66—69.

[3] 清华大学中国新型城镇化研究院.中国都市圈发展报告 2018[M].北京:清华大学出版社,2018.

[4] 王建.美日区域经济模式的启示与中国"都市圈"发展战略的构想[J].战略与管理,1997,(02):1—15.

[5] 徐琴.从世界都市圈的发展经验谈中国的都市圈建设[J].南京工业大学学报(社会科学版),2002,(03):56—59,63.

第七章　城市群交通发展

第一节　城市群交通的特征及作用

一、城市群交通的特征

（一）城市群交通系统的构成

城市群交通系统主要由交通设施系统、交通管理系统和交通流系统构成，交通设施系统又包括交通线网和交通场站。

交通线网涵盖铁路、公路、水运、航空等多种交通方式。从线网的服务层次看，主要可分为城市群内部交通网络和对外交通网络（鞠志龙等，2009）。从线网的功能层次看，有覆盖主要发展轴的骨干线路；以中心城市为核心，组成城市群交通骨架的放射线路；连接主要城市和节点的联络线路；以及其他的补充线路和支线（池利兵等，2011）。交通场站和枢纽则是交通设施中的节点，换乘便利、功能齐全的水陆空现代综合交通枢纽是城市群综合交通系统战略规划的重要方面之一（陈必壮等，2011），城市群交通规划需要考虑枢纽的数量、布局和功能，推动建设分层布局的综合交通枢纽（李婷婷等，2016）。

交通管理系统的行动主体是政府、交通运输部门、交通运输相关企业等。城市群综合交通管理涉及多方面的内容，需要深入研究城市群居民出行和货物运输的决策行为、交通需求的生成机理和时空分布规律、城市群综合交通的供需匹配和网络衔接，开展各模式交通网络的综合规划和管理，优化多方式交通时空资源的协同管理和布局（黄海军等，2018）。

交通流系统则由旅客、货物等在空间上流动形成。交通流的强度和空间特征受到城市相互作用的影响（王国明等，2014），交通设施从供给方面影响了交通流，城市经济水平和空间区位从需求方面影响了交通流。

（二）地域空间特征

城市群交通在地域空间上具有多层次、多方式、网络化的特征。城市群交通主要包括城市交通、都市圈交通、城际交通、区际交通和城乡交通5个层次。

城市交通是各个城市中心城区内部的交通,主要服务于客运出行,关注重点是通勤时段的早晚高峰,主要存在的问题是交通拥堵,目前阶段的主要矛盾是出行效率。

都市圈交通是服务于中心城市大都市区通勤、生活等出行的交通。都市圈中的城市一体化程度高,是一日通勤圈、活动圈、生活圈所达的范围,都市圈交通的主要需求也是客运出行,也具有峰值特征,关注重点是通勤问题。

城际交通是城市群内各城市之间的交通,这是城市群交通的主要层面。城市群内城市之间紧密的空间和功能联系是城市群形成与发展的基础,城际交通联系作为要素流通的支撑,在城市群交通中尤为重要。与城市交通和都市圈交通不同,城际交通没有明显的峰值时段;与载客弹性较大的城市交通不同,城际交通的服务水平比较固定,因此对设施水平的要求更高。城际交通关注多通道、多方式、多运营模式的复合型走廊建设。

区际交通是城市群与其外部区域之间的交通,尺度最大。由于尺度较大,区际交通中的要素流动不如城际交通频繁、密切,但运输服务水平要求更高。区际交通重点关注运量能力以及运输的安全性和公平性。

城乡交通是城市群内城市与乡村地区的交通联系。在推进城乡一体化的背景下,城乡交通是城市群交通建设中不容忽视的部分。城乡交通的关注重点是城乡统筹,包括基础设施的衔接、交通管理和运营模式的统筹。

城市群交通包含多种交通方式在地域空间上的叠加,各种交通方式在不同层次上也有不同的体现。公路和城市道路交通在区际、城际、都市圈、城市和城乡层次上均有重要作用,铁路交通也包括区域铁路、城际铁路、市域铁路和城市轨道交通多个层次(王悦欣等,2015)。水运和航空交通通常服务于区域层次。

网络化是城市群交通在地域空间上的发展趋势。越成熟的城市群,内部城市间的联系就越紧密,交通的网络化程度越高。随着城市群交通基础设施的完善和社会经济发展水平的提高,城市群内各类要素之间的联系更加密切、联系数量更多,城市之间的产业分工合作体系更加完善,城市群的交通设施与交通流也更加体现出网络化的特征。

(三)时间特征

城市群交通在时间上体现出动态性的特征,城市群交通系统始终处于动态演化之中,一方面是交通技术和方式的发展和丰富,另一方面是交通网络和空间特征的变化。

随着交通技术的发展,城市群交通的方式逐渐多样化,交通运输服务的速度和舒适度提高。高铁、城际铁路、市域铁路和城市轨道交通等快速轨道交通的发展极大地提高了运输效率,由此增加了城市群与外界联系的便捷度以及城市群内部联系的紧密度,也扩展了城市空间范围。技术创新是城市群交通演进的持续动力(邓润飞,2017)。

城市群的交通网络和空间特征也处于不断变化之中,不同发展时期的城市群具有不同的交通网络空间形态。在城市群发展初期,以集聚效应为主导,周边城市的劳动力等资源向中心城市集聚,中心城市的货物产品流向周边地区,交通系统呈现出围绕中心城市放射型布局或沿着原有的交通通道带状分布的特征。在城市群发展中期,以扩散效应为主导,各类要素由中心城市向周边城市扩散,城市群中的次经济中心生长起来,中心和次中心之间的交通联系成为建设重点。在城市群发展成熟的时期,以协同效应为主导,城市间建立了合理、紧密的产业分工合作体系,城市群交通的网络化程度增加,城市间的客流量也上升,对交通运输服务速度和舒适度的要求提高(董艳华,2010)。

(四)需求特征

城市群的交通需求具有目的多元、时空不均的特征,多样化的交通需求使城市群具有交通一体化的需求。

城市群交通是一个多层次的系统,出行目的多样,每个层级的主要出行目的不同,交通需求也有所不同。在城市和都市圈层次,出行目的主要有通勤、购物、娱乐等,对运输的便捷性要求较高。城际和区际层次的出行目的更加多元,出行距离更远,对交通运输的安全性、舒适度要求更高。

城市群的出行需求在时空分布上是不均衡的。对于城市和都市圈尺度的交通,通勤是占比很大的出行目的,出行有早晚高峰,高峰时期的出行需求更大。对于城际尺度的交通来说,中心城市和次中心城市之间、次中心城市之间的出行需求更大,中小城市、边缘城市之间的出行需求较弱(董治等,2011)。

多元的出行目的和不均衡的时空分布,对城市群交通提出了一体化的要求。城市群交通需要融合各个层级,向"城市交通区域化,区域交通城镇化"发展(孔令斌,2004)。城市群交通一体化是不同交通方式、不同层级、不同管理部门在网络、枢纽和运输上的一体化。网络一体化是不同层级、不同区域交通线网的一体化。枢纽一体化是面向各层级、各类交通方式的场站一体化,如面向城市交通的地铁站和面向区域交通的高铁站一体化。运输一体化是将运输各个阶段整合起来,实现不同运输方式的衔接,将物流的仓储和配送结合起来,进行总体调度和资源分配。实现城市群交通一体化,就要将网络整合起来、枢纽综合起来、运输衔接起来。

二、交通对城市群发展的作用

交通对城市群发展主要具有支撑、引导和推动的作用。交通基础设施支撑了城市群内要素的流动,交通方式和网络形态影响了城市群的空间组织结构,交通可达性的变化影响了居民和企业的选址行为,促进了城市群的集聚与扩散。

交通对于城市群的发展具有支撑作用。交通基础设施是要素流动的载体,主要交通沿线的城市更容易产生联系并形成城市群,从地理分布看,城市群常常沿海岸线或主要交通干线分布,呈轴带状扩展,如美国大西洋沿岸城市群和日本太平洋沿岸城市群。城市群的交通供给与需求之间具有相互依存、相互促进的关系(李成兵,2017)。城市群的发展需要完善的交通基础设施体系来支撑,多样化的出行需求需要高效的交通运输服务来满足,日益增长的交通出行压力需要大运量的交通方式来缓解(丁金学等,2014)。

交通方式的变化和交通网络的发展影响了城市群的空间结构。城市群空间结构与交通和土地利用方式有关,城市群空间结构的演变是交通与土地利用相互影响、相互作用的结果。交通方式的变化影响了城市群空间结构的发展,早期以水运或铁路为主导的交通方式促成了城市群体空间的形成,而现代快速交通方式,如高速公路、高速铁路的发展,使城市和区域的空间扩展更具有灵活性,促成了各种规模、层次的城市群体网络。不同的交通方式塑造了不同形态的空间,小汽车交通带来了郊区化现象,促使边缘城市形成,使城市空间向分散、低密度的形态发展(汤燕,2005);以轨道交通为主的快速公共交通系统则促进了紧凑型城市空间形态的发展,实证分析表明,轨道交通对城市群紧凑度有明显的正向影响(郝伟伟,2017)。目前,快速度、多层次、大容量的轨道交通是城市群交通建设的方向,多层次的快速大容量轨道交通能够优化城市群交通体系,满足通勤客流的快速出行需求,缓解中心城市和交通走廊的拥堵,作为连接中心城区与外围城市的骨干交通,轨道交通能够引导城市人口布局,形成以公共交通为骨干的"节点+走廊"形态,避免城市无序扩张(方恒堃,2016)。从宏观尺度看,交通网络的发展改变了时间与空间的关系,交通技术水平的进步、交通方式的多样化和快速化、交通网络在空间上的扩张和加密,推动了经济社会空间结构的演进,提升了城市群在国土空间开发中的重要性,传统以发展轴线为中心的国土开发结构将逐渐转变为以大都市和城市群为中心的网络化国土开发结构(金凤君等,2019)。

交通可达性的变化能够影响居民和企业的选址行为,从而影响城市经济和产业发展,促进城市群的集聚与扩散作用。居民和企业倾向于选址在可达性高的区域(王春才等,2007),在城市群发展初期,中心城市较高的可达性促进了中心城市的集聚作用。而随着交通基础设施建设,交通成本的下降、交通便捷程度的提高、周边城市可达性的提升为城市群的扩散作用提供了支撑。从经济和产业发展的角度看,交通产业自身的推动力、产业连锁循环的动力、交通对产业空间的导向力共同影响了城市群的产业分工合作体系,影响了城镇分布的集聚与扩散进程(汤燕,2005)。对滇中城市群的实证研究也表明,交通可达性与城市群空间结构相关,随着城市群边缘节点的可达性提升,以及各节点间可达性水平的差异缩小,城市群空间结构从放射状结构向网络化结构发展(刘安乐等,2016)。

第二节 中国城市群交通发展情况

一、交通设施

(一)公路

在区域交通中,公路交通是最为机动灵活的交通方式,相比航空、水运和铁路,公路交通的线网通常更加密集。但与同为陆路交通方式的铁路交通相比,公路交通运量较小、运费较高。因此,公路交通比较适合短途运输。东部地区以及内陆成渝、关中等位于交通枢纽地区的城市群公路设施水平较高。不发达地区的人均公路设施水平高于发达地区。

按照不同依据,公路有不同的分级方式。根据公路所适应的年平均昼夜交通量和使用性质,将公路分为5个技术等级,高速公路为最高等级,行驶速度需在60~120千米/小时,以中长途运输为主,具有重要的政治、经济意义。从图7-1(彩插3)中可以看出,全国的高速公路网络分布以城市群地区最为密集,其中,京津冀、长三角和珠三角城市群拥有最密集的高速公路网络。从2010年到2016年,高速公路线网加密,增加的部分也基本位于城市群地区。

城镇化格局与城市群交通

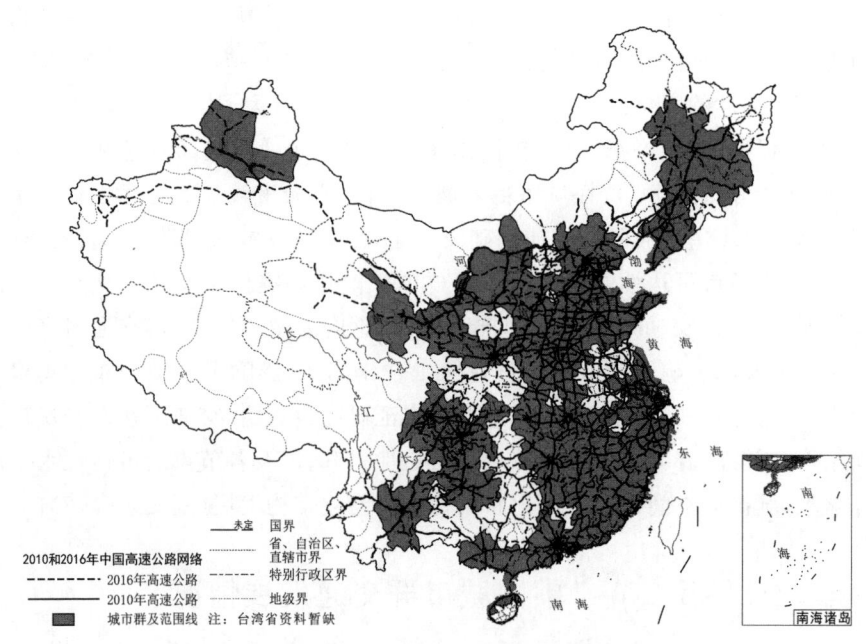

图 7-1　2010 年和 2016 年中国高速公路网络

从总量看,京津冀、长三角、长江中游、中原和海峡西岸城市群的高速公路里程较高,处于第一梯队。这些城市群中,京津冀城市群和长三角城市群发展较为成熟,公路设施水平较高;长江中游城市群和中原城市群一方面由于地处交通枢纽位置,另一方面由于城市群范围大、包含城市多,因此高速公路里程总量大。珠三角、成渝、山东半岛、辽中南、关中和哈长城市群属于第二梯队。其余城市群的高速公路里程明显低于前两个梯队。

从增长情况看,京津冀、长三角、成渝、长江中游、中原、海峡西岸、关中和哈长城市群从 2005—2016 年的高速公路里程增长较为可观。其中长三角和中原城市群从 2005—2010 年就有较为明显的增长,而其他城市群 2005—2010 年增长不大,2010—2016 年的增幅比较突出(图 7-2)。

根据行政等级,公路可分为国道、省道、县道、乡道和村道。一般把国道和省道称为干线,县道和乡道称为支线。其中最高等级的国道连接了各大经济中心、交通枢纽,具有重要的战略意义。

相比高速公路,国道在全国的分布更加平均,从图 7-3(彩插 4)中可见华北地区国道密度较高,2010—2016 年国道的增长不如高速公路大。除兰西、天山北坡和滇中城市群外,其他城市群 2016 年国道里程均低于高速公路里程,城市

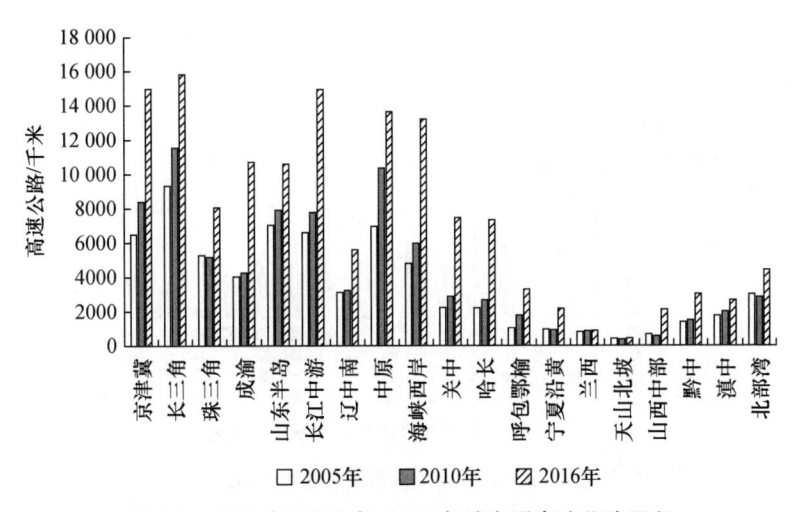

图 7-2　2005 年、2010 年、2016 年城市群高速公路里程

群间差异也不如高速公路的差异明显(图 7-4)。京津冀、长三角和长江中游城市群的国道里程在 19 个城市群中较为突出。

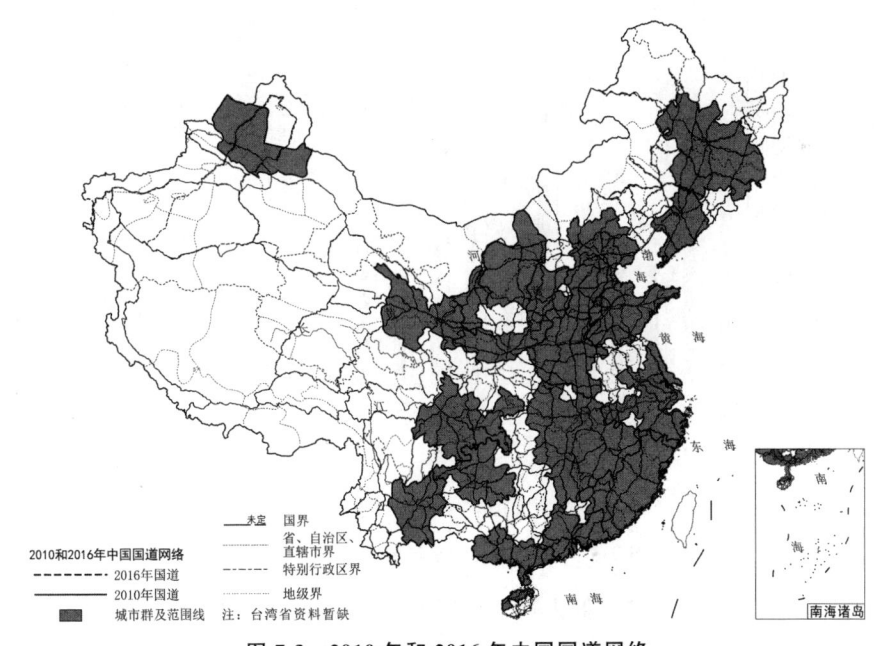

图 7-3　2010 年和 2016 年中国国道网络

城镇化格局与城市群交通

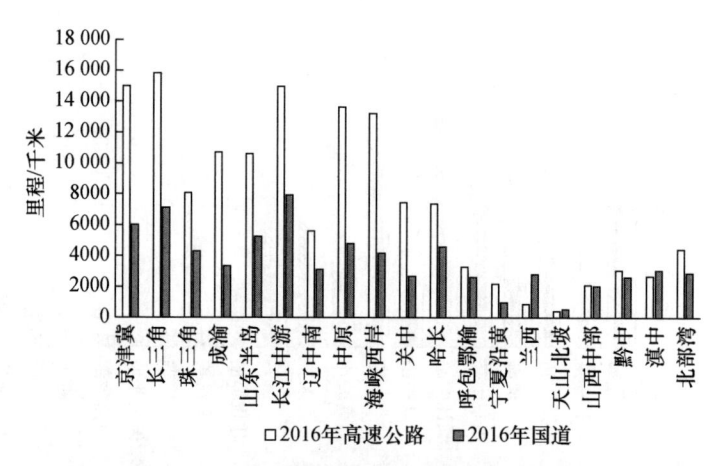

图 7-4 2016 年城市群高速公路和国道里程

从城市群国道增长情况也可看出,2010—2016 年各城市群国道里程的增长小于高速公路的增长,多数城市群的国道长度变化不大,只有长三角、珠三角、长江中游城市群的国道长度增长比较可观,此外,山东半岛、辽中南、中原、呼包鄂榆、兰西、山西中部、滇中和北部湾城市群的国道也有小幅度的增长(图 7-5)。

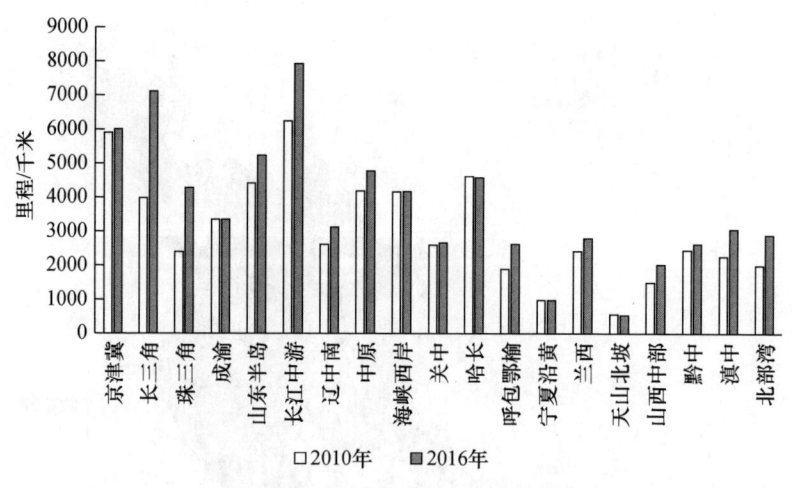

图 7-5 2010 年、2016 年城市群国道里程

从人均情况看,各城市群人均公路里程的差别小于总量的差别。呼包鄂榆、宁夏沿黄和天山北坡城市群的人均高速公路和国道设施水平较高,其余城市群均相差不大。这与公路交通的特征有关,不同于航空运输的高集中性和水运的

第七章　城市群交通发展

地域依赖性，公路交通的路网更密集、分布更广泛，且其疏密分布与人口的分布较为契合，因此各个城市群的人均公路设施水平差别不大（图7-6）。

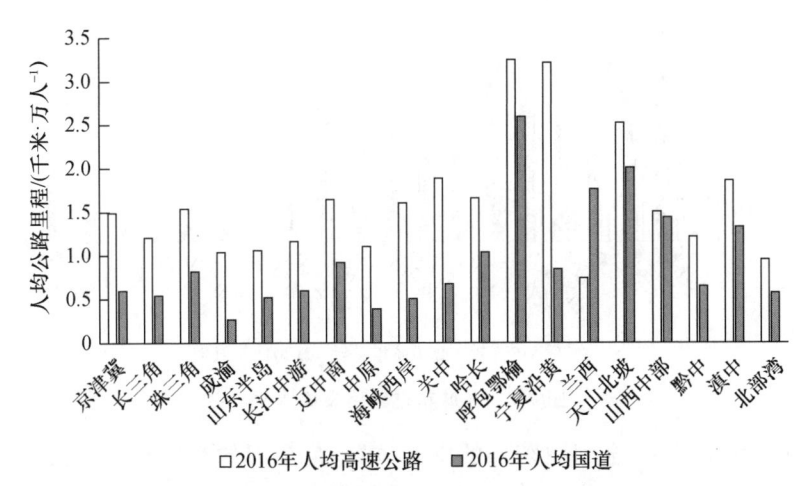

图 7-6　2016 年各城市群人均公路设施水平

（二）铁路

铁路交通相比公路交通运量更大，但机动性较差；相比水运交通速度更快；相比航空交通运费更低，优势较为综合。且铁路交通一般不受气候和自然条件限制，能够保证运输的持续和准时，是一种经济、稳定的运输方式。作为优势均衡的交通方式，铁路运输在短途、中途和长途运输中都有重要价值。各城市群中，京津冀和长江中游城市群的铁路设施水平较高，长三角、山东半岛、中原和哈长城市群其次。北方城市群的铁路设施水平相对高于南方。不发达地区的城市群人均铁路设施水平高于发达地区的城市群（图7-7）。

分别考察各城市群铁路、高速铁路和普速铁路的情况。数据来自2015年和2016年的交通路网图层。其中铁路为2016年数据，部分城市2016年铁路数据缺失，因此用2015年数据进行校正。高速铁路为2015年数据，普通铁路里程由2016年铁路里程减去2015年高铁里程得到。

从总量看，"十三五"规划列出的19个国家级城市群中，京津冀、长三角、珠三角、成渝、山东半岛、长江中游、辽中南、中原、海峡西岸、关中和哈长城市群这11个城市群的铁路里程相比其他8个城市群优势比较明显。其中，京津冀、长三角和长江中游城市群的铁路里程尤其大（图7-8）。京津冀和长三角城市群是发展较成熟的两大城市群，铁路基础设施也比较完善；长江中游城市群包括武

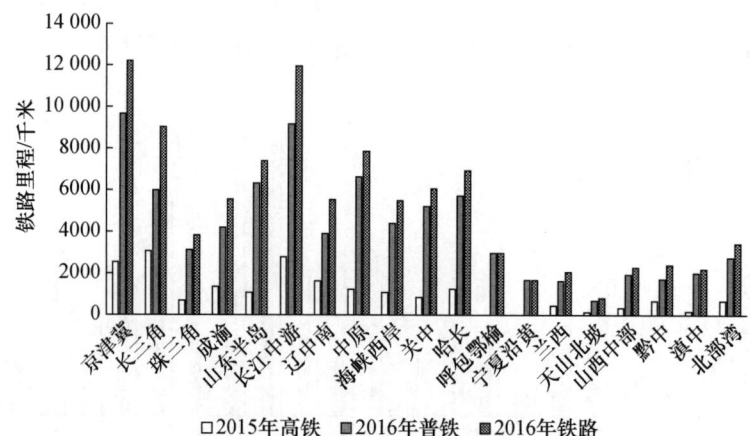

图 7-7　各城市群铁路设施水平

汉、长沙等城市,位于全国中东部的中心位置,是全国的交通枢纽,连接东西南北,有多条铁路通过,铁路设施水平也较高。

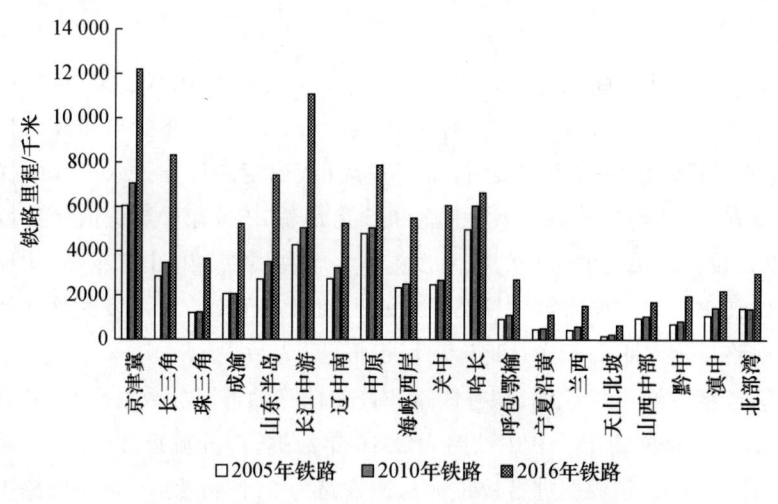

图 7-8　2005 年、2010 年、2016 年城市群铁路里程

高速铁路和普速铁路各自的分布情况与全部铁路基本相同。京津冀、长三角和长江中游城市群的高速铁路里程明显高于其他城市群,处于第一梯队。值得注意的是,珠三角城市群的铁路里程总量在上述 11 个城市群中属于较低水平,这与珠三角城市群的体量有关,其囊括的城市和涉及的范围相比其他城市群较小。

第七章 城市群交通发展

从增长情况看,2005—2016年多数城市群铁路里程都有大幅增长,其中京津冀、长三角、成渝、山东半岛、长江中游和关中城市群的增长最为可观。多数城市群2005—2010年铁路里程变化不大,增长主要集中于2010—2016年,这与全国铁路在2010年后增长加快的态势相同(图7-8)。从全国铁路网络分布图来看,2010—2016年,西北和西南地区的铁路网增长比较明显,城市群之间的铁路联系有所增加(图7-9,彩插5)。

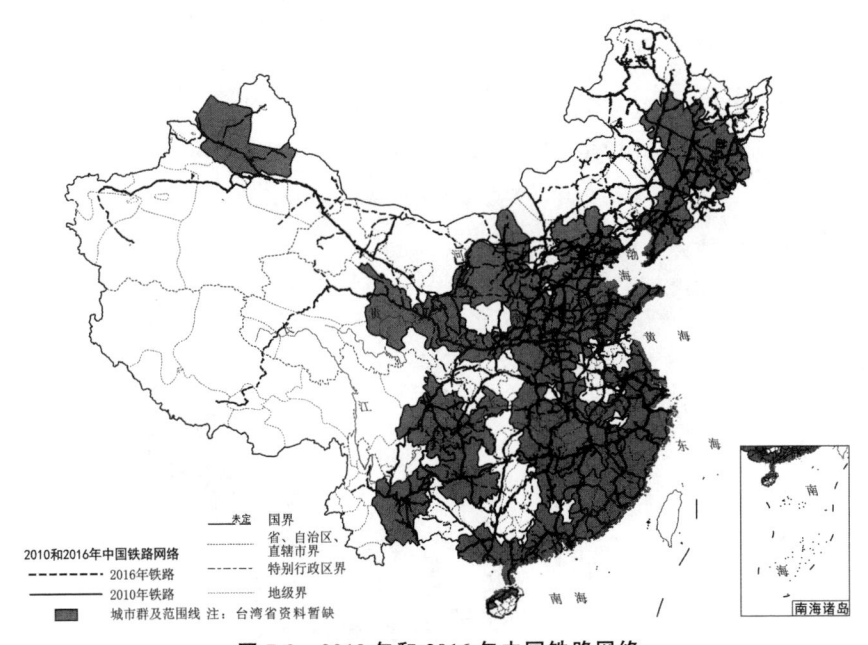

图7-9 2010年和2016年中国铁路网络

铁路里程的人均情况与总量出现了相反的特征。呼包鄂榆、宁夏沿黄和天山北坡城市群的人均铁路里程明显高于其他城市群,属于第一梯队;辽中南、关中、哈长、兰西、山西中部和滇中城市群人均铁路里程也较高,属于第二梯队。人均铁路里程较高的城市群基本均位于北方,包括西北和东北地区,且均属于发展程度一般、还处于发育阶段的城市群。这些城市群的人口数量较少,因此铁路设施的人均水平较高。人均铁路设施水平的差异主要体现在普速铁路上,各城市群人均高速铁路的水平差距不明显(图7-10)。

高速铁路是指设计速度250千米/小时以上,列车初期运营速度200千米/小时以上的客运专线。2018年,中国高铁营运里程达2.9万千米以上,中国目前已经成为世界上高速铁路发展最快、营运里程最长、运输密度最高、运行时速

— 199 —

城镇化格局与城市群交通

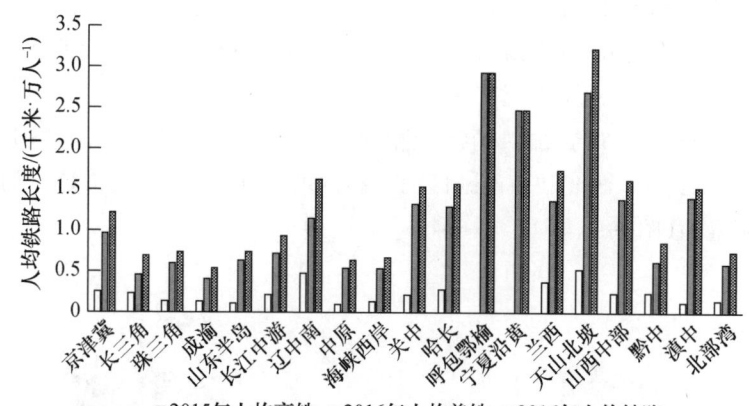

图 7-10 各城市群人均铁路设施水平

最高、在建规模最大的国家(图 7-11)。

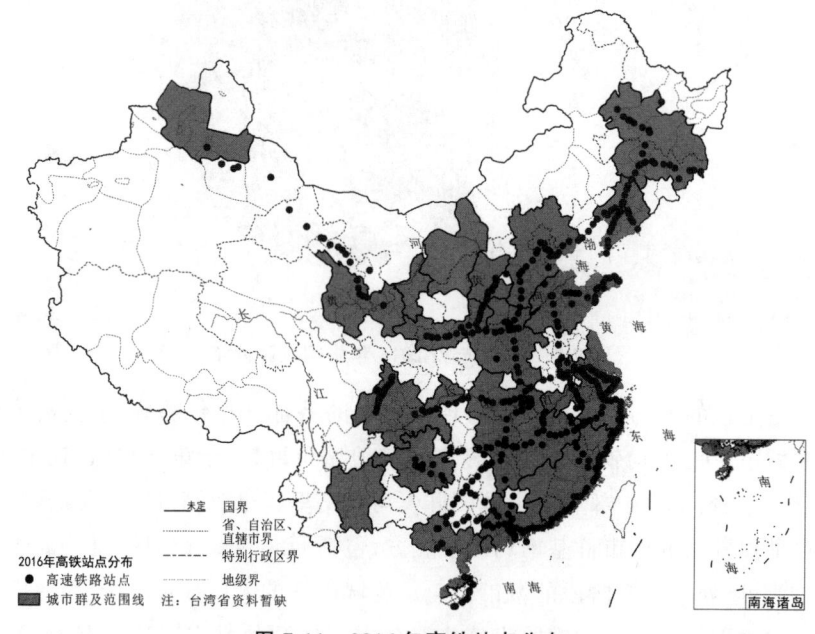

图 7-11 2016 年高铁站点分布

中国第一条高铁是 2003 年开通的从秦皇岛到沈阳的秦沈客运专线,2008年,宁蓉铁路合宁段、胶济客运专线和京津城际铁路相继开通。从 2003 年到 2018 年,全国开通高铁的城市共有 244 个,2010 年后每年新开通高铁的城市

— 200 —

数量增多,2010年新增31个,2014年新增44个,2015年新增34个。2012年,开通高铁的城市数量突破100个,达到106个;2015年突破200个,达到205个(图7-12)。

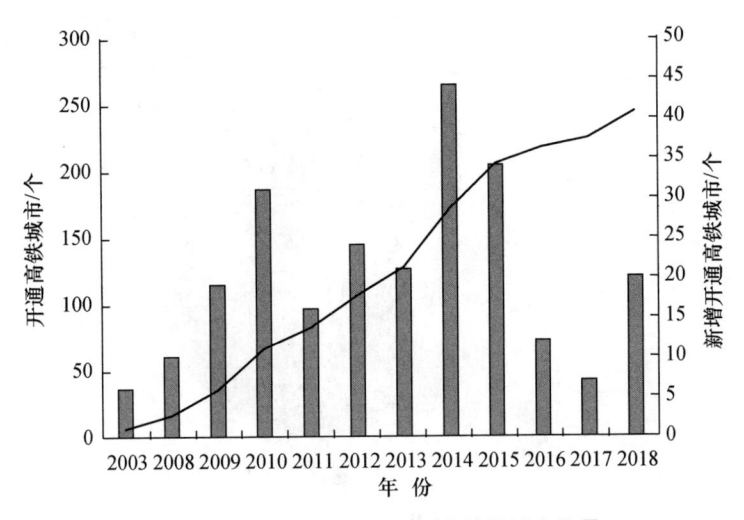

图7-12 2003—2018年开通高铁的城市数量

高铁线路、站点和开通高铁的城市主要集中在城市群地区。2010年以前,较早开通高铁的城市主要位于华北和华东地区,京津冀、辽中南、长三角和长江中游城市群的高铁网络最为密集,山东半岛、中原、关中、海峡西岸、珠三角和成渝城市群亦有部分城市开通高铁。2010—2015年,开通高铁的城市增长最多,增长主要位于哈长、中原、关中、兰西、成渝、长江中游、长三角、珠三角和北部湾城市群,这一时间段高铁网络全面铺开,各地增长比较均衡。2016—2018年,新增的开通高铁的城市主要位于京津冀、山东半岛、长三角、珠三角、滇中和黔中城市群,其中京津冀、山东半岛、长三角和珠三角城市群的高铁网络发展早,现在又进一步加密,而滇中和黔中城市群在2016年后高铁开始发展。高铁网络的发展总体上呈现从东部向中部再向西部推进的趋势(图7-13)。

(三)城际铁路

城际铁路是在邻近城市之间开行的客运专线,通常修建在人口密度大、人口流动频繁的地区,线路长度相对较短,站间密度大,设计旅客发送量大。城际铁路有助于加强城市群内部联系的紧密程度,是城市群交通一体化的重要交通方式。

城际铁路是以功能命名的铁路类型,大部分设计时速都在250千米以上。

城镇化格局与城市群交通

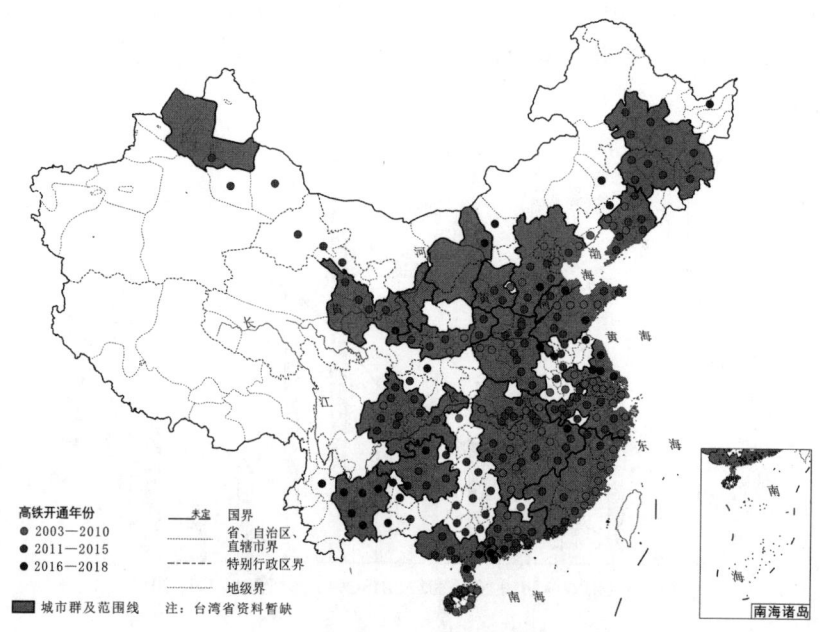

图 7-13　各年份开通高铁的城市

邻近城市之间的高铁具有城际铁路的功能,城市群内开通高铁的城市比例一定程度上反映了城市群内部城际铁路联系的便捷程度。截至 2018 年,19 个城市群中,长三角、珠三角、辽中南、哈长和滇中城市群开通高铁的城市占比超过 90%,滇中城市群更是达到 100%。开通比例在 80%～90% 的有京津冀、长江中游、海峡西岸、黔中和北部湾城市群,70%～80% 的有山东半岛、中原和关中城市群。呼包鄂榆、宁夏沿黄、天山北坡几个西北地区的城市群开通高铁的城市比例较低,不到 50%,宁夏沿黄城市群最低,无开通高铁的城市(图 7-14)。与高铁网络建设从东部到中部再到西部的发展趋势相似,城市群内开通高铁城市的比例从东部到中部再到西部递减。

部分城市群在城市群内规划了城际铁路。京津冀城市群规划有"四纵四横一环"的城际铁路网,以"京津、京保石、京唐秦"三大通道为主轴,与既有路网共同连接京津冀所有地级及以上城市,基本实现京津石中心城区与周边城镇 0.5～1 小时通勤圈,京津保 0.5～1 小时交通圈,有效支撑和引导区域空间布局调整和产业转型升级。但规划建设的城际铁路中,目前通车的仅京津、津保、京雄城际,京滨、京唐城际正在建设中(图 7-15)。

— 202 —

第七章 城市群交通发展

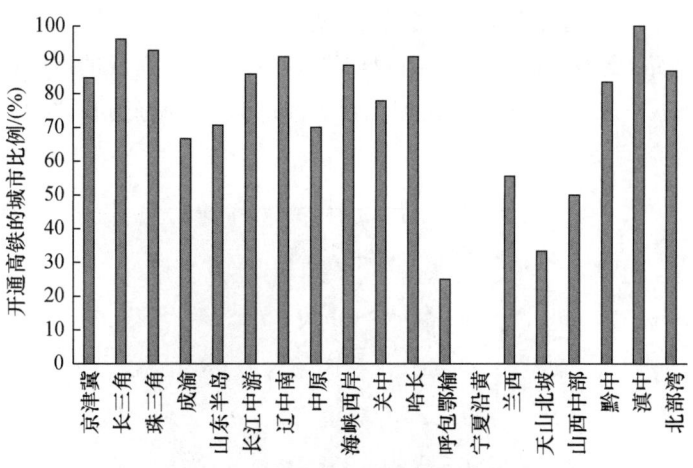

图 7-14 2018年城市群开通高铁的城市占比

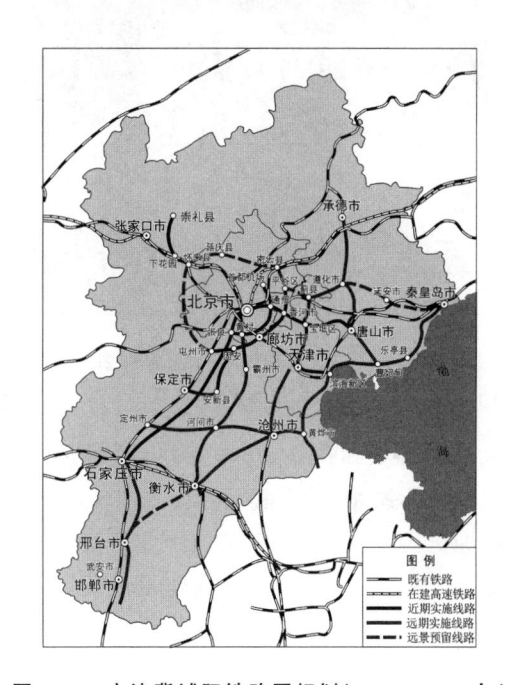

图 7-15 京津冀城际铁路网规划(2015—2030 年)
图源:《京津冀城际铁路网规划(2015—2030 年)》。

在 2020 年的《长江三角洲地区交通运输更高质量一体化发展规划》中,长三角规划建设 11 条城际铁路,以上海为核心枢纽,以南京、合肥、杭州和宁波为中心枢纽,建设上海—杭州、南京—淮安、南京—宣城、杭州—丽水、合肥—池州、宁波—舟山、衢州—丽水、镇江—马鞍山、巢湖—马鞍山、义乌—金华、盐城—湖州11条城际铁路，全面联通长三角城市群（图7-16）。规划建设的城际铁路主要是补足非枢纽城市之间、非枢纽与枢纽城市之间的联系，枢纽城市之间则由既有的高速铁路连接。

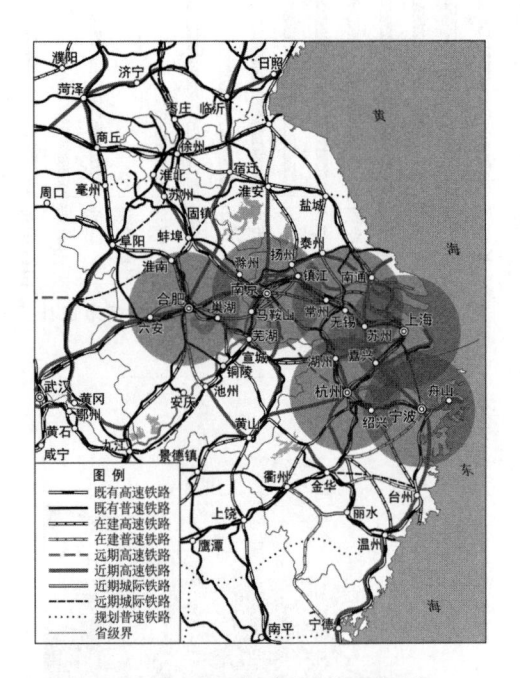

图7-16 长三角地区交通网规划
图源：《长江三角洲地区交通运输更高质量一体化发展规划》。

粤港澳大湾区也规划有城际铁路，2020年的《粤港澳大湾区城际铁路建设规划》中提出建设13条城际铁路，总里程约775千米，其中2022年前启动深圳机场至大亚湾城际深圳机场至坪山段、广清城际北延线等6个城际铁路项目和广州东站改造工程等3个枢纽工程建设，规划建设里程337千米（图7-17）。目前，粤港澳地区已有的城际铁路有广佛城际、佛肇城际、广珠城际、莞深城际和莞惠城际，联通了珠三角的核心区域。

（四）水运

水路运输具有运量大、运输成本低的优点，但其受自然条件限制大，有季节制约性，营运范围受地理条件的限制，灵活性差；且运输速度慢、准时性差，装卸作业量大。因此，水路运输一般适合远距离、运量大、时间限制不强的大宗货物运输，尤其适合集装箱运输。水运在货运中的适用度远高于客运。受自然地理

第七章　城市群交通发展

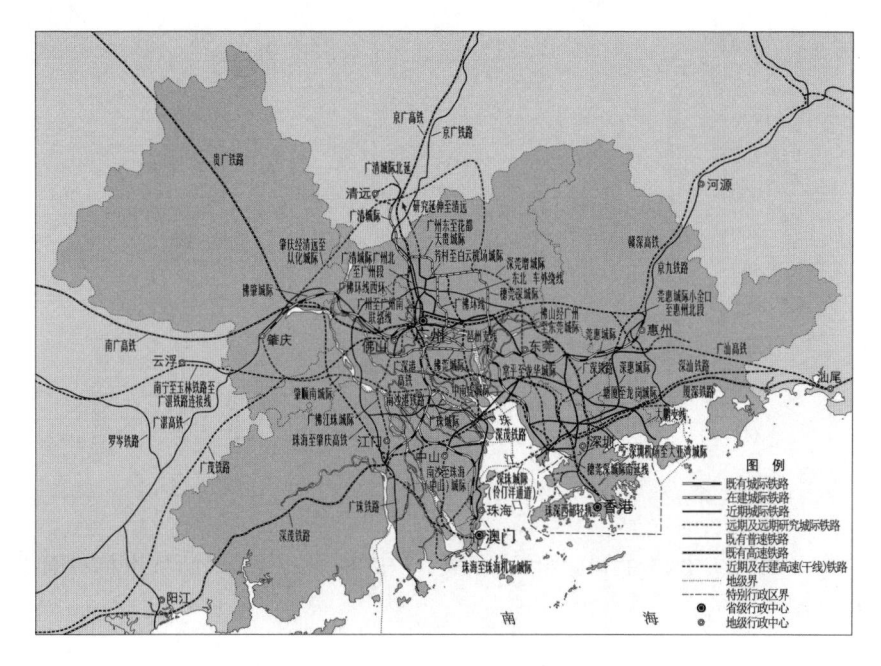

图 7-17　粤港澳大湾区城际铁路建设规划
图源：《粤港澳大湾区城际铁路建设规划》。

因素的影响，长三角城市群的水运设施水平远超其他城市群，东南沿海和长江流域的水运设施水平较高。

水运与区域自然条件关系极大。一般而言，有天然航道的地区水运比较发达。我国的航道基本分布在东部和南部，19个城市群中，拥有高等级航道的城市群有长三角、珠三角、成渝、山东半岛、长江中游、中原、海峡西岸、哈长和北部湾城市群。其中成渝、长江中游和长三角城市群属于长江流域，中原城市群大部分属于黄河流域，珠三角和北部湾城市群属于珠江流域，哈长城市群属于松花江流域，海峡西岸城市群属于闽江流域。长三角城市群的高等级航道最长，将近1 600千米；长江中游次之，约1 100千米；珠三角、成渝和哈长城市群再次，在400千米左右；其余城市群航道长度较低。综合来看，下游城市群的航道长度较大，长江流域的航道长度明显大于其他流域（图7-18）。

港口的分布与航道相似（图7-19），统计各城市群内河和沿海主要规模以上港口数量，其中内河规模以上港口统计范围为年吞吐量200万吨以上的港口，沿海规模以上港口统计范围为年吞吐量1 000万吨以上的港口。长三角城市群共有规模以上港口13个，远高于其他城市群；其次是长江中游、山东半岛和北部湾

城镇化格局与城市群交通

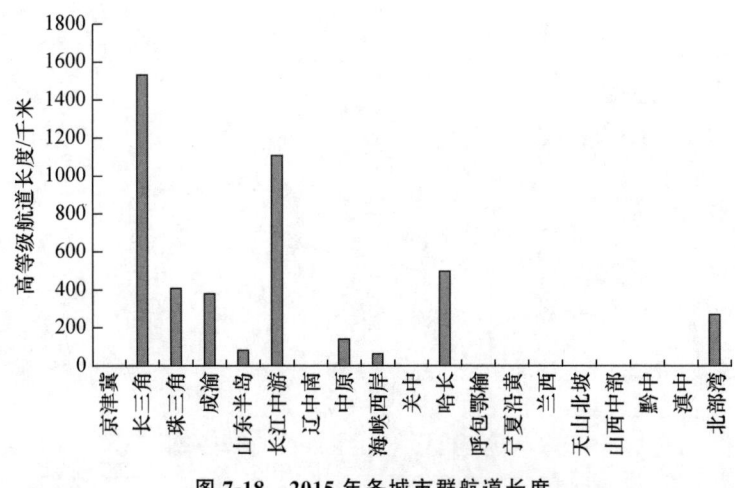

图 7-18 2015 年各城市群航道长度

城市群,分别为 4 个、3 个和 3 个;京津冀、辽中南、珠三角、成渝城市群拥有 2 个及以下(图 7-20)。

图 7-19 全国内河高等级航道和主要港口布局方案(2006—2020 年)
图源:交通部《全国内河航道与港口布局规划》。

— 206 —

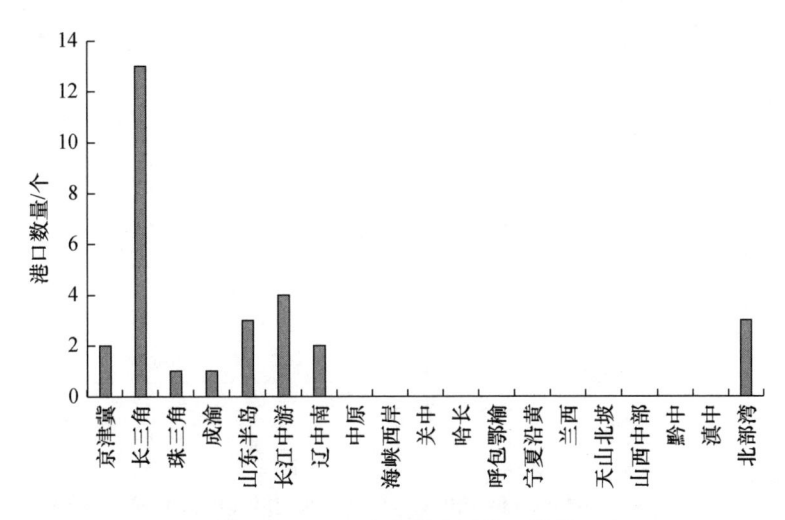

图 7-20　2018 年各城市群港口数量

数据来源：国家统计局。

　　港口泊位数方面，长三角城市群依然遥遥领先，达 3 880 个泊位；其余泊位数较高的有珠三角、成渝和长江中游城市群，拥有 500～1 000 个泊位（图 7-21）。万吨级以上的泊位分布与总体分布相差不大，长三角城市群拥有 687 个泊位；其次为京津冀、山东半岛和辽中南城市群，在 150 个以上。观察万吨级泊位的占比，位于北方和江河下游的京津冀、山东半岛、辽中南城市群虽然总体泊位数不高，但万吨级泊位数较高，占比较大；而位于南方的珠三角、成渝和长江中游城市群虽然总体泊位数较高，但万吨级泊位数反而不如前者，占比较小。万吨级泊位只分布在下游城市群，包括长三角、京津冀、山东半岛、辽中南、珠三角和北部湾城市群，而河流中上游城市群的港口泊位量级较小。

　　分别考察沿海和内河港口的分布情况。各城市群中拥有规模以上沿海港口的有京津冀、长三角、珠三角、山东半岛、辽中南和北部湾城市群。其中长三角的港口泊位数远高于其他城市群，珠三角和山东半岛其次。从增长情况看，多数城市群港口泊位数 2000—2010 年的增长较大，2010—2018 年增长较小。长三角、珠三角和北部湾城市群的港口泊位数在 2000—2010 年有大幅增长，山东半岛城市群则在 2010—2018 年增幅较大。珠三角和长三角两个位于发展最前沿地区的城市群，2000 年后沿海港口泊位数的增长开始早、速度快，与其他城市群拉开了差距（图 7-22）。

城镇化格局与城市群交通

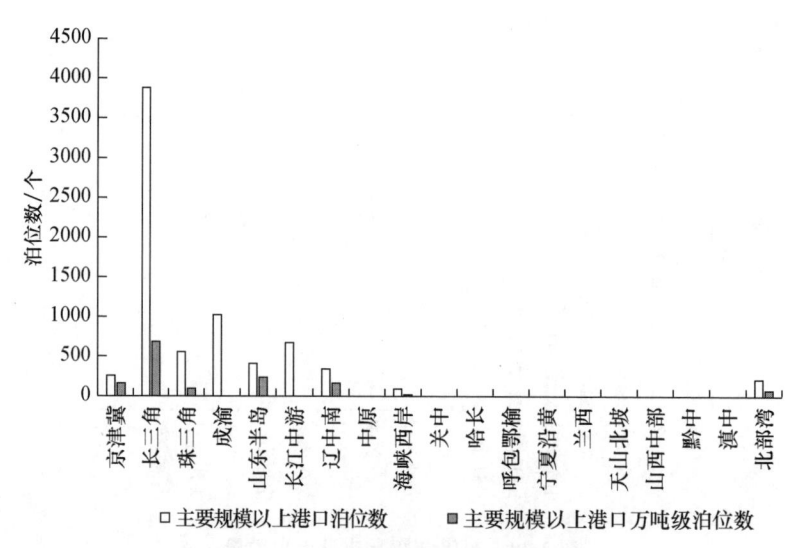

图 7-21　2018 年各城市群港口泊位数
数据来源：国家统计局。

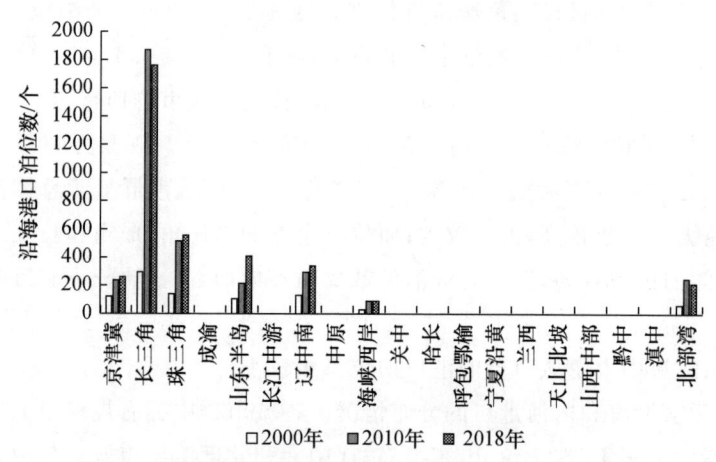

图 7-22　2000 年、2010 年、2018 年城市群沿海港口泊位数
数据来源：国家统计局。

沿海港口万吨级泊位数依然是长三角远超其他城市群，其次为位于江河下游的京津冀、山东半岛和辽中南城市群（图 7-23）。从增长情况看，港口泊位数在 2000—2010 年间增长比较迅速，而万吨级泊位数的增长在 2000—2010 年，以及 2010—2018 年间比较平均。2010 年后，港口泊位的量级有所上升。

第七章　城市群交通发展

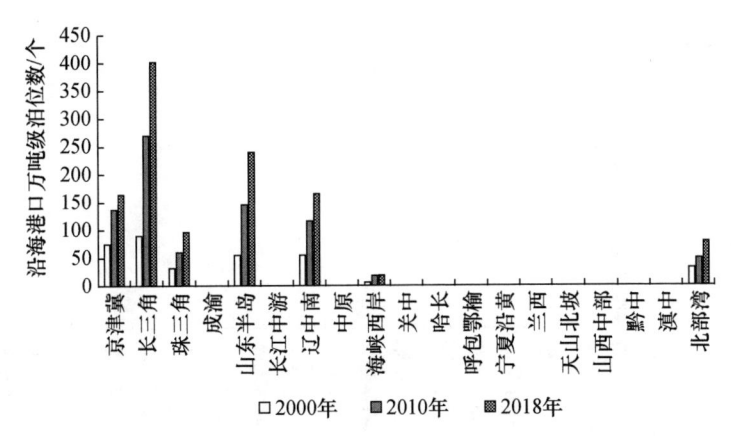

图 7-23　2000 年、2010 年、2018 年城市群沿海港口万吨级泊位数
数据来源：国家统计局。

拥有规模以上内河港口的城市群有长三角、成渝和长江中游城市群，都位于长江流域（图 7-24）。其中只有长三角城市群拥有万吨级以上的内河港口（图 7-25），也只有长三角城市群同时拥有沿海和内河的规模以上港口。长三角内河港口的数量同样远超其他两个城市群。在水运方面，长三角城市群的设施水平最高。

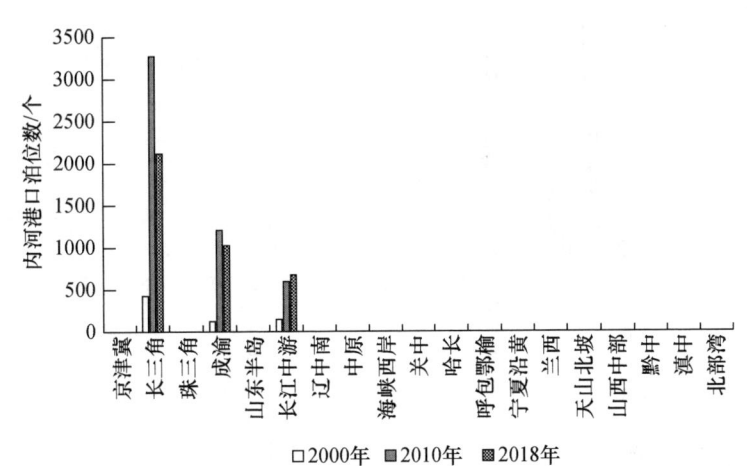

图 7-24　2000 年、2010 年、2018 年城市群内河港口泊位数

从沿海港口的吞吐量看，长三角和山东半岛城市群货物吞吐量最大，辽中南、京津冀和珠三角城市群其次，北部湾城市群再次。从增长情况看，各城市群 2000—2010 年的增长比 2010—2018 年增长更加可观，但长三角和山东半岛城

— 209 —

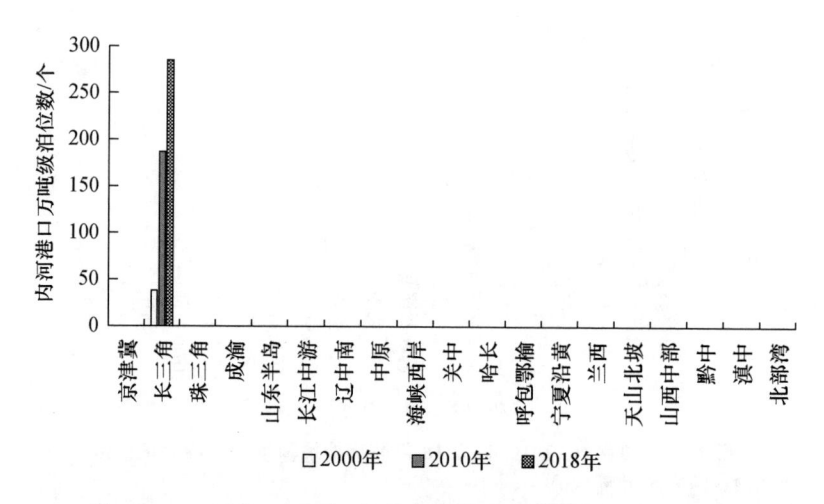

图 7-25　2000 年、2010 年、2018 年城市群内河港口万吨级泊位数
数据来源：国家统计局。

市群在 2010—2018 年吞吐量依然有大幅增长（图 7-26）。

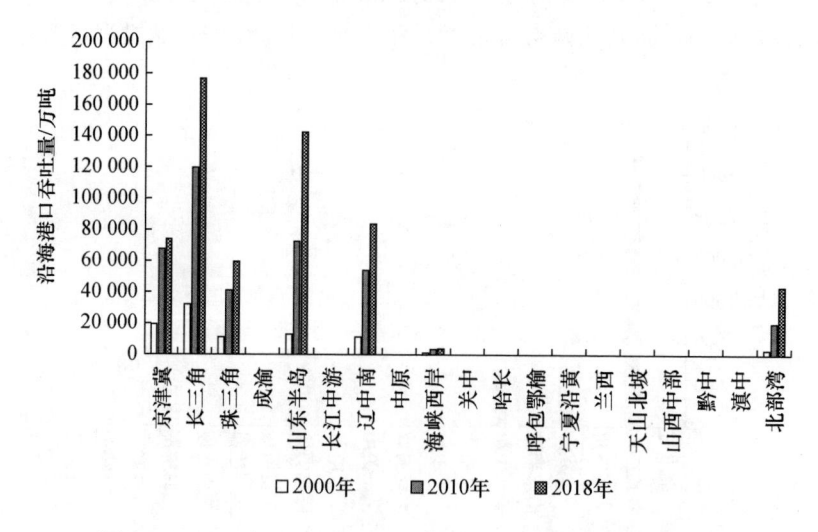

图 7-26　2000 年、2010 年、2018 年城市群沿海港口货物吞吐量
数据来源：国家统计局。

这些沿海城市群均是"一带一路"中的重要节点。港口是"一带一路"建设中重要的基础设施，是串联"一带一路"经济走廊的关键节点。"一带一路"的陆上经济带中，中蒙俄经济走廊从京津冀延伸到内蒙古，再到蒙古和俄罗斯；新亚欧

大陆桥从山东半岛城市群延伸到西安、新疆,再到中亚、西亚和欧洲;孟中印缅经济走廊和中国—中南半岛经济走廊从北部湾城市群出发,延伸至东南亚。海上丝绸之路,一条从北部湾和海峡西岸城市群出发,向南延伸到东南亚;另一条从长三角城市群出发,向北穿越日本海到达俄罗斯。

各个城市群中,京津冀、山东半岛、中原、关中、天山北坡、北部湾和滇中城市群是"一带一路"陆路经济带的重要节点,其中京津冀、山东半岛和北部湾城市群位于沿海,是陆路经济带的起点。长三角、海峡西岸、珠三角和北部湾城市群则是海上丝绸之路的重要节点,长三角、海峡西岸和北部湾城市群是海上丝绸之路的起点。北方的城市群主要在陆路经济带中发挥作用,海上丝绸之路则主要依托东南沿海的城市群,而西南地区的北部湾城市群在陆路与海上丝绸之路中均发挥重要作用。

(五)航空

航空运输在各种运输方式中速度最快,且机动性强、舒适安全,与修建公路和铁路比,修建机场的周期短、占地少、收效快。但航空运输的容积和载重量小,运费高,且飞行受气象条件影响。因此,航空运输适合价值大、新鲜易腐的货物的中长途运输。由于运输成本较高,航空运输没有公路和铁路应用广泛,线路相对较少,覆盖面积较小。航空运输多数发生在经济发展水平较高的地区之间,航空网络勾勒出了全国区域联系的基本骨架。不论是机场数量还是起降架次,长三角城市群的航空设施水平都遥遥领先,京津冀、珠三角和成渝城市群身为航空交通枢纽,起降架次位列第二梯队(图7-27)。

考察各城市群的机场数量,2018年,长三角城市群拥有15个机场,远高于其他城市群;京津冀、山东半岛、长江中游和海峡西岸城市群位于第二梯队,拥有9~11个机场。拥有机场较多的城市群除位于全国交通枢纽位置的长江中游城市群外,均位于沿海地区,这是由于在跨国交通中,航空运输具有最重要的地位,因此机场在沿海地区分布较多。从城市的机场数量看,多数城市只拥有1个民航机场,北京和上海拥有2个,重庆拥有3个(图7-28)。

机场飞行区按从高到低分为4F、4E、4D、4C和3C等级,最常见的4E级飞行区用来起降国内最常见的C类飞机,4F机场是最高等级,能够起降空客A380、波音B747-8、安An-225等远程宽体超大客机。全国的4F机场有北京首都机场、上海浦东机场、重庆江北机场、广州白云机场、昆明长水机场、郑州新郑机场、成都双流机场、武汉天河机场、杭州萧山机场、深圳宝安机场、西安咸阳机

城镇化格局与城市群交通

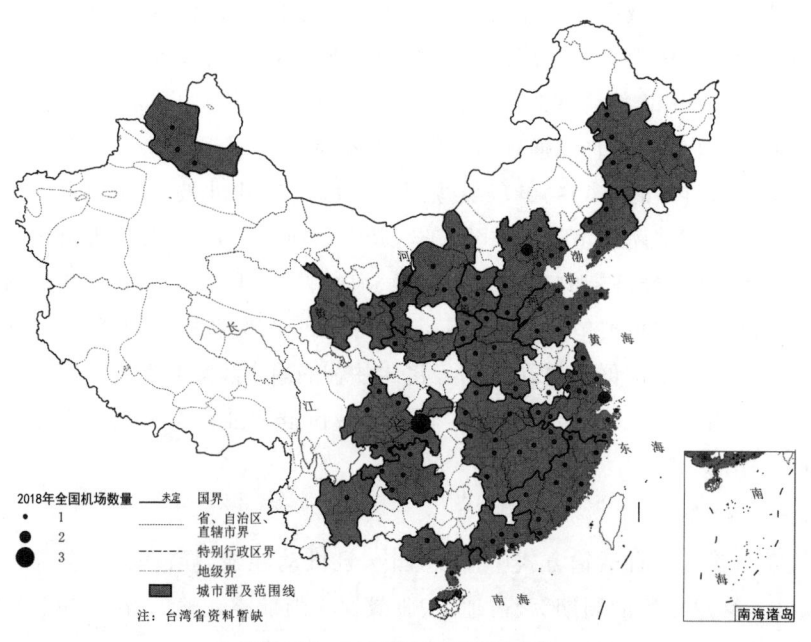

图 7-27 2018年全国机场分布

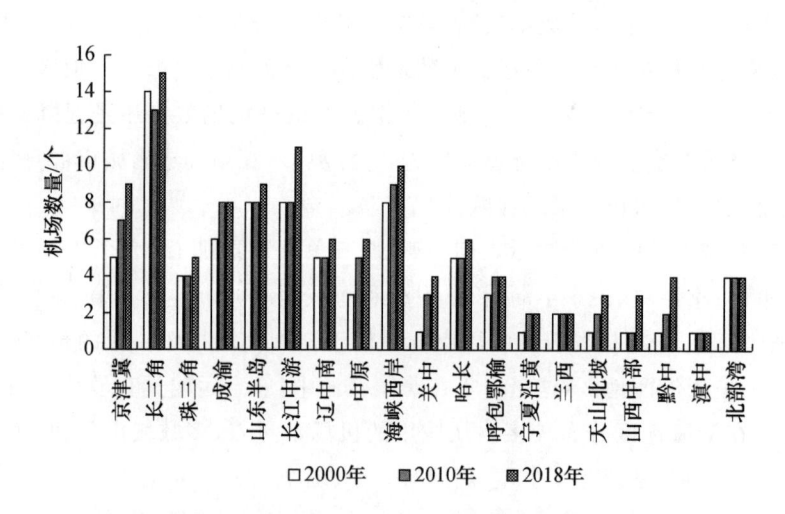

图 7-28 2000年、2010年和2018年城市群机场数量

数据来源：中国民用航空局。

场、南京禄口机场和长沙黄花机场,主要分布于京津冀、长三角、珠三角、成渝、中原、关中、长江中游和滇中城市群,其中长三角城市群拥有 4 个 4F 机场,成渝、珠

— 212 —

三角和长江中游城市群拥有2个4F机场,其他城市群拥有1个。长三角、长江中游和京津冀城市群从机场数量和等级看都是全国最重要的交通枢纽,珠三角和成渝城市群的机场等级高,但数量稍显逊色,山东半岛和海峡西岸机场数量多,但等级一般。

从增长情况看,多数城市群在2000—2018年机场数量均有增长,但增长幅度不大,多为1~2个,京津冀、长江中游、中原、关中、黔中城市群增长较多,京津冀城市群由5个增至9个,长江中游城市群由8个增至12个,中原城市群由3个增至6个,关中和黔中城市群由1个增至4个。滇中和北部湾城市群则在2000—2018年间机场数量持平(图7-28)。

机场起降架次方面,长三角城市群依然领先,达到约170万架,位列第二的京津冀城市群达到100万架;其次为珠三角和成渝城市群,在90万架以上;山东半岛、长江中游、中原和海峡西岸城市群起降架次位于第三梯队。长三角、京津冀、山东半岛、长江中游和海峡西岸城市群的机场数量与起降架次比较吻合,而珠三角和成渝城市群,机场数量虽然不多,但起降架次多,说明其机场使用效率较高(图7-29)。

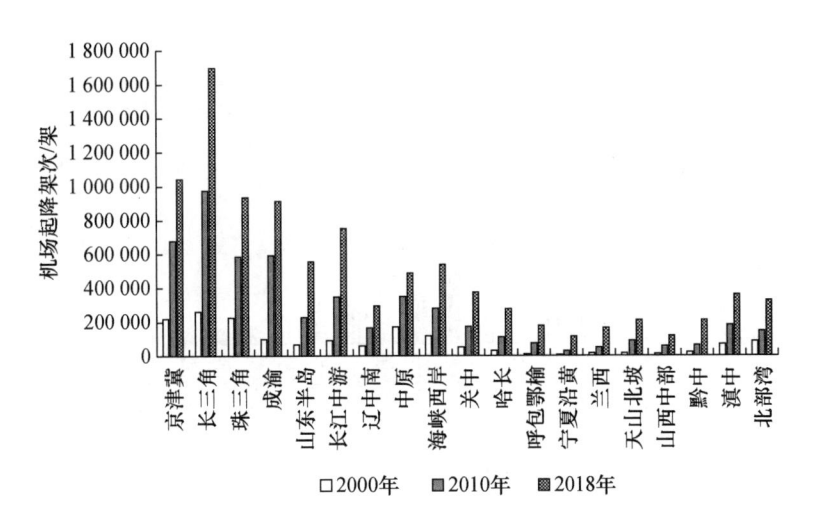

图7-29 2000年、2010年和2018年各城市群机场起降架次
数据来源:中国民用航空局。

(六)城市交通

各城市群的人均道路面积与人均公共汽电车水平相差不大,人均轨道交通水平相差较大。珠三角的人均轨道交通水平远远领先于其他城市群,长三角、京

城镇化格局与城市群交通

津冀和辽中南城市群其次。

城市交通是城市群交通的一个层次,指服务于城市群各个城市内部的交通,其设施包括城市道路、城市轨道、公共汽电车等。前述的公路、铁路、水运和航空设施是区域层面的交通,反映的是城市群的区域交通和城际交通设施水平,体现了城市群整体与外部的联系,以及城市群内部城市间的联系。城市交通设施水平则反映了城市群中单个城市内部的交通供给状况。

城市道路是城市机动化交通的重要支撑,小汽车、公共汽电车的发展都建立在道路设施的基础上。各城市群中,长三角城市群的城市道路面积明显领先于其他城市群,2018年超过了10万平方米。山东半岛、长江中游和京津冀城市群紧随其后,但仅在(5~6)万平方米,比长三角城市群少将近一半。珠三角、成渝、辽中南、中原和海峡西岸城市群位于第三梯队,城市道路面积在(2~4)万平方米。其余城市群城市道路面积均低于2万平方米。城市群城市道路面积的水平也与城市群的发展水平和区位相契合,发展水平较高的京津冀、长三角城市群,以及处于全国交通枢纽位置的长江中游城市群,城市道路设施水平较高(图7-30)。

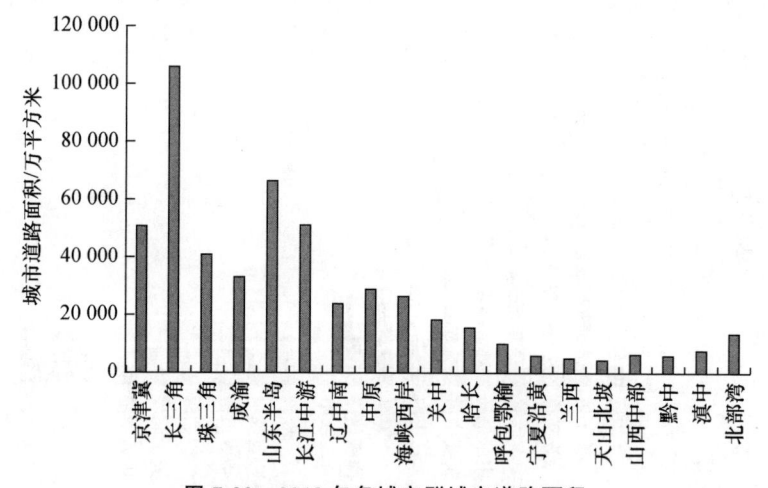

图7-30　2018年各城市群城市道路面积
数据来源:中国城市统计年鉴(2018)。

各城市群人均城市道路面积的差别不如总量大。天山北坡城市群的人均城市道路面积高于其他城市群,呼包鄂榆、宁夏沿黄城市群次之。这些城市群位于西北地区,地广人稀,人口数量少,因此人均水平较高。此外,长三角和珠三角城市群的人均道路面积也较高,说明这两个城市群的城市交通道路网络发展十分成熟,人口多,但道路面积也与之匹配。京津冀、长江中游、成渝和中原城市群人口较多,达到 1 亿人,但人均道路面积并不高,有可能存在交通拥堵(图 7-31)。

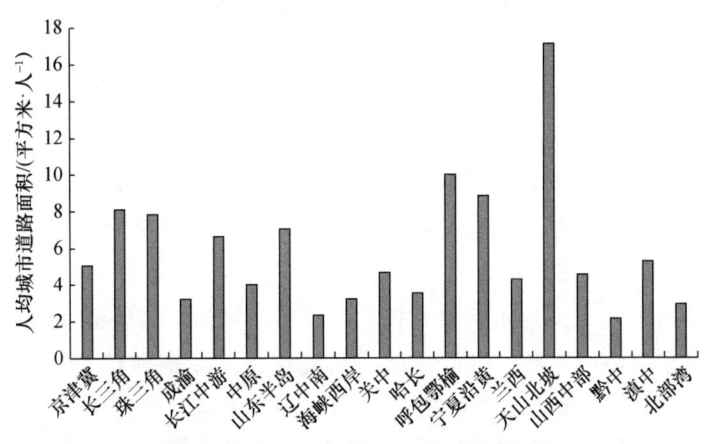

图 7-31　2018 年各城市群人均道路面积

数据来源:中国城市统计年鉴(2018)。

城市公共交通是城市交通的重要组成部分。相比小汽车交通,公共交通价格低、环境友好,具有环保、低碳的优点,但其灵活性不如小汽车交通。公共交通包括公共汽电车和轨道交通等。公共汽电车的普及范围广,每个城市基本都有运营。2018 年,各个城市群的人均公共汽电车数量相差不大,基本在 6~12 辆。天山北坡、宁夏沿黄和珠三角城市群的人均公共汽电车数量较高,在 12 辆左右;成渝城市群和北部湾城市群数量较低,仅为 6 辆(图 7-32)。

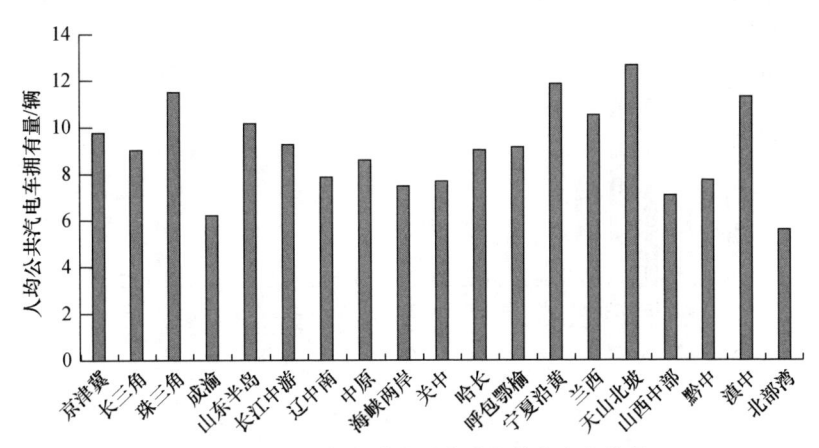

图 7-32　2018 年各城市群人均公共汽电车数量

数据来源:中国城市统计年鉴(2018)。

城镇化格局与城市群交通

城市公共交通的另一部分是轨道交通。轨道交通相比公共汽电车,运输能力更大、准时性更高、速度更快、安全性更高;能更充分地利用地下和地上空间,提高空间使用效率。但轨道交通的建设成本高、建设周期长,一经建成无法更改。因此,建设轨道交通需要考虑投入回报比,衡量城市的交通需求和建设能力,以认真考虑建设的必要性。

由于具有建设成本高、运力强的特点,轨道交通相对适用于大城市。轨道交通包括地铁、轻轨、单轨、有轨电车和磁浮列车几种,拥有轨道交通的城市中,多数仅拥有地铁,少部分拥有其他类型轨道交通。

各城市群的轨道交通水平差异较大。长三角城市群的轨道交通长度明显领先于其他城市群,2017年达到1400千米;其次为京津冀和珠三角城市群,达到800千米;第三梯队为成渝、长江中游和辽中南城市群,为300~400千米;其余城市群的轨道交通水平很低,低于100千米,这些城市群中基本只有一个中心城市具有轨道交通(图7-33)。轨道交通水平与城市群发展水平非常契合,京津冀、长三角和珠三角三个发展最为成熟的城市群轨道交通水平明显高于其他城市群,达到其他城市群的2倍以上。成渝城市群和长江中游城市群也是发展水平较高的城市群,轨道交通水平也明显高于其他城市群。

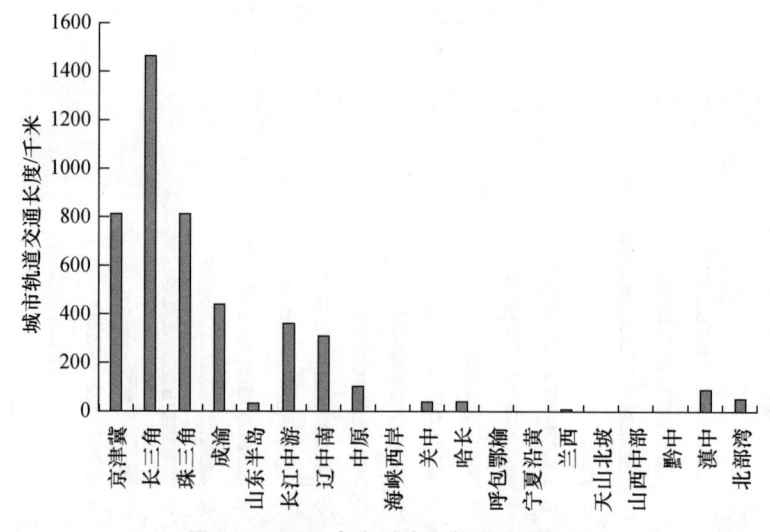

图7-33 2017年各城市群轨道交通长度
数据来源:中国城市建设统计年鉴(2017)。

城市群轨道交通的人均水平分布与总量分布相差不多,京津冀、长三角和珠三角三大城市群依然领先。珠三角城市群最为领先,将近160米/万人;长三角次之,约为 110 米/万人;京津冀和辽中南城市群再次,约为 80~90 米/万人;其余城市群,除成渝、长江中游和滇中城市群稍高外,人均轨道交通水平都很低(图7-34)。

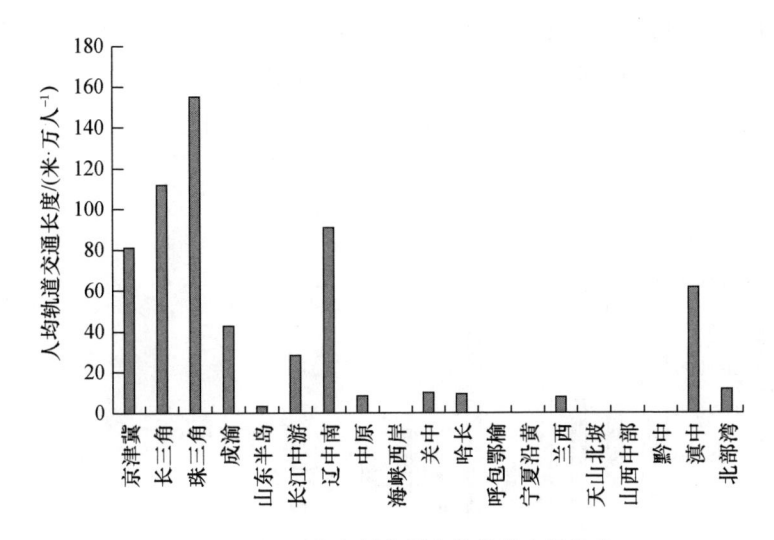

图 7-34　2017 年各城市群人均轨道交通长度
数据来源:中国城市建设统计年鉴(2017)。

综合各类城市交通来看,长三角城市群的城市交通设施水平遥遥领先于其他城市群。京津冀、山东半岛和长江中游城市群的道路面积较高,京津冀和珠三角城市群的轨道交通设施水平较高。轨道交通设施水平与城市群发展水平关系较大。各个城市群道路和公共汽电车的人均数量差别不大,人均轨道交通水平则差别较大,京津冀、长三角、珠三角和辽中南城市群的人均轨道交通水平明显高于其他城市群。

二、运量

客运量和货运量分别是指某一地区在一定时期内运送旅客和货物的数量。客运量反映了一个地区人口流动的活跃程度,货运量反映了经济流动的活跃程度。

长三角和长江中游城市群作为交通枢纽,客货运量较大。运输方式方面,公路在客运和货运中都是占比最大的运输方式;位于东南沿海和长江流域的城市群,水运也是重要的货运方式。

客运量方面,长三角城市群的客运量最为领先,超过30亿人次;其次为长江中游城市群,接近25亿人次;京津冀、珠三角、成渝、中原和黔中城市群再次,在15亿人次左右(图7-35);其余城市群的客运量相对较低。客运量反映了一个地区的人口流动活跃程度,长三角、长江中游人口流动最为活跃,京津冀、珠三角、成渝、中原和黔中城市群其次。客运量较大的城市群分为两类:一类是人口大量流入的地区,如京津冀、长三角和珠三角三大城市群;另一类是人口流出较多的地区,如成渝和黔中地区。

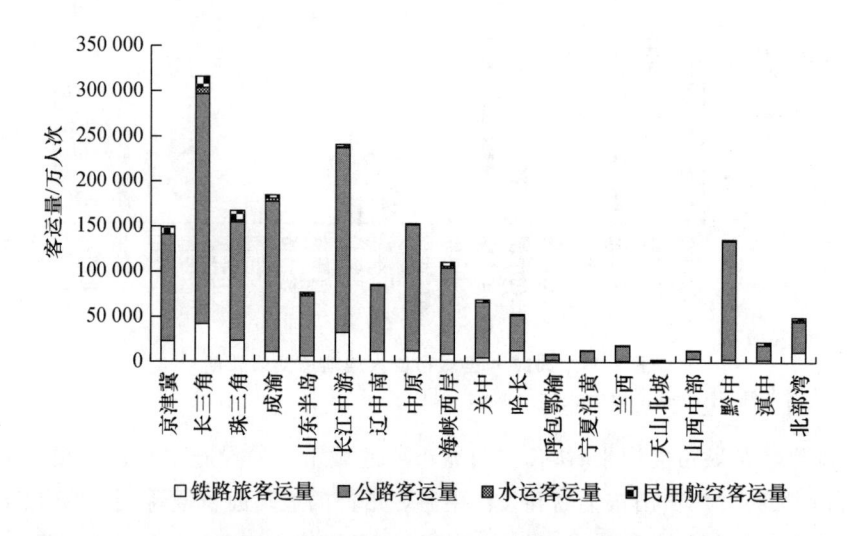

图7-35 2015年各城市群客运量及其组成
数据来源:中国城市统计年鉴(2015)。

在铁路、公路、水运和民航四种运输方式中,公路客运的占比最高,多数城市群公路客运占比达70%以上;部分城市群,如成渝、中原、宁夏沿黄和黔中城市群,公路客运占比超过90%。铁路客运的占比其次,在10%~30%。天山北坡和山西中部城市群铁路客运占比较大,超过30%;其次为哈长、呼包鄂榆城市群,铁路客运占比接近25%。铁路客运占比较高的城市群均位于北方。航空和水运相比公路和铁路,运量低很多。航空客运水平与城市群发展水平密切相关,长三角和珠三角城市群的航空客运超过1亿人次,京津冀城市群也达到8 500万人次以上,明显高于其他城市群;其他城市群中,最高的航空客运量为海峡西岸城市群的4 416万人次,仅为京津冀城市群的一半。水运则与自然条件密切相关,水运客运量较高的城市群有长三角、珠三角、成渝、山东半岛、海峡西岸和北部湾城市群。其中山东半岛城市群位于黄河流域,成渝和长三角城市群位于长江流域,珠三角和北部湾城市群位于珠江流域。长三角城市群的水运客运量明显领先,达到6800万人次,是成渝城市群的2倍,是珠三角、山东半岛、海峡西岸和北部湾城市群的3倍。

城市群货运量水平的差异与客运量相似,长三角城市群货运量最高,将近60亿吨;其次为长江中游城市群,超过40亿吨;京津冀、珠三角、成渝、山东半岛和中原城市群位于第三梯队,货运量超过20亿吨;其余城市群货运量均低于20亿吨(图7-36)。货运量反映了一个地区经济流动的活跃程度,长三角和长江中游的货物流动十分活跃,京津冀、珠三角、成渝、山东半岛和中原城市群的货物流动也较为活跃。

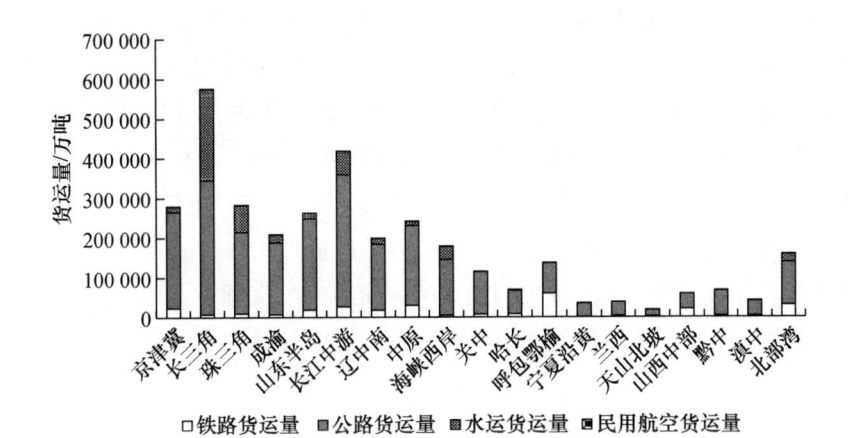

图7-36　2015年各城市群货运量及其组成
数据来源:中国城市统计年鉴(2015)。

不同交通方式货运量的分布也与客运量分布相似。占比最大的货运方式是公路运输,多数城市群的公路货运占比达75%以上,关中、宁夏沿黄、兰西、黔中和滇中城市群的公路货运占比尤其高,达90%以上。公路占比高于90%的城市群均属于发展水平一般或较低的城市群,而发展水平更高的城市群,其货运方式更加多样化。公路货运占比稍低(55%~65%)的城市群中,呼包鄂榆和山西中部城市群公路以外的货运比例大部分被铁路分去,铁路货运占比达35%以上。而其余城市群铁路货运多数不超过10%。铁路货运占比较高的城市群主要位于北方。长三角城市群的公路货运占比也稍低,水运占了很大一部分,达到

40%,在各个城市群的水运货运占比中遥遥领先。除长三角外,珠三角水运货运占比较高,达24%;长江中游和海峡西岸城市群水运货运占比在15%~20%;其余城市群水运货运占比较低,基本不超过10%。水运货运与自然条件高度相关,且与水运客运的表现不同。水运货运占比高的城市群集中在南方长江流域和珠江流域,黄河流域水运货运占比不高。且水运货运比客运差别更大,占比较高的城市群更少,城市群之间的差距也更大。这与水运的性质有关,其速度慢、运量大、费用低的特点更适合货运。航空货运非常稀少,在各个城市群占比均在0.1%以下,仅有京津冀、长三角和珠三角三大发展水平较高的城市群的年航空客运高于150万吨,其余城市群都不高于60万吨。航空运输方式运量小、费用高、速度快的特点更适合客运。

总体看来,城市群客运总量和货运总量的分布模式相似,长三角和长江中游城市群的客货运量位于第一梯队,京津冀和珠三角位于第二梯队,这些城市群的人口和经济流动最为活跃。其余城市群或客货运量均较低,或二者水平不甚均衡。客货运量的总量与城市群发展水平和城市群区位有关,京津冀、长三角和珠三角城市群发展水平较高,长江中游城市群位于全国交通枢纽上,运量也较高。运量组成方面,长三角和珠三角城市群的各类运输方式占比最为协调,其余城市群多为公路运输主导,部分城市群有另一种运输方式(通常是铁路运输)辅助。各类运输方式中,水运与自然条件密切相关,航空运输与城市群发展水平密切相关。

第三节 中国城市群客流空间分布特征

网络化是城市群交通的重要特征,网络的密度和连通度体现了城市群交通联系的便利度,也是衡量城市群发展成熟度的一个方面。

交通网络包含多种内涵,有由铁路、公路、航道等基础设施组成的设施网络,也有由公路、铁路、航空运营班次等运营线路形成的组织网络,还有由运输对象,如人流、货流等形成的交通流网络。人口流动网络属于交通流网络。城市群内部的人口流动情况体现了城市群内部人口联系的紧密程度,也反映了城市群的发展水平。一般来说,城市群社会经济发展水平越高,城市间连通度越好,经济活动越活跃,人口流动程度也越大。而人口流动网络的密度、中心性和集群结构特征,一定程度上能够反映城市群的空间结构。

一、社会网络分析方法

社会网络分析是社会学家根据数学、图论等方法发展的定量分析方法(于建峰等,2019)。社会网络分析认为,行动者在环境中的相互作用能够表达为基于关系的一种模式,这种有规律的模式反映了系统的结构。研究网络关系,能将个体之间的关系及微观网络与系统的宏观结构结合起来,从个体间的联系反映宏观结构的特征。

社会网络分析将行动者之间的"关系"作为基本分析单元,行动者之间的关系模式则是"结构",其能够描述网络的整体特征,以及个体在网络中的地位(宋冬林等,2018),分析方法包括中心性分析、凝聚子群分析等。

(一)中心性分析

中心性分析研究个体在网络中处于怎样的中心地位。中心性包括中心度和中心势,中心度的描述对象是个体,中心势的描述对象是网络整体,描绘网络中各个点中心度的差异程度。个体的中心度反映了个体在网络中的重要程度,包括度中心度、中间中心度和接近中心度。其中度中心度最直接地表现了个体在网络中的重要程度,可用网络中与该节点有联系的点的数目表示,计算公式为 $d(i) = \sum_{j} x_{ij}$。其中 $d(i)$ 为节点 i 的度中心度,x_{ij} 表示节点 i 和 j 之间的联系强度。

(二)凝聚子群分析

凝聚子群分析通过网络中联系特别紧密的团体,来揭示网络的结构特征。凝聚子群是指网络中某些关系特别紧密的行动者形成的次级团体,子群内部的个体间联系比它们与子群外部的联系更紧密。节点数量相差不大的情况下,子群数量越少,说明网络整体的联系度越好,一体化程度越高。

二、中国城市群人口流动网络结构

(一)中心性

城市群中各城市的中心性越小,网络越复杂成熟。包含城市数量较多、城市间人口流动网络比较复杂的城市群,各城市的中心度往往较小,如长三角、珠三角、海峡西岸、长江中游城市群。包含城市数量少、内部网络简单的城市群,各城市的中心度较大,如天山北坡、呼包鄂榆、山西中部、宁夏沿黄、黔中、滇中城市群。城市群内各个城市中心度差别不大的城市群,其人口流动网络分布比较均匀,而差别较大的,城市群内有人口流动的明显中心。

度中心度越高,表明该节点在网络中越处于中心地位,"权力"越大。对于有向网络,度中心度又分点出度和点入度,点出度表示该节点对其他节点的影响能力,点入度表示其他节点对该节点的影响能力。点出度越高,则该节点对其他节点影响越大;点入度越高,则其他节点对该节点影响越大。各城市群客流网络的点出度与点入度格局均相似,说明各城市群中人口流入与人口流出的分布格局相似(图 7-37～图 7-38,彩插 6～彩插 7)。

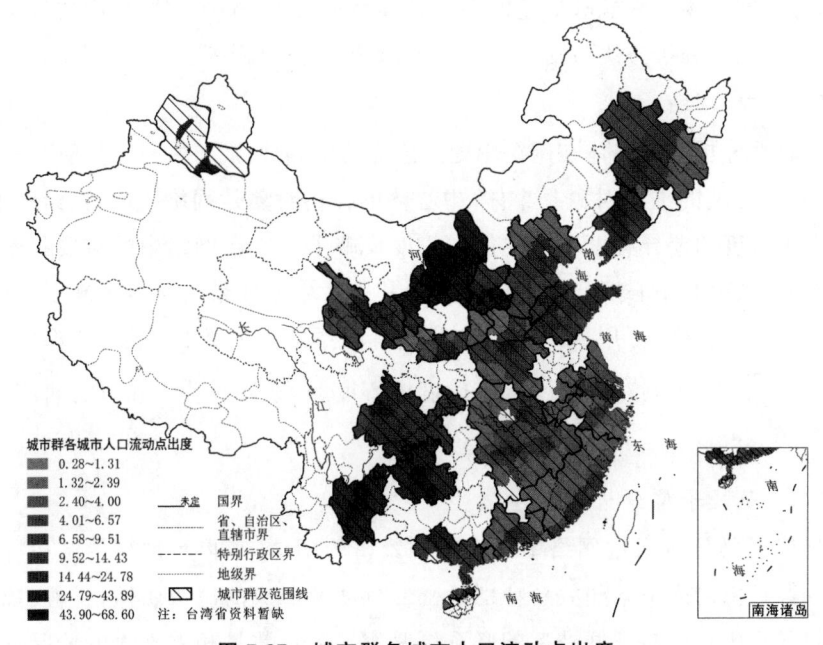

图 7-37 城市群各城市人口流动点出度

城市群中各个城市中心度均不高的有长三角、珠三角、海峡西岸和长江中游城市群,长三角城市群尤甚。长三角城市群中各个城市的中心度及其差别都很低,说明其人口流动网络分布比较均匀,没有中心地位非常突出的城市,但各城市的中心地位也有一定差别,上海和苏州的中心度最高,南京、无锡、杭州等城市其次。珠三角、海峡西岸和长江中游城市群的人口流动网络分布也比较均匀,但能看出海峡西岸城市群有一条沿海的中心度较高的城市分布轴;珠三角内广州的中心度稍显突出;而长江中游城市群有武汉、长沙和南昌三个中心度较高的城

第七章　城市群交通发展

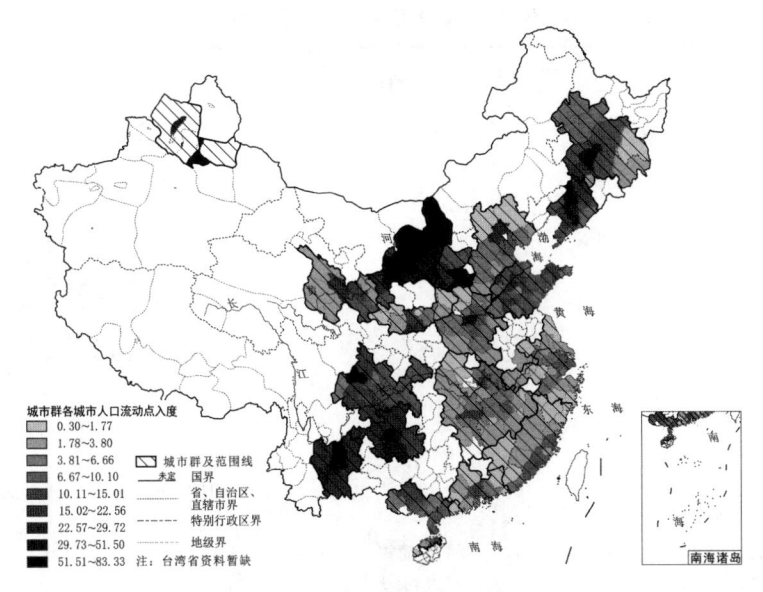

图 7-38　城市群各城市人口流动点入度

市,分别是长江中游城市群所包括的三个省的省会。

各个城市中心度均很高的城市群有天山北坡、呼包鄂榆、山西中部、宁夏沿黄、黔中、滇中城市群。这几个城市群位于西北和西南地区,包含城市较少,经济社会发展水平较低,人口流动网络本身比较小,每个城市在网络中的地位都很重要。

山东半岛和北部湾城市群各城市的中心度差别也不大,与其他城市群相比,大于长三角等城市群,小于宁夏沿黄等城市群,其内部人口流动分布网络也比较均匀,但网络的复杂程度介于以上两类城市群之间。

成渝、辽中南、哈长、京津冀、中原、关中和兰西城市群内部城市的中心度相比前几类城市群有较大差别。成渝和辽中南城市群的内部中心度差别稍小,各自有成都和沈阳两个中心度较高的城市,人口流动网络分布不太均匀。京津冀、哈长、中原、关中和兰西城市群内部中心度的差别较大,北京、长春、郑州、西安、西宁和兰州分别为这几个城市群中心度较高的城市。这几个城市群的人口流动网络分布最不均匀,有明显的网络中心城市,多为省会城市、直辖市等(表 7-1)。

表 7-1　城市群中心度分布类型

城市群	中心度	中心度差别	网络特征	例图
长三角、珠三角、海峡西岸、长江中游	较低	较小	网络比较复杂、分布较为均匀	长三角城市群人口流动
天山北坡、呼包鄂榆、山西中部、宁夏沿黄、黔中、滇中	较高	较小	网络简单，分布较为均匀	天山北坡城市群人口流动
山东半岛、北部湾	中等	较小	网络复杂程度中等，分布较为均匀	山东半岛城市群人口流动

(续表)

城市群	中心度	中心度差别	网络特征	例图
成渝、辽中南	中等	较大	网络复杂程度中等,分布不太均匀	成渝城市群人口流动
京津冀、哈长、中原、关中、兰西	中等	大	网络复杂程度中等,分布不均匀	京津冀城市群人口流动

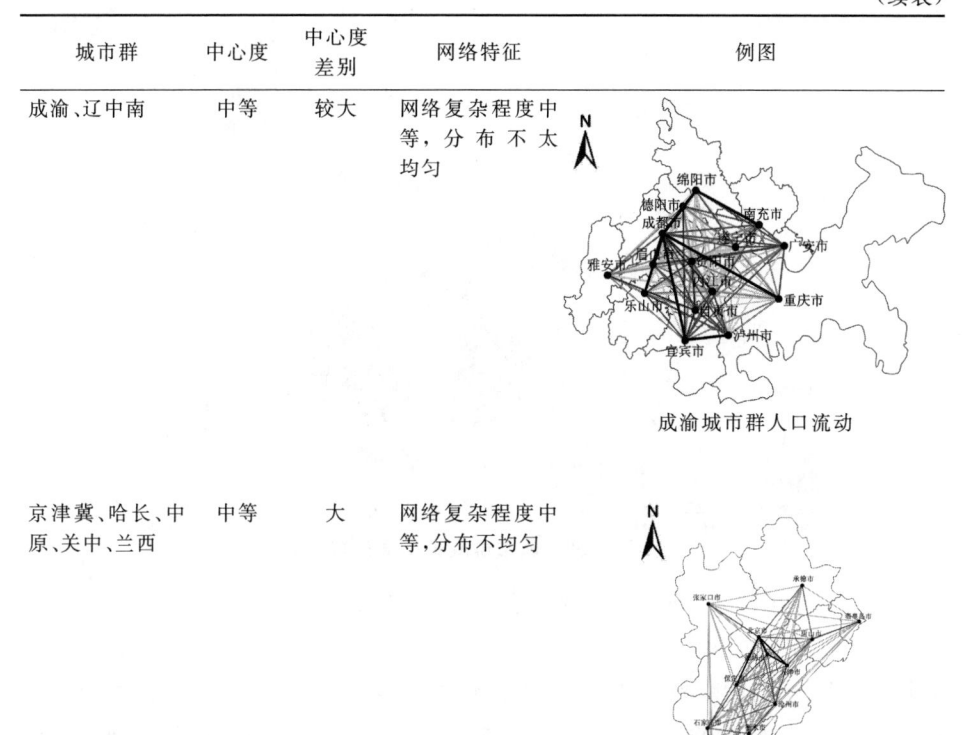

(二) 凝聚子群

城市群的子群个数与城市群所包含的城市数量基本呈正相关。城市群范围小,包含城市数量少的,如天山北坡、山西中部、宁夏沿黄城市群等,其子群只有2~3个。城市群范围广,城市数量多的,如长江中游、长三角、中原、海峡西岸、山东半岛、珠三角城市群,其子群达到7~8个。关中、兰西、北部湾、成渝、京津冀、哈长、辽中南城市群的子群数量中等,为4~6个。以人口疏密分布的黑河—腾冲线为界,东南部的城市群城市数量较多,子群也相应较多,西北部的城市群城市数量和子群数量较少(图7-39,彩插8)。

子群数量最多的几个城市群中,长江中游和长三角城市群包含的城市数量大,分别为28个和26个,而山东半岛、海峡西岸和中原城市群,虽然城市只有

— 225 —

图 7-39　城市群凝聚子群分布

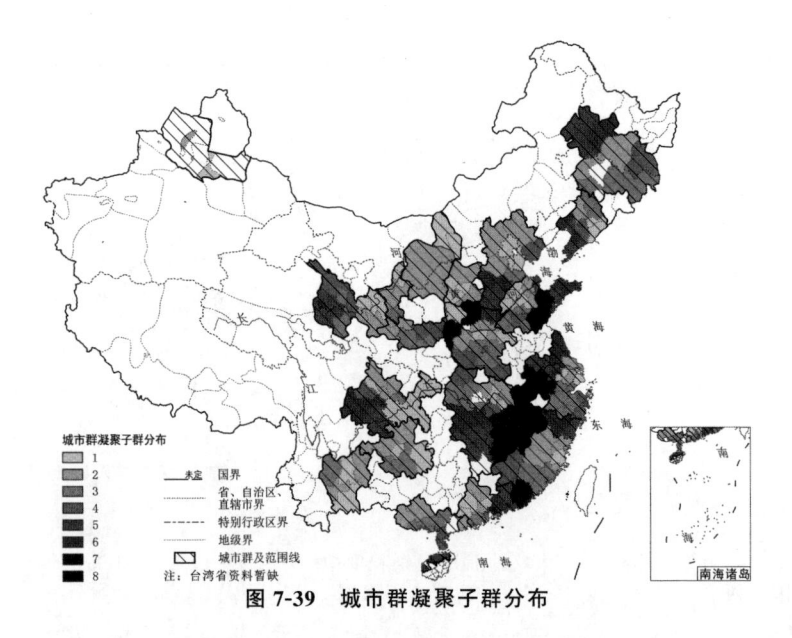

17～20个,但子群也达到8个,说明子群数量较多的城市群中,长江中游和长三角城市群的网络整体联系更好,一个子群中包含了更多的城市。城市数量均为9个的关中、兰西和哈长城市群,子群分别为4、5、6个,其中兰西城市群中的海南藏族自治州,哈长城市群中的牡丹江市和绥化市均为单个城市子群,而关中城市群没有单个城市组成的子群,也即每个城市至少与其他一个城市有较强的联系,没有内部相对孤立的城市(表7-2)。

表 7-2　19个城市群的子群个数和城市数量

城市群	子群个数	城市数量/个
呼包鄂榆、山西中部、天山北坡	2	3～4
滇中、宁夏沿黄、黔中	3	5～6
关中	4	9
兰西	5	9
北部湾、成渝、京津冀、辽中南、哈长	6	9～15
珠三角	7	14
长三角、长江中游、中原、海峡西岸、山东半岛	8	17～28

在节点数目相同的情况下,子群数量越少,说明整体联系越好,网络整体的一体化程度较高。19个城市群的城市数量与子群数量基本呈正相关,大多数子群均包含2～3个城市,仅有长江中游和长三角的部分子群包含5～6个城市,说

明各个城市群内部的人口流动大多以2~3个城市组团为基本单元,再组成整体网络。因此,提升各个城市组团之间的连接程度对提高网络整体的紧密度至关重要。

三、中国城市群人口流动网络特征

(一)整体分类

城市群人口流动强度与交通设施水平基本匹配。京津冀、长三角和珠三角三大城市群人口流动强度最强。人口流动强度较弱的城市群,如滇中、宁夏沿黄、天山北坡、呼包鄂榆城市群,多位于人口稀少、经济不发达地区,交通设施水平不低,但人口流动不强。

将城市群内人口流动情况在地图上表示出来,并按照流动强度分级,能够直观看出各城市群内的人口流动结构。本研究使用的城市间人口流动数据来自中国联通,手机信令数据采集时间为2019年12月9—15日,对这七天的数据取平均值,得到该周内一日城市间人口流动数量的平均值,作为所使用的城市间日人口流动量。

按照城市群内人口流动强度最大的一对城市间的人口流动数量,可以将19个城市群的流动强度分为四个等级。京津冀、长三角和珠三角城市群人口流动强度最高,最大的一对城市间人口流动量达20万人/日以上,珠三角尤甚,广佛、深莞和珠中三对城市间的一日人口流动量达(20~40)万人。第二等级为最大一对城市间人口流动量(6~10)万人/日,包括成渝、山东半岛、长江中游、海峡西岸、中原、关中城市群。其中关中城市群西安和咸阳之间人口流动量达到21万人/日,但由于排位第二的城市间人口流动量减小到约7万人/日,因此也归入第二等级。第三等级为最大一对城市间人口流动量(4~6)万人/日,包括哈长、辽中南、北部湾、黔中、兰西和山西中部城市群。其中山西中部城市群最大一对城市间人口流动量达9万人/日,但排位第二的城市对仅为3万人/日左右,因此归入第三等级。第四等级为最大一对城市间人口流动量4万人/日以下,包括滇中、宁夏沿黄、呼包鄂榆和天山北坡城市群。

(二)人口流动最强的城市群

按照人口流动空间结构来划分城市群属于单中心、双中心还是多中心,人口流动强度最强的三个城市群中,京津冀为单中心,长三角和珠三角为多中心。

京津冀城市群的人口流动空间结构呈现单中心、放射状的特征,以北京为中心，向四周城市放射。北京和廊坊之间的人口流动强度最大，达 20 万人，其次为京津之间，每日 12 万人左右。其余城市间人口流动量较小，北京—保定—石家庄—邢台—廊坊形成一条流动强度稍大的轴，但与京津、北京—廊坊相比强度低很多（图 7-40）。

图 7-40　京津冀城市群人口流动

长三角城市群人口流动空间结构为多中心、网络状。上海—苏州、杭州—嘉兴之间最大，达（10～20）万人/日；南京—滁州、常州—镇江、上海—常州、上海—嘉兴、安庆—池州之间其次，为（4～10）万人/日。第二级联系在长三角城市群分布较为均匀。整个城市群的人口流动空间结构有多个中心，上海、苏州和杭州为一级中心，南京为二级中心。上海—苏州—无锡—常州—南京，上海—嘉兴—杭州分别为两条人口流动强度较大的廊道，廊道上有多个中心城市，分别与周边城市联系紧密，彼此也联系紧密。整个城市群由此呈现两主轴、多中心的网络化结构特征（图 7-41）。

珠三角人口流动空间结构也为多中心、网络状。广州、深圳和珠海形成三个中心。珠三角的独特之处在于有三对城际联系极强的城市对：广佛、深莞和珠中。这三对城市每日人口流动达 20 万～40 万人，这得益于珠三角的同城化规划，以及这三对城市间高效快速的轻轨和城轨交通。除这三对城市对外，佛山—中山、广州—东莞、中山—江门、东莞—惠州之间人口流动也较强，因此三个中

第七章　城市群交通发展

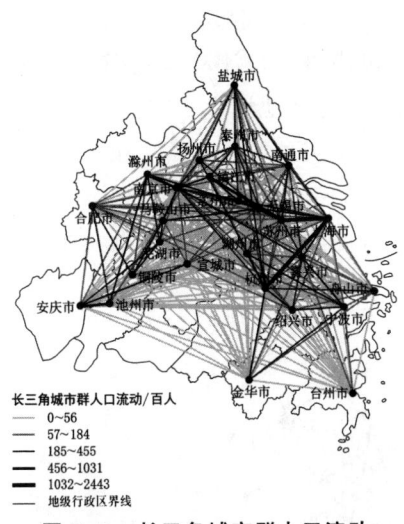

图 7-41　长三角城市群人口流动

心被很好地连接了起来,形成网络化的结构,但网络依然形成了东西两个重心,珠海和深圳这两侧相互之间的人口流动较少,这与二者被珠江出海口隔开有关(图7-42)。交通建设上可以考虑加强深珠之间的联系。

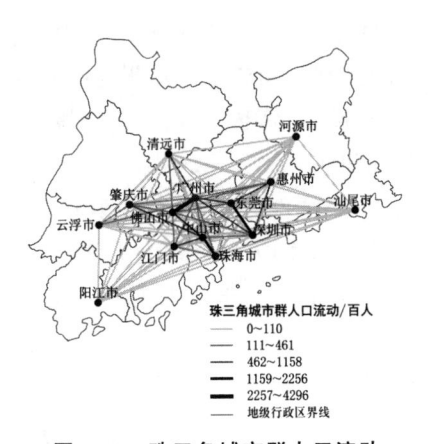

图 7-42　珠三角城市群人口流动

（三）人口流动较强的城市群

人口流动较强的城市群中,成渝、中原和关中城市群为单中心,山东半岛、长江中游和海峡西岸为多中心,可以发现,单中心的城市群多分布于北方和西南地区,多中心的城市群多分布于华中和东部沿海。

成渝城市群人口流动空间结构为单中心、网络状。成都—眉山为流动强度最大的城市对,每日约 76 000 人。成都和重庆、德阳、乐山、宜宾、资阳之间联系也较强。总体而言,成渝城市群人口流动以成都为中心,向四周放射,但其他城市之间的人口流动不比成都与其他城市之间低很多,因此整体结构呈比较均衡的网络状。值得注意的是,重庆虽然自身经济社会发展水平高,但在成渝城市群中与其他城市的联系不算紧密,这是由于区位原因,重庆离其他城市较远,人口流动产生距离衰减,而成渝之间的行政区分隔也会加剧这一衰减(图 7-43)。

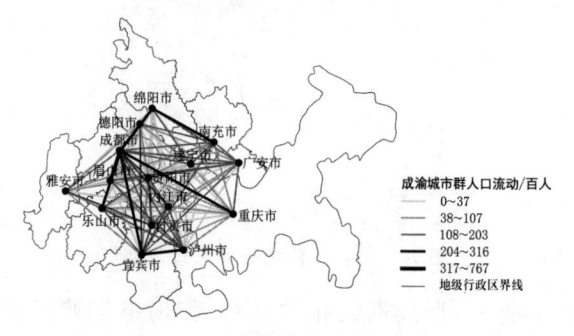

图 7-43 成渝城市群人口流动

中原城市群人口流动空间结构为单中心、网络状。郑州—新乡和郑州—开封之间联系最强,达(5~8)万人/日。郑州与其周围城市包括焦作、洛阳、平顶山、漯河、周口之间的联系也较强,构成了以郑州为中心的放射+环线的网络,人口流动强度从中心向外围递减。洛阳—三门峡—运城是郑州之外另一个人口流动较强的区块,但强度与郑州相差较大,算不上另一个中心(图 7-44)。

关中城市群人口流动空间结构为单中心、放射状,以西安为中心,向东西北三个方向放射。西安—咸阳之间的人口流动尤为强烈,达 20 万人/日,与京津冀和长三角城市群的高等级联系相当。但除西安—咸阳外,其他城市对之间人口流动的量级基本都在 7 万人/日以下。以西安为中心,向东到山西的人口流动强度大于向西到甘肃的流动强度(图 7-45)。

山东半岛城市群人口流动空间结构为多中心、网络状。高等级人口流动城市对较多,济南—泰安、淄博—滨州、青岛—潍坊、青岛—烟台、济宁—菏泽、济宁—枣庄之间的人口流动量均在(4~8)万人/日。虽然最大流动强度为 8 万人/日,不算太高,但中高联系强度的城市对在整个城市群中均匀、大量分布,使得山东半岛城市群的人口流动网络比较均匀成熟。网络中形成济南、济宁和青岛三个中心,济南为最强的中心,与周围城市形成较密切的网络,并延伸出一条济南—潍坊—青岛—烟台的人口流动强度较大的轴线(图 7-46)。

第七章 城市群交通发展

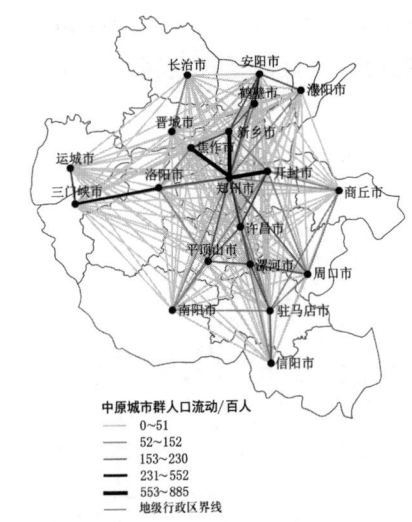

图 7-44 中原城市群人口流动

图 7-45 关中城市群人口流动

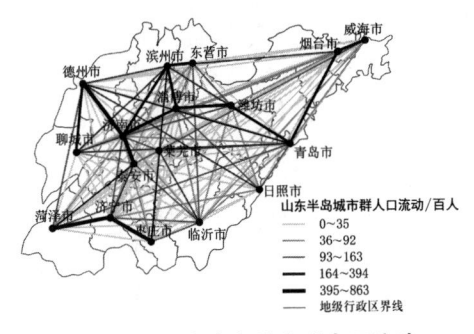

图 7-46 山东半岛城市群人口流动

长江中游城市群人口流动空间结构为多中心、块状。城市群中有武汉、长沙、南昌三个中心,各自与周边城市联系紧密,长沙—湘潭、长沙—株洲、武汉—

— 231 —

黄冈为人口流动最强的几个城市对,每日 36 000～66 000 人。而三个中心之间的联系通路很弱,人口流动有明显的受行政区影响的块状分隔。整体城市群空间结构为块状,而每个块内是以省会城市为中心的放射状分布(图 7-47)。

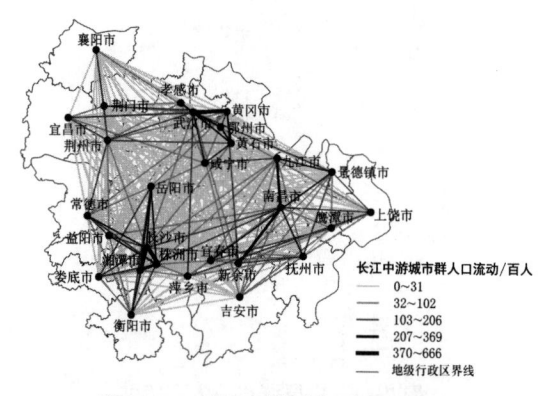

图 7-47 长江中游城市群人口流动

海峡西岸城市群人口流动空间结构为多中心、带状。厦门—泉州、厦门—漳州、汕头—揭阳为人口流动最强的城市对,达(4～10)万人/日。城市群沿海岸从南到北形成汕头、厦门、福州三个中心,同时三个中心连接起来形成一条人口流动较强的带状分布轴。而内部城市之间、内部城市与沿海城市间人口流动较弱(图 7-48)。

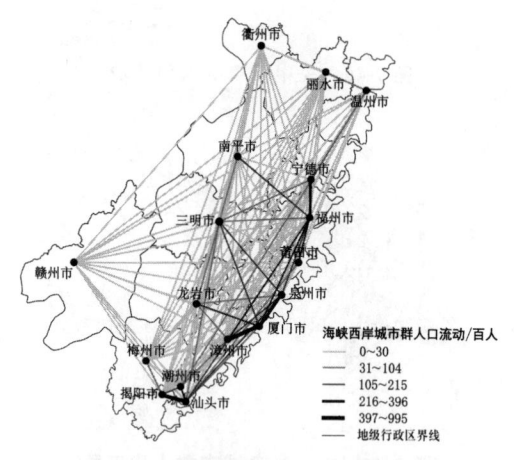

图 7-48 海峡西岸城市群人口流动

山东半岛、长江中游和海峡西岸城市群人口流动均为多中心,但空间结构各有特色。这与城市群的形态、行政区划分情况有关。山东半岛城市群属于省内城市群,无行政分隔,整个城市群形成较为成熟、均匀的人口流动网络。长江中游城市群由三个省组成,省之间的人口流动分隔较大,可以看作三个放射状单中心城市群体的集合,这样的分隔形态不利于城市群的一体化。海峡西岸城市群则由于本身形态狭长,沿海分布,沿海的城市经济活动活跃、交通发达,彼此联系紧密,形成沿海的人口流动轴,而内陆城市的人口流动程度比之逊色。

(四)人口流动较弱的城市群

人口流动程度较弱的城市群中,辽中南、山西中部、黔中城市群为单中心,哈长、兰西城市群为双中心,北部湾城市群为多中心。

辽中南城市群人口流动空间结构为单中心、网络状。辽中南人口流动以沈阳为中心,向四周放射,沈阳—铁岭、沈阳—抚顺、沈阳—辽阳、辽阳—鞍山之间人口流动等级量最高,为(2~4)万人/日。辽中南形成铁岭—沈阳—辽阳—鞍山和锦州—盘锦—营口—大连两条轴线,但南部大连的轴线上人口流动强度弱于沈阳这条。辽中南城市群内部人口流动与山东半岛相似,两城市群均属省内城市群,不受行政区分隔影响,中高强度的联系在城市群中均匀、大量分布,形成紧密的网络(图7-49)。

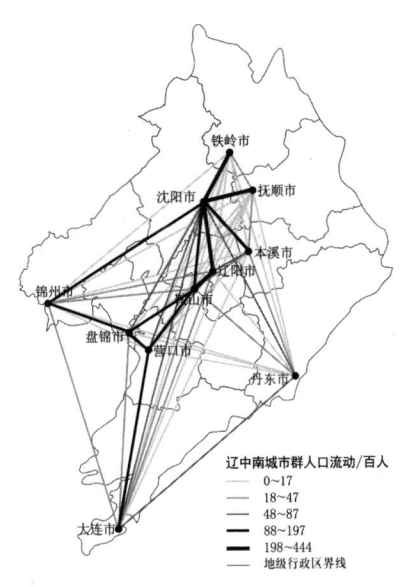

图7-49 辽中南城市群人口流动

山西中部城市群人口流动空间结构为单中心、放射状。人口流动以太原为中心,太原—晋中之间人口流动明显高于其他城市对,达9万人/日以上。除太原外的其他城市之间人口流动都较弱(图7-50)。

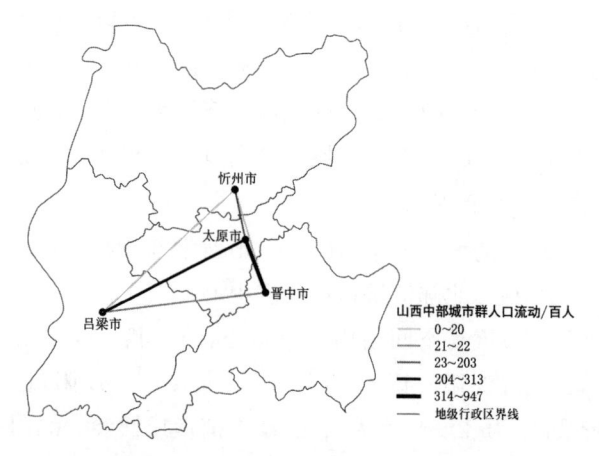

图7-50 山西中部城市群人口流动

黔中城市群人口流动空间结构也为单中心、放射状。人口流动以贵阳为中心,贵阳—安顺、贵阳—黔南两对城市间流动最强,达(3~5)万人/日。除贵阳外的其余城市对之间人口流动较弱(图7-51)。

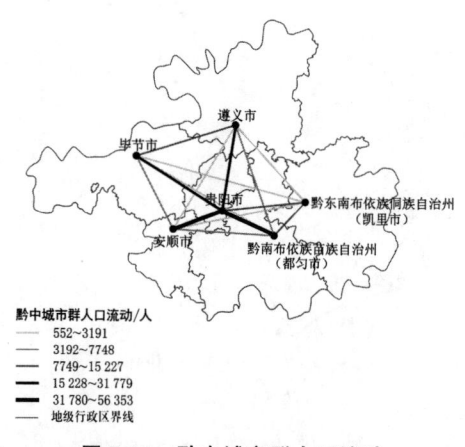

图7-51 黔中城市群人口流动

哈长城市群人口流动空间结构为双中心、块状。人口流动形成长春、哈尔滨两个中心,各自与周边城市有较强人口流动。但长春与周边城市的人口流动强于哈尔滨。哈长城市群的人口流动同样存在一定的行政区分隔,但程度不大(图7-52)。

兰西城市群人口流动空间结构为双中心、带状。西宁—海东人口流动强度

第七章 城市群交通发展

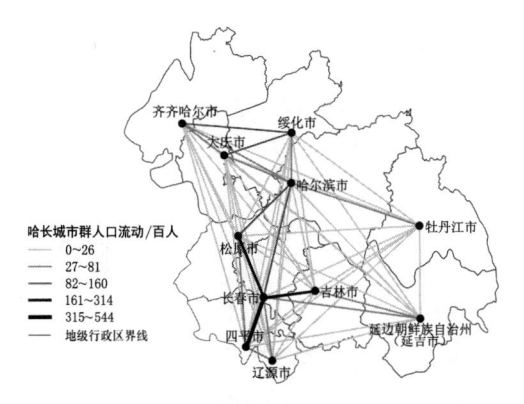

图 7-52 哈长城市群人口流动

最大,达 5 万人/日,兰州与周边几个城市的人口流动则位于第二梯队。西宁、兰州作为中心,各自与省或自治区内的城市有较强的联系,同时二者之间人口流动也较强,形成一条西宁—海东—兰州的带状轴线(图 7-53)。

图 7-53 兰西城市群人口流动

北部湾城市群是人口流动程度较弱的城市群中唯一一个多中心的,呈块状结构。南宁—崇左、茂名—湛江、海口—澄迈三对城市间流动最强,为(1.5～4)万人/日,三对城市分别位于北部湾城市群的三个省或自治区内。北部湾城市群形成广西与广东—海南两大块状区域,南宁与广西自治区内其他城市联系较强,茂名—湛江—海口则形成位于广东和海南区块的一条轴线(图 7-54)。

— 235 —

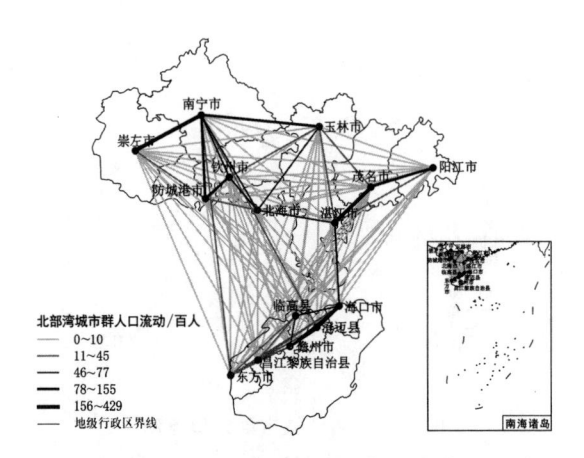

图 7-54 北部湾城市群人口流动

（五）人口流动最弱的城市群

人口流动程度弱的 4 个城市群，均为单中心结构。滇中、宁夏沿黄和天山北坡城市群为单中心、放射状结构，分别以昆明、银川和乌鲁木齐为中心，人口流动向四周城市放射。呼包鄂榆城市群以鄂尔多斯市为中心，鄂尔多斯与榆林之间的联系最强，次强的联系位于包头和呼和浩特之间，放射状结构不太明显，在鄂尔多斯与榆林之间，地理邻近优势超越了行政区分隔劣势（图 7-55～图 7-58）。

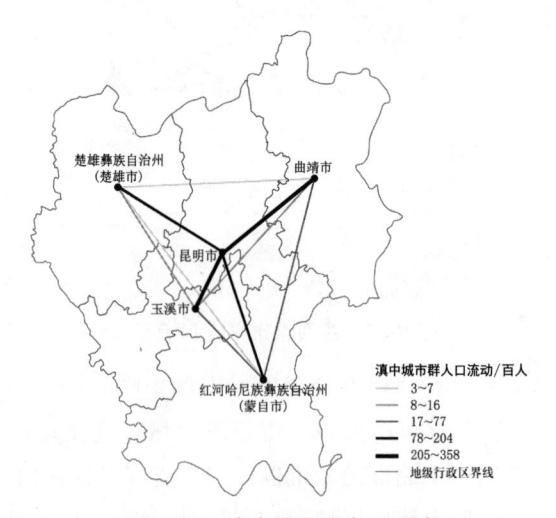

图 7-55 滇中城市群人口流动

（六）城市群人口流动强度与交通基础设施

将城市群人口流动空间强度和特征，与其交通基础设施水平整理成表（表

— 236 —

第七章 城市群交通发展

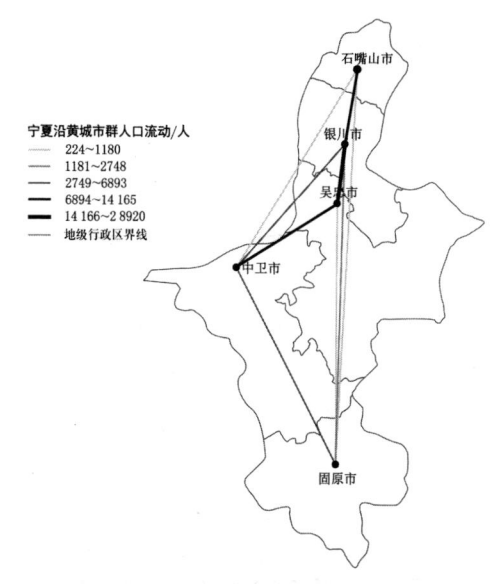

图 7-56 宁夏沿黄城市群人口流动

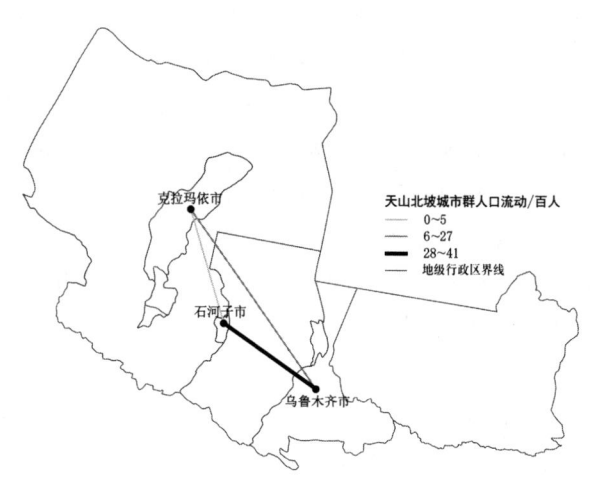

图 7-57 天山北坡城市群人口流动

7-3)。在空间结构的判断中,中心的个数由最强等级联系的城市对确定,如果人口流动最强等级的城市对都在一个城市与其他城市之间,则该城市群为单中心;如果人口流动最强等级的城市对出现在两个中心城市和其他城市之间,则该城市群为双中心;如果人口流动最强等级的城市对出现在两个以上中心城市和其他城市之间,则该城市群为多中心。

图 7-58　呼包鄂榆城市群人口流动

　　单中心的城市群有放射状和网络状两种结构，中心城市与其他城市间的人口流动远大于其他城市之间，其他城市间的人口流动均较弱的城市群为单中心、放射状结构，包括京津冀、中原、关中、山西中部、黔中、滇中、宁夏沿黄、天山北坡和呼包鄂榆城市群。中心城市与其他城市之间的人口流动，相比其他城市间的人口流动差异不太大，中心城市以外的城市之间也有较强人口流动的城市群为单中心、网络状结构，包括成渝和辽中南城市群。

　　双中心的城市群有带状和块状两种结构。两个中心城市与周边城市联系较强，各自成块，而中心城市之间联系不强的为双中心、块状结构，包括哈长城市群。除两个中心城市与周边城市联系较强外，两中心城市之间联系也较强，形成人口流动较强的带状轴线的城市群为双中心、带状结构，包括兰西城市群。

　　多中心的城市群有网络状、带状和块状三种结构。城市群整体形成密切的网络联系，各中心之间均有较强联系的为多中心、网络状结构，包括长三角、珠三角和山东半岛城市群。部分中心城市之间联系较强，形成明显的条带，但并未形成整体的密切网络的为多中心、带状结构，包括海峡西岸城市群。各中心之间联系不强，只有中心城市与周边城市联系较强，各自成块的为多中心、块状结构，包括长江中游和北部湾城市群。

第七章　城市群交通发展

表 7-3　城市群人口流动强度、空间结构和基础设施情况

人口流动强度	城市群	空间结构	铁路里程/km	高速长度/km	高等级航道/km	机场数量/个	城市轨道交通长度/km	2016年人均铁路/(km·万人$^{-1}$)	2016年人均高速/(km·万人$^{-1}$)
强	京津冀	单中心,放射状	12 196.95	14 986.08	0.00	9.00	813.53	1.22	1.49
	长三角	多中心,网络状	8 423.97	15 822.85	1 531.07	15.00	1 464.27	0.69	1.21
	珠三角	多中心,网络状	3 651.46	8 057.39	407.82	5.00	811.61	0.73	1.54
较强	成渝	单中心,网络状	5 225.50	10 715.97	379.75	7.00	442.02	0.54	1.04
	中原	单中心,放射状	7 875.30	13 632.90	139.38	6.00	102.70	0.64	1.10
	关中	单中心,放射状	6 058.78	7 452.02	0.00	4.00	39.15	1.54	1.89
	山东半岛	多中心,网络状	7 403.99	10 611.44	81.06	9.00	33.55	0.74	1.06
	长江中游	多中心,块状	10 704.13	14 921.14	1 107.87	10.00	360.28	0.94	1.17
	海峡西岸	多中心,带状	5 484.87	13 213.57	63.33	9.00	0.00	0.67	1.61
较弱	辽中南	单中心,网络状	5 245.96	5 591.57	0.00	7.00	309.04	1.63	1.65
	山西中部	单中心,放射状	1 693.98	2 107.64	0.00	3.00	0.00	1.62	1.50
	黔中	单中心,放射状	2 389.28	3 387.65	0.00	5.00	0.00	0.86	1.22
	哈长	双中心,块状	6 624.49	6 624.50	497.64	5.00	41.12	1.57	1.66
	兰西	双中心,带状	1 524.69	1 524.69	0.00	2.00	9.06	1.74	0.74
	北部湾	多中心,块状	2 996.54	2 996.55	270.77	4.00	53.10	0.74	0.96
弱	滇中	单中心,放射状	2 200.80	2 200.87	0.00	1.00	88.76	1.53	1.86
	宁夏沿黄	单中心,放射状	1 123.05	1 123.05	0.00	2.00	0.00	2.48	3.22
	天山北坡	单中心,放射状	1 524.69	818.15	0.00	4.00	0.00	3.22	2.52
	呼包鄂榆	单中心,放射状	2 708.33	2 965.67	0.00	4.00	0.00	2.93	3.25

　　城市群的人口流动强度与交通基础设施水平基本匹配,人口流动最强的三大城市群,铁路、公路、航道、机场和轨道交通的基础设施水平也位居前列,尤其是长三角城市群,各项基础设施水平都大大超过其他城市群。三大城市群城市轨道交通的优势尤为明显,长度超过其他城市群至少一倍。

　　人口流动较强的 6 个城市群中,高速公路和铁路设施水平差别不大,仅长江中游城市群由于范围大,铁路里程明显高于其他。人口流动较弱的城市群中,位于东北的哈长和辽中南城市群各项设施水平高于其他城市群,这两个城市群的交通基础设施并不差,体量也与第二梯队的城市群差不多,但人口流动强度不高,这与东北的人口流失与经济发展缓慢有关。

　　人口流动弱的几个城市群,交通基础设施总体水平较低,但铁路和高速公路的人均水平并不差,甚至较高,说明与其他城市群相比,这个城市群存在区域交通基础设施的冗余,服务于区域的铁路、公路交通不一定能对城市群内部联系产生正向作用。

　　为了进一步比较不同人口流动强度的城市群的交通基础设施情况,将不同

— 239 —

城镇化格局与城市群交通

人口流动强度等级的城市群的交通基础设施水平取平均值,再对各指标进行离差标准化处理,绘制雷达图。由图 7-59 可见,交通基础设施的总体和人均情况表现出不同的特征。

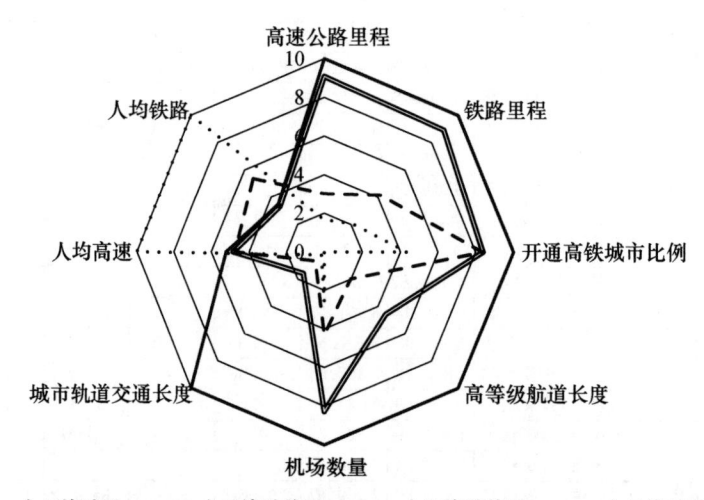

图 7-59　不同人口流动强度城市群的交通基础设施水平

各项交通基础设施总体水平均由人口流动最强等级的城市群向最弱等级的城市群递减。其中人口流动强度强和较强的城市群,高速公路里程、铁路里程和机场数量相差不大;人口流动较弱和弱的城市群与前两者相差较大,说明在公路、铁路和航空区域交通设施方面,人口流动强和较强的城市群差距不大。城市轨道交通方面人口流动强的城市群与其他等级城市群拉开了明显的差距,其他等级城市群的城市轨道交通水平不到人口流动强的城市群的 20%。但在开通高铁的城市比例方面,除人口流动最弱的城市群,即位于西北和西南地区的 4 个城市群外,其他等级城市群的差距不大。

人均交通设施水平体现出与总量相反的特征,人口流动弱的城市群人均高速公路和铁路里程最大,其他等级的城市群人均指标相差不大。这是由于人口流动最弱的城市群本身人口数量少,城市群内部联系的提升还需要提升经济和产业联系,单纯提升城市群区域交通水平对于加强城市群内部联系的作用不大。

参 考 文 献

[1] 陈必壮,杨立峰,王忠强,顾煜.中国城市群综合交通系统规划研究[J].城市交通,2010,8(01):7—13.

[2] 池利兵,关敬辉,李凤军,胡春斌.区域城际轨道交通功能层次划分[J].城市轨道交通研究,2011,14(05):1—3,16.

[3] 邓润飞.城市群交通运输系统演化模型及规律特征研究[J].交通运输工程与信息学报,2017,15(03):100—108.

[4] 丁金学,罗萍.新时期我国城市群交通运输发展的思考[J].区域经济评论,2014,(02):106—111.

[5] 董艳华.城市群交通规划的理论分析与政策建议[J].综合运输,2010,(09):21—26.

[6] 董治,吴兵,王艳丽,李林波.中国城市群交通系统发展特征研究[J].中国公路学报,2011,24(02):83—88.

[7] 方恒堃.京津冀协同发展下北京区域轨道交通发展研究[J].都市快轨交通,2016,29(03):11—15.

[8] 郝伟伟.轨道交通对城市群紧凑发展及其经济效率的影响研究[D].北京交通大学,2017.

[9] 黄海军,高自友,田琼,吴建军,刘作仪,孟庆峰.新型城镇化导向下的城市群综合交通系统管理[J].中国科学基金,2018,32(02):214—223.

[10] 金凤君,陈卓.1978年改革开放以来中国交通地理格局演变与规律[J].地理学报,2019,74(10):1941—1961.

[11] 鞠志龙,霍娅敏.交通运输系统对城市群发展支撑作用的探讨[J].铁道运输与经济,2009,31(03):39—42.

[12] 孔令斌.我国城镇密集地区城镇与交通协调发展研究[J].城市规划,2004,(10):35—40.

[13] 李成兵.城市群交通运输系统供需非均衡模型研究[J].交通运输系统工程与信息,2017,17(01):47—53.

[14] 李婷婷,宋瑞,何世伟,黎浩东.基于分层布局的城市群综合客运枢纽优化模型[J].中国公路学报,2016,29(02):116—122.

[15] 刘安乐,杨承玥,明庆忠,毛昕.边疆山地城市群交通网络的时空演化:以滇中城市群为例[J].经济地理,2016,36(04):70—77.

[16] 宋冬林,齐文浩.东北区域经济一体化演变的社会网络分析[J].吉林大学社会科学学报,2018,58(04):97—107,206.

[17] 汤燕.交通引导下的城市群体空间组织研究[D].浙江大学,2005.

[18] 王春才,赵坚.城市交通与城市空间演化相互作用机制研究[J].城市问题,2007,(06):15—19.

[19] 王国明,李夏苗,邹华鹏.城市群道路网络上交通流的演化分析[J].交通运输系统工程与信息,2014,14(02):7—12,32.

[20] 王悦欣,韩宝明,李得伟.美国东北部城市群多层次轨道交通系统研究[J].都市快轨交通,2015,28(01):129—132.

[21] 于建峰,曾俊伟,钱勇生,广晓平.不同交通方式对兰西城市群空间分布影响研究[J].铁道运输与经济,2019,41(10):7—13,40.

第八章 都市圈综合交通评价

第一节 中国都市圈交通运输情况

一、对外交通设施水平

对外交通是指都市圈与都市圈外部区域之间的交通,空间尺度较大,运输距离较长,运输频率比都市圈交通和城市交通低,但对运量水平、运输服务水平要求较高,重点关注运量能力和运输的安全性、公平性。对外交通主要包括铁路、公路、水运、航空几个方面。

铁路方面,中心城市是直辖市或省会城市的都市圈通常铁路设施水平较高,尤其是位于全国交通枢纽处的都市圈,如北京、上海、广州、苏州、南京、武汉、西安和沈阳都市圈。京津冀、长三角和珠三角城市群内的都市圈,以及沈阳都市圈,高铁设施水平较高(图 8-1)。

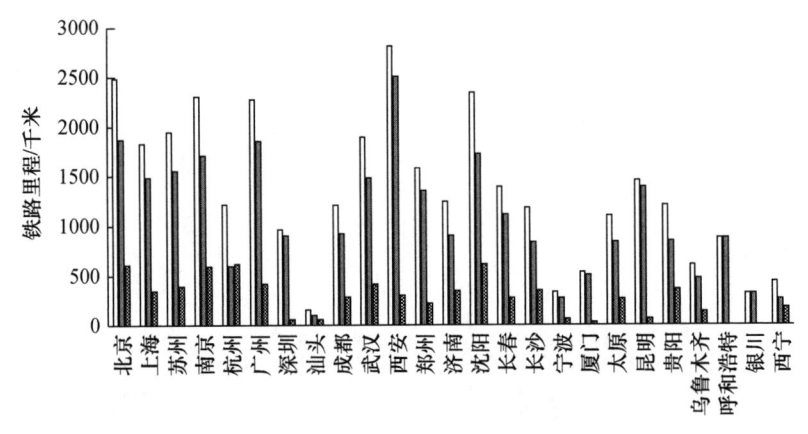

图 8-1 各都市圈铁路里程

人均铁路设施水平与总量不同,太原、昆明、贵阳、乌鲁木齐、呼和浩特都市圈等总量水平不突出的都市圈,人均铁路设施水平明显高于其他都市圈。这也体现出全国铁路在各个人口集聚中心的空间分布要比人口的空间分布均匀(图8-2)。

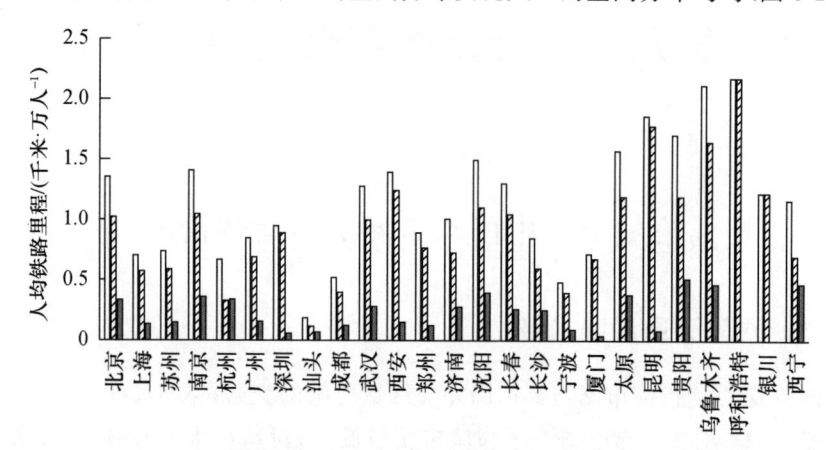

图 8-2　各都市圈人均铁路里程

公路方面,坐落于长三角和珠三角城市群的都市圈,包括上海、苏州、杭州、广州都市圈,高速公路和国道的设施水平较高,此外西安都市圈的公路设施水平也较高(图8-3)。各都市圈的人均公路水平相差不大,只有呼和浩特都市圈比较突出(图8-4)。与铁路相比,公路设施在各个都市圈的空间分布与人口分布更加契合。

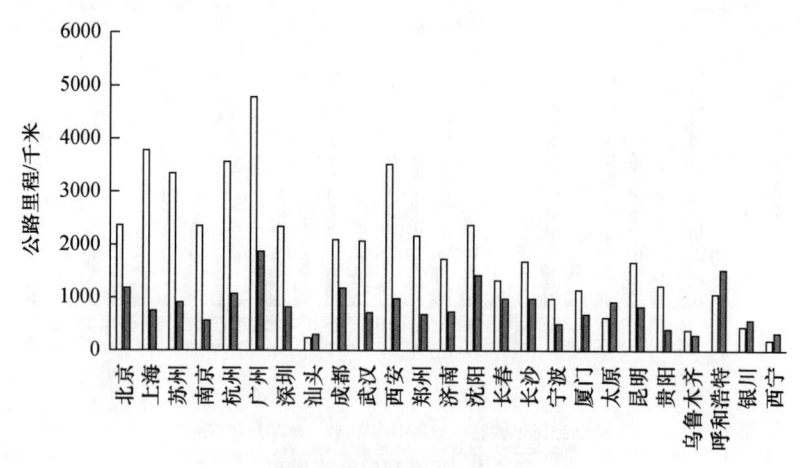

图 8-3　各都市圈公路里程

第八章 都市圈综合交通评价

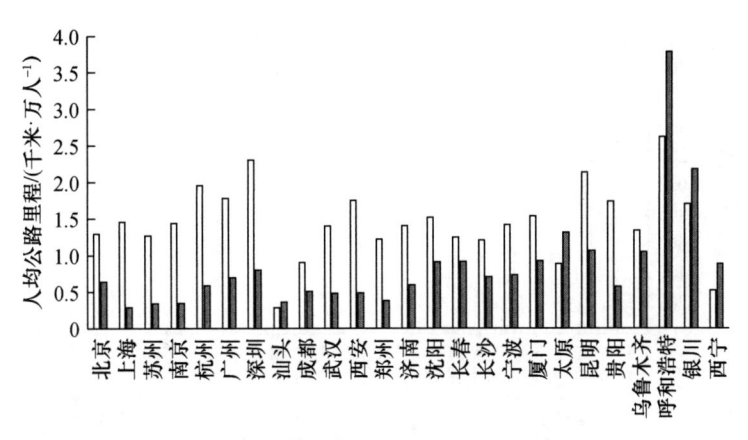

图 8-4 各都市圈人均公路里程

水运主要与都市圈的自然地理条件有关。长江中游的武汉都市圈,长江下游的上海、苏州、南京、宁波都市圈,珠江下游的广州都市圈是拥有高等级航道和港口的都市圈。尤其是长江下游的上海和苏州都市圈,由于得天独厚的地理环境和发达的经济水平、活跃的贸易活动,其航道长度、码头长度和码头泊位数都远超其他都市圈(图 8-5～图 8-7)。位于长三角出海口的都市圈不仅在国内交通中发挥作用,也是重要的国际航运枢纽。

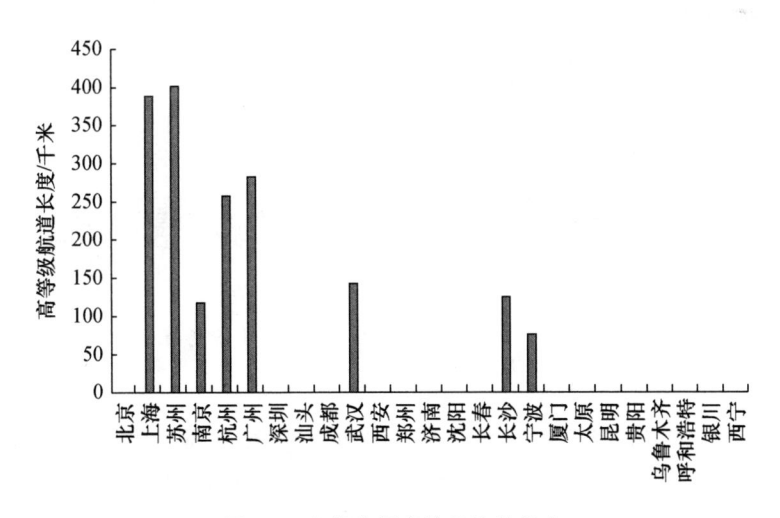

图 8-5 各都市圈高等级航道长度

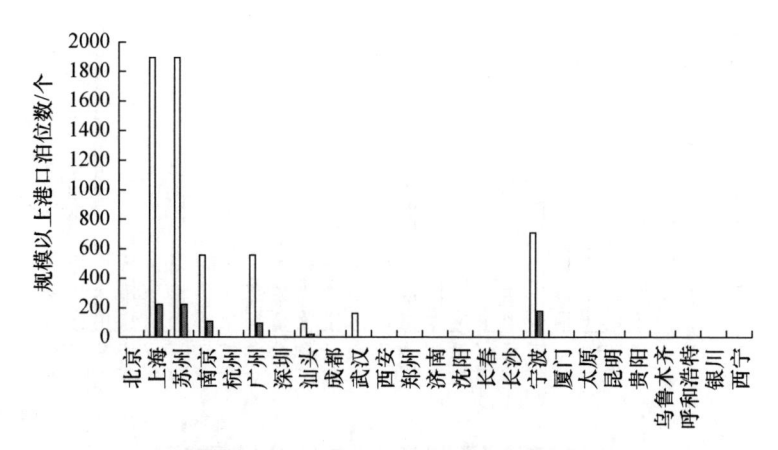

□2018年主要规模以上港口泊位数　■2018年主要规模以上港口万吨级泊位数

图 8-6　各都市圈规模以上港口泊位数

数据来源:国家统计局。

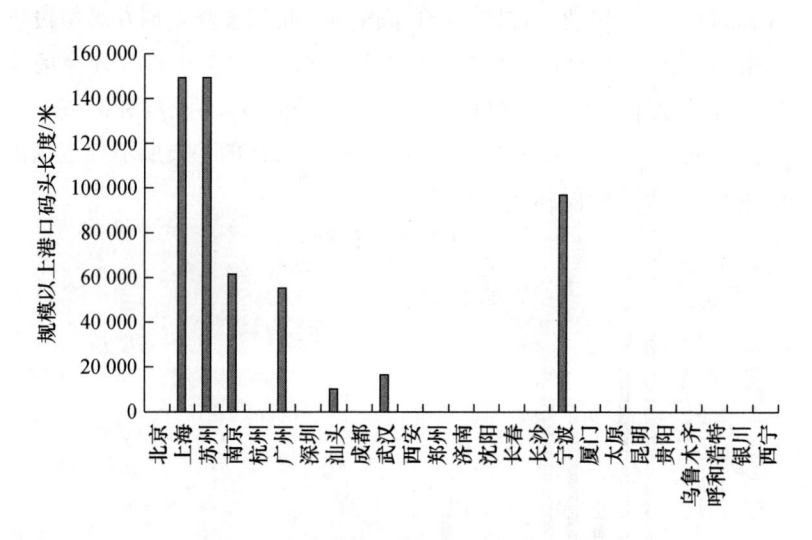

图 8-7　各都市圈规模以上港口码头长度

数据来源:国家统计局。

航空设施配置在各个都市圈比较平均,基本各都市圈都拥有1～2个机场,上海、苏州和广州都市圈的机场数量达到3～4个。但飞机起降架次显示了航空枢纽地位——北京、上海、苏州和广州都市圈的机场起降架次远高于其他都市圈。此外,深圳、成都、西安和昆明都市圈的机场起降架次也较高(图8-8、图8-9)。

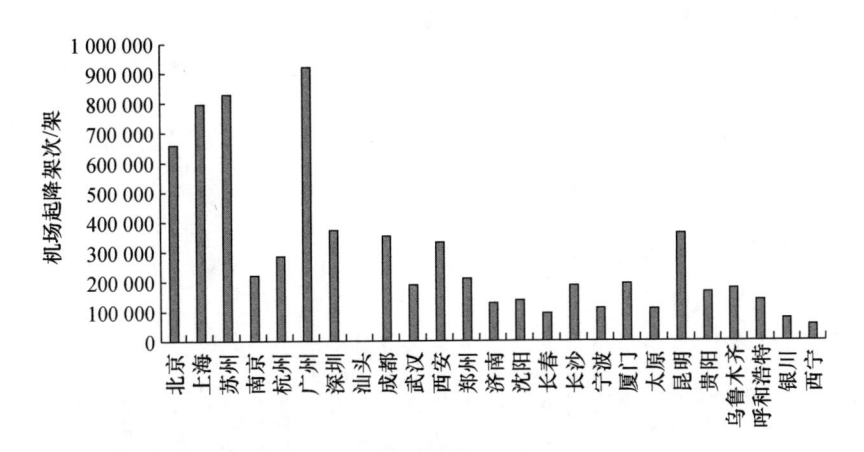

图 8-8　各都市圈机场起降架次

数据来源：中国民用航空局。

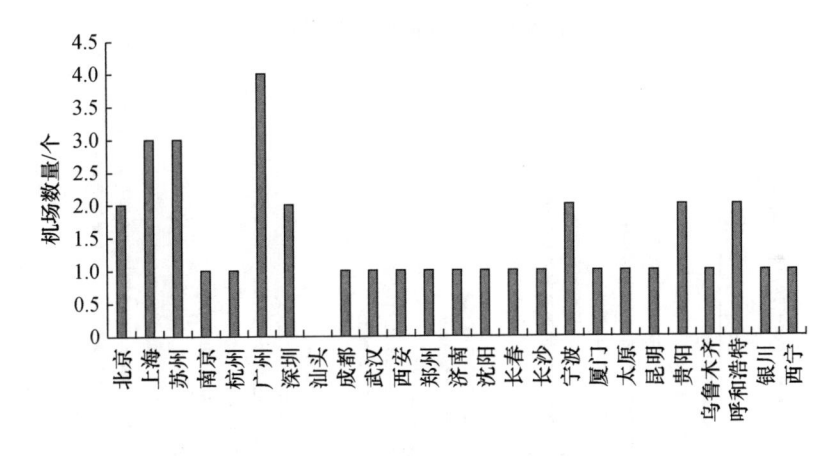

图 8-9　各都市圈机场数量

数据来源：中国民用航空局。

二、城市内部交通设施

城市内部交通指都市圈各个城市内部的交通，空间尺度最小，主要是客运交通，城市内部交通的关注重点是高峰时段的出行、交通拥堵以及出行效率。城市内部交通包括道路交通和轨道交通两方面。

道路交通方面，上海、苏州和广州都市圈的道路面积领先于其他都市圈，其次是南京、杭州、深圳、武汉、西安、济南、沈阳和北京都市圈。各个都市圈道路面积总量相差较大,但人均水平相差不大(图 8-10、图 8-11)。

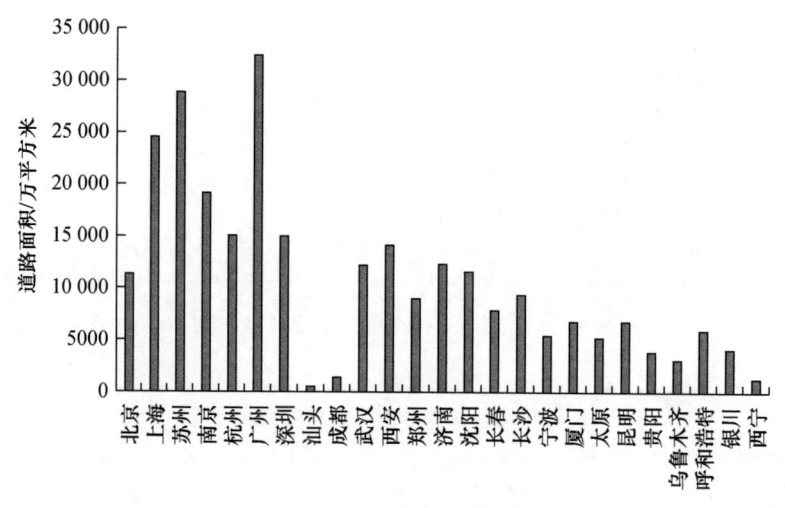

图 8-10 各都市圈道路面积

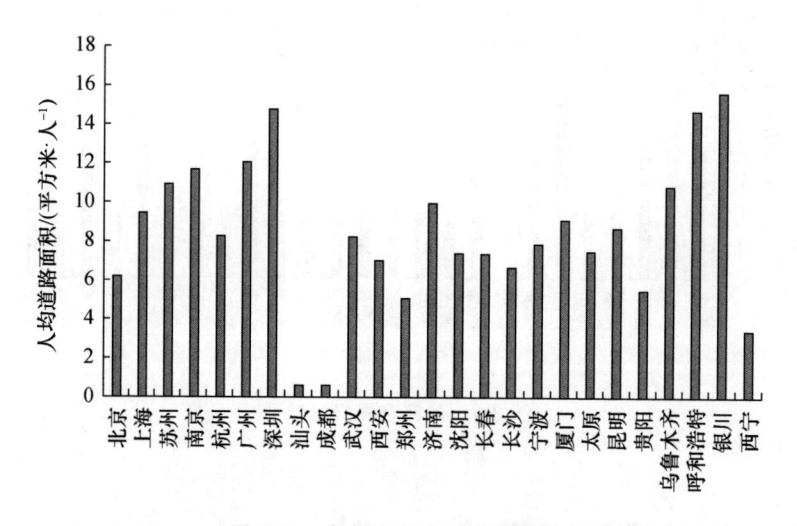

图 8-11 各都市圈人均道路面积

数据来源:中国城市统计年鉴(2018)。

广州和深圳都市圈在人均公共汽电车拥有量上远远领先其他都市圈(图 8-12),道路公共交通设施水平较高。

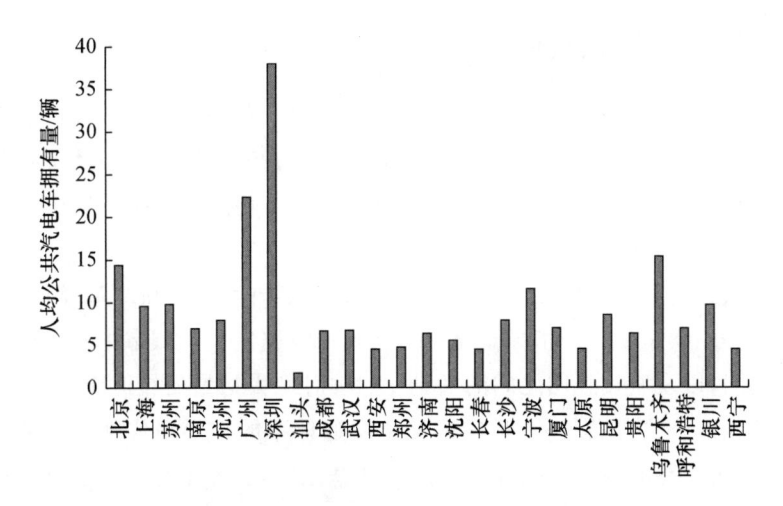

图 8-12　各都市圈人均公共汽电车拥有量
数据来源：中国城市统计年鉴(2018)。

城市轨道交通包括地铁、轻轨、有轨电车等。全国拥有轨道交通的城市不多，25 个都市圈中，只有 16 个都市圈拥有轨道交通。上海、苏州和广州都市圈的轨道交通设施水平较高，长度在 800 千米左右；其次是北京都市圈，在 600 千米左右；其他都市圈的轨道交通长度都不超过 400 千米，其中南京、深圳和武汉都市圈的轨道交通长度在 300～400 千米(图 8-13)。

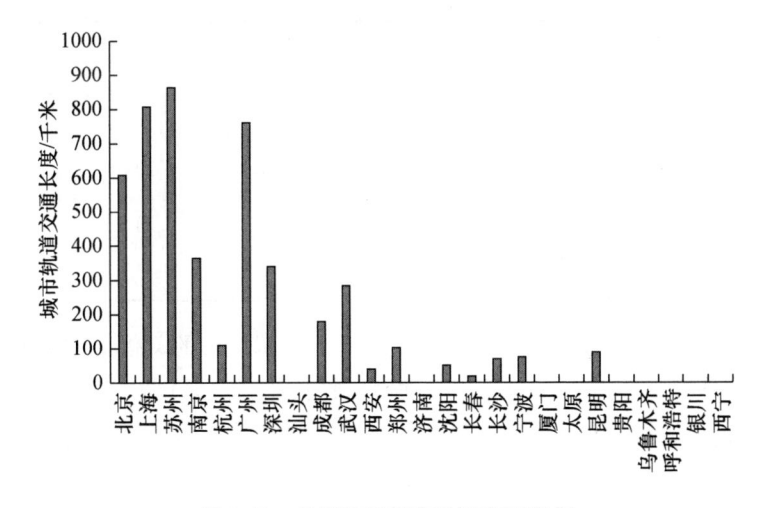

图 8-13　各都市圈城市轨道交通长度
数据来源：中国城市建设统计年鉴(2017)。

三、都市圈交通设施

都市圈交通是都市圈最值得关注的交通层级。都市圈交通的需求主要是中心城市与郊区和外围城市之间的通勤出行，其出行频度高，有峰值特征。都市圈的通勤出行主要依靠道路交通和轨道交通，轨道交通在都市圈通勤中的作用越来越重要。

市域铁路是都市圈层级的轨道交通。2017年国家发展和改革委员会《关于促进市域（郊）铁路发展的指导意见》中，将市域铁路定义为城市中心城区连接周边城镇组团，以及城镇组团之间的通勤化、快速度、大运量的轨道交通系统，市域铁路提供城市公共交通服务，是城市综合交通体系的重要组成部分。从服务范围来看，市域铁路的服务范围介于铁路和地铁之间，服务于都市圈层级。就技术要求而言，市域铁路的技术接近于区域铁路；就运营而言，市域铁路要求公交化运营，接近城市轨道交通。大运量、通勤化、快速度是市域铁路的基本特征，也是其建设要求。

目前我国市域铁路还是交通体系中的短板，只有6个城市开通了市域铁路，包括长三角城市群的南京、上海、宁波，京津冀城市群的北京，成渝城市群的成都以及中原城市群的郑州（表8-1）。

表8-1 2019年开通市域铁路的城市及其里程

城市	里程/千米
南京	200
北京	115.3
成都	94.2
上海	56
郑州	43
宁波	5.6

南京的市域铁路里程最长，达到200千米。南京市的总体规划特别提出了市域铁路建设目标，在《南京市城市总体规划（2018—2035）》中，提出要加大力度建设市域铁路，市域铁路总里程将达到380千米，服务于都市圈通勤，可以和高铁站及地铁站换乘，速度介于高铁和地铁之间。

北京市的市域铁路里程位列第二，有115.3千米（图8-14）。北京市发展市域铁路主要是利用现有的铁路资源，将其改作市域铁路使用，为首都的功能疏解服务。北京市的市域铁路发展策略包括四网融合、簇轴发展和铁路分类利用。四网融合是指高速铁路、城际铁路、市域铁路和城市内铁路枢纽的融合,融合的核心是服务融合。簇轴发展是指借鉴东京都市圈发展模式,城市沿廊道发展,沿交通廊道打造城市微中心,在轨道交通沿线1千米范围内给予一定的用地上浮比例,促进站城融合发展。铁路分类利用是指不同铁路线路根据其位置特点,用作不同用途,如京九线改建为市域铁路的部分,在早晚高峰实现类公交化运营。

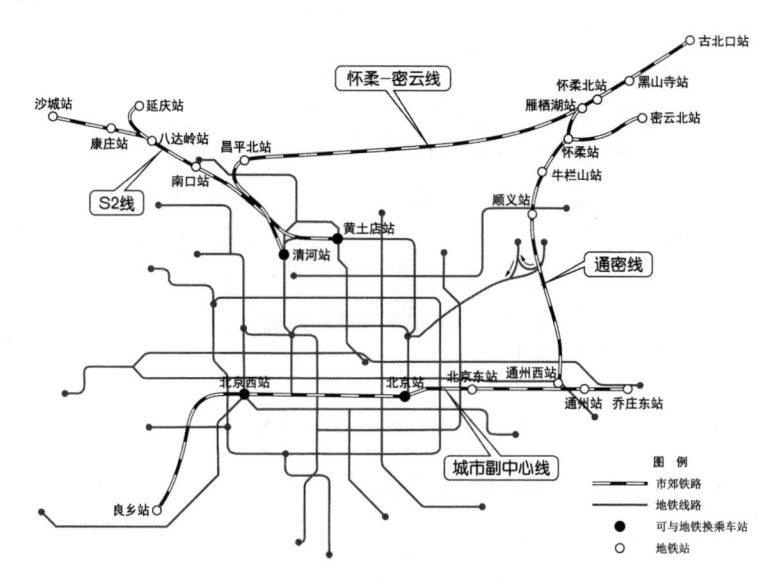

图 8-14 北京市域铁路运营线路

图源:北京市交通委员会。

成都和上海的市域铁路分别位列第三和第四。成都市域铁路正在加速落实公交化运营,2018年12月29日,成灌快铁启用了全新的公交化动车组,预计投运后,高峰时段的发车间隔将压缩至10分钟内(图8-15)。上海的市域铁路由原有的金山铁路支线改建而成,开通时间早,2012年就已开通,是国内首个实行公交化运营的市域铁路,金山线全程不对车票、不限定具体车次和座席,旅客随到随走,可刷上海交通卡,享受与市内公交换乘同样的优惠,实现了公交化运营。

目前市域铁路建设依然存在几个难点。一是公交化运营的需求和铁路供给不匹配,既有干线早晚高峰时段运输能力有限。二是要实现站城融合,轨道交通引导城市发展,需要的体制机制创新多,落实难度大。三是市域铁路运营的经济效益不够理想,部分市域铁路的客流吸引力较弱,运营模式有待突破。要提升市

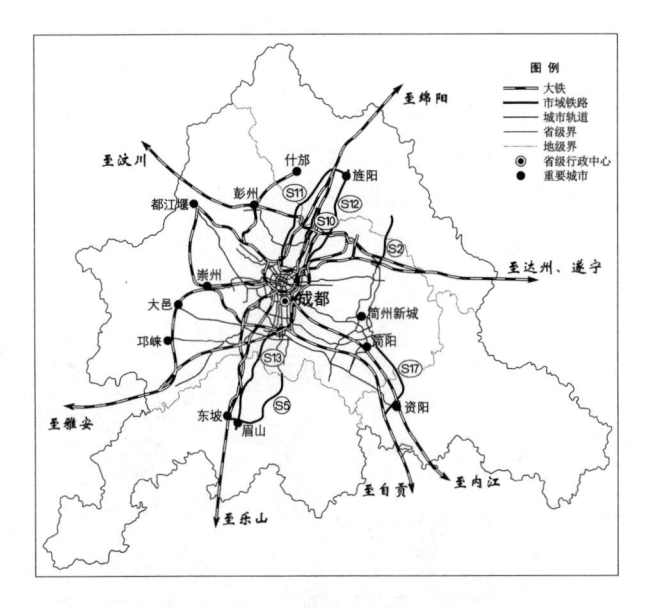

图 8-15 成都市市域铁路规划

图源：成都市规划和自然资源局。

域铁路的客流，公交化运营和站城融合发展是必要的条件。

四、都市圈交通运输总量与结构

公路运输在客运和货运中都扮演着最重要的角色。广州都市圈的客货运量都远高于其他都市圈，这主要由于广州都市圈范围大、包括的地级市多。位于长三角的上海和苏州都市圈的客货运量也较高，北京都市圈客运量大，但货运量不高。南京、杭州、成都、武汉、西安和沈阳都市圈的客货运量处于第三梯队。其他都市圈中，贵阳都市圈的客运量和上海都市圈差不多，呼和浩特都市圈的货运量也较高。

客运方面，公路运输之外占比最大的是铁路运输，北京、上海、苏州、广州和武汉都市圈的铁路客运量较大，达到(1.5~2)亿人次。航空运输则只有北京、上海、苏州和广州都市圈运量较大，在(0.7~1)亿人次；深圳、西安和昆明都市圈位列航空运输量第二梯队，约 0.3 亿人次(图 8-16)。

货运方面，水运是除公路外最重要的运输方式，位于大江大河下游的沿海都市圈，包括上海、苏州、南京、广州、深圳和宁波都市圈，水运货运量大，在 2 亿吨以上。其中苏州和广州都市圈水运货运约为 5 亿吨；上海都市圈表现最突出，达

第八章 都市圈综合交通评价

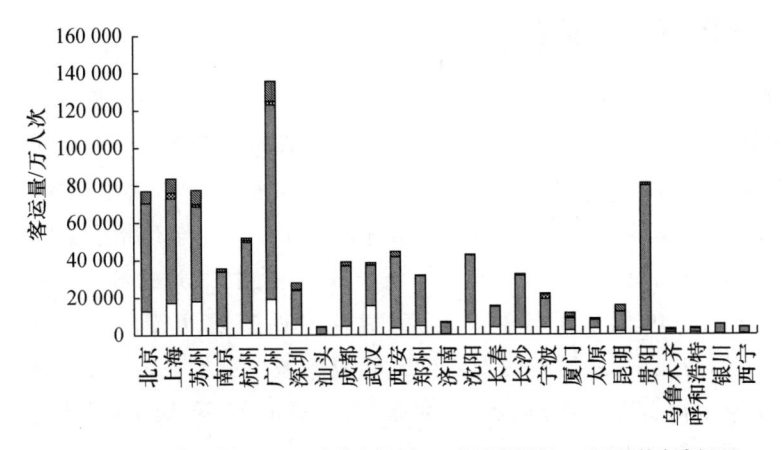

图 8-16 各都市圈客运量

数据来源：中国城市统计年鉴。

到 7 亿吨，与其高水平的航道和码头设施水平相符。航空和铁路在货运中占比较低，只有武汉、沈阳、太原和呼和浩特都市圈这几个铁路枢纽的铁路货运量较高，超过 0.8 亿吨，呼和浩特都市圈更是超过 3 亿吨，是所有都市圈中铁路货运量最大的（图 8-17）。

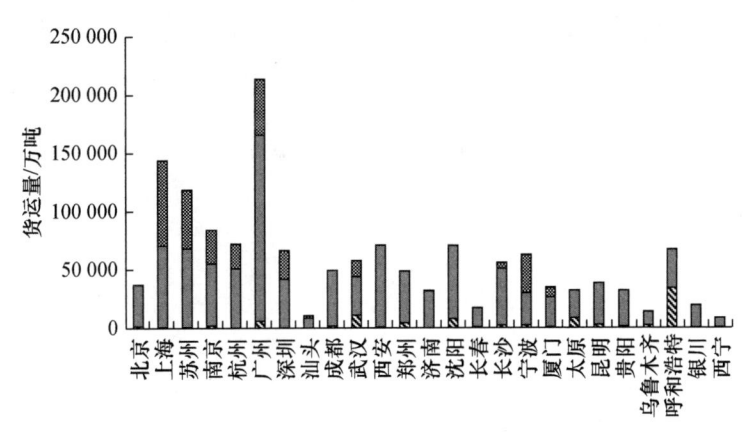

图 8-17 各都市圈货运量

数据来源：中国城市统计年鉴。

— 253 —

五、都市圈城际通勤率

通勤率的计算数据来自联通的城市间人口流动手机信令数据,以外围城市向中心城市的人口流动数与外围城市人口的比值为通勤率。分析发现,广州和深圳都市圈的通勤率遥遥领先,北京、武汉和西安都市圈次之(图 8-18～图 8-22)。广州和深圳的外围城市最大通勤率超过了 10%,与广州通勤最频繁的是佛山,与深圳通勤最频繁的是东莞。得益于珠三角地区发达的城轨和轻轨,广佛一体化、深莞一体化水平较高。北京、武汉和西安都市圈的最大通勤率在 4.7%～5%,与北京、武汉和西安通勤最频繁的城市分别是廊坊、鄂州和咸阳。第三梯队是上海、苏州、南京、杭州、太原、西宁都市圈,最大通勤率超过 2.5%,其他都市圈都低于 2%(图 8-23)。

图 8-18 广州都市圈城际通勤

图 8-19 深圳都市圈城际通勤

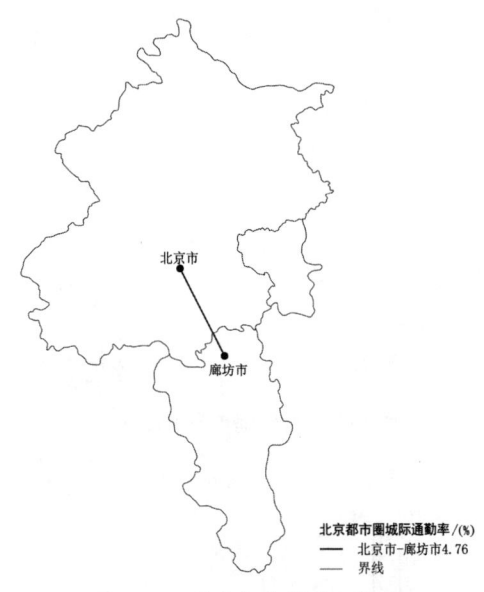

图 8-20　北京都市圈城际通勤

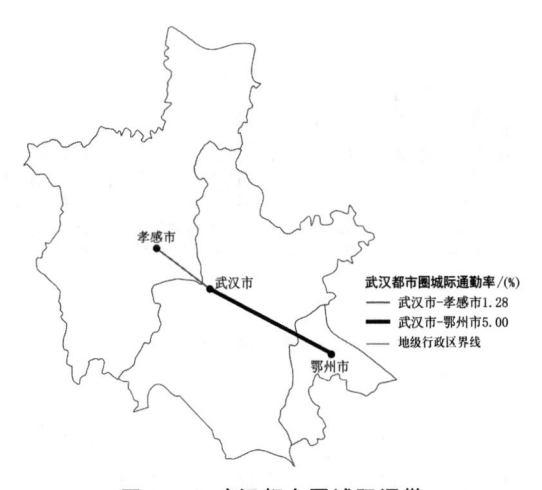

图 8-21　武汉都市圈城际通勤

总体而言,珠三角地区的两个都市圈中心城市与外围城市的通勤联系最大,中心城市与外围城市实现了较好的同城化和一体化。长三角地区的 4 个都市圈,虽然每个都市圈的最大通勤率不如珠三角地区,但 4 个都市圈最大通勤率相差不大,且在所有都市圈中也属于较高水平,地区整体的网络化水平较高,发展比较均衡。

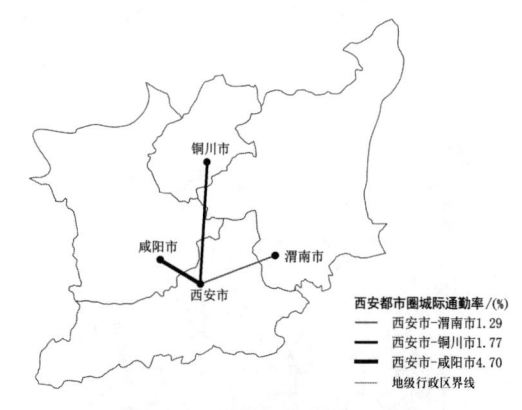

图 8-22 西安都市圈城际通勤

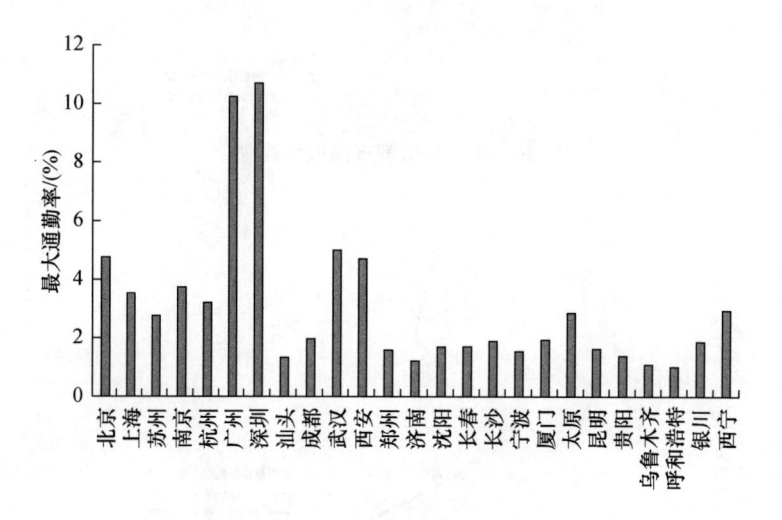

图 8-23 各都市圈最大通勤率

数据来源：手机信令数据。

广州和深圳都市圈的高通勤率得益于珠三角地区密集的城际轨道系统。目前珠三角已建成的城际铁路有广佛肇城际、广深和谐号、广珠城际和莞惠城际，还有广佛环线、惠莞深城际、新白广城际（新塘经白云机场至广州北站城际）正在建设。整个珠三角地区以广佛、深莞都市圈的城际铁路建设最为完备，广佛、深莞之间实现了城际铁路公交化运营，大大有利于广佛和深莞实现同城化。

扩展到城市群尺度上，在 2012 年的《珠三角城际轨道交通规划实施方案》

中,珠三角规划建设"三环八射"城际轨道交通网络,第一环是广佛环线,第二环是由惠莞深、中山—南沙—虎门、广佛珠三条线路组成的环珠江口的中环线,第三环是由惠莞深、深圳至珠海、广佛珠三条线路组成的环珠江口的大环线;放射状线路包括广佛肇、广州—清远、广州—惠州、东莞—惠州、深圳—惠州、珠海—斗山、江门—恩平和肇庆—高明—南沙8条。规划拟形成以广州、深圳、珠海为主要枢纽,覆盖区内主要城镇的快速、高效、便捷的城际轨道交通网络,实现以广州为中心,主要城市间1小时互通,即让珠三角经济区内9个城市在1小时内可以互相通达,将便捷的城际交通网络从广佛、深莞都市圈扩展到整个珠三角,增强区域网络化发展。

第二节 都市圈综合交通运输水平评价

一、评价方法与指标

本研究选取了交通设施、交通运量、都市圈通勤、中心城市交通运输服务四个方面的指标,来评价都市圈的综合交通运输水平,以期为都市圈综合交通发展提出有针对性的建议。

评价选取的指标涉及四大方面,其中交通设施方面包括区域交通设施、城市交通设施和都市圈交通设施。每类指标包含的原始指标如表8-2所示。区域交通设施包括铁路里程、高速公路里程、高等级航道长度、规模以上港口泊位数和机场数量;城市交通设施包括城市道路面积、人均公共汽电车拥有量和城市轨道交通长度;都市圈交通设施包括市域铁路里程。交通运量包括客运量和货运量。都市圈通勤包括外围城市到中心城市的最大通勤率、平均通勤率和都市圈外围城市的个数。中心城市交通运输服务包括中心城市交通健康指数。其中铁路里程、高速公路里程和高等级航道长度数据来自经过GIS处理的交通线网数据,港口泊位数来自国家统计局年度数据,机场数量来自中国民用航空局,城市道路面积、人均公共汽电车拥有量、客运量、货运量来自《中国城市统计年鉴》,城市轨道交通长度来自《中国城市建设统计年鉴》,市域铁路里程来自中国城市轨道交通协会,通勤率来自联通手机信令数据,交通健康指数来自高德2018年中国主要城市交通分析报告。

表 8-2 评价指标选取

方向	指标
区域交通设施	铁路里程(2016 年)
	高速公路里程(2016 年)
	高等级航道长度(2015 年)
	规模以上港口泊位数(2018 年)
	机场数量(2018 年)
城市交通设施	城市道路面积(2018 年)
	人均公共汽电车拥有量(2018 年)
	城市轨道交通长度(2018 年)
都市圈交通设施	市域铁路里程(2019 年)
交通运量	客运量(2015 年)
	货运量(2015 年)
都市圈通勤	外围城市到中心城市最大通勤率(2019 年)
	外围城市到中心城市平均通勤率(2019 年)
	外围城市个数(2019 年)
中心城市交通运输服务	中心城市交通健康指数(2018 年)

对各都市圈各指标的值按照 Z-score 方法进行标准化处理,四个大类的指标分别取均值作为这一方面的得分,综合交通运输水平总得分为四个方面得分的平均值,其中银川、汕头都市圈交通运输服务指标缺失,总得分为其余三个方面得分的平均值。

二、评价结果

计算各都市圈的各方面指标得分与总得分,如表 8-3 所示。综合交通运输水平总得分排名前 5 名的都市圈分别是广州、苏州、上海、深圳和南京都市圈,第 6~11 名分别是西安、杭州、武汉、沈阳、宁波和郑州都市圈,这 11 个都市圈的总得分超过了平均值。总得分靠前的都市圈多位于长三角和珠三角,长三角占了 5 个,珠三角占了两个。北京都市圈位列第 12 名,分项得分中交通设施、交通运量和都市圈通勤水平都较高,总得分主要被得分较低的中心城市交通运输服务所影响。总得分后 5 名分别是汕头、银川、贵阳、乌鲁木齐和长春都市圈,后 6~10 名分别是呼和浩特、济南、厦门、昆明和太原都市圈,排名靠后的都市圈多位于西北、西南、东北地区和海峡西岸城市群。

表 8-3　都市圈综合交通排名

位次	交通设施	交通运量	都市圈通勤	中心城市交通运输服务	总分
1	广州	广州	广州	宁波	广州
2	上海	上海	深圳	西宁	苏州
3	苏州	苏州	北京	郑州	上海
4	南京	杭州	西安	乌鲁木齐	深圳
5	北京	北京	武汉	苏州	南京
6	深圳	贵阳	南京	厦门	西安
7	杭州	南京	上海	太原	杭州
8	西安	西安	杭州	济南	武汉
9	武汉	沈阳	沈阳	昆明	沈阳
10	沈阳	武汉	成都	沈阳	宁波
11	成都	深圳	苏州	西安	郑州
12	宁波	成都	西宁	呼和浩特	北京
13	郑州	长沙	太原	武汉	成都
14	长沙	宁波	长沙	长沙	长沙
15	昆明	郑州	郑州	长春	西宁
16	济南	呼和浩特	厦门	南京	太原
17	贵阳	昆明	银川	杭州	昆明
18	呼和浩特	厦门	长春	成都	厦门
19	长春	太原	昆明	深圳	济南
20	乌鲁木齐	济南	宁波	上海	呼和浩特
21	厦门	长春	贵阳	北京	长春
22	太原	银川	汕头	贵阳	乌鲁木齐
23	银川	乌鲁木齐	济南	广州	贵阳
24	西宁	汕头	乌鲁木齐		银川
25	汕头	西宁	呼和浩特		汕头

交通设施水平得分前 5 名的是广州、上海、苏州、南京和北京都市圈，6～10 名是深圳、杭州、西安、武汉和沈阳都市圈。其中前 9 名的交通设施得分水平超过了平均值。交通设施水平得分高的都市圈依然主要分布在长三角和珠三角，此外还有北京、武汉、西安和沈阳都市圈。交通设施水平得分的后 5 名分别是汕头、西宁、银川、太原和厦门都市圈，后 6～10 名分别是乌鲁木齐、长春、呼和浩

特、贵阳和济南都市圈。

交通运量水平得分前5名为广州、上海、苏州、杭州和北京都市圈,6~10名为贵阳、南京、西安、沈阳和武汉都市圈。前10名的交通运量得分超过了平均值。前10名中贵阳都市圈在其他几项得分中排名靠后,但交通运量得分靠前。交通运量水平后5名为西宁、汕头、乌鲁木齐、银川和长春都市圈,后6~10名为济南、太原、厦门、昆明和呼和浩特都市圈。

都市圈通勤水平前5名为广州、深圳、北京、西安和武汉都市圈,6~10名为南京、上海、杭州、沈阳和成都都市圈。前9名的通勤水平超过平均值。都市圈通勤水平的排名与交通设施和交通运量水平差不多,但上海都市圈在交通设施与运量水平中均位列第2,在都市圈通勤水平中则位列第7。深圳和北京都市圈通勤水平相比交通设施与运量水平,排名有所上升。长三角的都市圈在通勤水平上的表现不如在交通设施与交通运量上优越,交通设施与交通运量的前5名中,长三角的都市圈均占了3名,通勤水平前5名则没有长三角的都市圈入围。这与城市间发展差异有关,相比北京、武汉和西安,长三角的都市圈中心城市与外围城市的经济发展差异没有前者大,因此外围城市去往中心城市通勤的推力也不如前者。珠三角的广佛、深莞有非常强的产业联系,通勤人数多,城际交通也十分便利,而长三角的中心城市与周边城市没有形成如此强烈的通勤流。都市圈通勤水平后5名为呼和浩特、乌鲁木齐、济南、汕头和贵阳都市圈,后6~10名为宁波、昆明、长春、银川和厦门都市圈。

中心城市交通运输服务水平前5名为宁波、西宁、郑州、乌鲁木齐和苏州都市圈,6~10名为厦门、太原、济南、昆明和沈阳都市圈。中心城市交通运输服务水平的排名与交通设施、交通运量和都市圈通勤水平排名基本呈现相反的特征。前10名中只有苏州和沈阳都市圈在其他三个方面的指标中排名也靠前,其余都市圈都是其他指标中排名较后的都市圈。中心城市交通运输服务水平后5名分别是广州、贵阳、北京、上海和深圳都市圈,后6~10名是成都、杭州、南京、长春和长沙都市圈。前17名的中心城市交通运输服务水平都超过平均值,说明排名靠后的都市圈与排名靠前的差距更大。

总的来说,都市圈综合交通运输水平与地区发达程度部分契合,部分有所差异。契合的部分是,人口较多、经济较发达的长三角和珠三角城市群的上海、苏州、南京、杭州、宁波、广州、深圳都市圈综合交通运输水平排名靠前,而人口较少、经济较落后的乌鲁木齐、呼和浩特、银川、汕头、长春都市圈综合交通运输水平排名靠后。不契合的部分是，北京都市圈经济发展水平较高，但综合交通运输水平排名只位于中游，这主要受其较低的中心城市交通运输服务水平影响。北京都市圈的交通设施、交通运量和通勤率都排名靠前，但中心城市拥堵严重，交通运输服务水平低，因此总体排名被拉至中游。

在排名中游的都市圈中，成都和武汉都市圈的人口和经济水平差不多，但武汉都市圈的各项指标排名都高于成都都市圈，这与其区位有关。位于华中地区的武汉是全国交通枢纽，区域交通网络密集、运输量也大，而成都位于西南地区，在全国交通网络中的中心程度没有武汉高。此外，武汉都市圈的通勤率也高于成都，中心城市与周边城市的联系更密切。

西安、沈阳、郑州和长沙都市圈的人口与经济水平相差不大，但西安和沈阳都市圈综合交通运输水平位列中上游，而郑州和长沙都市圈位于中游，这与都市圈的范围有关。都市圈的范围一定程度上反映了都市圈与外围城市的通勤联系，都市圈范围越大，说明与其有通勤联系的外围城市越多。西安和沈阳都市圈的范围较大，外围城市分别有3个和4个，综合交通运输水平位列中上游，而与其人口、经济水平差不多的郑州和长沙都市圈，范围较小，外围城市只有2个，综合交通运输水平也稍逊于前者。

观察都市圈各个方面的得分，发现交通设施、交通运量和都市圈通勤水平的排名顺序相近，广州、上海、北京、南京、杭州、西安和沈阳都市圈在三个方面的得分均位于前10名，而武汉、深圳和苏州在某个方面没有进入前10，但也在11名以内。汕头、银川、厦门、长春、乌鲁木齐、呼和浩特、济南都市圈在三个方面的得分都位于后10名。中心城市交通运输服务水平的排名则与前三者部分相反，广州、上海、北京、深圳、南京、杭州等都市圈排名靠后，西宁、乌鲁木齐、厦门、济南等都市圈排名靠前。因此，将前三方面的得分取平均值，得到都市圈交通设施、交通运量和通勤水平总得分，分别以都市圈交通设施、交通运量和通勤水平得分为纵轴，以中心城市交通运输服务水平得分为横轴，得到四象限图，来对都市圈综合交通运输水平进行分类（图8-25、表8-4）。

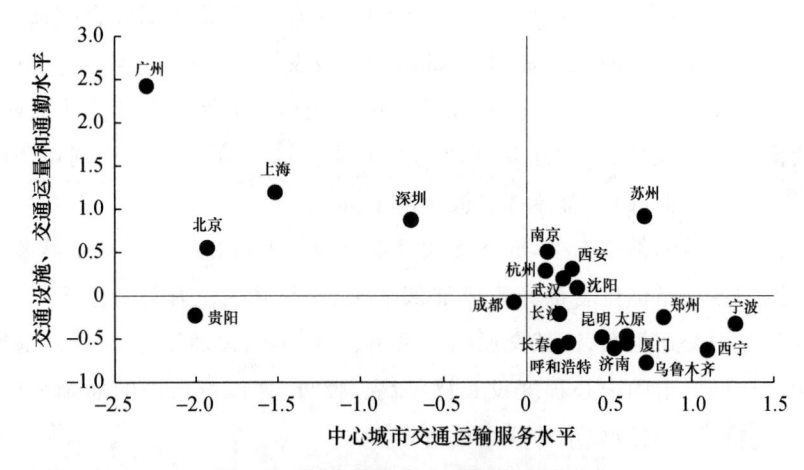

图 8-25 都市圈综合交通运输水平分类

表 8-4 都市圈综合交通运输水平分类

		交通设施、交通运量和通勤水平	
		大于平均值	小于平均值
中心城市交通运输服务水平	大于平均值	南京、杭州、武汉、西安、沈阳、苏州	长沙、长春、呼和浩特、昆明、济南、太原、厦门、郑州、乌鲁木齐、西宁、宁波
	小于平均值	广州、北京、上海、深圳	贵阳、成都

分类结果中，位于右上象限的都市圈交通设施、交通运量和通勤水平，以及中心城市的交通运输服务水平都大于平均值，包括南京、杭州、武汉、西安、沈阳和苏州都市圈。左上象限的都市圈交通设施、交通运量和通勤水平大于均值，而中心城市的交通运输服务水平小于均值，包括广州、深圳、上海和北京都市圈。右下象限的都市圈交通设施、交通运量和通勤水平小于均值，而中心城市的交通运输服务水平大于均值，包括长沙、长春、呼和浩特、昆明、济南、太原、厦门、郑州、乌鲁木齐、西宁和宁波都市圈。左下象限的都市圈交通设施、交通运量和通勤水平，以及中心城市的交通运输服务水平都小于平均值，包括贵阳和成都都市圈。

两个维度的得分均大于平均值的都市圈中心城市都属于新一线或二线城市，交通设施、交通运量和都市圈通勤的水平较高，中心城市的拥堵状况也不太严重，因此在两个维度均表现良好。左上象限的都市圈中心城市恰好是全国四个一线城市：北京、上海、广州和深圳，其交通设施、交通运量和通勤水平较高，但中心城市的拥堵也比较严重，中心城市交通运输服务水平相比大量人口对运输服务的需求而言有所不足。右下象限的都市圈发展水平一般,交通设施、交通运量和通勤水平都小于均值,但中心城市的交通服务压力也不大,因此中心城市交通运输服务水平大于平均值。左下象限的都市圈在两个维度上表现都比较落后,但相比右下象限的都市圈,二者的交通设施、交通运量和通勤水平低于均值不多,在低于均值的都市圈中位于前列,其中,成都都市圈的中心城市交通运输服务水平也在均值附近稍低,而贵阳都市圈的该维度得分低于北京、深圳和上海,在全部都市圈中仅高于广州都市圈,说明其中心城市交通拥堵较严重。

  对于这四类都市圈,位于右上象限的新一线或二线城市都市圈,未来发展需要在扩大中心城市与外围城市联系的基础上,未雨绸缪,合理规划,保持中心城市的交通运输服务能力,避免出现像一线城市一样交通运输服务压力过大,导致交通效率降低的情况。位于左上象限的一线城市都市圈,需要有效缓解中心城市交通运输服务压力,一方面通过中心城市轨道交通建设和道路交通合理规划来提升中心城市的交通运输服务水平,另一方面尝试谋求中心城市人口和产业的疏解,为此需要大力加强中心城市与外围城市的交通联系。位于右下象限的发展水平一般的城市都市圈,首先需要着眼于中心城市发展水平提升,中心城市的成长是都市圈发展的核心,强化中心城市的吸引力和集聚能力,才能加强中心城市对外围城市的影响力,逐步扩大都市圈影响范围,提升都市圈的运量和通勤水平。位于左下象限的都市圈,成都都市圈在两个维度上已经接近右上象限,成都本身的人口、经济发展水平都不低,成渝城市群也是全国发展比较成熟的城市群之一,未来成都都市圈需要在两方面追赶,一方面从城际交通入手,提高中心城市与外围城市的联系,另一方面改善中心城市运输服务能力,缓解拥堵,提高中心城市交通运输效率。贵阳都市圈与成都都市圈同样位于西南地区,在全国的交通运输网络中不像郑州、武汉都市圈一样拥有交通枢纽的优势,未来需要大力提升中心城市发展水平,打造成为区域性的中心,同时要重视改善中心城市的交通运输服务效率,让道路规划和管理跟上城市发展。

参 考 文 献

[1] 魏贺,张晓东,冯雅薇,赵旭阳.大伦敦市长交通战略述评[J].交通工程,2018,18(05):53—64.

[2] 游宁龙,沈振江,马妍,邹晖.日本首都圈整备开发和规划制度的变迁及其影响:以广域规划为例[J].城乡规划,2017,(02):15—24,59.

第九章 城市群与都市圈交通发展政策建议

第一节 当前政策回顾

一、全国性政策

城市群和都市圈交通是国家新型城镇化规划和"十三五"规划的重要方面。构建便捷顺畅的城市群交通网络也是交通强国规划中的一个战略。

(一)《国家新型城镇化规划(2014—2020年)》

2014年发布的《国家新型城镇化规划(2014—2020年)》中提出,优化城镇化布局和形态,要按照统筹规划、合理布局、分工协作、以大带小的原则,发展集聚效率高、辐射作用大、城镇体系优、功能互补强的城市群,使之成为支撑全国经济增长、促进区域协调发展、参与国际竞争合作的重要平台。规划提出"两横三纵"的城镇化战略格局,构建以陆桥通道、沿长江通道为两条横轴,以沿海、京哈京广、包昆通道为三条纵轴,以轴线上城市群和节点城市为依托、其他城镇化地区为重要组成部分,大中小城市和小城镇协调发展的城镇化战略格局。

优化城镇化布局离不开交通运输网络的支撑。新型城镇化规划对优化交通运输网络的总体要求是,完善综合运输通道和区际交通骨干网络,强化城市群之间交通联系,加快城市群交通一体化规划建设,改善中小城市和小城镇对外交通,发挥综合交通运输网络对城镇化格局的支撑和引导作用。当时提出的发展目标是到2020年,普通铁路网覆盖20万以上人口城市,快速铁路网基本覆盖50万以上人口城市;普通国道基本覆盖县城,国家高速公路基本覆盖20万以上人口城市;民用航空网络不断扩展,航空服务覆盖全国90%左右的人口。具体战略包括四个方向:

一是完善城市群之间综合交通运输网络。依托国家"五纵五横"综合运输大通道,加强东中部城市群对外交通骨干网络薄弱环节建设,加快西部城市群对外

第九章　城市群与都市圈交通发展政策建议

交通骨干网络建设,形成以铁路、高速公路为骨干,以普通国省道为基础,与民航、水路和管道共同组成的连接东西、纵贯南北的综合交通运输网络,支撑国家"两横三纵"城镇化战略格局。

二是构建城市群内部综合交通运输网络。按照优化结构的要求,在城市群内部建设以轨道交通和高速公路为骨干,以普通公路为基础,有效衔接大中小城市和小城镇的多层次快速交通运输网络。提升东部地区城市群综合交通运输一体化水平,建成以城际铁路、高速公路为主体的快速客运和大能力货运网络。推进中西部地区城市群内主要城市之间的快速铁路、高速公路建设,逐步形成城市群内快速交通运输网络。

三是建设城市综合交通枢纽。建设以铁路、公路客运站和机场等为主的综合客运枢纽,以铁路和公路货运场站、港口和机场等为主的综合货运枢纽,优化布局,提升功能。依托综合交通枢纽,加强铁路、公路、民航、水运与城市轨道交通、地面公共交通等多种交通方式的衔接,完善集疏运系统与配送系统,实现客运"零距离"换乘和货运无缝衔接。

四是改善中小城市和小城镇交通条件。加强中小城市和小城镇与交通干线、交通枢纽城市的连接,加快国省干线公路升级改造,提高中小城市和小城镇公路技术等级、通行能力和铁路覆盖率,改善交通条件,提升服务水平。

(二)《"十三五"现代综合交通运输体系发展规划》

2017年由国务院印发的《"十三五"现代综合交通运输体系发展规划》是针对全国交通运输体系的规划,总体目标是到2020年,基本建成安全、便捷、高效、绿色的现代综合交通运输体系,部分地区和领域率先基本实现交通运输现代化,包括网络覆盖加密拓展、综合衔接一体高效、运输服务提质升级、智能技术广泛应用、绿色安全水平提升几个方面。

城市群和都市圈是支撑交通战略的重要节点。强化战略支撑一章提出,要构建区域协调发展交通新格局,构建京津冀协同发展的一体化网络,建设以首都为核心的世界级城市群交通体系,形成以"四纵四横一环"运输通道为主骨架、多节点、网格状的区域交通新格局;建设长江经济带高质量综合立体交通走廊,坚持生态优先、绿色发展,提升长江黄金水道功能。要发展引领新型城镇化的城际城市交通,推进城际交通发展,加快建设京津冀、长三角、珠三角三大城市群城际铁路网,推进山东半岛、海峡西岸、中原、长江中游、成渝、关中平原、北部湾、哈长、辽中南、山西中部、呼包鄂榆、黔中、滇中、兰西、宁夏沿黄、天山北坡等城市群城际铁路建设,形成以轨道交通、高速公路为骨干,普通公路为基础,水路为补充,民航有效衔接的多层次、便捷化城际交通网络;加强城市交通建设,完善优化超大、特大城市轨道交通网络,推进城区常住人口 300 万人以上的城市轨道交通成网,加快建设大城市市域(郊)铁路,有效衔接大中小城市、新城新区和城镇。

运输服务一体化也是城市群交通提升的重要策略。这一章提出要优化综合交通枢纽布局,完善综合交通枢纽空间布局,提升综合客运枢纽站场一体化服务水平,促进货运枢纽站场集约化发展,促进枢纽站场之间有效衔接。要提升客运服务安全便捷水平,推进旅客联程运输发展,完善区际城际客运服务,发展多层次城市客运服务,推进城乡客运服务一体化。要促进货运服务集约高效发展,推进货物多式联运发展,统筹城乡配送协调发展,推进专业物流发展。

(三)《交通强国建设纲要》

《交通强国建设纲要》于 2019 年 9 月发布,发展目标分为两个阶段。第一个阶段到 2035 年,基本建成交通强国。现代化综合交通体系基本形成,人民满意度明显提高,支撑国家现代化建设能力显著增强;拥有发达的快速网、完善的干线网、广泛的基础网,城乡区域交通协调发展达到新高度;基本形成"全国 123 出行交通圈"(都市区 1 小时通勤、城市群 2 小时通达、全国主要城市 3 小时覆盖)和"全球 123 快货物流圈"(国内 1 天送达、周边国家 2 天送达、全球主要城市 3 天送达),旅客联程运输便捷顺畅,货物多式联运高效经济;智能、平安、绿色、共享交通发展水平明显提高,城市交通拥堵基本缓解,无障碍出行服务体系基本完善;交通科技创新体系基本建成,交通关键装备先进安全,人才队伍精良,市场环境优良;基本实现交通治理体系和治理能力现代化;交通国际竞争力和影响力显著提升。

第二个阶段到 21 世纪中叶,全面建成人民满意、保障有力、世界前列的交通强国。基础设施规模质量、技术装备、科技创新能力、智能化与绿色化水平位居世界前列,交通安全水平、治理能力、文明程度、国际竞争力及影响力达到国际先进水平,全面服务和保障社会主义现代化强国建设,人民享有美好交通服务。

《交通强国建设纲要》涉及基础设施、交通装备、运输服务、科技创新、安全保障、绿色发展、开放合作、人才队伍、治理体系和保障措施 10 个方面。其中基础设施方面提出构建便捷顺畅的城市(群)交通网。一是建设城市群一体化交通网,推进干线铁路、城际铁路、市域(郊)铁路、城市轨道交通融合发展,完善城市群快速公路网络,加强公路与城市道路衔接。二是尊重城市发展规律,立足促进城市的整体性、系统性、生长性,统筹安排城市功能和用地布局,科学制定和实施城市综合交通体系规划。三是推进城市公共交通设施建设,强化城市轨道交通与其他交通方式衔接,完善快速路、主次干路、支路级配和结构合理的城市道路网,打通道路微循环,提高道路通达性,完善城市步行和非机动车交通系统,提升步行、自行车等出行品质,完善无障碍设施。四是科学规划建设城市停车设施,加强充电、加氢、加气和公交站点等设施建设。五是全面提升城市交通基础设施智能化水平。

城市群还是构筑多层级、一体化的综合交通枢纽体系的重要阵地。规划提出依托京津冀、长三角、粤港澳大湾区等世界级城市群,打造具有全球竞争力的国际海港枢纽、航空枢纽和邮政快递核心枢纽,建设一批全国性、区域性交通枢纽,推进综合交通枢纽一体化规划建设,提高换乘换装水平,完善集疏运体系,大力发展枢纽经济。

(四)国家发展和改革委《关于培育发展现代化都市圈的指导意见》

2019年,国家发展和改革委发布了《关于培育发展现代化都市圈的指导意见》,特别提出目前都市圈建设呈现较快发展态势,但城市间交通一体化水平不高、分工协作不够、低水平同质化竞争严重、协同发展体制机制不健全等问题依然突出。因此提出推进基础设施一体化、强化城市间产业分工协作、加快建设统一开放市场、推进公共服务共建共享、强化生态环境共保共治和构建都市圈一体化发展机制六项意见。

推进基础设施一体化中提出要以增强都市圈基础设施连接性、贯通性为重点,以推动一体化规划建设管护为抓手,织密网络、优化方式、畅通机制,加快构建都市圈公路和轨道交通网,具体策略包括三个方面。

一是畅通都市圈公路网。增加城市间公路通道,密切城际公路联系,加快构建高速公路、国省干线、县乡公路等都市圈多层次公路网。鼓励地方对高频次通行车辆实施高速公路收费优惠政策,加快推广ETC应用,推动取消高速公路省界收费站,提升都市圈内高速公路通勤效率。实施"断头路"畅通工程和"瓶颈路"拓宽工程,全面摸排都市圈内各类"断头路"和"瓶颈路",加快打通"断头路",提升都市圈路网联通程度,推进"瓶颈路"改造扩容,畅通交界地区公路联系,全面取缔跨行政区道路非法设置限高、限宽等路障设施。打造一体化公路客运网络,完善充电桩、加气站、公交站场等布局,支持毗邻城市(镇)开行城际公交,加快推动近郊班线公交化。优化交界地区公交线网,促进与市域公交网络快速接驳。加快推进都市圈内城市间公交一卡互通、票制资费标准一致,健全运营补偿和结算机制,推动信息共享和监管协同。

二是打造轨道上的都市圈。统筹考虑都市圈轨道交通网络布局,构建以轨道交通为骨干的通勤圈。在有条件地区编制都市圈轨道交通规划,推动干线铁路、城际铁路、市域(郊)铁路、城市轨道交通"四网融合"。探索都市圈中心城市轨道交通适当向周边城市(镇)延伸。统筹布局都市圈城际铁路线路和站点,完善城际铁路网络规划,有序推进城际铁路建设,充分利用普速铁路和高速铁路等提供城际列车服务。创新运输服务方式,提升城际铁路运输效率。大力发展都市圈市域(郊)铁路,通过既有铁路补强、局部线路改扩建、站房站台改造等方式,优先利用既有资源开行市域(郊)列车;有序新建市域(郊)铁路,将市域(郊)铁路运营纳入城市公共交通系统。探索都市圈轨道交通运营管理"一张网",推动中心城市、周边城市(镇)、新城新区等轨道交通有效衔接,加快实现便捷换乘,更好适应通勤需求。

三是提升都市圈物流运行效率。打造"通道+枢纽+网络"的物流运行体系,推动物流资源优化配置。统筹布局货运场站、物流中心等,鼓励不同类型枢纽协同或合并建设,支持城市间合作共建物流枢纽。结合发展需要适当整合迁移或新建枢纽设施,完善既有物流设施枢纽功能,提高货物换装的便捷性、兼容性和安全性。畅通货运场站周边道路,补齐集疏运"最后一公里"短板。提高物流活动系统化组织水平。加强干支衔接和组织协同,大力发展多式联运,推动港口型枢纽统筹对接船期、港口装卸作业、堆存仓储安排和干线铁路运输计划;鼓励空港型枢纽开展陆空联运、铁空联运、空空中转。加强现代信息技术和智能化装备应用,实行多式联运"一单制"。

二、区域性政策

(一)京津冀城市群

2015年的《京津冀协同发展规划纲要》和《京津冀协同发展交通一体化规划》提出了京津冀城市群交通一体化发展的目标和任务。

《京津冀协同发展规划纲要》指出,京津冀城市群的功能定位是以首都为核心的世界级城市群。京津冀协同发展的目标中涵盖了交通方面的内容,近期目标是到2017年,有序疏解北京非首都功能取得明显进展,交通一体化等重点领域率先取得突破;中期到2020年,北京市常住人口控制在2 300万人以内,北京"大城市病"等突出问题得到缓解,区域一体化交通网络基本形成;远期到2030

第九章 城市群与都市圈交通发展政策建议

年,首都核心功能更加优化,京津冀区域一体化格局基本形成,区域经济结构更加合理,生态环境质量总体良好,公共服务水平趋于均衡,成为具有较强国际竞争力和影响力的重要区域,在引领和支撑全国经济社会发展中发挥更大作用。

京津冀协同发展的首要目标是解决北京大城市病,规划空间布局以"一核、双城、三轴、四区、多节点"为骨架,推动有序疏解北京非首都功能,构建以重要城市为支点,以战略性功能区平台为载体,以交通干线、生态廊道为纽带的网络型空间格局。

交通一体化是京津冀协同发展的三大重点领域(交通、生态环保、产业)之一。京津冀协同发展对交通一体化的要求是,构建以轨道交通为骨干的多节点、网格状、全覆盖的交通网络。重点是建设高效密集交通网,完善便捷通畅公路交通网,打通国家高速公路"断头路",全面消除跨区域国省干线"瓶颈路段",加快构建现代化的津冀港口群,打造国际一流的航空枢纽,加快北京新机场建设,大力发展公交优先的城市交通,提升交通智能化管理水平,提升区域一体化运输服务水平,发展安全绿色可持续交通。

《京津冀协同发展交通一体化规划》是专门针对京津冀城市群交通协同发展的规则。京津冀交通一体化发展目标包括三方面:一是交通网络完善畅通,实现区域内快速铁路覆盖所有地级及以上城市,高速公路覆盖所有县城,形成京津石中心城区与新城、卫星城之间的"1小时通勤圈",京津保唐"1小时交通圈",相邻城市间基本实现 1.5 小时通达。二是枢纽功能优化提升,建成北京、天津、石家庄、唐山、秦皇岛 5 个全国性综合交通枢纽,新建或改扩建综合客运枢纽,不同运输方式之间换乘时间不超过 10 分钟。三是运输服务一体便捷,推动不同运输方式之间客运联程联运、主要城市之间实现交通"一卡通"。

规划的空间格局以现有通道格局为基础,着眼于打造区域城镇发展主轴,促进城市间互联互通,推进"单中心放射状"通道格局向"四纵四横一环"网络化格局转变。"四纵"即沿海通道、京沪通道、京九通道、京承—京广通道,"四横"即秦承张通道、京秦—京张通道、津保通道和石沧通道,"一环"即首都地区环线通道。

交通一体化规划明确了八项任务:一是建设高效密集轨道交通网。强化干线铁路与城际铁路、城市轨道交通的高效衔接,着力打造"轨道上的京津冀"。二是完善便捷通畅公路交通网。加快推进首都地区环线等区域内国家高速公路建设,打通国家高速公路"断头路",全面消除跨区域国省干线"瓶颈路段";以环京津贫困地区为重点,实施农村公路提级改造、安保和危桥改造工程。三是构建现代化的津冀港口群。加强津冀沿海港口规划建设的协调,推进区域航道、锚地、引航灯资源的共享共用,鼓励津冀两地港口企业跨行政区投资、建设、经营码头设施。四是打造国际一流的航空枢纽。形成枢纽机场为龙头、分工合作、优势互补、协调发展的世界级航空机场群。五是发展公交优先的城市交通。优化城市道路网,加强微循环和支路网建设;推进城市公共交通场站和换乘枢纽建设,推广设置潮汐车道,试点设置合乘车道。六是提升交通智能化管理水平。绘制京津冀智能交通"一张蓝图",打造交通运输信息共享交换"一个平台",推动城市常规公交、轨道、出租汽车等交通"一卡通",实现交通运输监管应急"一张网"。七是实现区域一体化运输服务。推动综合客运枢纽、货运枢纽(物流园区)等运输节点设施建设,加强干线铁路、城际铁路、干线公路、机场与城市轨道、地面公交、市郊铁路等设施的有机衔接,实现"零距离换乘"。鼓励"内陆无水港""公路港"和"飞地港"建设。八是发展安全绿色可持续交通。统一京津冀地区机动车注册登记、通行政策、排放标准、老旧车辆提前报废及黄标车限行等政策。

政策和投融资支持是实现交通一体化的保障。政策完善方面,除新建机场外,对纳入规划的建设项目视同立项,并与铁路、公路、港口等中长期专项规划衔接后调整纳入。积极探讨建立三省市对城际铁路、城际客运等建设资金、运营补贴的分担机制;充分发挥价格杠杆作用,引导不同运输方式协调发展,形成合理运输结构。创新投资融资模式方面,探索建立促进社会资本参与交通基础设施建设与运营的合作机制,通过投资主体一体化带动区域交通一体化。为尽快缩小河北交通运输公共服务水平与京津的差距,对河北省交通建设给予特殊政策支持。

(二)长三角城市群

长三角城市群的交通一体化水平全国领先,但2020年的《长江三角洲地区交通运输更高质量一体化发展规划》也指出了长三角交通一体化的一些问题:一是综合交通网络结构性矛盾突出。部分对外和城际通道能力不足,局部区域轨道交通网络覆盖不够,功能定位不准,标准层级不清,公路、内河航道待贯通或通而不畅等问题依然存在。二是枢纽分工协作水平和国际竞争力不强。港口、机场分工协作不足,综合交通枢纽衔接水平不高,上海国际航运中心现代航运服务功能有待加强。三是运输服务一体化水平亟待提升。同城化通勤化运输服务短板明显,全流程、一站式、一单制等模式发展不足,集装箱铁水联运比例偏低。四是一体化体制机制亟待健全。跨地区、跨部门规划建设运营等统筹协调力度不够,土地、空域等供需矛盾突出,资源集约节约利用效率不高,统一开放的运输市场尚未形成,信息不共享、政策不完善、标准不统一等制约因素依然存在。

规划详细列出了各方面的发展目标,到 2025 年,以一体化发展为重点,在精准补齐发展短板基础上,加快构建长三角地区现代化综合交通运输体系。一体化交通基础设施网络总体形成,对外运输大通道、城际交通主骨架、都市圈通勤网高效联通,基本建成"轨道上的长三角",铁路密度达到 507 千米/万平方千米,省际公路通达能力进一步提升,高速公路密度达到 500 千米/万平方千米,世界级机场群和港口群全球竞争能力显著增强。一体化运输服务能力大幅提升,中心城市之间享受 1~1.5 小时客运服务,上海大都市圈以及南京、杭州、合肥、苏锡常、宁波都市圈内享受 1 小时公交化通勤客运服务,传统公共交通、城际客运与个性化、定制化客运服务有效衔接,运输结构持续优化,铁路和水路货运量年均增长率不低于 5%,现代化多式联运与城乡物流配送效率明显提升。一体化发展机制更加完善,三省一市协同共建机制更加健全,政策、标准等充分对接,城际轨道交通一体化运营管理机制取得突破,民航、港口一体化协同发展取得更大进展,运输市场一体化运行更为有效,形成交通一体化体制机制改革创新的"长三角样板"。智能绿色安全发展水平大幅提高,大城市中心城区绿色出行分担率超过 65%,交通科技创新体系基本形成,信息服务基本实现共享共用,交通环境污染和排放联防联治取得积极成效,资源利用效率明显提升。

针对交通一体化目标,规划提出 7 项措施,涵盖轨道交通、枢纽建设、运输服务、智能交通、绿色低碳交通、一体化体制机制和保障措施等方面。

一是以轨道交通为骨干构建一体化设施网络。以轨道交通为骨干,公路网络为基础,水运、民航为支撑,以上海、南京、杭州、合肥、苏锡常、宁波等为主要节点,构建对外高效联通、内部有机衔接的多层次综合交通网络。第一层,打造多向立体、内联外通的大能力快速运输通道,统筹优化干线铁路、高速公路、长江黄金水道等内河航道、港口、机场布局,实现与国际、国内其他经济板块高效联通。第二层,构建快捷高效的城际交通网,依托快速运输通道,以城际铁路、高速公路、普通国省道等为重点,实现区域内部城际快速直连(图 9-1、图 9-2)。第三层,建设一体衔接的都市圈通勤交通网,围绕上海大都市圈和南京、杭州、合肥、苏锡常、宁波都市圈,以城际铁路、市域(郊)铁路、城市轨道交通、城市快速路等为骨干,打造都市圈 1 小时通勤圈。同时,强化综合交通枢纽衔接和辐射功能,优化不同层次枢纽城市分工协作,优化城市内客运枢纽站场层次功能与空间布局,统筹推动物流枢纽建设。

二是建设世界级机场群和港口群。构建协同联动的世界级机场群,提升航

城镇化格局与城市群交通

图 9-1　长三角高速公路规划示意
图片来源:《长江三角洲地区交通运输更高质量一体化发展规划》。

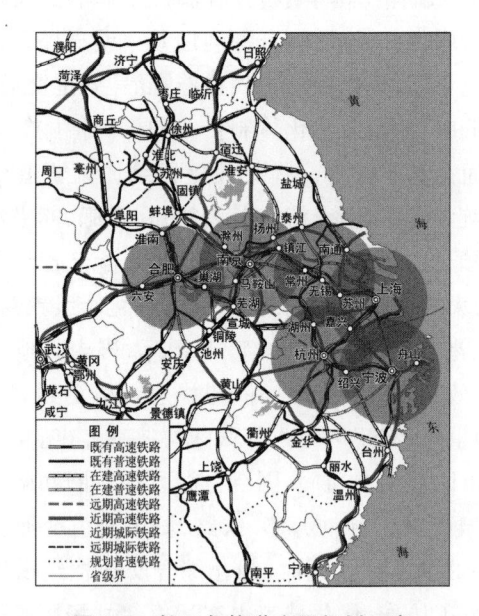

图 9-2　长三角轨道交通规划示意
图片来源:《长江三角洲地区交通运输更高质量一体化发展规划》。

第九章 城市群与都市圈交通发展政策建议

空枢纽综合服务功能,统筹优化航线网络结构,提升机场集疏运能力,促进航空产业发展。推动港口群更高质量协同发展,优化区域港口功能布局,协调推动江海河联运发展,协同提升航运服务功能。

三是推进交通运输服务一体化。提升客运服务能力,完善城际客运服务,提高都市圈通勤服务品质,营造宜居宜业宜游的城市交通系统,推动城乡客运一体化发展,提升客运枢纽服务水平,加快大通关一体化。提升综合物流服务能力,提升国际物流竞争能力,建设专业化物流系统,全面提升货物多式联运水平。

四是协同共建现代化智能交通系统。率先探索建设智能交通设施,积极开展车联网和车路协同技术创新试点,筹划建设长三角地区智慧交通示范项目,构建长三角国家级车联网先导区。构建长三角地区智慧公路体系,共同谋划打造连接宁波—杭州—上海—南京—合肥的"Z"字形新一代国家交通控制网和智慧公路示范通道,推进杭绍甬、沪宁智慧高速公路建设。提高智能化管理水平,优化高速公路不停车收费(ETC)服务体系,完善移动终端支付配套设施,推动多种电子支付手段兼容互认,健全通行费跨省清分结算机制,探索推进基于北斗的高速公路自由流收费。打造一体互联的交通信息平台,全面加强长三角地区交通运输数据资源共享开放。整合区域内既有平台和公共资源,依托企业平台,提供全链条、一站式综合交通信息服务。

五是推动交通绿色低碳可持续发展。深化运输结构调整,重点实施铁路运能提升、水运系统升级、公路货运治理、多式联运提速、城市绿色配送、信息资源整合等行动,大幅提升港口铁路和水路集疏运量、集装箱多式联运量、内河集装箱运输量,打造运输结构调整样板。发展集约低碳运输,统筹交通污染治理和资源利用。实施公共汽车和物流配送车辆能源替换行动,建设区域电动充电基础设施共享信息平台。实施船舶污染物排放区域协同治理行动,继续推进400总吨以下内河货船生活污水防污染改造,推进内河港口码头船舶污染物接收转运处置设施建设,完善健全船舶污染物接收、转运、处置联合监管机制,落实船舶水污染物联合监管。支持LNG运输船舶在长江上海、江苏、安徽段开展航运试点。

六是构建一体化协同体制机制。建立交通一体化协同推进机制。强化综合统筹力度,建立健全央地、中央部门之间协同推进机制,协调解决跨区域重大交通基础设施规划、建设、运营等关键问题,完善跨部门查验互认、资源共享等重大政策。发挥区域合作机构作用,充分调动三省一市积极性,优化轨道交通网络一体化布局,统筹推进省际公路、航道等互联互通,协同推进重大项目。更好发挥上海组合港管委会作用,协同推进长三角港航一体化发展。推进重点领域体制机制改革创新。创新轨道交通管理体制机制,构建空域资源一体化协同共享机制,建立跨省和城市内外交通互联互通推进机制,完善客运枢纽建设运营机制,健全投融资机制。构建融合开放的市场管理体系。完善运输市场一体化体制机制,建立跨区域运输联合执法机制,建立跨区域大通关综合协作机制,统筹交通运输信用体系建设。

　　七是保障措施。包括加强组织领导,国务院有关部门、三省一市要建立交通运输更高质量一体化发展推进工作机制,在推动长三角一体化发展领导小组领导下,统筹协调解决重大问题,为本规划实施创造有利条件。三省一市要紧密结合发展实际,细化落实规划确定的主要目标和重点任务,协调解决跨区域交通基础设施建设标准和时序、一体化运营管理、政策法规协同等具体问题。规划实施涉及的重大事项、重大政策和重大项目按程序报批。健全法规标准体系,要强化长三角地区交通运输政策法规协同,重点在国际航运中心建设、智能绿色交通发展等领域开展先行探索。积极探索构建体现交通运输更高质量一体化发展要求的标准体系和统计体系,加快制定和完善符合长三角地区实际的城际铁路、市域(郊)铁路、综合交通枢纽、智能交通等技术标准,强化各类标准衔接,合理确定都市圈城际铁路设计速度目标值、平均站间距等关键指标。推动重大项目实施,积极推进交通强国建设试点,按照急需先建、稳慎推进原则,在切实防范地方政府债务风险和严格保护生态环境的前提下,有序启动实施一批交通重点建设项目。要探索优化项目前期工作流程,深化重大项目方案研究,与国土空间规划等同步对接,用好跨省补充耕地的国家统筹机制,保障重大基础设施项目用地和用海需求。

　　轨道交通是构建一体化设施网络的骨干,城市群中心城市之间的1~1.5小时客运服务、都市圈内的1小时公交化通勤客运服务,都有赖于轨道交通,城际铁路和市域铁路更是城市群和都市圈轨道交通的重点。2019年,国家发展和改革委批复了《江苏省沿江城市群城际铁路建设规划(2019—2025年)》。规划目标是形成区域城际铁路主骨架,以及南京都市圈和苏锡常都市圈城际铁路网,构建南京至江苏省内设区市1.5小时、江苏省沿江地区内1小时、沿江地区中心城市与毗邻城市0.5~1小时交通圈,基本实现对20万人口以上城市的覆盖(图9-3)。

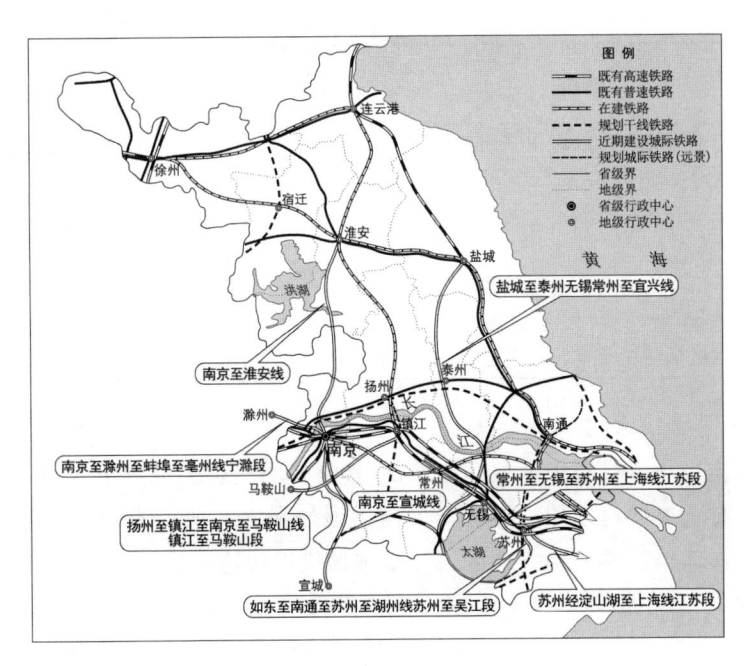

第九章　城市群与都市圈交通发展政策建议

图 9-3　江苏省沿江城市群城际铁路建设规划（2019—2025 年）
图片来源：《江苏省沿江城市群城际铁路建设规划（2019—2025 年）》。

规划建设 8 个城际铁路项目：从类型看，区域城际铁路项目 5 条，包括南京至淮安线、南京至宣城线、盐城—泰州—无锡—常州—宜兴线、扬州—镇江—南京—马鞍山线镇江至马鞍山段、南京—滁州—蚌埠—亳州线江苏段；都市圈城际铁路项目 3 条，包括常州—无锡—苏州—上海线江苏段、苏州经淀山湖至上海线江苏段、如东—南通—苏州—湖州线苏州至吴江段（表 9-1）。

表 9-1　江苏省沿江城市群城际铁路建设规划近期建设项目表

序号	线路	项目里程/千米	江苏段里程/千米	备注
1	南京至淮安线	201	163	安徽省境内 38 千米
2	南京至宣城线	138	111	安徽省境内 27 千米
3	盐城—泰州—无锡—常州—宜兴线	302	302	
4	扬州—镇江—南京—马鞍山线镇江至马鞍山段	152	134	安徽省境内 18 千米

(续表)

序号	线路	项目里程/千米	江苏段里程/千米	备注
5	南京—滁州—蚌埠—亳州线江苏段	8	8	安徽段已列入规划
6	常州—无锡—苏州—上海线江苏段	188	188	与上海市衔接
7	苏州经淀山湖至上海线江苏段	26	26	与上海市衔接
8	如东—南通—苏州—湖州线苏州至吴江段	48	48	

(三) 粤港澳大湾区

粤港澳大湾区是我国开放程度最高、经济活力最强的区域之一,在国家发展大局中具有重要战略地位。粤港澳大湾区地处我国开放前沿,在"一带一路"建设中有重要地位。粤港澳大湾区已经基本形成以快速交通网为骨架的网络化的空间结构。

2019年的《粤港澳大湾区发展规划纲要》提出,粤港澳大湾区的发展格局是,坚持极点带动、轴带支撑、辐射周边,推动大中小城市合理分工、功能互补,进一步提高区域发展协调性,促进城乡融合发展,构建结构科学、集约高效的大湾区发展格局。

极点带动是指发挥香港—深圳、广州—佛山、澳门—珠海强强联合的引领带动作用,深化港深、澳珠合作,加快广佛同城化建设,提升整体实力和全球影响力,引领粤港澳大湾区深度参与国际合作。轴带支撑是指依托以高速铁路、城际铁路和高等级公路为主体的快速交通网络与港口群和机场群,构建区域经济发展轴带,形成主要城市间高效连接的网络化空间格局。更好发挥港珠澳大桥作用,加快建设深(圳)中(山)通道、深(圳)茂(名)铁路等重要交通设施,提高珠江西岸地区发展水平,促进东西两岸协同发展。

交通网络是规划发展格局的重要依托,《粤港澳大湾区发展规划纲要》要求构建现代化的综合交通运输体系。

一是提升珠三角港口群国际竞争力。巩固提升香港国际航运中心地位,支持香港发展船舶管理及租赁、船舶融资、海事保险、海事法律及争议解决等高端航运服务业,并为内地和澳门企业提供服务。增强广州、深圳国际航运综合服务功能,进一步提升港口、航道等基础设施服务能力,与香港形成优势互补、互惠共赢的港口、航运、物流和配套服务体系,增强港口群整体国际竞争力。以沿海主

第九章　城市群与都市圈交通发展政策建议

要港口为重点,完善内河航道与疏港铁路、公路等集疏运网络。

二是建设世界级机场群。巩固提升香港国际航空枢纽地位,强化航空管理培训中心功能,提升广州和深圳机场国际枢纽竞争力,增强澳门、珠海等机场功能,推进大湾区机场错位发展和良性互动。支持香港机场第三跑道建设和澳门机场改扩建,实施广州、深圳等机场改扩建,开展广州新机场前期研究工作,研究建设一批支线机场和通用机场。进一步扩大大湾区的境内外航空网络,积极推动开展多式联运代码共享。依托香港金融和物流优势,发展高增值货运、飞机租赁和航空融资业务等。支持澳门机场发展区域公务机业务。加强空域协调和空管协作,优化调整空域结构,提高空域资源使用效率,提升空管保障能力。深化低空空域管理改革,加快通用航空发展,稳步发展跨境直升机服务,建设深圳、珠海通用航空产业综合示范区。推进广州、深圳临空经济区发展。

三是畅通对外综合运输通道。完善大湾区经粤东西北至周边省区的综合运输通道。推进赣州至深圳、广州至汕尾、深圳至茂名、岑溪至罗定等铁路项目建设,适时开展广州经茂名、湛江至海安铁路和柳州至肇庆铁路等区域性通道项目前期工作,研究广州至清远铁路进一步延伸的可行性。有序推进沈海高速(G15)和京港澳高速(G4)等国家高速公路交通繁忙路段扩容改造。加快构建以广州、深圳为枢纽,高速公路、高速铁路和快速铁路等广东出省通道为骨干,连接泛珠三角区域和东盟国家的陆路国际大通道。

四是构筑大湾区快速交通网络。以连通内地与港澳以及珠江口东西两岸为重点,构建以高速铁路、城际铁路和高等级公路为主体的城际快速交通网络,力争实现大湾区主要城市间1小时通达。编制粤港澳大湾区城际(铁路)建设规划,完善大湾区铁路骨干网络,加快城际铁路建设,有序规划珠三角主要城市的城市轨道交通项目。加快深中通道、虎门二桥过江通道建设。创新通关模式,更好发挥广深港高速铁路、港珠澳大桥作用。推进莲塘/香园围口岸、粤澳新通道(青茂口岸)、横琴口岸(探索澳门莲花口岸搬迁)、广深港高速铁路西九龙站等新口岸项目的规划建设。加强港澳与内地的交通联系,推进城市轨道交通等各种运输方式的有效对接,构建安全便捷换乘换装体系,提升粤港澳口岸通关能力和通关便利化水平,促进人员、物资高效便捷流动。

五是提升客货运输服务水平。按照零距离换乘、无缝化衔接目标,完善重大交通设施布局,积极推进干线铁路、城际铁路、市域(郊)铁路等引入机场,提升机场集疏运能力。加快广州—深圳国际性综合交通枢纽建设。推进大湾区城际客运公交化运营,推广"一票式"联程和"一卡通"服务。构建现代货运物流体系,加快发展铁水、公铁、空铁、江河海联运和"一单制"联运服务。加快智能交通系统建设,推进物联网、云计算、大数据等信息技术在交通运输领域的创新集成应用。

城际铁路同样是粤港澳大湾区交通设施建设的重点和热点,2020年国家发展和改革委批复了《粤港澳大湾区城际铁路建设规划》。规划目标是,按照科学布局、统筹衔接、创新发展、支撑引领的原则,在继续实施并优化原珠江三角洲地区城际轨道交通网规划基础上,进一步加大城际铁路建设力度,做好与大湾区内高铁、普速铁路、市域(郊)铁路等轨道网络的融合衔接,形成"轴带支撑、极轴放射"的多层次铁路网络,构建大湾区主要城市间1小时通达、主要城市至广东省内地级城市2小时通达、主要城市至相邻省会城市3小时通达的交通圈,打造"轨道上的大湾区",完善现代综合交通运输体系。近期到2025年,大湾区铁路网络运营及在建里程达到4700千米,全面覆盖大湾区中心城市、节点城市和广州、深圳等重点都市圈;远期到2035年,大湾区铁路网络运营及在建里程达到5700千米,覆盖100%县级以上城市。

近期规划建设有13个城际铁路和5个枢纽工程项目,总里程约775千米,形成主轴强化、区域覆盖、枢纽衔接的城际铁路网络。其中,2022年前启动深圳机场至大亚湾城际、深圳机场至坪山段、广清城际北延线等6个城际铁路项目和广州东站改造工程等3个枢纽工程建设,规划建设里程337千米;待相关建设条件落实后,有序推进塘厦至龙岗、常平至龙华等7个城际铁路项目和广州站改造工程等2个枢纽工程实施,规划建设里程438千米(图9-4)。

粤港澳大湾区城际铁路建设还关注枢纽场站的布局和衔接,规划城际铁路与高铁、干线铁路通过枢纽换乘实现互联互通,与都市圈市域铁路、城市轨道交通在枢纽场站换乘衔接,广州枢纽主要场站间通过城际铁路环线和城市轨道交通连通,其余枢纽内各场站间通过城市轨道交通等方式实现连通。枢纽布局和衔接的方案包括客运枢纽总体布局、重点枢纽衔接方案和与港澳口岸衔接方案三个方面。

一是客运枢纽总体布局。构建粤港澳大湾区内层次分明、分工合理、衔接高效的铁路客运枢纽体系,促进对外交通、城际交通和城市交通便捷衔接换乘。广州枢纽布局以广州、广州东、广州南、佛山西、广州白云(棠溪)站为主,广州北、南沙、新塘站为辅的"五主三辅"枢纽。深圳枢纽布局以深圳北、西丽、深圳站为主,深圳东、福田、深圳机场、深圳坪山站为辅的"三主四辅"枢纽。珠西地区布局以江门、珠海鹤洲、中山北站为主,珠海、中山、蓬江、横琴站为辅的"三主四辅"枢纽。此外,规划布局鱼珠、东莞西、惠州、肇庆东、珠三角新机场站等枢纽场站。

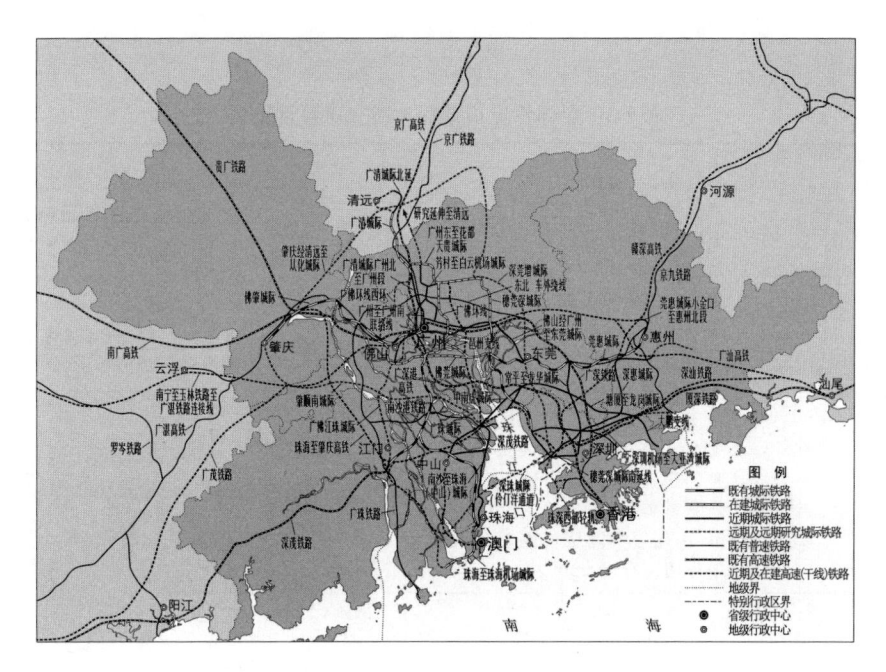

图 9-4　粤港澳大湾区城际铁路建设规划示意
图片来源:《粤港澳大湾区城际铁路建设规划》。

二是重点枢纽衔接方案。按照城际铁路引入中心城区、干线铁路便捷衔接的思路,结合重点枢纽相关主辅枢纽场站的功能定位和能力,确定重点枢纽场站线路衔接方案。其中,珠海鹤洲站、肇庆东站衔接近期实施的珠海至肇庆高铁,珠三角机场站衔接近期实施的南宁至玉林铁路至广湛铁路连接线。

三是与港澳口岸衔接方案。深圳市与香港特别行政区近期通过既有京九铁路、广深港高铁实现互联互通,珠海市与澳门特别行政区在珠海站、横琴站实现高铁、城际铁路与澳门轻轨衔接,做好各口岸与城际铁路站点之间的连接规划,支持粤澳新通道(青茂口岸)连接通道与广珠城际铁路在珠海站内连接,促进澳门融入国家铁路网络。

第二节　当前政策评价

本书整理了当前关于城市群和都市圈的全国性政策,如表 9-2 所示。

表 9-2　全国性城市群都市圈交通政策整理

政策	时间	目标	位置	策略
国家新型城镇化规划	2014年	完善综合运输通道和区际交通骨干网络,强化城市群之间交通联系,加快城市群交通一体化规划建设,改善中小城市和小城镇对外交通,发挥综合交通运输网络对城镇化格局的支撑和引导作用。到2020年,普通铁路网覆盖20万以上人口城市,快速铁路网基本覆盖50万以上人口城市;普通国道基本覆盖县城,国家高速公路基本覆盖20万以上人口城市;民用航空网络不断扩展,航空服务覆盖全国90%左右的人口	第四篇 优化城镇化布局形态:第十三章 强化综合交通运输网络支撑	1.完善城市群之间综合交通运输网络;2.构建城市群内部综合交通运输网络;3.建设城市综合交通枢纽;4.改善中小城市和小城镇交通条件
			第五篇 提高城市可持续发展能力:第十六章 提升城市基本公共服务水平	优先发展城市公共交通
"十三五"现代综合交通运输体系发展规划	2017年	到2020年,基本建成安全、便捷、高效、绿色的现代综合交通运输体系,部分地区和领域率先基本实现交通运输现代化。实现网络覆盖加密拓展、综合衔接一体高效、运输服务提质升级、智能技术广泛应用、绿色安全水平提升	三、强化战略支撑作用(二):构建区域协调发展交通新格局	构建京津冀协同发展的一体化网络;建设长江经济带高质量综合立体交通走廊
			三、强化战略支撑作用(四):发展引领新型城镇化的城际城市交通	推进城际交通发展;加强城市交通建设
			四、加快运输服务一体化进程(一):优化综合交通枢纽布局	完善综合交通枢纽空间布局;提升综合客运枢纽站场一体化服务水平;促进货运枢纽站场集约化发展;促进枢纽站场之间有效衔接
			四、加快运输服务一体化进程(二):提升客运服务安全便捷水平	推进旅客联程运输发展;完善区际城际客运服务;发展多层次城市客运服务;推进城乡客运服务一体化

第九章 城市群与都市圈交通发展政策建议

（续表）

政策	时间	目标	位置	策略
交通强国建设纲要	2019年	1. 到2020年，完成决胜全面建成小康社会交通建设任务和"十三五"现代综合交通运输体系发展规划各项任务，为交通强国建设奠定坚实基础。2. 到2035年，基本建成交通强国。现代化综合交通体系基本形成，人民满意度明显提高，支撑国家现代化建设能力显著增强；拥有发达的快速网、完善的干线网、广泛的基础网，城乡区域交通协调发展达到新高度；基本形成"全国123出行交通圈"（都市区1小时通勤、城市群2小时通达、全国主要城市3小时覆盖）和"全球123快货物流圈"（国内1天送达、周边国家2天送达、全球主要城市3天送达）	二、基础设施布局完善、立体互联（二）：构建便捷顺畅的城市（群）交通网	建设城市群一体化交通网，推进四网融合发展；尊重城市发展规律，科学制定和实施城市综合交通体系规划；推进城市公共交通设施建设；科学规划建设城市停车设施，加强充电、加氢、加气和公交站点等设施建设；全面提升城市交通基础设施智能化水平
			二、基础设施布局完善、立体互联（四）：构筑多层级、一体化的综合交通枢纽体系	依托京津冀、长三角、粤港澳大湾区等世界级城市群，打造具有全球竞争力的国际海港枢纽、航空枢纽和邮政快递核心枢纽，建设一批全国性、区域性交通枢纽，推进综合交通枢纽一体化规划建设，提高换乘换装水平，完善集疏运体系。大力发展枢纽经济
			四、运输服务便捷舒适、经济高效（一）：推进出行服务快速化、便捷化	构筑以高铁、航空为主体的大容量、高效率区际快速客运服务；完善航空服务网络；提高城市群内轨道交通通勤水平，推广城际道路客运公交化运行模式，打造旅客联程运输系统；加强城市交通拥堵综合治理，优先发展城市公共交通；推进城乡客运服务一体化，提升公共服务均等化水平
关于培育发展现代化都市圈的指导意见	2019年	到2022年，都市圈同城化取得明显进展，基础设施一体化程度大幅提高，阻碍生产要素自由流动的行政壁垒和体制机制障碍基本消除，成本分担和利益共享机制更加完善，梯次形成若干空间结构清晰、城市功能互补、要素流动有序、产业分工协调、交通往来顺畅、公共服务均衡、环境和谐宜居的现代化都市圈。到2035年，现代化都市圈格局更加成熟，形成若干具有全球影响力的都市圈	二、推进基础设施一体化	畅通都市圈公路网；打造轨道上的都市圈；提升都市圈物流运行效率
			八、构建都市圈一体化发展机制	创新协商合作机制；健全规划协调机制；强化政策协同机制；完善社会参与机制

◆ 城镇化格局与城市群交通

在全国性文件中,城市群和都市圈的交通有的作为综合交通体系的一个部分,如《"十三五"现代综合交通运输体系发展规划》和《交通强国建设纲要》,有的作为城镇化规划或城市群、都市圈规划的一个部分,如《国家新型城镇化规划(2014—2020年)》和《关于培育发展现代化都市圈的指导意见》。政策文件中关于城市群与都市圈交通发展的要求和策略大多集中于网络建设、枢纽布局方面。

《国家新型城镇化规划(2014—2020年)》的主题是城镇化发展,城市群交通被作为优化城镇化布局的支撑条件,位于优化城镇化布局形态一篇中的强化综合交通运输网络支撑一章。强化综合交通运输网络,聚焦于完善城市群之间、城市群之内的交通网络,建设城市综合交通枢纽,以及改善中小城市和小城镇的交通条件。在提高城市可持续发展能力一篇中的提升城市基本公共服务水平一章,还提到优先发展城市交通。新型城镇化中交通的发展目标是,完善综合运输通道和区际交通骨干网络,强化城市群之间交通联系,加快城市群交通一体化规划建设,改善中小城市和小城镇对外交通,发挥综合交通运输网络对城镇化格局的支撑和引导作用。其交通策略的重点在于城市群内外交通的网络和枢纽建设。

《"十三五"现代综合交通运输体系发展规划》提出的发展目标是,到2020年,基本建成安全、便捷、高效、绿色的现代综合交通运输体系,部分地区和领域率先基本实现交通运输现代化;实现网络覆盖加密拓展、综合衔接一体高效、运输服务提质升级、智能技术广泛应用、绿色安全水平提升。城市群交通是现代综合交通运输体系的战略支撑。关于城市群和都市圈交通的内容集中在强化战略支撑和加快运输服务一体化进程两部分,强化战略支撑中的交通策略着眼于构建区域协调发展交通新格局和发展引领新型城镇化的城际城市交通。加快运输服务一体化进程,主要着眼于优化综合交通枢纽布局和提升客运服务安全便捷水平。城市群在《"十三五"现代综合交通运输体系规划》中是需要重点关注的战略性区域,关注点主要在区域交通一体化发展、城际与城市交通建设、枢纽布局与衔接,以及运输服务提升。

《交通强国建设纲要》也是从全国综合交通体系出发,近期到2020年的目标和《"十三五"现代综合交通运输体系发展规划》一致,中期到2035年的目标是基本建成交通强国,现代化综合交通体系基本形成,人民满意度明显提高,支撑国家现代化建设能力显著增强;拥有发达的快速网、完善的干线网、广泛的基础网,城乡区域交通协调发展达到新高度,智能、平安、绿色、共享交通发展水平明显提高等。《交通强国建设纲要》提出了"全国123出行圈"的概念,即都市区1小时通勤、城市群2小时通达、全国主要城市3小时覆盖,对城市群和都市圈的交通

第九章 城市群与都市圈交通发展政策建议

通达性提出了要求。城市群与都市圈交通的策略依然集中在设施布局和运输服务上,在基础设施布局完善、立体互联一章提出要构建便捷顺畅的城市群交通网,构筑多层级、一体化的综合交通枢纽体系;在运输服务便捷舒适、经济高效一章提出要推进出行服务快速化、便捷化。与《"十三五"现代综合交通运输体系发展规划》和《国家新型城镇化规划》不同的是,《交通强国建设纲要》的发展目标更强调快速交通网、交通治理能力和枢纽经济,在完善交通网络之外,对网络运行提质提出了进一步的要求,并提出了交通枢纽与城市发展相互促进的要求。

《关于培育发展现代化都市圈的指导意见》是第一部全国性的针对都市圈发展的文件,其中提出的都市圈发展目标中,基础设施一体化程度大幅提高这一目标排在前列。在推进基础设施一体化一章中包含畅通都市圈公路网、打造轨道上的都市圈、提升都市圈物流运行效率的交通策略。与其他全国性交通规划不同的是,此前的城市群与都市圈交通策略都集中在交通网络和枢纽建设,以及运输服务上,较少涉及交通运营管理机制和政策保障方面。而这份针对都市圈的文件提出了构建都市圈一体化发展机制,包括创新协商合作机制,健全规划协调机制,强化政策协同机制和完善社会参与机制。都市圈一体化发展机制为跨行政地区范围的交通建设、运营、管理、协调提供了支持。

总的来说,全国性相关政策中,城市群和都市圈交通发展主要为优化全国整体交通布局服务,城市群和都市圈是宏观交通布局中的节点。因此,关于城市群与都市圈交通的策略也集中于网络和枢纽建设以及运输服务方面,关注完善多层次交通网络、提升网络连通性;优化枢纽的布局,促进不同枢纽之间、枢纽内不同交通方式之间的衔接;追求安全、舒适、便捷、高效的客运服务和便捷、高效、经济的货运服务。

历年的城市群与都市圈交通政策也经过了演变与发展,在 2014 年的《国家新型城镇化规划》中关注点主要是网络与枢纽建设;2017 年的《"十三五"现代综合交通运输体系发展规划》在此基础上增加了加快运输服务一体化,提升客货运水平的内容;2019 年的《交通强国建设纲要》强调提升交通智能化水平和交通治理能力,对交通运营管理质量提出了新的要求;2019 年的《关于培育发展现代化都市圈的指导意见》,则涉及了都市圈一体化的相关机制建设。城市群与都市圈的交通政策逐渐从关注网络和枢纽建设,拓展到运输服务提升,再拓展到治理能力提升,从聚焦于硬设施建设,发展到硬设施与软治理两手抓。但目前城市群与都市圈的交通政策重点依然集中于网络完善、枢纽布局与衔接,虽然有政策保障和治理体系的相关策略,但针对性不强,多是面向全国交通体系,较为笼统,专门针对全国城市群和都市圈的交通规划比较少。

各个城市群区域性的发展规划中,对交通体系的要求和策略要更加细致、更切合城市群地域的特征(表 9-3)。

表 9-3 区域性城市群与都市圈交通政策整理

政策	时间	发展目标	具体要求	空间形态	交通策略
京津冀协同发展规划纲要	2015年	近期到 2017 年,有序疏解北京非首都功能取得明显进展,交通一体化等重点领域率先取得突破。中期到 2020 年,北京市常住人口控制在 2300 万人以内,北京"大城市病"等突出问题得到缓解,区域一体化交通网络基本形成。远期到 2030 年,首都核心功能更加优化,京津冀区域一体化格局基本形成,区域经济结构更加合理,生态环境质量总体良好,公共服务水平趋于均衡,成为具有较强国际竞争力和影响力的重要区域,在引领和支撑全国经济社会发展中发挥更大作用		一核、双城、三轴、四区、多节点	构建以轨道交通为骨干的多节点、网格状、全覆盖的交通网络。重点是:1. 建设高效密集轨道交通网,完善便捷通畅公路交通网,打通国家高速公路"断头路",全面消除跨区域国省干线"瓶颈路段";2. 加快构建现代化的津冀港口群,打造国际一流的航空枢纽,加快北京新机场建设;3. 大力发展公交优先的城市交通,提升交通智能化管理水平,提升区域一体化运输服务水平,发展安全绿色可持续交通
京津冀协同发展交通一体化规划	2015年	到 2020 年,多节点、网格状的区域交通网络基本形成,城际铁路主骨架基本建成,公路网络完善通畅、港口群机场群整体服务、交通智能化、运营管理力争达到国际先进水平,基本建成安全可靠、便捷高效、经济适用、绿色环保的综合交通运输体系。到 2030 年形成"安全、便捷、高效、绿色、经济"的一体化综合交通运输体系	1. 形成京津石中心城区与新城、卫星城之间的"1 小时通勤圈",京津保唐"1 小时交通圈",相邻城市间基本实现 1.5 小时通达。2. 建成北京、天津、石家庄、唐山、秦皇岛 5 个全国性综合交通枢纽,新建或改扩建综合客运枢纽,不同运输方式之间换乘时间不超过 10 分钟。3. 推动不同运输方式之间客运联程联运、主要城市之间实现交通"一卡通"	"四纵四横一环"网络化格局	1. 建设高效密集轨道交通网。2. 完善便捷通畅公路交通网。3. 构建现代化的津冀港口群。4. 打造国际一流的航空枢纽。5. 发展公交优先的城市交通。6. 提升交通智能化管理水平。7. 实现区域一体化运输服务。8. 发展安全绿色可持续交通。9. 完善交通一体化相关政策。10. 创新投资融资模式

第九章　城市群与都市圈交通发展政策建议

（续表）

政策	时间	发展目标	具体要求	空间形态	交通策略
长江三角洲地区交通运输更高质量一体化发展规划	2020年	到2025年,以一体化发展为重点,在精准补齐发展短板基础上,加快构建长三角地区现代化综合交通运输体系。一体化交通基础设施网络总体形成,一体化运输服务能力大幅提升,一体化发展机制更加完善,智能绿色安全发展水平大幅提高。到2035年,以更高质量发展为重点,全面建成供需能力精准匹配、服务品质国际一流、资源集约高效利用的长三角地区现代化综合交通运输体系,以上海为龙头的国际门户枢纽影响力辐射全球,以智能绿色为导向的交通科技创新水平领先世界,运输规则、标准规范、一体化机制引领国际	1. 铁路密度达到507千米/万平方千米,高速公路密度达到500千米/万平方千米。2. 中心城市之间享受1~1.5小时客运服务,上海大都市圈以及南京、杭州、合肥、苏锡常、宁波都市圈内享受1小时公交化通勤客运服务,传统公共交通、城际客运与个性化、定制化客运服务有效衔接,运输结构持续优化,铁路和水路货运量年均增长率不低于5%,现代化多式联运与城乡物流配送效率明显提升。3. 三省一市协同共建机制更加健全,政策、标准等充分对接。4. 大城市中心城区绿色出行分担率超过65%		1. 以轨道交通为骨干构建一体化设施网络。2. 建设世界级机场群和港口群。3. 推进交通运输服务一体化。4. 协同共建现代化智能交通系统。5. 推动交通绿色低碳可持续发展。6. 构建一体化协同体制机制。7. 保障措施
江苏省沿江城市群城际铁路建设规划（2019—2025年）	2019年	规划形成区域城际铁路主骨架,以及南京都市圈和苏锡常都市圈城际铁路网	构建南京至江苏省内设区市1.5小时、江苏省沿江地区内1小时、沿江地区中心城市与毗邻城市0.5~1小时交通圈,基本实现对20万人口以上城市的覆盖		1. 区域城际铁路项目5条,包括南京至淮安线、南京至宣城线、盐城—泰州—无锡—常州—宜兴线、扬州—镇江—南京—马鞍山线镇江至马鞍山段、南京—滁州—蚌埠—亳州线江苏段。2. 都市圈城际铁路项目3条,包括常州—无锡—苏州—上海线江苏段、苏州经淀山湖至上海线江苏段、如东—南通—苏州—湖州线苏州至吴江段

— 285 —

(续表)

政策	时间	发展目标	具体要求	空间形态	交通策略
粤港澳大湾区发展规划纲要	2019年	到2022年,粤港澳大湾区综合实力显著增强,粤港澳合作更加深入广泛,区域内生发展动力进一步提升,发展活力充沛、创新能力突出、产业结构优化、要素流动顺畅、生态环境优美的国际一流湾区和世界级城市群框架基本形成。到2035年,大湾区形成以创新为主要支撑的经济体系和发展模式,经济实力、科技实力大幅跃升,国际竞争力、影响力进一步增强;大湾区内市场高水平互联互通基本实现,各类资源要素高效便捷流动;区域发展协调性显著增强,对周边地区的引领带动能力进一步提升;人民生活更加富裕;社会文明程度达到新高度,文化软实力显著增强,中华文化影响更加广泛深入,多元文化进一步交流融合;资源节约集约利用水平显著提高,生态环境得到有效保护,宜居宜业宜游的国际一流湾区全面建成		极点带动、轴带支撑、辐射周边。发挥香港—深圳、广州—佛山、澳门—珠海强强联合的引领带动作用,深化港深、澳珠合作,加快广佛同城化建设,提升整体实力和全球影响力,引领粤港澳大湾区深度参与国际合作。依托以高速铁路、城际铁路和高等级公路为主体的快速交通网络与港口群和机场群,构建区域经济发展轴带,形成主要城市间高效连接的网络化空间格局。更好发挥港珠澳大桥作用,加快建设深(圳)中(山)通道、深(圳)茂(名)铁路等重要交通设施,提高珠江西岸地区发展水平,促进东西两岸协同发展	加快基础设施互联互通,构建现代化的综合交通运输体系。1. 提升珠三角港口群国际竞争力。2. 建设世界级机场群。3. 畅通对外综合运输通道。4. 构筑大湾区快速交通网络。5. 提升客货运输服务水平

(续表)

政策	时间	发展目标	具体要求	空间形态	交通策略
粤港澳大湾区城际铁路建设规划	2020年	在继续实施并优化原珠江三角洲地区城际轨道交通网规划基础上,进一步加大城际铁路建设力度,做好与大湾区内高铁、普速铁路、市域(郊)铁路等轨道网络的融合衔接,形成"轴带支撑、极轴放射"的多层次铁路网络,构建大湾区主要城市间1小时通达、主要城市至广东省内地级城市2小时通达、主要城市至相邻省会城市3小时通达的交通圈,打造"轨道上的大湾区",完善现代综合交通运输体系	近期到2025年,大湾区铁路网络运营及在建里程达到4 700千米,全面覆盖大湾区中心城市、节点城市和广州、深圳等重点都市圈;远期到2035年,大湾区铁路网络运营及在建里程达到5 700千米,覆盖100%县级以上城市	轴带支撑、极轴放射	1. 规划建设13个城际铁路和5个枢纽工程项目,总里程约775千米,形成主轴强化、区域覆盖、枢纽衔接的城际铁路网络。2. 客运枢纽布局、重点枢纽衔接、与港澳口岸衔接方案

《京津冀协同发展规划纲要》和《京津冀协同发展交通一体化规划》出台时间较早,在2015年就已发布。长三角城市群的《长江三角洲地区交通运输更高质量一体化发展规划》和粤港澳大湾区的《粤港澳大湾区发展规划纲要》发布时间较晚,在2020年发布。

三大城市群交通规划的目标和措施总体上都比较相似。交通一体化是三者统一的目标,京津冀协同发展还提出了疏解北京非首都功能的首要任务,长三角的规划目标则显示出更国际化的要求——到2035年,以上海为龙头的国际门户枢纽影响力辐射全球,以智能绿色为导向的交通科技创新水平领先世界,运输规则、标准规范、一体化机制引领国际。三大城市群的交通规划中都列出了全面的策略,包括建设完善轨道交通网和公路网、构建现代化的港口群和机场群、推进运输一体化、发展绿色低碳可持续交通、提升交通智能化水平、建立城市群一体化体制机制,以及完善相关的政策和资金保障。

各篇规划中均提到了建设都市圈1小时通勤圈和主要城市间1~1.5小时通达交通圈的要求。由快速交通网构筑的紧密联系是城市群交通建设的核心之一,以轨道交通为骨干的网络状、一体化设施网络成为城市群交通发展策略的基础。因此,城际铁路是当前都市圈和城市群交通建设的重点。江苏省和粤港澳大湾区都拥有新近的城际铁路建设规划,江苏省规划建设8条城际铁路,粤港澳大湾区规划建设13条城际铁路和5个枢纽工程项目。

区域性的城市群交通规划相比全国性规划,拥有更加具体的目标和要求,以及更加全面的实施策略。在实践中需要各机构的配合,以推进规划的顺利实施。

第三节 政策建议

一、优化城镇化布局,促进人口与交通的协调发展

差异化布局交通设施,促进城镇化水平、人口增长和交通设施总量平衡。对于城镇化水平高且持续增长的地区,如京津冀、长三角、珠三角、山东半岛、长江中游城市群,构建大容量、多方式的综合交通运输通道,提供与人口增长相匹配的交通设施供给,提升人均交通设施水平;建设全国性、国际性的综合交通枢纽,提升城市群地区的国际连通水平;提升大城市、特大城市交通服务水平,缓解大城市和特大城市交通拥堵。对于城镇化水平高,但人口变化比较平稳或人口流出的地区,如东北地区、内蒙古地区、海峡西岸城市群,合理规划交通基础设施建设,重点关注存量优化;以振兴产业、留住人口为首要关注点,提升区域内部交通联系,增强区域吸引力。对于城镇化水平不高,但人口增长快、增长潜力大的地区,如成渝、关中、中原城市群,加强区域交通设施建设,提升区域可达性,加强与东部沿海发达地区的经济和产业联系;建设区域性的综合交通枢纽,强化区域增长极作用,提升在全国的枢纽地位;重视城市群内部交通建设,提升城市群联系紧密度。对于城镇化水平不高且增长不大的地区,如宁夏、甘肃、青海、西藏、新疆等西北地区,区域交通设施的人均水平已经较高,应着眼于城市群、都市圈范围的交通设施建设,培育增长极;加强乡村地区基础路网建设,提升基础交通服务水平。

加强城镇化水平和布局与交通运输供需结构相匹配。对于工业化水平高,高端服务业集中的区域,例如京津冀、长三角、珠三角、成渝城市群,加快发展航空、高铁等快速交通服务,为信息交流需求大的高端服务业和高技术产业提供便捷、快速的交通支持,打造全国性、国际性的航空枢纽和高速铁路枢纽。对于以原材料加工为主、制造业集中的区域,如呼包鄂榆、关中、晋中、北部湾、滇中、黔中等城市群,着力建设铁路和水运交通,为大宗商品运输提供充足、经济、便捷的服务。对于沿江、沿海和陆路交通枢纽地区,陆路交通枢纽如中原和长江中游城市群,应重点关注铁路、公路建设,提升枢纽运输承载力和转运能力;沿海交通枢纽如京津冀、长三角、珠三角、山东半岛、辽中南城市群,应重点关注水运和航空

设施，提升港口数量和质量，合理规划航线数量和布局，加强门户作用；沿江交通枢纽如成渝、长江中游城市群，应紧密依托长江黄金水道，建设沿江综合交通运输通道。对于工业化水平不高，农业区、自然保护区、限制和禁止开发区域占比大的地区，如西北地区，应加强铁路、公路基础网络建设，提升区域通达性。

促进城镇体系、城镇化格局与交通网络空间布局相协调。以"两横三纵"城镇化战略格局为引导，沿陆桥通道、长江通道两条横轴，沿海、京哈京广、包昆通道三条纵轴，构建综合交通运输廊道，横通东西、纵贯南北，促进区域人口流动，发挥东部地区对中西部地区的辐射带动作用。以人口增长快、城镇化水平高的城市群地区为依托，建设综合交通枢纽，带动周边地区发展。促进交通网络密度和人口空间分布基本匹配，根据区域增长潜力和国家战略需求，适当利用交通设施建设引导人口布局和城镇化格局发展。

二、建设综合运输大通道，引导支撑城市群发展

构建区域综合运输大通道，优化城镇化布局。构建以"6轴7廊8通道"为骨架的国家综合立体交通网，以京津冀、长三角、珠三角、成渝城市群作为四大增长极，构建两两互联的6条交通主轴；构建京哈、京藏、大陆桥、西部陆海、沪昆、成渝昆、广昆7条交通走廊，加强四大城市群与其他城市群互动；建设绥满、京延、沿边、福银、二湛、川藏、湘桂、厦蓉8条交通通道，强化沿海沿边地区交通通达性。以高速铁路、高速公路、民航为骨架，以普通铁路、普通国省道为基础，与水路、管道共同组成内联外通的综合交通运输网络，支撑"两横三纵"城镇化战略格局。

重视区域公平。强化区域发展总体战略的交通支撑，西部地区补足交通短板，以城市群为基点，强化内外连通运输通道建设，加快要素流动，带动区域发展。中部地区提高南北东西联通的综合大通道能力，提高城市群综合交通枢纽能力。东部地区优化运输结构，加强城市群对周边地区的辐射带动作用。

加强国际通道建设。打造丝绸之路经济带国际运输走廊，发挥天山北坡、兰西、宁夏沿黄、呼包鄂榆、关中城市群的区位优势，逐步构建经中亚、西亚分别至欧洲、北非的国际运输通道。发挥黔中、滇中、北部湾城市群区位优势，建设面向东南亚、南亚的国际运输通道。发挥哈长、辽中南城市群区位优势，构建面向俄罗斯、蒙古、朝鲜的东北国际运输通道。推进海上丝绸之路国际通道建设，提升沿海港口服务能力，加强航空枢纽国际支撑功能，构建辐射全球的海上丝绸之路国际运输通道。

三、打造多元立体城际交通网,加快城市群一体化进程

促进城市群内部及城市群与周边区域联通,以城市群和都市圈作为增长极,发挥集聚和辐射带动作用。促进人口流动强度大的京津冀、长三角、珠三角城市群辐射带动周围地区,控制超大城市和特大城市人口规模,有序引导人口向中小城市集聚。对人口流动强度较大的成渝、山东半岛、长江中游、海峡西岸、中原、关中城市群,进一步推动中心城市高端产业集聚,同时加强中心城市对周边地区的辐射,推动区域内大中小城市协调发展。对于人口流动强度较小的辽中南、山西中部、哈长、黔中、兰西、北部湾、滇中、宁夏沿黄、天山北坡、呼包鄂榆城市群,要加快发展中心城市,增强中心城市集聚能力,形成区域发展增长极,引导区域人口就近集聚。

打造多元立体的城际交通网。加快城际铁路建设,实现中心城市间1～1.5小时快速联通,打通"断头路",建立完善通畅的城际公路网。形成以轨道交通、高速公路为骨干,普通公路为基础,水路为补充,民航有效衔接的多层次、立体化城际交通网。对于交通流多中心的长三角、珠三角、山东半岛、长江中游、海峡西岸城市群,加强中心之间的城际铁路和公路建设,提高快速交通网络覆盖率。对于双中心的哈长、兰西城市群,强化双中心之间的城际通道,提高城市群整体联系紧密程度。对于单中心的京津冀、成渝、中原、关中、辽中南等城市群,通过城际交通基础设施建设引导新中心形成,疏解单中心压力,推动城市群交通流向网络化格局发展。

提高区际城际运输服务水平。扩大高速铁路服务范围,提升动车服务品质,改善普通列车服务水平。发展大站快车、站站停等城际铁路服务,推进城际客运列车公交化运行。创新发展长途客运服务模式,推进旅客联程运输服务,探索跨运输方式异地候机候车、行李联程托运等配套服务,提高城际客运效率。推进货物多式联运,探索一单制联运服务模式,统筹城乡配送协调发展,完善城市货运配送体系。

四、完善都市圈交通网,打造1小时生活圈

推进基础设施一体化,构建都市圈快速交通网。打造轨道上的都市圈,推动干线铁路、城际铁路、市域(郊)铁路、城市轨道交通"四网融合"发展。加大城际铁路建设力度,构建城市群主要城市之间2小时通达的交通网,加强重点城市间高速铁路的联通。

大力推进都市圈市域（郊）铁路发展，加强市域铁路和城市轨道交通、城际铁路、区际铁路的衔接与融合，探索都市圈中心城市轨道交通适当向周边地区延伸。充分利用现有铁路资源，有序推进都市圈地区局部铁路线路改扩建为市域铁路。

加强特大城市周边铁路的都市化运营和近郊班线公交化运营。将市域铁路运营和管理纳入城市公共交通系统，推进市域铁路公交化运营。畅通都市圈公路网，完善一体化公路客运系统，推动近郊班线公交化运营，打造1小时生活圈。

五、优化综合交通枢纽布局，提升城市群重要节点通达水平

优化综合交通枢纽布局。整合京津冀、长三角、珠三角城市群国际性综合交通枢纽集群，加强成渝、长江中游、山东半岛、海峡西岸、中原、关中、辽中南城市群全国性综合交通枢纽布局，加强枢纽的衔接辐射带动作用，提升哈长、呼包鄂榆、天山北坡、宁夏沿黄、兰西、黔中、滇中、北部湾等西北西南地区城市群区域性综合交通枢纽建设。

加强枢纽衔接和协同。城市群内部形成互补互通的交通枢纽体系，优化中转设施和集疏运网络，加强枢纽之间的衔接，提升枢纽内部不同交通方式换乘便捷性。优化城市群内各城市的不同层次、不同类型枢纽分工协作，构建整合铁路、公路、航空、内河航运、海港和运输管道为一体的海陆空协同枢纽体系。推进都市圈中心城市综合交通枢纽建设，推进中心城市主要站场枢纽之间直接连接，外联其他重点综合交通枢纽，内接周边城市区域性综合交通枢纽。合理规划设计枢纽空间，推进多种运输方式统一设计、同步建设、协同管理。

提高枢纽换乘衔接效率。统筹布局轨道交通站点，促进干线铁路、城际铁路、市域铁路和城市轨道交通便捷换乘，加强国际、全国、区域和城市等不同等级交通枢纽的衔接。完善枢纽集疏运网络，提高不同交通方式接驳便利程度，补齐运输服务"最后一公里"。

提升枢纽一体化服务水平。推进联程联运，加强铁路公路、水铁、空铁联程联运，提升枢纽换乘便捷度，提高运输效率。优化客运枢纽层次功能和空间布局，打造一批开放式、立体化综合客运枢纽，推动中转换乘信息互联共享和交通导向标识连续、一致、明晰，促进不同尺度轨道交通同站换乘，具备条件的实现同台或立体换乘。推动货运枢纽集约高效发展，优化货运枢纽布局，推进多式联运发展，加强物流园区建设，加快建设一批铁路物流基地、港口物流基地、航空转运中心，规划建设和提升改造一批物流园区，提升口岸枢纽服务功能，鼓励发展内

陆港。

六、促进交通导向的城市开发

打造高密度复合型交通廊道,城市增长沿交通廊道发展。发挥交通设施引导作用,优化城市群空间布局和城市功能结构。沿轨道交通进行高密度集约型土地利用,给予交通沿线的土地一定用地上浮指标比例,促进交通与城市空间和产业协同发展。发挥交通廊道对京津冀、长三角、珠三角、成渝等城市群特大、超大城市的疏解作用,沿交通廊道布置新城,推动区域一体化发展。

交通枢纽建设与土地开发结合,促进站城融合发展。以交通枢纽引导周围土地开发,用土地开发收益反哺交通设施建设和运营。实施交通导向城市开发,提升站城一体化水平,优化不同层次枢纽城市空间功能分工。注重交通枢纽与城市功能区的衔接,在枢纽站点周围配置商业、商务、居住等城市功能,加强综合交通枢纽与城市功能结合发展,打造依托综合交通枢纽的城市综合体和产业综合体。推进地下空间分层开发,鼓励城市地下轨道交通、地下道路和地下商业设施联动开发。

七、打造现代智能化交通系统

探索智能交通设施建设。促进智慧公路体系建设,优化高速公路不停车收费服务 ETC 系统,推动多种电子支付手段兼容互认。加快新建或改造自动化、半自动化码头,完善港口智慧物流体系,实现船岸港信息互联互通,推动船舶航行、靠离泊、营运管理、货物装卸等智能化管理和服务。

提高智能管理水平,提升运输服务品质。提升铁路信息化水平,货运业务实现网上办理,提高客运网上售票比例。简化枢纽内运行流程,提升购票、安检、验票等环节运行效率,推进铁路和城市轨道交通安检互认。统一轨道交通线路和车辆建设标准,统一供电标准,为不同铁路系统之间车辆直通运营提供条件。统一车票服务,实现城市群主要城市之间交通"一卡通"。

打造一体化的交通信息平台。整合既有的交通信息资源和平台,打造一体化交通信息平台,深化区域运输协同监管、信息交换共享。在城市群地区构建车联网先导区,促进各类车辆信息联网互通。加强物流信息公共平台建设,推动企业与国家交通运输物流公共信息平台对接。

八、创新规划管理体制机制，扩大社会参与

促进城市群交通协同规划管理。建立跨部门、跨地区的城市群交通一体化规划管理组织，对整个区域的交通发展进行系统性的规划和管理，协调解决跨行政区域重大交通基础设施规划、建设、运营等关键问题。打破行政区域界限，深化规划管理体制改革，制定交通规划一张图，协同推进重大项目，城市群内项目规划、建设、运营、管理按统一标准进行。

促进国民经济和社会发展规划、专项规划、空间规划、总体规划和详细规划等多层级多类型规划衔接。促进各类交通规划和新的国土空间规划相衔接，铁路、公路线网和枢纽规划要充分依据国土空间规划，结合国土空间规划和国民经济社会发展规划对地区发展的要求，进行交通专项规划布局。

统一运营管理，打破行政壁垒。推行主要城市联网售票一网通、交通一卡通，统一票制资费标准，健全运营补偿和结算机制。探索都市圈交通运营管理"一张网"，适应通勤需求，推进1小时便捷生活圈建设。

九、创新交通投融资机制，建立健全法律法规体系

健全创新投融资机制，吸引社会资本进入。成立城市群、都市圈地区交通投资基金，建立跨区域投融资平台，鼓励企业跨区域投资建设和运营交通基础设施。创新多元化投融资手段，统筹投融资与建设、运营、管理关系，开展交通基础设施投融资模式创新，强化风险防控机制建设。

健全法律法规体系，扩大社会参与。完善综合交通法规体系，建立跨区域联合执法机制，建立常态化联动监管机制，提升交通执法规范化水平。健全市场治理规则，推动良性竞争，防止市场垄断，促进资源要素自由流动。建立健全公共决策和监督机制，推动政府信息公开，拓宽公民和社会组织参与交通治理渠道。